P9-EDW-666

MIGUEL DE UNAMUNO, ARTICULOS OLVIDADOS

SOBRE

ESPAÑA Y LA PRIMERA GUERRA MUNDIAL

MIGUEL DE UNAMUNO

ARTICULOS OLVIDADOS

SOBRE

ESPAÑA Y LA PRIMERA GUERRA MUNDIAL

Introducción y edición
de
Christopher Cobb

TAMESIS BOOKS LIMITED
LONDON

Colección Támesis
SERIE B - TEXTOS, XXII

ISBN: 0-7293-0022-6

Depósito legal: M. 34.250 - 1976

Printed in Spain by Talleres Gráficos de Ediciones Castilla, S. A.
Maestro Alonso, 23 - Madrid-28

for

TAMESIS BOOKS LIMITED

LONDON

NOTA PRELIMINAR

Las referencias a las Obras completas *son a la edición de 1958 que es siempre de más fácil acceso a la mayoría de los lectores. Los volúmenes publicados por la editorial Escelicer (Madrid, 1966) no hacen más que reproducir la edición anterior en la mayoría de los casos, pero con la importante excepción del Tomo IX en que se incluyen los artículos recopilados por Rafael Pérez de la Dehesa. Aquí se encuentran numerosos artículos de* Nuevo Mundo *y* La Esfera *de la época de la guerra y otros, igualmente de 1914-18, recopilados por Louis Urrutia, de* La Nación. *Los artículos de este tomo serán indicados por la abreviatura* Esc IX, *con el número de la página correspondiente.*

En el caso de los artículos incluidos en este volumen hemos modernizado la acentuación y corregido los errores de imprenta. Están numerados de 1 a 80 y las referencias en el texto del Estudio Preliminar se limitarán al número del artículo en cuestión, por ejemplo: 'Cadáver que hiede' **(40)**.

Quisiera expresar aquí mi agradecimiento al Profesor Varey y a la Universidad de Londres, que me concedió una beca para proseguir estas investigaciones en España, y a todos los amigos en Salamanca que han facilitado mi trabajo en el Archivo de la Casa Rectoral y la Biblioteca de la Universidad: Srta. Felisa de Unamuno, doña Leo Ibáñez de García Blanco, Profesor Bustos, antes Decano de la Facultad de Filosofía y Letras y finalmente a Francisco García Tortosa, del Departamento de Anglística, y ahora Catedrático de la Universidad de Sevilla, que me ha ayudado en cada paso de mis trabajos durante más de ocho años.

Kingston, julio de 1972

INTRODUCCIÓN

España y la Primera Guerra Mundial

Durante los años veinte, treinta, y aún más tarde había entre los historiadores una tendencia a disminuir las consecuencias de la Gran Guerra en lo que a España atañía. En cuanto a historia política se refiere no se puede negar la poca trascendencia del papel de España en la Europa de aquel entonces. Sin embargo los especialistas en historia económica y social que más recientemente se han dedicado al estudio de esta época, todos han subrayado los resultados catalíticos de la contienda dentro de la sociedad española. Nadie ha resumido estas influencias mejor que Vicens Vives: «A pesar de que España mantúvose neutral, la guerra provocó el desquiciamiento de la sociedad decimonónica. El doble chorro que se inyectaba desde los campos de batalla de Europa —dinero para abastos, ideas para mantener la fe en la lucha— alentó el proceso de transformación» [1]. En un bosquejo de su actuación gubernamental, Romanones indicó la importancia de los desórdenes de 1917, calificándolos de «punto de origen de la marcha que siguió la política hasta el advenimiento de la Dictadura» [2]. Ante la complejidad de esta situación son los comentaristas de la actualidad social y política de aquel entonces los que mejor reflejan la agitación y la frustración de los espíritus. En este contexto es significativo que la mayoría de los escritores de alguna importancia sintiesen la necesidad de manifestar sus opiniones y hacer campaña en pro de la causa por ellos elegida. Así Unamuno, Benavente, Pérez de Ayala, Madariaga y Ciges Aparicio contribuían con más o menos frecuencia en *El Imparcial;* Maeztu, Blasco Ibáñez, Gómez Carrillo y Araquistain en *El Liberal;* Azorín, J. M. Salaverría, Julio Camba, Alberto Insúa en *ABC*. Artículos de Maeztu aparecían igualmente en *Nuevo Mundo*, *La Esfera*, *El Heraldo* y *La Correspondencia de España*. Ortega, al fundar la revista *España* en 1915, tenía como colaboradores a Baroja, Madariaga, Maeztu, Gregorio

[1] J. Vicens Vives, *Aproximación a la historia de España*, 4.ª ed. (Barcelona, 1966), p. 178.

[2] *Notas de una vida* en *Obras completas, III* (Madrid, 1949), p. 353.

Martínez Sierra, Eugenio D'Ors, Pérez de Ayala, Unamuno y Luis Zulueta. Casi todo este grupo siguió a Ortega al trasladarse éste a *El Sol* en 1917. Algunos contribuían regularmente en la prensa sudamericana: Unamuno y Pardo Bazán en *La Nación;* Azorín, Maeztu y Pérez de Ayala en *La Prensa*. Otros residían en el extranjero como corresponsales: Madariaga, Maeztu y Camba en Londres, Blasco Ibáñez, Gómez Carrillo, Ciges Aparicio y Alberto Insúa en París. En 1916 Valle-Inclán y Palacio Valdés fueron invitados por el gobierno francés a recorrer las líneas de los aliados en la misma época en que Ricardo León se encontraba en Alemania. Más tarde, en 1917, Pérez de Ayala y Unamuno —en compañía de otros— recorrían el frente italiano mientras que Azorín pasaba varias temporadas en Francia como corresponsal de *ABC*.

El conflicto ideológico surgido con la guerra, la lucha de la democracia contra el autoritarismo, las tensiones sociales interiores, todos estos factores se vieron de nuevo reunidos (como en 1898 o durante la Semana Trágica) para atraer a estos escritores hacia el compromiso político y social. La polarización de la opinión pública y la amargura de la polémica no podían menos que herir a muchas sensibilidades. Ortega comentó melancólicamente la imposibilidad de mantenerse neutral y la injusticia de los ataques de que era objeto [3]. Benavente intentó esquivar las apelaciones de los organizadores de los manifiestos en favor de los aliados pero fue inmediatamente estigmatizado como germanófilo furibundo. Llegó hasta sentirse menospreciado por los intelectuales francófilos desde el punto de vista artístico, lo cual nos indica claramente que esta confrontación no se limitó a la discusión de la guerra europea [4].

La actividad publicista de Unamuno, 1914-18

A estos factores hay que añadir, en el caso de don Miguel, la perturbación en su propia vida ocasionada por su destitución del Rectorado de la Universidad de Salamanca. Las reacciones surgidas a consecuencia de esta situación se revelan en su actividad periodística, sobre todo en el elevado número de sus contribuciones tanto en la prensa española como en la europea y sudamericana. Durante los cuatro años de la guerra publicó unos seiscientos artículos, más o menos, y hay que subrayar que solamente unos doscientos cincuenta de éstos han aparecido en las *Obras Completas* [5]. No se puede mantener que los escritos de aquellos años hayan sido seriamente estudiados y tamizados para editar los más importantes. No será

[3] «Una manera de pensar», *España*, 7-X-1915.

[4] Sobre estos incidentes ver «Una guerra de manifiestos, 1914-16», *HispI*, 29 (1966), pp. 52-9.

[5] (Madrid, 1958). Ver la Nota preliminar.

injusto decir que en su mayor parte sólo se han seleccionado los que se relacionan a la obra más bien literaria de Unamuno, dejando de lado la mayoría de los que se refieren a los sucesos coetáneos. Algunos de ellos son claramente efímeros, obras de circunstancia y sin más trascendencia. Dado que no se puede hablar estrictamente de pensamiento político al estudiar la obra de Unamuno, tampoco se podría justificar esta edición desde el mismo punto de vista. Pero su preocupación por algunos de los problemas más candentes de la época, su perspicacia en el examen de las distintas capas de la sociedad española y su asociación con algunos de los protagonistas de más relieve confieren un alto valor a sus comentarios. En palabras de Earle, Unamuno se presenta como «the living compendium, at a critical moment in the history of modern culture and civilisation, of the whole Hispanic heritage» [6]. Este conflicto entre su inspiración literaria y su compromiso con el mundo exterior ilustra mejor que cualquier otro caso las tensiones existentes dentro del escritor del siglo XX como resultado de las presiones de la sociedad en que vive. Esta etapa de su vida es relativamente desconocida si se la compara, por ejemplo, con los años del destierro. Sin embargo García Blanco destacó la importancia de las reacciones de don Miguel al ser apartado del Rectorado: «Lo que aquella injusta destitución representó en la vida de don Miguel es algo que un día tendría que ser estudiado por sus biógrafos» [7].

Es posible exagerar la importancia de estas contribuciones periodísticas por sus referencias a la actualidad social y política. Desde otro punto de vista, el profesor Clavería ha indicado la necesidad de este tipo de estudio para mejor enfocar la totalidad de su obra: «Cuando se hagan fácilmente asequibles sus colaboraciones periodísticas de ese período podemos comprobar hasta qué punto seguía insistiendo en antiguas ideas por aquellos tiempos»[8].

Estas palabras nos conducen a repasar las diversas maneras con que los críticos e investigadores se han acercado a la obra de Unamuno. Muchos se han concentrado en ciertas etapas de su vida: la crisis religiosa por ejemplo, o los años del destierro. A pesar del alto valor de algunos de estos estudios hay que señalar un peligro inherente en este método: el de deformar la perspectiva del lector al atribuir demasiada importancia a ciertos momentos de su vida y descuidar la esencial continuidad de sus escritos.

Otros se han dedicado al análisis de obras individuales o géneros literarios y otros a temas particulares como su pensamiento religioso o filosófico, o la influencia de ciertos autores. Pero en realidad toda su obra está constituida por un proceso de creación y recreación sin interrupción. De aquí el interés de abarcarla toda entera, desde las novelas más traba-

[6] «Unamuno and the Theme of History», *HR*, XXXII (1964), 331.
[7] «Don Miguel y la Universidad», *CCU*, XIII (1963), 13-32.
[8] *Temas de Unamuno* (Madrid, 1953), p. 114.

jadas hasta los artículos de periódicos, las notas y borradores y los apuntes que solía hacer en el libro mismo que estaba leyendo. Tal vez de esta forma se acercará más fácilmente a la lenta evolución de su pensamiento.

Así se resume el propósito de esta edición en la que se presenta una selección de artículos injustamente olvidados, precedida por un comentario sobre los aspectos más destacados de su vida y obra durante la guerra, indicando las múltiples relaciones con el mundo de fuera. Pero sobre todo se espera esbozar la compleja totalidad de su creación en un momento dado de su vida.

El tema de la guerra

Los muchos artículos que se refieren directamente al tema de la guerra europea tienen que ser considerados dentro de la perspectiva de la constante preocupación de Unamuno por la importancia de las guerras en la sociedad humana. En efecto, no le faltaron a don Miguel ocasiones para comentar conflictos internacionales y sería erróneo pensar que el tema queda reducido sólo a la visión idealizada de las guerras carlistas en *Paz en la guerra* y alguno que otro artículo sobre la guerra de Cuba: efectivamente, había escrito sobre la campaña inglesa contra los bóeres, la guerra ruso-japonesa, la rivalidad franco-española en África del Norte y la guerra de los Balcanes de 1911. En la mayoría de los casos se vislumbran ciertos elementos comunes en las reacciones del autor. Éstos se resumen tal vez en un artículo de 1912, igualmente no recogido en las *Obras Completas*, en el que comenta la actitud de las potencias europeas: «Su objeto principal es buscarse mercados compulsivos con el fraude o con la violencia, con tratados y protectorados a cañonazos, para verter en ellos el sobrante de sus capitales que no encuentran empleo remunerativo en su propia tierra»[9]. Tal vez el caso de la guerra ruso-japonesa sea el más destacado porque, como lo ha señalado Inman Fox, en esta ocasión don Miguel dejó que sus reacciones se gobernasen por un alto sentido de los valores culturales: defendía la causa rusa «because of their cultural tradition which nurtured individual expression...»[10].

La novela *Paz en la guerra* ofrece el ejemplo más claro de esta manera de imponer la perspectiva personal a la realidad histórica. El autor mismo habla de una «fresca, poética visión de la guerra»[11]. Para comprender este paradójico entusiasmo hacia la guerra sería útil acordarse de la preocupa-

[9] Carta al editor, *Hispania* (Londres), abril de 1912.

[10] «Maeztu and Unamuno: Notes on Two Spanish Intellectuals of 1898», en *Pensamiento y letras en la España del siglo XX* (Nashville, 1966), p. 217.

[11] *OC II*, 297.

ción de Unamuno por «la mal ensamblada unidad española»[12]. Cuántas veces durante la guerra europea podemos observar a don Miguel repitiendo su admiración por los arquitectos de la unidad nacional italiana. Lo que faltaba en España era una guerra de unificación nacional y en su novela Unamuno indica más que nada sus propios anhelos de presenciar la aparición de un fuerte sentido de conciencia nacional. Esto se revela en las conversaciones entre los contendientes:

> —¡Qué lástima no se ofrezca ahora alguna campaña como aquella de Marruecos, en que peleamos usted, mi coronel y yo —decía un coronel carlista a otro liberal—; ante el enemigo seríamos todos uno...!
>
> —¡Qué caramba! De todos modos da gusto pelear con valientes... Españoles todos al fin y al cabo...[13]

Se ve claramente la necesidad de situar frases de un tono de voluntaria provocación como «la guerra civil... es santísima...»[14] dentro de este contexto histórico. Como siempre pasa con don Miguel el elemento personalista se asoma y hasta la misma palabra «guerra» es una imagen sin significado concreto, ya que la emplea con el sentido más amplio de «lucha». En cada sociedad se necesita cierta tensión ideológica y espiritual para mantener viva la conciencia de la rica variedad de sus elementos constituyentes. Esta tensión o lucha no es sinónima de la idea de una guerra civil: «... España está muy necesitada de una nueva guerra civil, pero civil de veras, no con armas de fuego... Nos haría falta un asunto que, como el de Dreyfus en Francia, sirviera de núcleo de concentración y bandera de combate»[15].

Antonio Sánchez Barbudo ha examinado muy de cerca estos conceptos utilizados por Unamuno y sus conclusiones son importantes porque inducen a creer que la lucha unamuniana no era otra cosa que un esfuerzo desesperado para borrar la memoria del íntimo silencio de su fe perdida[16]. Siguiendo este juicio, cada referencia a la idea de la guerra o la lucha, sea a nivel individual o nacional, tendría un matiz de oquedad si se la compara con la paz de la intimidad. ¿Debemos concluir que la actividad de don Miguel en la política nacional no era sincera y que a su condenación de la neutralidad española como «la triste paz de la mujer estéril» le faltaba sustancia? A pesar de la validez del comentario de Sánchez Barbudo, en ciertos casos no cabe duda de que este concepto algo poético tenía una

[12] *OC II*, 198.
[13] *OC II*, 338-9.
[14] *OC VII*, 800.
[15] *OC VII*, 580.
[16] *Estudios sobre Unamuno y Machado* (Madrid, 1959), p. 33.

multitud de matizaciones y sentidos distintos. Para don Miguel la paz de la intimidad puede evocar un ambiente de introversión enteramente negativo. La personalidad, individual y nacional, sólo se forma por medio del contacto con sus semejantes. Desarrollando más estas ideas sobre la resignación ante la impotencia humana, vemos aparecer el binomio paz-mentira: «Esta tarde salgo para Valladolid, donde les he de cantar las verdades a estos liberales baci-yelmistas o del bloque. Mi divisa es: primero la verdad que la paz. Antes quiero verdad en guerra que mentira en paz»[17]. Este conflicto introversión-extroversión es de los más elementales en Unamuno y está en perfecta concordancia con su visión darwiniana de la existencia humana siempre *in fieri*. La lucha puede servir como símbolo de este proceso de evolución humana mediante el cual se comprenden los valores negativos atribuidos por Unamuno al aislamiento, a la neutralidad. Carlos Blanco Aguinaga ha resumido mejor que nadie las conclusiones que se imponen respecto a estos problemas:

> Sánchez Barbudo pierde de vista que Unamuno se encuentra ante (dentro de) una situación vital única que le enfrenta radicalmente con la historia y el problema del hombre exterior en lucha con el interior. El ver en todo esto nada más que una manera de hacerse trampa a sí mismo es sacar a Unamuno del torbellino histórico-nacional-político que lo arrastró por aquellos años haciendo que salieran a flote para siempre todos los problemas sobre la interioridad y la exterioridad... [18]

Durante los cuatro años de la guerra, la prensa española se llenó diariamente de noticias y comentarios sobre la contienda. De toda esta rica polémica se puede sacar, no sin sorpresa, la conclusión de que en su mayoría no sólo los periodistas, sino también intelectuales como Unamuno, Ortega, Azorín y Maeztu se concentraban, por encima de todo, en la situación española: las consecuencias de la guerra para España, las divisiones ideológicas provocadas dentro de la sociedad española, la impresión nada positiva creada por la política oficial de neutralidad. Así vemos cómo en los primeros meses de la guerra los que manifestaban su adhesión a las filias y fobias de aquel entonces reflejaban sobre todo las discordias seculares que existían entre los españoles. Así escribió Machado a Unamuno a principios de 1915:

> Yo también, en el fondo, acaso sea francófilo... La otra Francia [i. e. no la Francia reaccionaria] es de mi familia y aun de mi

[17] *Cartas a González Trilla*, *RUBA*, tomo VII, vol. I (1950), 546.

[18] «Interioridad y exterioridad en Unamuno», *NRFH*, año VII, núms 3-4 (julio-diciembre 1953), 698-9.

> casa, es la de mi padre y de mi abuelo y mi bisabuelo; que todos pasaron la frontera y amaron la Francia de la libertad y el laicismo, la Francia religiosa del *affaire* y de la separación de Roma, en nuestros días. Y ésa será la que triunfe, si triunfa, de Alemania [19].

Si ciertos hechos, tales como la destrucción de la catedral de Reims o la invasión de pequeños países como Grecia, provocaron un sentimiento de respulsa contra esa guerra industrializada, es necesario señalar también que muchas reacciones estuvieron gobernadas por una detestación bien de los germanófilos (es decir, los derechistas), bien de los aliadófilos (los izquierdistas). En este contexto se puede mencionar la definición del germanófilo como «el que desea para su país una hermética organización jerárquica» [20]. Así, en los meses siguientes, los germanófilos se aprovecharon del fusilamiento de Sir Roger Casement para fustigar a los liberales españoles. Estos, por su parte, al escribir sobre el debate surgido en Inglaterra con motivo de la introducción del servicio militar, temían sobre todo que tal cambio en las tradiciones inglesas presagiase un resurgimiento del espíritu militar en España. Pero dado que la guerra ocasionó las tensiones económico-sociales que prometían los graves acontecimientos de 1917 era natural el concentrarse, en primer lugar, en la situación española y el enfocar la guerra desde esta perspectiva.

En el caso de Unamuno, sus comentarios sobre la guerra durante los primeros meses fueron esencialmente personales a medida que se esforzaba en imponer su propia visión de la civilización occidental sobre las confusas noticias del frente. Detrás de esta visión de la guerra como lucha entre la democracia popular y el imperialismo de estado [21], entre la libre personalidad humana y el autoritarismo jerárquico, se descubre su odio al ordenancismo espiritual que él siempre asociaba como fruto de la filosofía positivista. Toda una serie de artículos a fines de 1914 indican que para Unamuno Alemania representaba la ciencia ciega y pedantesca en todos los órdenes de la vida [22]. Esto ya lo había apuntado repetidas veces antes de la guerra, por ejemplo en su artículo «Recelosidad y pedantería», escrito en 1912 [23]. El 7 de septiembre apareció el estudio «Eruditos, heruditos, hheruditos» [24], el 3 de diciembre publicó el artículo «Investigación» en el *Día Gráfico* (4) y finalmente «Papeletas a la alemana» en *Nuevo Mundo* el 5 de diciembre [25]. A la luz de estos artículos se podría uno formar la impresión

[19] *Los complementarios* (Buenos Aires, 1957), p. 172.
[20] R Pérez de Ayala, «Franceses y españoles, II», *La Prensa*, 17-IX-1916.
[21] «Después de la paz», *España*, 5-II-1915.
[22] Ver especialmente (2).
[23] *OC XI*, 197-200.
[24] *OC VI*, 559-63.
[25] *Esc IX*, 972-4.

de que ellos representan el origen de la oposición de don Miguel a los alemanes. Así lo comprendió Américo Castro que le escribió el 5 de diciembre para calificarlos de «una burla absurda... Vd. no toma en serio muchas cosas que los demás tomamos y que valen por lo menos tanto como las que a Vd. le inquietan... ¿Es que hay que suprimir toda la filosofía que no sea sensibilidad a lo Coleridge?» Castro repitió estas acusaciones en otra carta del 23 de enero de 1915, afirmando que Unamuno ni tan siquiera había leído uno de los libros que había vituperado [26]. Por muy extraño que pueda aparecer, este incidente no se había inspirado solamente en la guerra europea ni en un deseo de humillar a los científicos como mantenía Castro. El 21 de octubre de 1914 Unamuno había recibido una carta de Ángel Revilla informándole que su idea de hacer una tesis doctoral sobre Gabriel y Galán había sido rechazada algo sumariamente [27]. El primer ponente le había dicho: «No la he leído, pero no es eso tesis doctoral... Sobre Gabriel y Galán no se puede hacer investigación.» Incluso el saber que Unamuno había apoyado hasta cierto punto a Revilla en sus investigaciones no impresionó nada al ponente, ya que a continuación añadía: «... ni el mismo Sr. Unamuno, que es capaz de sacar agua de una peña, lo sería de hacer una tesis sobre Gabriel y Galán.» Este caso tiene una resonancia patente en el artículo «Papeletas a la alemana» [28] donde, bajo la apariencia de arremeter contra el culto a la técnica como un fin en sí, como una disciplina intelectual sin contenido ético, se nota la referencia indirecta al caso anterior. Volvería al mismo tema en otro artículo aparecido a fines del mes de enero de 1915, «Tecnicismo y filosofía» [29], donde contestaba al alboroto suscitado por su primer artículo sobre el tema. Esta ausencia de contenido ético, esta preocupación por el tecnicismo las veía reflejadas don Miguel en las teorías alemanas del Estado, considerándolas así mismo como una manifestación típica de la cultura alemana que ya había criticado repetidas veces antes de 1914 y que seguiría denunciando durante toda la guerra.

De lo que más arriba hemos señalado se deduce finalmente que su visión de la causa aliada era enteramente personal, semejante a la de Machado. Para Unamuno, Inglaterra y Francia eran «focos del viejo liberalismo burgués: Francia, la de los soñadores utopistas y la de los Derechos del Hombre . . . e Inglaterra, la de los indisciplinados trade unionistas» **(19)**. Sobre este punto es interesante resaltar el juicio completamente contradictorio de Maeztu sobre los cambios acaecidos en la sociedad inglesa en la que la introducción del servicio militar y la censura de la prensa era un claro indicio de cómo un principio funcional de utilidad pública estaba expulsando un concepto ya anticuado de libertad, asociado

[26] Cartas del Archivo de la Casa Rectoral.
[27] Carta conservada en la Casa Rectoral.
[28] Ver también «¿Bárbaros? ¿Pedantes?», 31-X-1914, *OC IX*, 806-10.
[29] *Esc IX*, 987-9.

muy a menudo con la indolencia [30]. El contraste entre los dos pensadores es ejemplo altamente significativo de la crisis intelectual fomentada por la guerra, sobre todo si recordamos los senderos tan opuestos que iban a seguir Unamuno y Maeztu.

Por ser tan personalistas sus comentarios sobre la guerra, era natural que a veces se alejaran de la realidad. Así, sólo unos días antes de la derrota de las fuerzas italianas en Caporetto, publicó un juicio ditirámbico sobre la regeneración de Italia bajo la influencia de la guerra [31]. Pero esto no disminuye en nada el valor del periodismo de don Miguel a quien no se debe considerar, ya lo hemos dicho, como corresponsal militar o político en el extranjero, sino más bien como un intelectual que examinaba la situación europea. Por ello el caso de Italia le servía sólo como pretexto para hablar de los peligros del militarismo en España, así como para contrastar la historia de la unificación italiana con «la mal ensamblada unidad española». Como siempre, sus miras no se dirigen más que a las reacciones de sus compatriotas ante la guerra. La verdadera caricatura de los contendientes y los comentarios que reflejaban menos la realidad, hemos de buscarlos en otros escritores. Para Azorín, Francia era «un fleuve clair et large, un paysage d'une verdure douce et touffue. La France est le petit restaurant que nous trouvons dans la campagne ou dans un village et où une brave femme, propre et aimable, nous sert un goûter savoureux et délicat... La France en fin pour moi, c'est l'ordre, la symétrie, la clarté, l'harmonie» [32]. Los germanófilos sabían ponerse aún más líricos: con estas palabras describe Ricardo León una misa en una iglesia de la zona de Bélgica ocupada por los alemanes:

> Unos soldados alemanes, de hinojos en el suelo, se confunden aquí en una misma oración alta y pura con los fieles belgas. Y al sentir el murmullo de las aves, el escuchar la dulce letanía, el *Regina Pacis*, tan elocuente y conmovedor ahora, he unido mil preces a la oración de alemanes y belgas con los ojos llenos de lágrimas y el corazón de altos deseos [33].

Con tanto insistir en la perspectiva española de sus comentarios se podría concluir que Unamuno manifestaba cierta superficialidad al tratar de la guerra como algo ajeno y lejano a él, que únicamente le sirve para sacar experiencias propias en cabeza ajena y un artículo como «A propósito de la catedral de Reims» [34], confirmaría este juicio. Sin embargo, desde los

[30] Ver «La crisis del individualismo», *La Correspondencia de España*, 22-VIII-1917.

[31] «¿Qué hace España?», 22-X-1917, *OC X*, 379-84.

[32] En *La Renaissance politique, littéraire et artistique* (París), 20-III-1915, 13-18.

[33] «Desde Bruselas», *El Imparcial*, 19-IX-1916.

[34] *Esc IX*, 1252-7.

últimos meses de 1915 se advierte un cambio de tono en sus escritos al tener que enfrentarse con la tragedia de las matanzas del frente occidental. Nada refleja mejor su pesimismo que las últimas líneas del artículo «La cruz de hierro de la guerra» **(14)**: «Pienso que Dios ha cargado a nuestro linaje, al del hombre que hizo a su imagen, con la cruz de hierro de la guerra. Y nos la hace arrastrar por la calle de la amargura de la historia. Es un yugo que agobia a muerte»[35].

Otra muestra del sentimiento de repulsión que le inspiraba el ensalzamiento patriotero de la guerra aparece en sus acotaciones a la primera edición de la novela de Henri Barbusse, *Le Feu*[36]. Los trozos del texto subrayados o comentados corresponden a dos aspectos muy característicos de esta gran novela pacifista: primero, el desengaño ante el ideal patriótico predicado a lo Barrès:

> Ah! mon vieux, ruminait notre camarade, tous ces mecs qui baguenaudent et qui papelardent là dedans, astiqués avec des kebrocs et des paletots d'officiers, des bottines —qui marquent mal quoi— et qui mangent du fin, s'mettent, quand ça veut, un cintième de casse —pattes dans le cornet, s'lavent plutôt deux fois qu'une, vont à la messe, n'défument pas et le soir s'empaillent sur la plume en lisant sur le journal. Et ça dira après: j'suis t'été à la guerre.[37]

En segundo lugar vemos a don Miguel reflexionando sobre la brutalidad anónima de la guerra industrializada:

> Les balles qui écorchaient la terre par raies droites en soulevant de minces nuages linéaires, trouaient, labouraient les corps rigidement collés au sol, cassaient les membres raides, s'enfonçaient dans des faces blafardes et vidées, crevaient avec des éclaboussements des yeux liquéfiés et on voyait sous la rafale se remuer un peu et se déranger par endroits la file des morts.[38]

Es interesante comparar estas preocupaciones con los comentarios hechos por Azorín a dicho libro de Barbusse cuyo éxito en España no podía comprender. Aun después de tres años de guerra de trincheras, le chocaban a Azorín «detalles desagradables que están muy lejos de nuestro sentir». Comparó la novela con una edición de las cartas de Pierre Maurice Masson de las que dijo que eran «lo que más corresponde al sentido noble, elevado y sereno que Francia ha dado a la guerra presente»[39].

[35] Ver también el «Coloquio con Augusto Pérez», de 1917, *OC IX*, 881-6.
[36] (París, 1916). Conservado en la Casa Rectoral.
[37] *Le Feu*, p. 121.
[38] *Le Feu*, p. 237.
[39] «Libros franceses», *La Prensa*, 9-VII-1917.

La neutralidad española y la importancia de la guerra para España

Ya hemos visto, refiriéndonos al tema de la guerra, la necesidad de examinar los artículos de Unamuno dentro de la perspectiva de su obra entera. Por otra parte, al tratar de considerar su aversión por la política oficial de neutralidad, hay que tener siempre en cuenta sus propias ideas sobre la formación de la personalidad humana: la entidad individual, incapaz de existir dentro de un vacío, sólo puede llegar a su plena extensión enriqueciéndose del contacto con sus vecinos.

Naturalmente hemos de tener muy en cuenta también la gran influencia que tenían que ejercer los abruptos saltos entre la introversión y la extroversión, tan típicos de don Miguel, en sus escritos sobre la neutralidad, aun antes de la guerra europea. Así a comienzos del año de 1906 declaró: «Nadie se hace una personalidad por acción interna, sino por acción hacia fuera... No se conserva y acrecienta espíritu sino dándolo» [40]. Los discursos dados en la Zarzuela el 25 de febrero y en Málaga en agosto, señalan ya en él un compromiso muy activo en la vida política de ese año. El 15 de octubre, hablando en Barcelona, mostró su menosprecio hacia los pueblos faquires que se dedican a contemplarse a sí mismos [41]. En el tan comentado discurso de la Zarzuela condenó la modorra intelectual de la juventud española que les impedía enfrentarse con los problemas políticos y sociales del país. Hablando unos meses más tarde en Málaga continuó: «Las gentes no resisten, sino que se recogen en sí, se reconcentran, no luchan»: están «desacostumbrados a pensar por sí mismos». Sufren de una «ociosidad espiritual...», de «una horrenda superficialidad»: el país no es más que «una estepa abandonada y yerma» [42]. Se puede hacer una comparación entre este aspecto de su temperamento y su creciente desencanto, como él mismo lo calificó, al escribir a Manuel Laranjeira en 1911 [43], o el «invencible asco» que experimentó en aquel año al considerar las actividades de las potencias europeas [44].

Tales cambios de actitud de la extroversión a la introversión fueron motivados no sólo por influencias externas sino también por cuestiones de orden más bien de tipo personal: en 1914 el estallido de la guerra europea coincidía con su destitución del Rectorado, decidiéndole así definitivamente

[40] *OC III*, 1011.

[41] *OC VII*, 732.

[42] *OC VII*, 699-710.

[43] Manuel Laranjeira, *Cartas. Prefacio e cartas de M. de Unamuno* (Lisboa, 1943), p. 180.

[44] *OC X*, 229.

a meterse «de hoz y coz en el torbellino de las pasiones colectivas y de las individuales» [45].

La neutralidad española tuvo su raíz, según Juan Antonio Lacomba, en el aislamiento internacional conscientemente organizado por Cánovas» desde la guerra franco-prusiana de 1870 [46]: se comprende que tal ideal de aislamiento era completamente ajeno a don Miguel. Las causas más bien de tipo filosófico que aduce para justificar su opinión aparecen claramente expuestas en un artículo de 1916, «Más de la guerra civil» **(20)**. «La pura contemplación es la muerte» afirmó, puesto que tal estado de nirvana implica la ausencia de conflictos morales sin los cuales la moralidad misma desaparecería. Refiriéndose más precisamente a la sociedad española durante los años de la guerra, veía llegar a su colmo los males que había venido denunciando desde 1898 y antes, tales como la decadencia parlamentaria, etcétera. En «La noluntad nacional» **(6)** explica el ideal de aislamiento tomando como punto de referencia la introversión y la falta de sociabilidad ya señalada en *En torno al casticismo*. En otros dos artículos del mes de febrero de 1915 se había concentrado en los resultados de esta introversión: la inconsciencia en el individuo y la nación [47]. Sin personalidad histórica, el país se empeña en retirarse de la historia. La imagen de la vida nacional como charca estancada se nos aparece a lo largo de estos años como representación de un mundo yerto en que «nada pasa, nada queda» y en el que la sola indicación de la temporalidad es el calendario de pared **(17)**. No nos puede extrañar el empleo que hace de la palabra «eunuco» como sinónimo de «neutro» para designar a los partidarios de tal neutralidad. La posibilidad de una regeneración nacional no podía existir con una clase rectora imbuida de tal espíritu. ¿Cuál había sido la reacción a la guerra? preguntó a sus oyentes en la Federación Obrera de Salamanca en el mes de mayo de 1915: «Ante los problemas planteados en España como salpicaduras de la guerra, no se le ha ocurrido al gobierno otra cosa que cerrar el Parlamento para que no se haga y diga» [48].

A pesar del personalismo, tan típico de todos los escritos de don Miguel, no puede caber la menor duda sobre lo exacto del análisis llevado a cabo por él. Lacomba ha citado un comentario de Manuel Cordero que coincide con bastante exactitud en todos los aspectos con el juicio de Unamuno. Para Cordero, la política de neutralidad «fue consecuencia no de un sentimiento pacifista, sino de la incapacidad política, de la debilidad económica y de la desorganización militar de nuestro país» [49]. Para comprobar esto basta echar una ojeada a los periódicos de la época, así por ejemplo al

[45] *OC V*, 148.
[46] *La crisis española de 1917* (Madrid, 1970), p. 44.
[47] *OC XI*, 353-6 y 603-8.
[48] *El Adelanto*, 11-III-1915.
[49] *La crisis española*, p. 53.

principio de la guerra, Miguel Oliver dedicó un artículo en *La Vanguardia* a la impotencia del gobierno de Dato ante el caso de los cinco españoles que se suponía haber sido fusilados en Lieja: «Y así parece estar el patriotismo, el sentido nacional entre nosotros: absolutamente cloriformizado, absolutamente preparado para sufrir sin advertirlo, adormecida toda sensibilidad, cuantas amputaciones, heridas y traumatismos puedan imaginarse» [50]. Araquistain calificó a la política del gobierno de «abstencionismo estéril» y en el mismo número de *El Liberal*, Matías Peñalba glosaba con estas palabras el artículo de Unamuno sobre «La noluntad nacional»: «El curarla no es ni puede ser obra de doctores que limitan su terapéutica a repetir a la familia que el enfermo se encuentra muy a gusto con la dolencia, sino de una aristocracia activa —en el sentido clásico de gobierno de los mejores— que a esta nación, atacada de mal del sueño, le sacudiese a fustazos la modorra» [51]. Bajo el título «Lucha estéril», un editorialista de *El Imparcial* pasó revista a la ola de literatura efímera dedicada a la guerra que se había publicado en España, subrayando la superficialidad allí reflejada [52]. Gómez de Baquero ya había mostrado su repulsión por algunas de las publicaciones de la Biblioteca Corona tales como *El arte de la guerra al alcance de todos, El Señor de las batallas* o la *Selección de discursos, cartas y telegramas de Guillermo II* [53].

Pero la semejanza más notable con las ideas de Unamuno se nos presenta en los escritos periodísticos de Ortega, aparecidos en 1915 en la revista *España* en la que ambos colaboraban estrechamente. El examen que éste hace de la situación, sus conclusiones y hasta su vocabulario revelan una profunda identificación entre ellos. Empieza Ortega por señalar el rasgo más característico del Gobierno de entonces —su inactividad: «En lugar de incitar la energía nacional, la ha adormecido y desparramado. En vez de organizar vertiginosamente nuevas fuerzas colectivas, crea la Junta de Iniciativas para hacer de ella una burla. Anuncia urgentes proyectos sobre el ejército, que al punto retira» [54]. Como don Miguel, desespera de cualquier posibilidad de una regeneración nacional bajo los partidos de turno: «¿Quién juzga capaz al señor Dato ni al señor Romanones, no ya de reconstituir, pero ni aún de querer con algún coraje la reforma de la más modesta institución?» [55]. Concluye con un examen de la opinión pública en un artículo que se aproxima por su tono al sombrío pesimismo de «La noluntad nacional»: «... no queremos esforzarnos por nada, no tenemos fe en noso-

[50] El 14 de noviembre de 1914.
[51] El 3 de noviembre de 1915.
[52] El 10 de agosto de 1915.
[53] *El Imparcial*, 1-III-1915.
[54] «Política de la neutralidad», *España*, 26-II-1915. Incluido en *Obras completas*, tomo X (Madrid, 1969), pp. 284-5.
[55] El 25 de junio de 1915, *OC X*, 322.

tros mismos ni dónde apoyar la esperanza. No tenemos afán de vivir, de gozar, ni de imperar. Nuestra raza se ha tumbado al borde del camino como un can apaleado» [56]. No cabe la posibilidad de considerar estos artículos de Ortega como intempestivas reacciones al clima de los primeros meses de la guerra, ya que en la crisis aún más grave de 1917 volvió a denunciar de nuevo la poca vitalidad nacional, la anemia de la vida pública y privada, indicio de la ausencia de un «pulso biológico» [57]. Azorín y Machado, igualmente agudos comentadores por aquel entonces de la actualidad española, compartían enteramente estas opiniones. Así Azorín en 1916 sentía la misma desilusión ante el nivel bochornoso de los discursos en el Congreso, discursos llenos de «absurdos desvaríos, viejos y manoseados tópicos, apelaciones mentidamente ardientes a cosas en quien nadie ya cree» [58]. Machado, en una carta escrita a don Miguel a principios de 1915, revela las mismas aprensiones sobre la «atonía del ambiente»:

> Nuestra neutralidad hoy consiste... en no querer nada, en no entender nada. Lo verdaderamente repugnante es nuestra actitud ante el conflicto actual y épico, nuestra conciencia, nuestra mezquindad, nuestra cominería. Hemos tomado en espectáculo la guerra, como si fuese una corrida de toros, y en los tendidos se discute y se grita [59].

Machado mencionó también más adelante sus preocupaciones de que el culto autoritario, asociado con la germanofilia, no ejerciese una influencia nefasta en la vida política española. Por otra parte una nueva posible repercusión de la guerra y la neutralidad del gobierno fue señalado por Deleito y Piñuela bajo el título significativo de «El aislamiento de España en el pasado y en el presente» [60]. Después de aludir al diputado que se había referido a la *Junta para Ampliación de Estudios* como la «Junta de Cabarets» terminó: «El Extranjero sólo significa dos cosas: impiedad o juerga.»

El tema del libro de Deleito y Piñuela nos conduce al examen de toda una serie de artículos de don Miguel, algunos ya publicados en las *Obras Completas*, otros todavía no recogidos, en los que vuelven a surgir de nuevo sus ideas sobre la introspección en los españoles, su gusto por el aislamiento, su sentido huraño de tierra adentro; en resumen, la xenofobia de ciertos sectores de la población hacia los demás países europeos. En un discurso en Valladolid el 8 de mayo de 1915 hace referencia a las palabras de Martin Hume, ya citadas en *En torno al casticismo* (en el prólogo a la

[56] El 2 de julio de 1915, *OC X*, 325.
[57] «Sobre el localismo», *Hermes*, julio de 1917.
[58] «El deseo de todos», *ABC*, 15-VI-1916.
[59] *Los complementarios*, p. 173.
[60] *Boletín de la Institución Libre de Enseñanza*, julio de 1915, 215.

edición de 1902) sobre «the introspective individuality of Spaniards»[61]. El tono en que se dirigió en dicha ocasión a su público muestra la clara continuidad de este tema en sus escritos: «Separarnos, aislarnos, marcar nuestros límites, pero hacia afuera, no hacia dentro; hacer de nuestro espíritu algo así como una dehesa, un coto cerrado, con sus hitos, cercas y mojones»[62]. Para él, detrás de todos los argumentos aducidos sobre cuestiones de moralidad o intereses comerciales con intención de justificar la neutralidad española, la verdadera explicación se encontraba en el «profundo desinterés por la europeidad» y en el deseo por parte de sus compatriotas de abandonarse a su «sueño sin ensueños» **(18)**. Comentó de la misma manera los rumores que circulaban en 1917 sobre la determinación de la jerarquía militar de no entrar en la guerra **(32)**. Esta xenofobia o recelo hacia todo lo extranjero era «un producto de mala educación y de una sistemática falsificación de la historia pasada y de la presente... Y así se nos cultiva la honda pereza espiritual, la holgazanería de nuestro fatalismo, de nuestra fatal haraganería. De los más de nuestros desastres nacionales echamos la culpa a los otros, a los de fuera»[63].

De lo antedicho se comprenderá fácilmente el optimismo de Unamuno, así como el de muchos otros intelectuales españoles, al comunicar a sus lectores las primeras discusiones sobre la formación de lo que iba a ser La Liga de las Naciones, que, en la mente de don Miguel, correspondía enteramente con su «gran patria humana» que iba a permitir a cada individuo alcanzar la plenitud de su existencia. Con la conclusión de la guerra esperaba una reacción contra la estrechez del espíritu nacionalista y el militarismo, contra las tensiones y la rivalidad económica que habían marcado la historia europea en el siglo XIX. La primera exposición de estas ideas durante la guerra aparece en el artículo «Los límites cristianos del nacionalismo»[64], y cabe preguntar si, aparte su revulsión contra el culto al estado omnipotente, asociado con Alemania, no se asoman aquí las huellas de su experiencia personal respecto a la burocracia estatal al ser destituido del Rectorado. Juan Marichal, refiriéndose a esta valoración del individuo por encima del estado, mantiene que la hostilidad manifiesta hacia la autoridad del estado que se observa en su discurso a la Academia de Jurisprudencia el 3 de enero de 1917 es explicable por la influencia de algunos de sus amigos[65]. Pero las repetidas referencias a las relaciones entre la Universidad y el Gobierno, especialmente la injerencia intempestiva de ciertos ministros, se relaciona mejor con lo sucedido en Salamanca en septiembre de 1914. Hasta el vocabulario de sus comentarios sobre «nuestros profesio-

[61] *OC VII*, 898.
[62] *Ibid.*
[63] *OC VIII*, 756.
[64] *Esc IX*, 1303-9.
[65] «Unamuno y la recuperación liberal (1900-14)» en *Pensamiento y letras*, pp. 331-44.

nales de la arbitrariedad política»[66] recuerdan su incesante campaña en pro de los derechos individuales durante los meses siguientes. El antropocentrismo de sus consideraciones sobre el concepto de la patria se revela sin equívocos a finales de 1917: «... España, la patria... no es, no puede ser un fin en sí; es un medio para que realice su vida histórica el hombre español, para que se haga un alma cada uno de los hombres españoles»[67]. En el último artículo de la presente edición don Miguel se dirige de nuevo al concepto del estado, mostrando el anti-positivismo que siempre le caracterizaba. Su inspiración aquí viene del libro de René Johannet, *Le Principe des nationalités*, que había recibido en 1918 y en el cual había subrayado particularmente los párrafos donde Johannet había contrastado la tradición francesa con la alemana: «La première, elaborée en France, considère la nationalité comme un fait, dont le caractère est la volonté des peuples: la seconde, d'origine germanique, y voit un fait de nature, que la science a pour mission de dégager»[68].

La significación de la guerra para España

Lacomba ha señalado lo grotesco de las tentativas por parte del gobierno que trataba de prolongar su existencia en 1917 como si nada hubiese pasado frente al desmoronamiento del orden público y de las instituciones administrativas. Fue precisamente la caduca inmovilidad, que se manifestaba en la política de la neutralidad oficial, lo que más provocó la ira de Unamuno, siendo éste el tema principal de su discurso en el Mitin de Izquierdas del 27 de mayo de 1917: «¿Creen acaso que manteniéndose la neutralidad incondicional a todo trance y costa podrán mantener esta caduca España oficial, la de los ex ministros y caciques inmorales, la del profesorado de la arbitrariedad, la de los doctores analfabetos, la del vergonzoso encasillado electoral, la del presupuesto del cubilete y regateo chalanesco?» **(33)**. Por otra parte la falta de iniciativas, la imposibilidad de regenerar al país con tales gobiernos las atribuyó al carácter de las formaciones políticas: «Que nuestros partidos políticos no son valores o potencias ideales es algo que aquí nadie ignora. Son más bien asociaciones de intereses y de afectos personales... Ni sabemos qué es lo que tratan de conservar los conservadores ni qué es lo que van a liberar los liberales» **(5)**. En las aguas encharcadas del turnismo el estímulo de las nuevas tensiones sociales introducidas por la guerra podría activar las energías nacionales. Para don Miguel la guerra era «una sacudida que le obligue a cada uno a ponerse del lado a que su temperamento le lleva, haciéndolo ver claro en sí mismo» **(5)**.

[66] *OC VII*, 923.
[67] *OC XI*, 414.
[68] (París, 1918), XXV.

No se podían ahogar los conflictos dentro de la sociedad española, y los verdaderos focos de influencia dentro de la nación tenían que identificarse: «esto [la guerra] nos ha servido para conocernos mejor los unos a los otros...» [69]. De aquí su convicción de la hipocresía de las llamadas en pro de ideales nebulosos como la españolidad que consideraba nada más que un esfuerzo desesperado de conservar los intereses materiales de las clases privilegiadas. El fin de los que cultivaban la xenofobia popular era desviar la atención pública de la cuestión social: «Empiezan aquí algunos a predicar la unión sagrada cuando nadie de fuera nos ataca ni piensa en atacarnos, y no es ella más que una maniobra para hacer que amaine la guerra civil, que harto languidecida está» **(20)**. Pero la crisis de 1917 planteó los problemas con tal gravedad que los partidos de la Restauración perdieron toda realidad: como seres prehistóricos, no habían sabido adaptarse a la evolución de la sociedad española: «Los ministros del actual ministerio de Su Majestad, por ejemplo, nos parecen ya, incluso los nuevos, los que lo son por vez primera, viejos, viejísimos, decrépitos, del antiguo régimen, de un siglo pasado, del siglo que acabó de acabar en 1914: casi paleontológicos» **(79)**.

En este contexto se explica más fácilmente la honda oposición de don Miguel a la política de neutralidad. No era cuestión de querer asociar las armas españolas con los aliados, de no preocuparse de las consecuencias humanas de una declaración de hostilidades, sino de acoger la posibilidad de una transformación en una sociedad petrificada. La neutralidad representaba el esfuerzo de dar vida al cadáver del turnismo.

Lejos de marcar una nueva orientación en su pensamiento, Unamuno no hace sino desarrollar y adaptar a la situación española unas ideas enunciadas por él ya mucho antes de la guerra. Lo que salta a la vista es que no solamente coincide en su análisis de las lacras sociales y políticas con Ortega, Azorín, Machado y otros, sino que una historia moderna de aquella época, como la de Juan Lacomba, confirma la validez de sus denuncias.

La sociedad española y la vida política, 1914-18

Mientras que el interés de don Miguel en todos los aspectos de la vida española se mantenía constante, la frecuencia de los comentarios y discursos que dedicaba a la vida política variaba de año en año. Pérez de la Dehesa, al enumerar sus contribuciones a *La Lucha de Clases*, ha mostrado que la época 1895-7 se caracterizó por una actividad especial [70]. Lo mismo

[69] «La Liga Anti-germanófila Española», *Esc IX*, 1480-4.
[70] *Política y sociedad en el primer Unamuno* (Madrid, 1966).

puede decirse de los años de la guerra. Las causas de esto son varias: después de su destitución del Rectorado es de suponer que se ejerciesen sobre él una multitud de presiones que tendían a hacerle participar más activamente en la política.

La discusión del así llamado «pensamiento político» de Unamuno presenta todo clase de escollos. Lo más fácil es pasar por alto la cuestión, como Fernández de la Mora: «Los escritos políticos, mejor es olvidarlos» [71]. Pero tal actitud no sólo no nos ayuda nada a explicar el por qué don Miguel se lanzó «de hoz y coz» en el torbellino político, sino que también implica una falsa clasificación en la que se pueden aislar los «escritos políticos». Alonso Castrillo ha hablado de la necesidad de utilizar criterios técnicos para examinar estos escritos [72], pero frente a su personalismo, toda tentativa de servirse con rigidez de los principios de la ciencia política está condenada, en última instancia, a la frustración, como ha ocurrido en el caso del estudio de Elías Díaz. Éste había buscado, en vano, definiciones y una terminología precisa: concluyó al final que Unamuno era «incoherente, confuso e, incluso, contradictorio» [73]. De la misma manera, sería arriesgado imponer una estructura cronológica a la evolución de sus ideas políticas. El juicio de Ilya Ehrenburg sobre Unamuno durante la Segunda República es muy acertado: «El sincero deseo de este hombre era la revolución. Amaba el ambiente de su tiempo en las páginas de los libros; pero cuando tuvo que conocer las cosas directamente y oír los gritos de la multitud ante las Cortes, se alejó, un tanto espantado, de la ventana para ponerse a soñar con esta vieja España...» [74]. Pero la idea de que don Miguel se retiró al margen de su época en un momento dado, resulta muy dudosa: Bécarud ha mostrado la precisión de muchos de sus comentarios sobre la República [75]. Como lo han subrayado muchos críticos, lo esencial es acordarse del siempre presente personalismo de su pensamiento.

En lo que toca a los partidos políticos de turno, su oposición a estas estructuras anticuadas era proverbial y naturalmente no podía menos que agudizarse después de su destitución del Rectorado. La tentativa de hacerle entrar en el redil romanonista, descrita por don Miguel en su discurso en el Ateneo [76], había confirmado su propósito de nunca dejarse «poner marca o hierro de ganadería política alguna» [77]. En las mismas fechas explicó a los «dependientes de comercio e industria» en Salamanca que tal encasi-

[71] «Unamuno pensador», *ABC*, 27-IX-1964.

[72] «El pensamiento político en la obra de Unamuno» en *Pensamiento y letras*, pp. 13-19.

[73] *Unamuno. Pensamiento político* (Madrid, 1965), p. 15.

[74] Prólogo al libro de A. Bazán, *Unamuno y el Marxismo* (Madrid, 1935), p. 15.

[75] *Miguel de Unamuno y la Segunda República* (Madrid, 1965).

[76] El 25 de noviembre de 1914, *OC VII*, 853-83.

[77] *OC X*, 290.

llamiento no podía menos que reducir la eficacia de su acción personal **(3)**. A la par con estas denuncias don Miguel se refiere con más frecuencia al ejemplo de Mazzini, símbolo del individualismo que sabía conservar la pureza de sus ideales, hasta llegar casi a identificarse con el italiano en *Cómo se hace una novela* [78]. Su papel de «excitator Hispaniae» no se había cambiado sino intensificado: él mismo insistió en la continuidad de su obra: «... hace años, muchos años, vengo haciendo política en España... por fraguar opinión pública» [79]. Fue sobre todo la ausencia de iniciativas, de debate sobre principios y la estricta neutralidad lo que más provocó su ira. Para Azorín la característica más importante del Parlamento de aquellos años fue la poca diferenciación entre los partidos, no sólo en cuanto a sus ideas sino también en lo que concierne su actuación [80]. Pero cuando don Miguel afirma que «aquí todos los partidos están con todos los gobiernos» se asoma la nota personal [81]. Para que el sistema de turno fuese operante era necesaria cierta colusión entre los partidos: su propia experiencia era la prueba, como había indicado en el discurso del Ateneo: «Y entonces quedó decretada por ese hombre [Romanones], a quien el actual Gobierno [de Eduardo Dato] aparece rendido, mi destitución» [82]. Más tarde, en el caso del ministro Urzaiz, expulsado del gobierno Romanones en 1916 por haberse negado a aceptar las convenciones corrientes sobre las dimisiones, don Miguel creó un ambiente de persecución en torno a su figura: «Porque en ese Parlamento la mejor ejecutoria de nobleza que pueden extenderle a uno es considerarle y reputarle como a un enfermo, un soberbio, un díscolo, un esquinado, un perturbado o siquiera un hombre de condiciones especiales —es decir, no las allí generales— de carácter» **(21)**. La amargura personal de Unamuno aparece aquí, mostrando la estrecha relación entre los sucesos de la época, su experiencia personal y sus creaciones personales. La «tierra de odios» en que tuvo lugar «la historia de pasión» de *Abel Sánchez* está descrita con el mismo tono sombrío. Así no hay para qué sorprenderse ante la violencia de sus embestidas contra el Parlamento o el lenguaje parlamentario, una «indecente jerga» llena de las más tenebrosas y tristes expresiones de vacuidad moral y hueras frases de huero estilo parlamentario: el Parlamento mismo «esparce una helada bruma de amable frivolidad» por la capital así como su «indiferencia por lo hondamente humano» [83].

Para Unamuno la ausencia de toda disensión, de toda controversia

[78] Entre las referencias a Mazzini, ver los artículos de 11 de enero de 1915, *OC XI*, 348-52 y del 22 de abril de 1915, *OC X*, 304-8.

[79] *OC IX*, 843.

[80] «El patriotismo», *ABC*, 11-VI-1916.

[81] *OC IX*, 845.

[82] *OC VII*, 856.

[83] *OC VIII*, 549-550.

pública se origina en un defecto nacional: la insociabilidad de los españoles, que prefieren mantenerse en su fortaleza individual mejor que entablar un diálogo con sus vecinos. El español no admite ni la lógica ni la dialéctica: «nos basta la polémica..., llena, aunque muy mal, el hueco... en los espíritus de guerrillero faccioso» [84]. Como lo señala Becarud este punto es capital para evitar una concepción errónea de sus ideas sobre la «guerra civil» en España. Si el conflicto se limita a la vociferación de dogmas vacíos, la interpenetración de ideas y opiniones por las que abogaba don Miguel, no tiene lugar y la contienda se convierte en una «guerra incivil y bárbara» [85].

La escasa participación de los españoles en la vida política viene acompañada del «espíritu del fulanismo» o la tendencia a delegar sus responsabilidades en un jefe. Pero Unamuno indicó cómo la doctrina de «Hace falta un hombre» sólo podía engañar las esperanzas: los héroes sólo surgen de un pueblo de héroes, los líderes políticos, sólo de un pueblo de ciudadanos conscientes **(11)**.

De esta crítica del Parlamento y de la política española no se debe deducir que existía, de parte de don Miguel, una oposición fundamental a las instituciones parlamentarias. La aparición del libro de Azorín, *Un discurso de La Cierva* [86], en los primeros meses de la guerra, presentó a Unamuno la ocasión de elaborar sus ideas sobre este mismo tema pero en otro contexto diferente. Aunque sería menester un largo estudio para analizar la esencia del conservadurismo de Azorín, se puede afirmar, sin injusticia, que este libro suyo corresponde a una corriente antiparlamentarista suscitada por la experiencia francesa donde, después de la declaración de la guerra, los partidos habían enterrado sus diferencias para consolidar la unidad nacional. En varios artículos, entre los cuales se destaca «Comentarios a un libro» [87], Unamuno insistió en la necesidad de no condenar el sistema parlamentario sólo a base de su mal funcionamiento en Francia o en España. El objetivo de su campaña contra los partidos fue siempre el de vigorizar la conciencia política de cada español, no de contentarse mansamente con la dirección de un «jefe».

La concentración en la importancia del individuo como elemento de base esencial en toda actividad política se encuentra reforzada por otras influencias de la época, sobre todo por la manera en que las exigencias materiales y económicas de la guerra imponían la necesidad de una organización gubernativa de las energías nacionales en los países en guerra. Aunque, como ya lo hemos señalado, muchos escritores españoles se preocupaban de esta tendencia, sobre todo en los países de tradición liberal, no

[84] *OC IV*, 1117.
[85] *Miguel de Unamuno y la Segunda República*, p. 61.
[86] (Madrid, 1914). Incluido en *Obras completas* (Madrid, 1947), tomo III.
[87] *Esc IX*, 975-7.

faltaban quienes se alegraban al presenciar esta transformación. El caso de Maeztu es de un interés particular porque varios de sus artículos, enviados desde Londres, aparecían en *Nuevo Mundo* al lado de los de don Miguel. La diferencia entre sus puntos de vista no podía ser más grande: basta citar los títulos de algunos de las contribuciones de Maeztu que aparecían en *El Heraldo de Madrid* entre enero y noviembre de 1915: «Inglaterra se organiza», «El principio voluntario», «Voluntarismo y organización», «Lloyd George y la compulsión», «La conscripción y el gobierno», «El presupuesto y la compulsión», «La agonía del voluntarismo», «El fin del voluntarismo». A pesar de su común aliadofilia, la distancia ideológica entre los dos había dado un paso más desde la controversia de 1912 en las columnas de la revista londinense, *Hispania*.

Hacía años que los comentaristas de más importancia se habían dedicado a censurar la osificación de las instituciones y de los partidos políticos: don Miguel se explica esta degeneración basándose en una serie de ideas muy suyas. Los partidos, como las jerarquías militares y eclesiásticas, se habían convertido en una casta herméticamente cerrada al mundo exterior [88]. Este alejamiento de la realidad cotidiana amenazaba el porvenir del sistema gubernativo y nunca se ilustró mejor que en el patético optimismo tan ilusorio del gobierno durante los desórdenes de 1917 [89]. Unamuno analizó las consecuencias de esta ignorancia que impidió toda acción eficaz en su artículo «La ironía del destino» **(37)**, terminando con la descripción tan amarga hecha por Fialho d'Almeida de la hipócrita lagotería que caracterizaba a la casa civil del rey Carlos I de Portugal: «Uns escrevem nos jornaes que S. M. lê, outros aplaudem as asneiras que S. M. diz, e o resto está encarregado de lhe repetir que o povo está contente» [90]. En estas circunstancias presentar a Dato como el redentor nacional no era solamente grotesco sino macabro. La situación no podía ser más caótica, pero el gobierno se empeñaba en continuar celebrando su oscura y moribunda luturgia con su propio calendario de «Carnaval, Cuaresma, Temporada de toros» **(36)**. El rey se movía penosamente de una muleta a otra para evitar una caída mortal **(35)**. ¿Qué alternativa había? Sólo el «cadáver que hiede» del partido liberal **(40)**. En este ambiente se comprende la acogida por parte de Unamuno del movimiento de las Juntas militares: más tarde iba a condenar esta tentativa de imponer el pretorianismo, pero, en junio, creía ver en él al precursor de una revuelta que acabaría con el turnismo.

Como siempre en aquellos años el análisis de otros intelectuales se asemeja al de Unamuno: Azorín comentó en términos parecidos la separación entre «la política y su personal y la opinión pública» [91] y señaló el

[88] Ver **(23)**.
[89] Ver Lacomba, *La crisis española*, pp. 132-3.
[90] Ver también **(41)**.
[91] «La política», *ABC*, 8-VIII-1917.

peligro al permitir al ejército separarse de la nación como una casta privilegiada [92]. Ortega, escribiendo en uno de los primeros números de *El Sol*, señaló los peligros de formar un gobierno sin base popular: «Si el Sr. La Cierva se preocupa sólo de concordar con los ministros, presidentes de Audiencia, coroneles, jefes superiores de Administración, próceres, obispos, senadores, etc., cuanto no somos nada de eso, corremos riesgo evidente de caer en desacuerdo con él. Y en ese caso, no doy un higo por la prosperidad política del Sr. La Cierva» [93].

La sociedad española durante la guerra

Unamuno reconoció rápidamente el elemento catalítico que la guerra había introducido en la sociedad española, haciendo resaltar algunas de las características menos atractivas de sus compatriotas. Refiriéndose a ciertos sectores de la población española dijo en un discurso en Salamanca a fines de 1915: «Y ahora los veis con el alma al desnudo, mostrando las más tristes lacerías de un pueblo que va, en el sentido espiritual, no sé si decayendo o buscando por obscuros subterráneos un camino nuevo» **(13)**. Reprendió no solamente el materialismo de las clases acomodadas, sino la manera en que su bienestar les había cegado ante los problemas sociales más graves y reducido sus preocupaciones intelectuales a un nivel de pura trivialidad. Había ciertos diarios que se quejaban de la huelga de agosto de 1917 por haber ocurrido inmediatamente antes de la «Semana Grande» en San Sebastián y para don Miguel esto confirmó ampliamente su juicio [94]. «Todo lo hace el garbanzo»: así resumía la filosofía ignominiosa, que describe en su poema «El hombre del chorizo» [95], lamentándose ante la ausencia de ideales, pasiones o vitalidad humana y ante la plácida resignación a las condiciones diarias de la vida: «Cree en Mella o en Lerroux, le da lo mismo.»

Con el culto al autoritarismo alemán volvió a aparecer otra característica nacional ya examinada en *En torno al casticismo:* el complejo servidumbre-autoridad, o, como lo denominó don Miguel, «el encanto de la servidumbre» [96]. Criticó esta fe ciega en el orden y la estabilidad, no sólo como limitación a cualquier posibilidad de desarrollo social, sino también a causa de los manifiestos intereses materiales de los que más se entusiasmaban por el orden existente. En 1917, en un sombrío retrato de Salamanca,

[92] «La ilusión de las derechas», *ABC*, 22-V-1916.

[93] El 7 de diciembre de 1917. Ver *OC X*, 370.

[94] Ver «Algo de historia», *Esc IX*, 1495-9.

[95] En M. García Blanco, *Don Miguel de Unamuno y sus poesías* (Salamanca, 1954), 408. Una versión en prosa apareció bajo el título «Ni ganas» **(61)**.

[96] *Esc IX*, 1030-33.

hizo notar cómo el miedo entre las clases adineradas había dado lugar a una ola de denuncias anónimas y había suscitado un odio violento hacia los intelectuales que habían protestado contra la violencia de la represión **(51)**. Fomando parte de esta reacción se organizó una colecta para recompensar a las fuerzas del orden y el 24 de agosto el periódico regional, *El Adelanto*, publicó los resultados, que iban desde trescientas pesetas ofrecidas por la Compañía del ferrocarril Salamanca-Portugal, ciento por parte del obispo, cincuenta del Sindicato de Comerciantes, veinticinco del Casino del Pasaje, quince de los Jesuitas y dos del Coadjutor de la Purísima. La dura represión correspondió a la peor tradición autoritaria. Después de citar al oficial que había declarado «El ejército no puede salir a la calle a hacer el ridículo» [97], sus previsiones eran de lo más pesimistas, barruntando «la implantación de una triste época de sombríos estallidos, de violencias individuales...» **(47)**.

El compromiso del intelectual con la actualidad social y política

En el caso de Unamuno el conflicto temperamental entre introversión y extraversión, entre un ideal de recogimiento y las atracciones de la vida activa, se asoma en casi todas las épocas de su vida. La guerra europea no hizo sino subrayar los problemas de las relaciones entre individuo y estado y, por lo que a primera vista parece una casualidad, la declaración de hostilidades coincidía con su destitución brutal del Rectorado. Al examinar estos acontecimientos y releer los artículos de la época se puede reconstruir toda la rica vida intelectual de aquellos años, pero es siempre necesario mantener presente la perspectiva personal del escritor para descubrir en su vida la huella de estas tensiones.

En lo que concierne a la destitución de Unamuno las narraciones de Salcedo [98] y Turin [99] son muy completas, aunque esta última sugiere que las simpatías aliadófilas de don Miguel hubieran podido atraer tal vez la hostilidad ministerial. Esto parece poco probable, ya que había estado de vacaciones en Portugal durante casi todo el mes de agosto y sus contribuciones periodísticas de aquellos meses no indicaban la orientación de las campañas ulteriores. Emilio Salcedo, por su parte, señala como causa principal la actitud resueltamente heterodoxa de don Miguel en todas sus actividades y, por cierto, él mismo reveló en la correspondencia con Ortega la plena conciencia que tenía de este factor en sus relaciones con Bergamín, entonces ministro [100]. Pero, aún más importante, creyó reco-

[97] *Esc IX*, 1495-9.
[98] *Vida de don Miguel* (Salamanca, 1964), pp. 184-95.
[99] *Miguel de Unamuno, universitaire* (París, 1962), pp. 81-9.
[100] *M. de Unamuno y J. Ortega y Gasset: Epistolario*, *R.O.*, año II, 2.ª época, núm. 19 (octubre de 1964), 23.

nocer en ello un elemento de «desdén, de odiosidad a la cultura», lo que confirmó indirectamente en su carta al *Día Gráfico* del 6 de septiembre **(1)**, en la que dice que una de las primeras cartas de apoyo le había llegado de parte de don Francisco Giner de los Ríos: como señala Turin, su caso se enlaza así con la cuestión universitaria de hacía unos cuarenta años. En esta misma carta ya empiezan a manifestarse más complicadas las reacciones del autor. Dado que las implicaciones de este atropello ministerial eran mucho más amplias que el simple hecho de su destitución, no podía callarse. Pero ya en el mismo momento de lanzarse a la controversia, se da claramente cuenta de los peligros que le esperaban, notando, como en los años precedentes, que esta clase de lucha le había disgustado profundamente. Sin embargo desde este primer momento iba a intentar siempre exponer el verdadero sentido de este percance suyo y sacar sobre todo las conclusiones debidas: «Hay que vivir», nos dice. «Pero vivir en cierta forma, no es vivir, es morir. El estar a la defensiva es ser vencido» **(3)**. Estas palabras suyas pueden evocar el conflicto entre la integridad personal y la necesidad de comprometerse en la vida cotidiana, tan típico de los pensadores de los primeros años del siglo: parafraseando a Gabriel Marcel, Emmanuel Mounier ha escrito: «Vivre personnellement, c'est assumer une situation et des responsabilités toujours nouvelles et dépasser sans cesse la situation acquise» [101]. Terminó don Miguel el discurso citado arriba previniendo a sus amigos que, lejos de buscar un arreglo pacífico, iba a proceder con la intransigencia que muy a menudo le caracterizaba. Aquí, y en el discurso de noviembre en el Ateneo [102], se vislumbra la paradoja de su deseo de acercarse a los problemas políticos y sociales.

En cierta manera, su destitución se debe a la distancia que había mantenido entre su persona y los partidos políticos, a su insistencia en prohibirles servirse de su nombre, «mi nombre, señores, mi nombre inmaculado, mi nombre, no manchado con abyecciones políticas...» [103]. En su nueva situación se dedica a desempeñar un papel más activo para proteger la integridad y la libertad individuales pero es precisamente a causa de este «cambio de signo» por lo que arriesga su propia integridad. El conflicto no cesó de agravarse durante toda la guerra y las hondas resonancias se revelan claramente en la escisión de la personalidad de *Artemio, heautontimoroúmenos*.

Volviendo a los pormenores biográficos más inmediatos, se puede atribuir a sus experiencias personales la prontitud con que hizo suya la causa de los que sufrieron los atropellos oficiales. El caso relatado en su «Comentario» en *El Día* del 28 de mayo de 1918 **(71)** es típico, aunque, claro, sus campañas en favor de personalidades como Marcelino Do-

[101] E. Mounier, *Introduction aux existentialismes* (París, 1962), p. 82.
[102] *OC VII*, 853-83.
[103] *OC VII*, 858.

mingo **(51)** o el coronel Márquez **(75)** atraían más atención. En muchas ocasiones don Miguel mostró su indignación con el ambiente de secreto que encubría muchas de las decisiones oficiales. El hecho de que nunca hubiera podido obtener una clara y convincente exposición por parte del ministro de las causas que motivaron su destitución iba lentamente obsesionándole como una herida enconada [104] hasta convencerse de que un ambiente de mendacidad estaba infectando toda la sociedad [105]. De nuevo veía en esto un síntoma de la recelosidad y la insociabilidad de sus compatriotas; por cierto en 1917 no faltaron incidentes para confirmar su juicio: Lacomba ha señalado cómo, al principio, la prensa pro-gubernamental se esforzó en reducir la importancia de la agitación y cómo, más tarde, el gobierno mismo hizo callar todo lo referente al movimiento popular [106]. La censura era la más clara manifestación de este ambiente y durante los desórdenes de 1917 varios de los artículos del propio don Miguel aparecieron con muchos espacios en blanco [107].

La acción de los intelectuales

Ya hemos notado la manera en que Unamuno presentó a Ortega su destitución como un golpe contra los intelectuales: la importancia de las protestas suscitadas ilustra la distancia que existía entre estos elementos y los círculos gubernamentales, distancia que no cesaba de agrandarse. Se ha hecho referencia a la carta que Giner de los Ríos escribió a Unamuno a principios de septiembre: en otra carta a su hermano Hermenegildo subrayó la necesidad de no dejar pasar el suceso sin comentarios: «Y estamos todos obligados a no dejarle arrastrar por el suelo, tanto por lo que él es —de Unamunos no hay cosecha— como por los principios» [108]. Ortega, escribiendo en *El País* el 17 de septiembre, subrayó la manera en que la decisión ministerial había unido a «la mayor parte de los catedráticos y todos los escritores de pluma eficaz e independiente como a un toque de clarín». De todas las cartas recibidas por don Miguel y conservadas en el Archivo de la Casa Rectoral la mayoría reflejan estas preocupaciones. Eugenio D'Ors mencionó el hecho de que había muchos que se sentían amenazados: «Ya ve usted, me escribió uno de estos días Antonio Machado, nos están barriendo a todos» [109]. Maeztu situó lo acontecido dentro de un contexto más generalizado de hostilidad hacia cual-

[104] Ver la violencia del artículo «Tiranía y despotismo» **(60)**.
[105] *OC XI*, 385.
[106] *La crisis española de 1917*, p. 125.
[107] Ver **(39)**, **(42)**, **(47)**.
[108] Salcedo, *Vida de don Miguel*, p. 189.
[109] Carta del 4 de octubre de 1914.

quier forma de actividad artística o intelectual: «Esos golfos han aprovechado el momento en que la opinión se hallaba distraída con la guerra para dar el puesto de usted al recomendado de alguno de la taifa política. Si mañana los alemanes bombardean Madrid aprovecharían la ocasión para hacer desaparecer los cuadros del Museo del Prado» [110]. Joaquín Montaner, en su carta del 5 de diciembre, habló del discurso de Azorín en el Congreso en el que había defendido calurosamente a don Miguel, incidente que marcó un cambio importante en la personalidad un tanto aislada que el mismo Unamuno le había instado a abandonar en 1907: «Mire usted, coja a Azorín del brazo, mándele a paseo por algún tiempo —comprendo que le tenga cariño—, saque de dentro el acre censor de antaño y haga restallar el látigo sobre estas gentes» [111]. De ahí la importancia de lo que Montaner llamó «el gesto airado del frío Azorín, que no ha tenido más remedio —¡por fin!— que ser sensible a la voz de ultratumba de Romero Robledo».

A pesar de esta indignación, existía el peligro de que estas protestas quedasen sin resultado, limitándose a lo que Araquistain había llamado «un torneo oratorio más o menos brillante» [112]. Se levantó así un debate sobre la eficacia de la acción de los intelectuales, asunto que había preocupado a Maeztu desde hacía muchos años y en su carta a Unamuno le recordó sus propios descuidos en este campo: «Por supuesto que usted se tiene parte de culpa. A fuerza de insurrecto y de *campeador* se ha olvidado usted demasiado de que había una causa común: la de imponer a los golfos el respeto a los valores culturales» [113]. El programa esbozado por Ortega, concentrado esencialmente en discursos y artículos, parecía confirmar las aprensiones de Araquistain, pero cabe señalar la manera en que Ortega estaba pensando en extender la campaña más allá de los círculos puramente universitarios: «Tiendo mucho a creer que debemos dar a la protesta el carácter genérico de la *intelligentsia*, como dicen en Rusia» [114].

La situación cambió el 11 de diciembre, cuando Bergamín, el Ministro de Instrucción Pública, tuvo que dimitir en circunstancias que probablemente poco tenían que ver con el caso Unamuno [115]. De todos modos no se interpretó su caída como una victoria para el Rector Salamantino, ni mucho menos, pero apareció la posibilidad de encauzar la campaña hacia unos fines más generales. Fue Ortega el primero en señalar esto a don Miguel: «Esto [la dimisión de Begamín] hace que la campaña pro su rectorado

[110] Carta del 15 de septiembre de 1914, reproducida en Salcedo, *Vida de don Miguel*, p. 190.
[111] Carta del 14 de mayo de 1907, publicada en *ELit*, 25-VIII-1944.
[112] Carta del 11 de septiembre de 1914 en el Archivo de la Casa Rectoral.
[113] Carta del 15 de septiembre de 1914.
[114] Carta del 12 de septiembre en *Epistolario*, 24.
[115] Ver J. Gutiérrez Rave, «Unamuno, destituido por Bergamín», *ABC*, 18-XI-1964.

tenga que tomar otro cariz. Yo creo que se debe insistir en forma más amplia y con una significación más general en ella»[116]. No era ninguna casualidad el que el primer número de la revista *España*, que tanto debía a la inspiración del mismo Ortega, saliera poco después: el 29 de enero de 1915. El anónimo editorialista sitúa las intenciones de la nueva publicación dentro de la trayectoria del movimiento intelectual desde 1898 en adelante, asociándose con «la vasta comunidad de gentes gravemente enojadas». Aparte de los artículos de Ortega, Pérez de Ayala, M. B. Cossío y un cuento de Baroja, el tono de la revista aflora mejor en el poema de Antonio Machado, «Una España joven», sobre todo por el espíritu de desilusión ante el desvanecimiento de las esperanzas regeneracionistas:

> Y es hoy aquel mañana de ayer... Y España toda,
> con sus oropeles de carnaval vestida
> aún la tenemos: pobre y escuálida y beoda; ...

Lo mismo que Unamuno y Maeztu, Machado se percató de los enormes obstáculos que se oponían a una acción eficaz por parte de los intelectuales. Don Miguel pensaba sin duda en esto al escribir a Ortega: «Y en *España* hay todavía mucha cosa desvaída. Las cosas de nuestro amigo Xenius, v. gr., están demasiado fuera de lugar y de tiempo... Un semanario no es una revista de filósofos. Y ese preciosismo vagaroso no entra aquí en las gentes»[117]. Cabe señalar que, en su mayoría, los escritores se dedicaron al examen de los problemas nacionales e internacionales más sobresalientes, revelando una marcada semejanza de actitudes, especialmente en el caso de Ortega y Unamuno. Sin embargo, el carácter de la revista no se descubre tan claramente en la identidad temática de los colaboradores sino más bien en las circunstancias que les condujeron a examinar de nuevo, a pesar de los desengaños anteriores, las relaciones entre el intelectual y la sociedad y a considerar el papel que debían desempeñar. Es cierto que el clima social pesaba mucho: Unamuno, al escribir a Azorín para agradecerle su apoyo en el Congreso, indicó cómo la reaparición de la «beocia que nos desgobierna» era responsable de este incidente[118]. Machado se refirió a la manera en que «los elementos reaccionarios... aprovechan la atonía y la imbecilidad ambiente para cometer a su sombra indignidades como la que usted fue víctima»[119], y Azorín, en un artículo de 1916, analizó lo que llamó el «ambiente de derechas»[120]. Todo esto no corresponde a ningún tipo de programa político sino a la intensificación de

116 Carta del 4 de enero de 1915 en el Archivo.
117 Carta de marzo de 1915, en *Epistolario*, 26.
118 *OC X*, 299.
119 *Los Complementarios*, p. 173.
120 *ABC*, 5-VI-1916.

un espíritu de hostilidad hacia el mundo intelectual formado por estos escritores y el profesorado universitario: hostilidad que se presentó sin disfraz en 1917 cuando el gobierno anunció su intención de detener «todos aquellos elementos intelectuales que por su significación avanzada pudieran tener parte más o menos directa en la dirección y desarrollo del movimiento revolucionario» [121]. En la misma época la policía detuvo a Araquistain, entonces editor de *España*, en la frontera portuguesa y ciertos periódicos madrileños, haciendo sus deseos realidad, comunicaron la detención de Unamuno [122].

Para mejor comprender este antagonismo no hay que olvidar que muchos abusaban del término 'intelectual' que a veces se empleaba de modo presuntuoso [123]. Baroja, que supo mantenerse aislado durante estos años, satirizó esta afectación con mordacidad en su cuento alegórico de las reacciones en Villavieja durante la guerra entre Villalejos y Villacerca [124].

Los rencores de la vida pública eran aún más profundos dentro de los confines de una ciudad de provincas: en Salamanca Unamuno tuvo que experimentar esta odiosidad siempre latente cuando se interpuso en el debate sobre el porvenir del Colegio Anaya. El nuevo rector preguntó a sus lectores en el periódico regional, *El Adelanto:* «¿Quién es el Sr. Unamuno y su autoridad legal ni científica en esta materia, fuera de la suprema estimación que él hace de sí mismo y del tributo que le rinden sus coristas y partiquinos?» [125]. Buscaba insultar a don Miguel con cada frase, comparándole a «los hombres llenos de sí mismos que repiten constantemente y en todos los tonos que ellos son los únicos que valen y lo saben todo». La violencia no se limitaba a un solo bando: como puede imaginarse la respuesta de don Miguel fue aplastante.

Crecían de todos los lados las presiones sobre el intelectual para que se identificase con una u otra causa. En el momento mismo de su destitución los socialistas recordaban su decepción ante el discurso de Unamuno en el teatro de la Zarzuela en 1906 sobre la Ley de Jurisdicciones: «Sería un desencanto para nosotros que 'recogiera velas', como en aquella ocasión...» [126]. Esperaban una reacción más directa en 1914. Los esfuerzos de las embajadas de los países en guerra para obtener la adhesión de las figuras más destacadas en la vida intelectual española eran realmente apremiantes y la firma de Ortega en el manifiesto en favor de Francia del 5 de julio de 1915 le atrajo varios reproches por parte de conocidos suyos en Alemania [127].

[121] *El Imparcial*, 1-IX-1917.
[122] Ver *El Adelanto*, 2-VIII-1917.
[123] Ver *Una guerra de manifiestos*, 53-4.
[124] *Nuevo tablado de Arlequín* (Madrid, 1917), pp. 211-16.
[125] El 7 de abril de 1917.
[126] *El Socialista*, 17-IX-1914.
[127] Ver *España*, 7-X-1915.

En lo que concierne a las reacciones individuales se puede establecer una relación directa entre la preocupación de Maeztu ante el aislamiento del intelectual en la sociedad española y el desarrollo de sus ideas sobre el principio de la función y utilidad social durante la guerra. Pero se distingue de los otros miembros de su generación en su admiración ilimitada por la manera en que la guerra había despejado el espíritu escéptico y cínico que para ciertos españoles había caracterizado la vida intelectual francesa. Fue el ejemplo de Barrès el que iluminó estas corrientes y en su artículo «La nueva Francia y la Francia eterna» [128] se refiere a la descripción de Barrès por Taine: «Este joven no hará cosa buena, porque se halla atraído por dos tendencias absolutamente irreconciliables: el gusto del pensamiento y el deseo de la acción.» «Palabras significativas», añade Maeztu que evidentemente había atravesado la misma crisis. Para ciertos franceses la guerra presentó la solución «porque, en ella, la exigencia del deber inmediato nos liberta del peso de la duda y de la incertidumbre». Cuando Maeztu termina: «Es una generación que buscaba en el pensamiento, más que otra cosa, la orientación para la obra», su conclusión se aplica de igual manera a España y subraya su impulso hacia el compromiso en la vida política así como su fe en el culto a la acción, tan importante, más tarde, no sólo para Maeztu sino para otros muchos intelectuales europeos.

A causa de sus ideas sobre la lentitud de la evolución histórica, Azorín no estaba del todo convencido de la posibilidad de una transformación social inspirada únicamente por los intelectuales. Esta tendencia suya se confirmó en 1917, cuando recalcó más que nunca la necesidad del escritor en guardar cierta distancia frente a la sociedad para mejor observarla: las ideologías políticas pueden cambiar pero «... la visión directa de la vida y del mundo, el equilibrio, la sobriedad, la fuerza contenida, ¿de qué modo podrá pasar?» [129]. La violencia, los trastornos sociales le eran completamente aborrecidos y al comentar los sucesos de agosto de 1917 aclaró sus propias ideas sobre la esencia de la acción política: «El verdadero liberal trata siempre de hacer el mayor bien posible con los medios de que dispone: se guarda bien de querer emplear inmediatamente el hierro y el fuego para extirpar abusos frecuentemente inevitables» [130]. De mes a mes se siente crecer su aversión ante la ola de violencias en la política española y, escribiendo en *La Prensa* el 9 de septiembre de 1917, después de recordar amargamente a sus lectores cómo los estusiasmos regeneracionistas de 1898 se habían desvanecido, terminó con un pronóstico de lo más pesimista, sobre la evolución de la política en España: «No ocurrirá ningún suceso extraordinario; pero mansamente, calladamente, silenciosamente, el divorcio entre España y sus elementos directores se irá agravando, agrandando.»

[128] *La Esfera*, 6-V-1916.

[129] «Francia. El arte de mañana», *ABC*, 25-I-1917.

[130] «España. La realidad», *ABC*, 2-IX-1917.

Para Ortega la destitución de Unamuno había subrayado la peligrosa separación del intelectual español de los otros sectores de la población: «La vida del intelectual en España es triste y angustiosa, porque el intelectual carece de tradición, de recursos, de apoyo...» [131] dijo en su discurso durante la reunión organizada en el Café Suizo en Salamanca. Los años de la guerra iban a realzar para él la importancia de «aquellas minorías que gozan en la actual organización de la sociedad del privilegio de ser más cultas, más reflexivas, más responsables...» [132]. Su actividad en la dirección de *España* y *El Sol* confirma esto y las páginas semanales dedicadas a la biología, la medicina, la agricultura y la enseñanza ilustran su deseo de ensanchar el término «intelectual». Esta clase de iniciativa se disocia absolutamente del culto a la acción pregonado por Maeztu: para Ortega esto no era más que un elemento funesto de la tradición española: «Sobre el fondo anchísimo de la historia universal fuimos los españoles un ademán de coraje. Esta es toda nuestra grandeza, ésta es toda nuestra miseria» [133]. No obstante el alto valor de este programa, existía el peligro de crear una élite, una raza de tecnócratas aparte de la sociedad y Unamuno fue de los primeros en señalarlo. Para él «*El Sol*, órgano de la burguesía incipiente, del industrialismo en grande y hasta del competentismo, tiene sus peligros y muy grandes» **(63)**.

Don Miguel y la política local y nacional

No faltan los que atribuyen la entrada de don Miguel en la actualidad política a motivos interesados, es decir, su hostilidad hacia el gobierno que le destituyó. Pero al examinar su periodismo y los discursos de aquellos últimos meses de 1914, nos damos cuenta de que el único discurso pronunciado tuvo lugar en el Ateneo y que, de entre más de 40 artículos, sólo tres se referían al asunto del Rectorado: había además dos breves cartas al *Día Gráfico* y al *Adelanto*. Los temas que le preocupaban entonces eran la guerra europea, el caso de Ángel Revilla y la aparición del libro de Azorín, *Un discurso de La Cierva*. Mientras escribía frecuentemente sobre las conclusiones que se podían sacar de su experiencia, sobre la injusticia de muchas decisiones ministeriales y el ambiente de secreto que reinaba entre las autoridades, sería equivocado afirmar que no hacía más que pensar siempre en su pleito personal.

En cuanto a su actuación en la vida pública está claro que en buena parte se debe a la guerra europea y su apoyo a la causa de los aliados: aparte de su firma en varios manfiestos, hay que señalar su colaboración

[131] *El Adelanto*, 2-XI-1914.
[132] Ortega, *Obras completas*, I, 268.
[133] *España*, 9-IV-1915.

en la acogida prestada a los intelectuales franceses durante su visita a España en 1916, en la formación de la Liga Anti-germanófila en 1917 y la Unión Democrática Española en 1918. Si se negó a acompañar a los intelectuales españoles que visitaron el frente francés en 1916, fue por no tener que pedir permiso a las autoridades pero en 1917, durante los meses de verano, se fue a Italia y sus impresiones fueron publicadas en el periódico bonaerense *La Nación*. La importancia de esta actividad fue reconocida públicamente hacia el fin de la guerra, cuando, el trece de octubre de 1918, se organizó un banquete en Madrid en honor de Unamuno, Galdós y Mariano de Cavia, víctimas de la censura oficial. Sin embargo esta actividad quedó siempre subordinada a su participación en la política nacional. Aunque siempre se había interesado en la vida política salmantina, el que se presentara en varias elecciones nacionales y municipales desde 1914 en adelante puede sorprender algo: amigos suyos ya le habían dicho: «Las águilas no cazan moscas» [134], pero su asociación con la Unión de Ferroviarios, que le habían escogido como uno de sus candidatos, estaba bien establecida. Siendo, como era, su Presidente Honorario tuvo ocasión de encontrarse frecuentemente con ellos para hablarles de forma no oficial en sus reuniones, sobre todo durante estos años. La manera en que aceptó su nominación como candidato en 1915 ilustra perfectamente su actitud con respecto a la participación en las elecciones locales: «Yo tengo como norma de conducta no buscar las cosas ni rehusarlas. Y en asuntos de la naturaleza de éste, es un deber de ciudadanía no negarse a los requerimientos que se nos pueden hacer» [135]. Es decir, la importancia del deber cívico era bastante para superar la repulsión que le producía la política profesional. Por su parte los ferroviarios no tenían la menor duda sobre su futura actuación ni sobre su detestación del tedio burocrático que provocaban en él las reuniones de concejo: «Soy bastante indisciplinado y me alegro de ello. No me he afiliado a ningún partido ni he formado parte de ningún Comité...» [136]. Pero podían contar con un candidato que no se prestaría nunca a cualquier clase de componenda y que dispondría de una tribuna nacional para denunciar la represión de la huelga de 1917 **(51)** y los esfuerzos de los patronos por impedir la formación de las asociaciones obreras **(48)**. En 1917 se presentó de nuevo como candidato de los ferroviarios y en el banquete para celebrar su elección subrayó de nuevo a sus oyentes el personalismo de su acción política: «Mi programa es lo del día, lo del momento» [137]. Su actitud iba a ser siempre igual respecto a las elecciones nacionales para el Congreso de Diputados: a principios de 1918 Araquistain le escribió sugiriéndole que se presentase como candidato republicano

[134] *OC VII*, 908.
[135] *OC VII*, 907.
[136] *OC VII*, 908.
[137] *El Obrero* (Salamanca), 19-XI-1917.

en Bilbao y en el dorso de la carta don Miguel borroneó las palabras de su contestación telegráfica: «Tengo norma ni pretender ni rehusar candidaturas como ésa. Unamuno.» Esto lo hizo saber igualmente a los electores y, si sus comentarios antimonárquicos se acogieron con las «ovaciones indescriptibles» de rigor, no hizo nada para ganar votos y no fue elegido. Al publicarse los resultados el 25 de febrero se comentó su fracaso en las columnas de *El Sol* y la caricatura de Bagaría mostró a Ortega, Baroja y Galdós ecuchando a Unamuno que les decía: «Desengañaos amigos: empeñarse en traer a España la renovación es tan absurdo como poner una tienda de abanicos en el Polo Norte.»

De toda esta actividad lo que resalta claramente es la actitud de reserva, si no de menosprecio, hacia esta forma de compromiso político. No es para extrañarse tampoco el que mostrase poco entusiasmo por las deliberaciones de los concejales en Salamanca: de las seis primeras reuniones después de su elección de 1917, don Miguel no asistió más que a una, dejando estos pormenores a su correligionario, Santa Cecilia. Se ve más claramente su deseo de lanzarse «de hoz y coz» en la actualidad social y política en su trabajo de publicista donde se descubre la verdadera misión de comentar la vida española.

De nuevo cabe preguntarse si se debe o no relacionar sus campañas periodísticas únicamente con su destitución: aquí, un examen del ritmo de sus contribuciones muestra que el estímulo era muy otro, porque, si de septiembre de 1914 hasta septiembre de 1915 escribió unos cien artículos, en 1917, el año de la crisis que tanto preocupó a don Miguel, compuso más de ciento cincuenta. Además de esta indicación, en la correspondencia del Archivo se pueden encontrar cartas de Araquistain, entonces editor de *España*, de Alcalá Mutín de *El Mundo*, de F. Gómez Hidalgo de *El Día*, y de L. Antón de Olmet de *El Parlamentario*, todos ellos pidiéndole artículos. Ya se había comprometido a escribir para *La Nación*, *Nuevo Mundo* y *El Imparcial* desde muy antes de la guerra, así que de ninguna manera se puede afirmar que Unamuno ofreciese sus artículos de periódico en periódico, «con derecho a devolución de cuartillas en el caso de que no agraden», para citar las palabras dedeñosas del cínico Cirici Ventallo escribiendo en el portaestandarte del antiintelectualismo, *El Correo Español*[138].

En cuanto a la motivación más honda, más personal, tal vez el mismo don Miguel, refiriéndose hacia fines de la guerra a los sucesos de agosto y septiembre de 1914, haya resumido mejor que nadie el sentido para él de estos cuatro años: «Hace poco más de cuatro años le desenjaularon al que ahora traza aquí estos comentarios, y al desenjaularle, abriéronle los ojos» **(77)**. Se vio obligado a considerar de nuevo su relación con el

[138] El 5 de julio de 1915.

mundo de fuera, haciendo desvanecer el ambiente de escepticismo que le había caracterizado entre 1911 y 1913. Las referencias a cómo Mazzini pasó de la duda a la acción ocurren más a menudo, puntualizando a la vez el paralelismo que existía entre el escritor italiano y su caso personal: «Pero últimamente, las más de esas dudas se me han ido disipando. Y a raíz de mi reciente conferencia del Ateneo respiré satisfecho, contento de ella, convencido de su eficacia» [139]. El debate sobre la neutralidad española y las repetidas afirmaciones de Unamuno de que la conciencia humana es relacional [140], que los estados, así como los individuos, no pueden formar sus personalidades sino por el contacto con el mundo de fuera, todas estas circunstancias se concertaron para orientarle más abiertamente hacia una mayor intervención en la vida pública. Fue precisamente la introversión de la España neutral, la modorra y perlesía de la opinión pública lo que le convenció de la necesidad de su acción. Tomando el caso de Tolstoy, indicó que sólo un escritor de su estatura era capaz de presentar la historia contemporánea a sus compatriotas, haciendo resaltar su verdadero sentido. Así se resume la función esencial del escritor: «su oficio es dar a los demás la conciencia de sus propios actos» [141].

Pero por más que Unamuno siguió las huellas de Mazzini en su deseo de ver surgir el espíritu de la conciencia nacional, conviene notar que existía dentro de una de sus «yos» una fuerte propensión hacia una participación activa en la vida cotidiana para enriquecer su personalidad, para no cerrar el camino a cualquiera de sus otros «yos» posibles. Al hablar de su «contra-mismo» en 1918, subrayó la necesidad de no dejarse encerrar en la estrechez de la vida académica [142]. Fue en estos términos en los que justificó su candidatura como concejal en 1915: «Me han dicho también que el prodigarme tanto ha de gastarme forzosamente. Pero el vivir es gastarse. Quien no se gasta, no vive y viceversa. Y yo quiero vivir» [143]. De esta manera enuncia la disyuntiva clásica de *La Peau de Chagrin* que más tarde iba a formar el meollo de *Cómo se hace una novela*. Para muchos este conflicto entre interioridad y exterioridad, entre el deseo de extender su personalidad para «ser los otros» y la amarga conciencia de la falta de sustancia y la inconsistencia de su persona, explica la perenne tensión de su vida [144]. Si en 1915 Unamuno aceptó las trágicas implicaciones de la teoría de la vida contenida en *La Peau de Chagrin*, no cesó sin embargo de preocuparse en los años siguientes por los peligros de dejar aniquilar su persona por el mundo de fuera. No es casualidad el que fuera su *alter*

[139] *OC X*, 302.
[140] *Esc IX*, 978-80.
[141] *Esc IX*, 999-1001.
[142] *OC IX*, 79.
[143] *OC VII*, 908.
[144] F. Meyer, *La ontología de Miguel de Unamuno* (Madrid, 1962), p. 69.

ego, Augusto Pérez, quien le dirigiera la siguiente amonestación: «... sé también que estás de tal modo obsesionado por eso de la guerra, que apenas piensas sino en ella, y que casi todo cuanto escribes se te convierte en comentario de la guerra» [145].

Su actividad de publicista amenazaba con agotar sus energías intelectuales llegando a hablar incluso del peligro de venderse, al publicar en 1916 el artículo «El que se vendió» [146]. Su existencia en medio del torbellino de las pasiones políticas iba necesariamente a crear una leyenda que podía ahogar y desfigurar su persona. Analiza esta situación en el artículo «Nuestro yo y el de los demás» donde se presagian muchos de sus escritos de los años de la posguerra: «Porque ese otro yo, el que los demás nos forjan, es nuestro asesino; es el asesino de nuestro verdadero yo... Pero lo peor de todo es dejarte apresar, como don Juan Tenorio lo fue de la estatua pétrea del Comendador, de tu propia estatua...» [147]. Para Unamuno el caso de Romanones ilustra bien este conflicto, ya que al principio de su carrera había sido la esperanza de muchos reformistas liberales, pero se había hundido tanto en la politiquería del turnismo que todo elemento de idealismo había desaparecido, llegando a ser el prisionero de su propia leyenda de duplicidad, de tal manera que en 1917 el público aceptó sin la menor vacilación los rumores sobre su participación en transacciones financieras poco honestas **(25)**.

Frente a tales dudas intentó de vez en cuando escaparse, pensando poder encontrar la tranquilidad física y espiritual en Mallorca en 1916. Resultó imposible: «Pero es inútil huir del mundo si uno se lleva el mundo en sí; de poco o nada sirve refugiarse en un claustro... si se lleva el siglo dentro de sí al claustro» [148]. Este desencanto fue siempre creciendo durante la guerra, reflejándose sin ambigüedad en su correspondencia. Al escribir a Alfonso Reyes el 2 de junio de 1917 examinó su estado de ánimo: «Me voy haciendo incapaz de sonrisa y eso que cada vez me siento más solitario. Sólo la risa plañidera, un doloroso «ricanement» templa mis nervios. Sigo a la busca de un alma, de la mía, que se me escapa y no vislumbro los caminos de mi emancipación» [149]. Onís, escribiendo el 15 de marzo de 1916 a propósito de un posible viaje por América del Sur, se dio cuenta del peligro de dejarle seguir así: «Todos estamos conformes en que este viaje sería enormemente saludable para usted, porque le sacaría del aislamiento en que vive en el que las preocupaciones se convierten en obsesiones y las heridas se enconan» [150]. Si este resentimiento, este sentido de persecución

[145] *OC X*, 335.
[146] *OC IX*, 852-9.
[147] *OC IX*, 899-900.
[148] *OC I*, 751-5.
[149] En *CHA*, XXV, núm. 71 (noviembre de 1955), 159.
[150] Citado en E. Salcedo, *Vida de don Miguel*, 201.

se originó en su destitución, don Miguel siempre lo consideró dentro del contexto más amplio del menosprecio de la España troglodítica hacia los intelectuales. La misma actitud se descubre cuando él examina las relaciones existentes entre políticos y escritores en España: para Unamuno si éstos no querían comprometerse en la vida fue a causa de «la obliteración del sentido de la dignidad personal ajena por parte de los políticos profesionales que no quieren comprender a los Licenciados Vidrieras...» [151].

Muchos escritores de la época se preocuparon de las relaciones entre el intelectual y la clase política y a través de su periodismo Ortega nos ha dejado un análisis muy lúcido de la cuestión. Pero por haber experimentado tan íntimamente la poderosa atracción del compromiso político al igual que sus peligros, por haber podido reflejar tan fielmente dentro de su personalidad esta oposición, don Miguel nos hace comprender mejor que nadie las tensiones de este conflicto.

Unamuno, periodista

Hemos visto que el periodismo formaba tal vez el elemento esencial de los esfuerzos realizados por don Miguel para contribuir a la formación de la conciencia nacional española, lo que consideró siempre como su verdadera misión en la vida política. Sin embargo hay quienes estiman que estos escritos no merecen un examen serio, por tomarlos solamente como una desviación de la verdadera inspiración literaria y filosófica: «Fue toda una tragedia para Unamuno haber distraído los mejores años de su vida (1914-24) con politiquerías intrascendentes... Impidióle la política seguir hurgando en los misterios de la teología...» [152]. Pero el mismo don Miguel siempre subrayó la importancia de este aspecto de su trabajo en todas las épocas de su vida: «Mis cosas son las de la labor literaria y de publicista en que vengo hace años empeñado...» [153]. No era cuestión de idiosincrasia por su parte, sino algo más: ya en 1905 había señalado el deber de cada universitario de participar en esta tarea: «... es preciso hoy en España que el catedrático sea publicista..., lo cierto es que la prensa es hoy el verdadero campo de extensión universitaria; la prensa hoy es la verdadera Universidad popular» [154].

Dada esta preocupación tan seria por su labor periodística, será necesario recoger brevemente los juicios emitidos por Unamuno sobre la prensa, antes de examinar las características de los artículos publicados

[151] *OC XI*, 659.
[152] H. Benítez, «La crisis religiosa de Miguel de Unamuno», *RUBA*, 4.ª época, año III, núm. 9, tomo IV, vol. I (1949), 73-4.
[153] *OC X*, 267.
[154] *OC VII*, 619.

durante la guerra. Si tantas veces insistía sobre «la lengua común, el castellano medio, el lenguaje vivo» [155] era porque consideraba la prensa como casi el único lugar de encuentro entre escritor y público. Esta plena convivencia con sus contemporáneos le era absolutamente necesaria para poder afirmar, desarrollar y modificar sus ideas en su presencia. El aislamiento intelectual era inconcebible para él: «El pensamiento humano, verdaderamente humano, es algo social. El que de un modo o de otro no habla, no se comunica con sus semejantes, tampoco piensa» [156]. Pero aparte esta consideración más general, para Unamuno este diálogo constante con su público tenía el mérito de protegerle de los peligros del turrieburnismo. En 1899, después de exponer todos los prejuicios que su labor periodística pudiera ocasionar a su inspiración literaria, concluye sin embargo de manera más optimista: «¡Y qué cariño se les toma a estos pobres artículos, esparcidos aquí y allá, brotados de la espontaneidad! ¿No serán acaso nuestra más sana obra?» [157]. Se debe subrayar, sobre todo, su manera de calificar estos escritos espontáneos como «sanos»: constituían un desahogo, una ocasión de vaciar el espíritu de sus obsesiones y de evitar que se convirtieran en misantropía. Al final de su vida la conclusión era la misma: «Este ejercicio, a mi modo, del periodismo —o ensayismo periódico— podrá haberme desviado de otra actividad, ¡pero me ha emancipado de tantas cosas!... ¡Libertan tanto ciertas servidumbres!» [158]. Así este estilo tan suyo de escribir «a vuela pluma sobre lo que vaya saliendo» [159] corresponde a su empeño en mantener un contacto libre y abierto con sus lectores. De igual manera su censura a la retórica de los oradores de la Restauración no se origina en consideraciones puramente estilísticas sino en la falsedad que encubría esta retórica. Tales vaciedades sonoras salían naturalmente de «los hueros y los tontos» para esconder su inepcia [160]. La acalorada pasión de muchas de las polémicas de Unamuno no es producto de un defecto involuntario: al contrario, el autor buscaba este tono para mejor reflejar dicha pasión, elemento esencial de la personalidad humana. La fría raciocinación tenía poco que ver con la tumultuosa vida de aquella España que don Miguel estaba comentando: «Mas yo, por mi parte, prefiero errar con pasión a acertar sin ella, mejor calor en las tinieblas que luz entre hielo» [161]. En tales circunstancias, cualquier ser humano debe mostrar la capacidad de indignarse.

Le gustaba a don Miguel contrastar su estilo con el tono impasivo

[155] *OC VI*, 431.
[156] *OC XI*, 766-7.
[157] *OC X*, 80.
[158] «Carta al amigo periodista», *Ahora*, 20-VII-1934.
[159] *OC X*, 103.
[160] *OC XI*, 724.
[161] *OC X*, 277.

de Azorín, pero, a pesar de esto, cabe mencionar que las ideas arriba expuestas pueden aplicarse a varios escritores de la época. Hablando de la manera en que no sólo Unamuno, sino también Baroja y Azorín, rechazaban todo vestigio de la retórica y la sintaxis tradicionalistas, Blanco Aguinaga ha apuntado cómo, en un mundo de valores en plena transición, el escritor que se encerraba dentro de un hueco formalismo no podía comunicar con el público [162]. Para Juana Granados algunas de estas características —«el aspecto conversacional, confidencial, personal, íntimo»— son típicas del ensayista de aquellos años, ya que su obra es un producto fiel de su época: «El ensayo florece en épocas de contraste ideológicos y discordias intentinas por ser el grito apasionado de corazones esforzados y clarividentes» [163].

Todo esto no quiere decir, ni mucho menos, que don Miguel fuera ciego a la inevitable superficialidad de la prensa en la que «se sacrifica todo a la velocidad» y a «la visión cinematográfica e inorgánica» del mundo y de la vida. En varias ocasiones con anterioridad a la guerra había comentado los peligros e inconvenientes que esta tarea lleva consigo; de ahí que en 1911 se hubiera preguntado: «¿Por qué no había yo de callar una temporada, una larga temporada? ¿Por qué no había de interrumpir mi comunicación con el público hasta que un largo, un muy largo silencio me retemplara la fibra...?» [164].

Un poco más tarde, en 1914, confesó a Ilundaín: «Y quisiera poder retirarme del publicismo a tiempo. Dentro de diez años haré los sesenta y para entonces me temo que no escribiré ya sino vaciedades.» En este contexto no estaría fuera de lugar mencionar un comentario de Maeztu en 1909: «Los periodistas somos cabras que nos nutrimos de los brotes jóvenes del alma» [165]. Pero en el caso de Maeztu, el peligro no era tan grande, ya que, como él mismo indicó en 1928, había sido periodista más de treinta y tres años «y nunca pensé hacer otra cosa» [166].

Estas tendencias opuestas en el mismo escritor tuvieron importantes resultados a nivel personal, produciendo a veces una impresión de desdoblamiento: «Había él escrito aquello? ¿Era él el mismo que quien lo escribiera? ¿No habría en él más de un sujeto?» [167]. Para Unamuno estas distintas manifestaciones de la personalidad no iban en absoluto contra la naturaleza: el peligro provenía de la posibilidad de que este «yo» externo ahogase su gemelo más interiorizado. Tal amenaza la experimentó con igual fuerza Azorín cuando declaró: «Mi personalidad ha desaparecido,

[162] En su libro *Unamuno, teórico del lenguaje* (Méjico, 1954), pp. 25-31.
[163] En *Los ensayistas del 98* (Milán, 1964), p. 2.
[164] *OC I*, 617.
[165] Prólogo al libro de A. Arguedas, *Pueblo enfermo* (Barcelona, 1909).
[166] «De un periodista», *La Nación*, 31-I-1928.
[167] *OC III*, 704.

se ha disgregado en diálogos insustanciales y artículos ligeros»[168]. En aquellos años raramente podía don Miguel liberarse de su constante preocupación con la «estatua pétrea» de su leyenda y la honda significación personal de esta situación la expone con aún mayor claridad en su artículo «Proletariado de la pluma», escrito en 1920: «¡Terrible tragedia íntima, la del que ha convertido su nombre en firma y vive de la firma!»[169]. De nuevo las reacciones de Azorín ante el mismo problema pueden iluminar el caso. Escribiendo en agosto de 1917 durante los disturbios de la huelga general, resistió todas las llamadas a comprometerse más activamente, sobre todo en sus artículos para *La Prensa* y *ABC*. Para él, el intelectual periodista gozaba de «escasa consideración», de «menguado crédito» a causa de su tendencia a «mariposear sobre todos los asuntos», y como resultado no hacía más que ofrecerse en espectáculo público. La conclusión de su artículo puede referirse directamente a Unamuno: «Y a un escritor novicio, codicioso de renombre inmediato, se le puede perdonar el alarde continuo de su personalidad; pero tal ostentación es intolerable —y ridícula— cuando el escritor ha avanzado en la vida»[170]. La sola injusticia aquí reside en la inferencia de que don Miguel no era consciente de este peligro. Él solo entre sus coetáneos experimentó con igual fuerza las llamadas del compromiso activo y del recogimiento intelectual. Por contraste, Azorín había eliminado estas dudas por convencerse de la inutilidad de comprometerse con el mundo exterior. Para él, la impersonalidad debía ser la norma del periodista y es precisamente por esto por lo que en sus artículos falta la aguda tensión personal, tan típica de esa época turbulenta de la historia española y que se encuentra a cada paso en los escritos de Unamuno. En el caso de éste, el periodismo no era ningún ejercicio formal: se asocia con ciertos aspectos muy íntimos de su persona y al acercarse a estos artículos de la guerra es necesario guardarse de cualquier juicio simplista, sea positivo o negativo.

Ya hemos indicado que el acrecentado número de sus contribuciones a la prensa durante la guerra no puede atribuirse a su destitución, visto que su trabajo llegó a su cumbre durante los sucesos de 1917. Pero, si esta campaña fue perfectamente sincera, no puede caber duda alguna sobre la

[168] *Antonio Azorín* en *Obras completas* (Madrid, 1947), tomo I, p. 1109.

[169] *OC X*, 457.Se ha preguntado si esa actividad corresponde a motivos económicos. El mismo Unamuno se refiere a esta cuestión en varias ocasiones, por ejemplo en su carta a Ilundain del 16 de enero de 1908, cuando calcula los ingresos de sus artículos: «Espero sacar de tres a cuatro mil duros. Dada la modestia de mi vida, aun teniendo siete hijos, me basta.» *(RUBA*, abril-junio 1949). Si este aspecto tiene su importancia, el ritmo elevado de su periodismo en 1917-18 no se explica por un cambio en su situación material sino por su intensa preocupación por la situación española. De las notas del autor sabemos que por cada artículo recibía 120 pesetas de *La Nación*, 75 de *El Día* y 50 de *España*.

[170] «El periodismo», 4-VIII-1917, incluido en *Ni sí, ni no* (Barcelona, 1965), p. 140.

disrupción que se produjo en su vida diaria: sólo hay que alistar el número de artículos por mes para comprobar esto: 1917, noviembre, diecinueve; diciembre, diecisiete; 1918, enero, veinte; marzo, veintiuno; abril, dieciocho; mayo, dieciocho. Legendre descubrió el resultado de esta situación al escribirle para saber si había terminado *El Cristo de Velázquez*. Resumió sus impresiones de la manera siguiente: «Il y avait, en apparence, divorce entre l'auteur et son oeuvre de prédilection... tout le temps que pouvait lui laisser son enseignement était pris par la polémique qui était sa guerre» [171]. Naturalmente, la guerra no podía menos que hacerle aún más consciente de las lacras de la prensa ya señaladas. Consideraba la ola de reportajes del frente como literatura de ocasión, obra de escritores profesionales que tenían que mandar sus impresiones en el acto, «sin dejarlas madurar en el recuerdo» [172]. Dado el ritmo de sus propios artículos no puede sorprender el que a veces cayese en el mismo error, comentando aspectos de la actualidad sin trascendencia alguna y despertando de nuevo sus temores a disipar sus energías creadoras en trivialidades: «Así, a nosotros se nos cae cansada la mano sobre estas páginas de nuestros comentarios, porque pensamos que el suceso, fresco y palpitante de vida, de actualidad de hoy no será más que un lejano recuerdo mañana... Tan de prisa se vive hoy; es decir, tan de prisa se envejece» **(79)**. De esta forma se explica su constante lucha para descubrir el sentido de la actualidad, «arrancando ideas... al suceso del día» [173]. Manifestando la misma obsesión que algunos miembros de su generación sobre la transitoriedad de la vida y de las instituciones humanas intentaba hacer saltar «la chispa duradera del pedernal de la actualidad» [174], buscando la eternización de la momentaneidad y la continuidad de la existencia humana.

A través de este examen de los sucesos de cada día se pueden ver esbozados principios o líneas maestras. Tal vez el ejemplo más evidente sea su preocupación por el autoritarismo, encarnado entonces, a su manera de ver, por los Poderes Centrales y que consideraba como un nuevo brote del ordenancismo de los habsburgos. Una y otra vez iba a repetir los versos de Hernando de Acuña:

> Una grey y un pastor solo en el suelo.
> un monarca, un Imperio y una espada [175].

Sólo con repasar los títulos de algunos de los artículos se nos revela el propósito: «La inquisición germánica», «La trágica vanidad tudesca».

[171] «Don Miguel de Unamuno», *Revue des Deux Mondes*, XCII année, Tome IX (el primero de junio de 1922), 680-1.
[172] *OC VII*, 375-6.
[173] *OC VIII*, 962.
[174] G. de Torre, «Unamuno y la literatura hispanoamericana», *CCU*, XI, 7.
[175] *OC VII*, 351.

Así, su polémica contra la monarquía no se limitó a Alfonso XIII a quien consideró sólo como el último heredero de una tradición funesta [176], sino que, ampliando el horizonte de sus referencias al hablar de aislamiento de España de los países europeos en guerra, compara a España a una misión del antiguo Paraguay [177], y su gobierno a un grupo de bonzos habitando las llanuras tibetanas **(46)**. La historia y literatura clásicas le proporcionan igualmente la oportunidad de ensanchar las perspectivas de sus comentarios: o dicho de otra manera con las palabras de García Blanco: «Muy típico de este acercamiento de Unamuno al mundo helénico es lo que llamaríamos la actualización de sus temas, el buscarles un sentido contemporáneo...» [178]. En su mayor parte, estas referencias a la literatura clásica sirven para contrastar un mundo ideal con las sórdidas consideraciones que influían en la formación de la opinión nacional durante la guerra. Esta oposición nos hace pensar en una huida azorinesca hacia los siglos pasados para escaparse de las presiones de su época: leamos por ejemplo el comienzo de su artículo «Sobre la tragedia del Príncipe Constante»: «No ya sólo para descansar del tumulto de impresiones y expresiones que nos trae la trágica historia presente, la de la guerra actual, sino hasta para digerirlas, no hay nada mejor que acudir a la historia pasada» [179]. Pero siempre se evidencia su propósito de colocar los sucesos en un fondo histórico más vasto para resaltar su verdadero sentido, permitiendo así a sus lectores una mayor comprensión de la personalidad nacional.

Las creaciones satírico-novelescas

Los artículos que describen sus impresiones en el frente italiano muestran cómo la proximidad de los sucesos estorba el desarrollo natural de sus ideas y comentarios. Valle-Inclán había experimentado estas dificultades durante su visita a los ejércitos aliados en 1916 y en las primeras páginas de *La media noche* deplora la imposibilidad de alejarse lo suficiente para obtener una visión más completa: «Era mi propósito condensar en un libro los varios y diversos lances de un día de guerra en Francia... Yo, torpe y vano de mí, quise ser centro y tener de la guerra una visión astral, fuera de geometría y de cronología, como si el alma, desencarnada ya, mirase a la tierra desde su estrella. He fracasado en el empeño...» [180]. Para don Miguel

[176] Ver «El entendimiento menudo de un déspota», *El Sol*, 19-V-1918 y «Bastante listo», *Mercantil Valenciano*, 30-VI-1918.

[177] *OC VI*, 336.

[178] *En torno a Unamuno* (Madrid, 1965), p. 100. Sobre este tema, ver la selección de artículos en *OC VIII*, 859-85.

[179] *OC VIII*, 1059.

[180] *La media noche. Visión estelar de un momento de guerra* (Madrid, 1917), pp. 5-8.

cierta libertad imaginativa le era necesaria para poder escapar de estas limitaciones, logrando así penetrar más profundamente en el tema propuesto al elaborarlo dentro del contexto de una creación alegórica al estilo de Larra en «El mundo todo es máscaras». Es precisamente en este tipo de sátira donde Unamuno se revela mejor como «acre censor» de la vida nacional y su admiración por Antero de Quental indica tal vez la manera en que concebía su trabajo como publicista: «... Antero se me aparece como un terrible profeta, vocero de todo un pueblo... Debajo de toda la podredumbre política, protegida acaso por ella, palpita una fatídica sabiduría, la conciencia dolorosa que es ilusión el motor de la civilización humana» [181]. El solemne tono sentencioso se sitúa dentro de una tradición nacional y don Miguel nos recuerda voluntariamente su parentesco con Quevedo al principio de la guerra al citar los versos de la *Epístola al Conde Duque de Olivares:* «¿Siempre se ha de sentir lo que se dice? ¿Nunca se ha de decir lo que se siente?» [182]. Que Unamuno se sirva de estas cortas creaciones novelescas para presentar sus ideas es completamente natural, siendo esto para Julián Marías una de las características principales de su obra: «... al creer que la razón no es vital, sino lo contrario, anti-vital y enemiga de la vida..., tiene que hacer un nuevo intento de penetrar su secreto, y ésta es la novela» [183]. En los artículos de esta época se encuentran numerosos ejemplos de cuentos en embrión donde se satirizan igualmente hombres e instituciones. El tema bien conocido de la charca «palúdica» de la vida nacional reaparece en el artículo «Batracópolis» [184] y en otro de 1917, «Batracófilos y batrocófobos» [185], donde castiga el debate estéril entre germanófilos y germanófobos. En la misma categoría se debe incluir «La revolución de la biblioteca de Ciudámuerta» [186] y «La ciudad procesional» [187]. Pero no cabe duda de que algunas de las mejores composiciones se inspiran en imágenes o alegorías en las que se desarrollan las comparaciones, burlescas, satíricas y crueles a la vez. La referencia al libro octavo de la *Eneida* en el artículo «Viva Cataluña» **(46)** le permite ridiculizar las moribundas instituciones castellanas que, a los ojos de Unamuno, escribiendo durante los momentos más graves de 1917, amenazaban con ahogar el pujante vigor regionalista. Aún más vigoroso es el artículo «Las dos muletas turnantes» **(35)** en el que el Rey se nos aparece como un paralítico apoyándose en las muletas de los partidos turnantes. La fuerza de

[181] M. Laranjeira, *Cartas. Prefacio e cartas de Miguel de Unamuno* (Lisboa, 1943). Carta del 9 de julio de 1908.

[182] *OC IX*, 805.

[183] *Miguel de Unamuno*, 3.ª edición (Madrid, 1960), p. 68.

[184] *OC XI*, 649-54.

[185] *OC IX*, 267-72.

[186] *OC IX*, 279-83.

[187] *OC XVI*, 840-3.

la sátira se deriva de la precisión de los detalles que corresponden a la realidad constitucional: el penoso cambio de muleta o partido, el difícil equilibrio entre el paralítico y sus cortos báculos, la poca sustancia de las muletas carcomidas, llenas de composturas y pegadizos. Otras posibilidades similares quedan solamente esbozadas: la comparación entre los germanófilos, partidarios del culto alemán de la disciplina, y una raza de eunucos **(19)** —tema que iba a asumir una gran importancia en la composición de *Abel Sánchez*— o la presentación del partido liberal como un «cadáver que hiede» **(40)** y del gobierno como una compañía teatral [188].

Otros aspectos estilísticos

Ya nos hemos referido al gusto de don Miguel por la frase o giro original que muchas veces iba a transformarse en el título de un artículo como en el caso de «La triste paz de la mujer estéril» [189], que adaptó de una poesía de Maragall, o «La humanidad y los vivos», que Unamuno opuso al culto tradicional de «la tierra y los muertos», fórmula tomada por Azorín de Mauricio Barrès [190]. Hacia el fin de su vida el propio Unamuno confesó que en sus lecturas estaba constantemente buscando expresiones originales de este tipo para desarrollar mejor su sentido en sus artículos: «De mi cuadernito de notas, frases, giros, aforismos, etc., voy a sacar unos cuantos para componer —improvisando la composición, no su contenido un ensayo...» [191]. Su satisfacción al encontrar la formulación sucinta de una idea provocadora queda de manifiesto en su comentario sobre una frase del escritor argentino, Almafuerte, «las liturgias de la higiene»: «Eso de las liturgias de la higiene es un hallazgo, un verdadero hallazgo» [192].

De sus lecturas durante la guerra podemos encontrar muchas veces la inspiración para el título de un artículo: así en el libro de Chesterton: *Letters to an Old Garibaldian* subrayó la frase «Against this preposterous Prussian upstart we have not only to protect our unity; we have even to protect our quarrels» [193] —aforismo que apareció poco después en el artículo «Protejamos nuestras discordias» [194]. Otro artículo, «La crueldad disciplinada» se origina en la frase «keine zuchtlose Grausamkeit», subrayado en el libro de Pierre Northomb, *Les Barbares en Belgique* [195]. Exami-

[188] «Comentario», *El Día*, 25-III-1918.
[189] *OC V*, 666.
[190] *OC V*, 394.
[191] Carta a G. de Torre el 7 de enero de 1936, publicada en *In*, núms. 216-217 (noviembre-diciembre de 1964).
[192] *Iberia*, 13-V-1916.
[193] (Londres, 1915), p. 43.
[194] *Esc IX*, 1269-75.
[195] (París, 1915).

nando sus acotaciones en muchos otros libros se puede notar otros giros que le habían llamado la atención, por ejemplo, de la novela de Barbusse, *Le Feu:* «Deux armées qui se battent, c'est commê une grande armée qui se suicide»[196], o de *1914 and Other Poems* por Rupert Brooke los bien conocidos versos iniciales:

> If I should die, think only this of me
> That there's some corner of a foreign field
> That is forever England.[197]

Por lo que se refiere al ritmo de la prosa, encontramos siempre la soltura que para don Miguel era la esencia del periodismo. Lo que él mismo llamó «la sintaxis de la pasión» se evidencia en muchos de estos escritos, pero tal vez nunca tan abiertamente como en algunos de los «Comentarios» en *El Día.* A menudo hay un elemento importante de improvisación, que no debe considerarse solamente como una tentativa de reproducir el tono de la lengua hablada, sino el resultado del peso de su obligación constante para con el público. Así, empieza un discurso en Salamanca el 6 de marzo de 1915 diciendo a sus oyentes que «carecía en absoluto de preparación» y en una situación parecida, lo que siguió se limitó naturalmente a un monodiálogo basado en las ideas que le preocupaban en aquel momento con los aforismos y giros que acababa de formular. Esta manera de componer sus escritos sale a la luz cuando es posible seguir el trabajo del autor desde su primer borrador primitivo. Buen ejemplo de esto es el artículo escrito en francés para Romain Rolland como parte del movimiento de protesta organizada contra la guerra en 1914 **(2)**. En el dorso del sobre de la carta de Romain Rolland don Miguel hizo las notras siguientes:

> Materialistas, saduceos, técnicos.
> Maestros — catedráticos.
> Kathedermilitarismus.
> Werther — pedantería.
> águila que cacarea.
> Kultur.

Vemos cuajarse en forma de artículo una serie de conceptos fijos: las ideas son las que había venido repitiendo en la prensa y en sus discursos de aquellos meses: su aversión a los que mantenían que la guerra surgió de un conflicto económico, a los que admiraban la técnica alemana, el dogmatismo germano que hasta se manifestaba en la táctica militar, rasgo esencial de la pedantería de la «Kultur», tal como la concebía don Miguel.

[196] (París, 1916), p. 362.
[197] (Londres, 1917).

Finalmente encuentra la imagen para terminar su artículo, el águila que cacarea.

No es necesario señalar los peligros de su tarea diaria: don Miguel los conocía bien. Repasando los artículos de la época, comparándolos y siguiendo su composición se pueden separar muchos que no son sino una ligera variación sobre un tema original. Pero después de este examen nos queda un número extraordinario de artículos que reflejan todas las facetas de la vida nacional y las pasiones del momento.

La injuria personal

La violencia verbal, los improperios lanzados por don Miguel son características bien conocidas de sus polémicas y Fernández Almagro ha mostrado hasta dónde pudo llevarle esta tendencia durante la Dictadura: «Don Miguel perdió los estribos hasta caer en chabacano «panfletarismo». Terrible riesgo el del periodismo de ciegas ofensivas: degradarse hasta la injuria personal» [198]. A nivel personal sus campañas tenían tres blancos principales: Romanones, Dato, y, hasta cierto punto, el Rey, aunque en el caso de éste su obsesión contra la monarquía iba a revelarse más ampliamente en los años posteriores. Por lo que se refiere a los jefes políticos se nota en seguida que estaban ambos implicados en el asunto del Rectorado, pero si esto explica su violencia al comparar el partido de Romanones con un «cadáver que hiede» o una «montaña de carroña» moral, no hay que olvidar la precisión con que don Miguel analizó las causas de la caída del gobierno Romanones en 1917 **(31)**. El caso de Eduardo Dato es más interesante a causa de la diferencia de temperamento entre Unamuno y la figura repulida y algo reservada del jefe conservador, diferencia que no dejó de envenenar su disputa y que se asoma claramente en una carta dirigida a don Miguel en 1920: «La pasión, Sr. Unamuno, oscurece las más grandes inteligencias y Vd. está apasionado. De otras apreciaciones que hace Vd. en su carta no puedo ocuparme porque me falta tiempo para la polémica. Si tuviera ocasión... de hablar con Vd. no me sería difícil refutarlas» [199]. A pesar de haber sido Dato presidente del Consejo en el momento de la destitución de Unamuno, no empezó la verdadera polémica entre ellos antes de 1917, cuando en medio de la crisis se llamó a Dato para salvar el país. Poner así las esperanzas en el símbolo más claro de la ineficacia gubernamental provocó una explosión apopléctica de ira en don Miguel que se refleja bien en su «Comentario» en *El Día* el 31 de julio de 1917 **(44)** al asaltar a «el Metternichillo ese de las rizosas

[198] «Unamuno, periodista», *ABC*, 27-IX-1964.
[199] En el Archivo de la Casa Rectoral.

canas-vaselina ponzoñosa, figurín de sociólogo de salón»[200]. La violencia de la invectiva se debe aquí sobre todo a su desesperación ante la vetustez de la clase política y su hostilidad al turnismo que, como siempre, don Miguel personificaba en individuos concretos.

Si cedía frecuentemente a estos estallidos coléricos no hay que concluir que era insensible a las cuestiones personales. Hablando en Salamanca en 1916 contó un incidente en que se había dejado llevar por su temperamento en un conflicto con un catedrático de reputación apacible: «Aquella tarde me separé de él sintiendo haberle dicho lo más de lo que le dije. Cosa, por lo demás, que me pasa muchas veces y con muchos»[201]. ¿Cuáles eran, pues, las causas de estas irupciones? No existe una respuesta simple a esta pregunta: él mismo había observado en el artículo «Mal consejero, el odio»[202] cómo el carácter obsesivo del odio se asemejaba a la envidia y se revelan aquí hondas resonancias personales. Por otra parte cabe señalar su pasión por la verdad, la expresión directa y la creencia que «la moderación en el lenguaje no puede ser otra cosa que la de ajustarlo a la expresión de la verdad»[203]. De la misma manera, para don Miguel la fría observación se parecía demasiado a la introversión o la indiferencia y en el caso de la contienda europea era esencial comprometerse sin reservas. Una vez más la posición de don Miguel se aclara al compararla con la impersonalidad de Azorín: escribiendo éste en *ABC* el cuatro de agosto de 1917, declaró: «La impersonalidad debe ser la norma del periodista. Y con la impersonalidad, el cuidado en huir de quimeras, contestaciones y reyertas.» Unos días más tarde, el 21 de agosto, en el mismo periódico, parece establecer un paralelo entre Unamuno y él mismo. Hay periodistas, dice, que son «líricos, brillantes, enfáticos, ingeniosos, prendados de la paradoja y de la agudeza; otros, fríos, sobrios, sin brillanteces de estilo, sin alardes de novedades peregrinas». Pero la diferencia no se limita, como afirma Azorín, al aspecto estilístico: por aquel entonces Azorín se había rigurosamente retirado de la vida pública y del compromiso con el debate sobre las instituciones españolas. Por estas razones el periodismo de don Miguel tiene infinitamente más valor para la comprensión de la época.

La eficacia de su periodismo

Sería posible sacar conclusiones muy negativas a este respecto si se limitara uno a enjuiciar estos artículos desde un punto de vista puramente político. Sobre su discurso del Mitin de Izquierdas Juan Lacomba ha citado

[200] *OC X*, 412.
[201] *OC VII*, 917.
[202] *Esc IX*, 996-8.
[203] «La conspiración gubernamental del silencio», *Mercantil Valenciano*, 28-IV-1918.

un valioso testimonio de la época: «Don Miguel de Unamuno lanzó un buen parlamento, bien pensado y trabajado, pero a mi parecer pesado e impropio, y en general no conmovió a las masas.

»La figura de don Miguel de Unamuno... pareció fuera de lugar. Su sitio no estaba en la plaza de toros»[204]. Como ya hemos notado arriba no buscaba encasillarse en la política: su misión era muy otra. Igualmente, desde el punto de vista estilístico estos escritos no tienen pretensiones literarias a pesar de la acerba penetración de sus sátiras. Él mismo subrayó siempre la orientación de esta tarea: comentar la actualidad, indicar el sentido de los hechos y despertar a sus compatriotas, inspirando una conciencia nacional, un espíritu de ciudadanía. Así se explica por qué tantos editores pedían sus contribuciones, por qué recibía tanta correspondencia (cuidadosamente guardada en el Archivo de la Casa Rectoral) de sus lectores. De la lectura de esta correspondencia se ve que los jefes políticos seguían de cerca su periodismo: cuando atacó a Romanones el 19 de enero de 1916[205], éste le contestó inmediatamente en una carta personal para explicar su actuación. Santiago Alba mostró también un gran respeto hacia «su pluma tajante»[206] y entre sus admiradores más devotos no hubo nunca la menor duda en cuanto a la eficacia de su trabajo como publicista. Pérez de Ayala le escribió así el 15 de septiembre de 1915: «Creo sinceramente que su palabra, su sanción es la de mayor gravedad y autoridad hoy en España»[207]. Si don Miguel sabía captar la esencia de las reacciones de importantes sectores de la opinión española, no debemos limitar nuestro juicio a los aspectos externos de los años de la guerra. De manera más duradera ilustra la dicotomía experimentada por tantos intelectuales del siglo XX entre el compromiso político y la preservación de la integridad personal y artística.

Conclusiones

Al llegar al fin del estudio de la obra de don Miguel durante estos años podemos sacar una conclusión muy cierta: su preocupación no fue tanto por la guerra europea en sí, sino por las presiones ejercidas en la sociedad española, y el valor de sus escritos no cae en el dominio de la interpretación exacta de la política española, sino en sus esfuerzos en concienciar a sus compatriotas de los graves problemas que les acuciaban.

Más importante aún, hemos querido mostrar la imposibilidad de catalogar su obra en géneros literarios estrictamente definidos. No puede uno

[204] *La crisis española de 1917*, 74.

[205] «La lógica de la derrota», *El Liberal* (Bilbao).

[206] Carta del 28 de enero de 1916 en el Archivo.

[207] Carta del Archivo.

limitarse al examen de las novelas, de las piezas de teatro y las poesías para captar la esencia de su obra. Hay que abarcar toda su creación literaria, su trabajo como publicista, sus lecturas, su correspondencia, los borradores, notas y cuadernos de apuntes, para seguir la evolución de su pensamiento, para descubrir la multiplicidad de las facetas de su talento y la manera en que su inspiración brotó de una gran variedad de fuentes, tanto internas como externas. En el artículo «Sobre la elaboración de *Abel Sánchez*» [208] hemos mostrado la interpenetación de estas corrientes y cómo la novela se origina igualmente en aspectos hondamente arraigados en su personalidad, en las experiencias y el ambiente de los años de la guerra.

Como hemos visto hay quienes sugieren que a causa de esta actividad Unamuno dispersó sus energías creadoras, pero esto es desconocer la alta significación que la tensión entre individuo y sociedad ha representado para los intelectuales y hombres de letras en el siglo XX y que se refleja tan claramente en don Miguel debido a su personalidad tan singular y a las circunstancias que rodearon su vida en la España de aquellos años.

[208] *CCU*, XXII (1972).

APÉNDICE

Lista de las publicaciones periodísticas de Unamuno desde el primero de agosto 1914 hasta el treinta y uno de diciembre 1918

Esta lista incluye los discursos recogidos en la prensa pero no los nueve prólogos escritos durante los años de la guerra que figuran en el tomo séptimo de las *Obras completas*, ni el prólogo a la traducción del libro de G. K. Chesterton, *Sobre el concepto de la barbarie* (Barcelona, 1915).

Existen grandes lagunas en las colecciones de la prensa de la época tanto en Madrid como en Londres y París, por lo que evidentemente la lista no puede ser completa. La mayoría de los artículos no recogidos en las *Obras completas* se conservan en el Archivo de la Casa Rectoral en forma de recortes. Sin embargo, esta última colección es incompleta y la lista que sigue incluye un buen número de artículos adicionales. En el caso de recortes de periódicos poco conocidos no siempre ha sido posible verificar sus fechas. Uno o dos pequeños errores de fecha en la *Obras completas* han sido corregidos.

Los artículos publicados en las *Obras completas* (1958) se aparecen bajo la abreviatura *OC*, seguida por el número del tomo y de la página. Los que figuran en el Tomo IX de la edición Escelicer (Madrid, 1966) se indican con la abreviatura *Esc IX*, seguida por el número de la página.

Los artículos todavía no recogidos se señalan con un asterisco, seguido por una abreviatura, indicando el periódico en que aparecieron. En muchos casos el mismo artículo solía publicarse en más de un periódico. Así, los que aparecieron en el *Mercantil Valenciano* fueron, de vez en cuando, reproducidos en *La Lucha* (Barcelona) y los de *La Publicidad* bien en *El Liberal* (Bilbao) o en *El Eco* (Las Palmas). Siempre que ha sido posible, la referencia a dichos artículos remite al periódico que las publicó primero. Quiero agradecer al profesor Louis Urrutia que me ha indicado los nueve artículos de *La Voz de Guipúzcoa* y los tres artículos de *Le Soleil du Midi.*

ABREVIATURA:

A	*Los Aliados*
Ad	*El Adelanto* (Salamanca)
BE	*Boletín Escolar* (Madrid)
CA	*Colección Ariel* (San José, Costa Rica)
D	*El Día*
DG	*El Día Gráfico*
E	*España*
Esf	*La Esfera*
FL	*Filosofía y Letras* (Madrid)
H	*Hermes*
His L	*Hispania* (Londres)
His P	*Hispania* (París)
I	*El Imparcial*
Ib	*Iberia*
L	*El Liberal*
MV	*El Mercantil Valenciano*
N	*La Nación* (Buenos Aires)
NG	*Nuovo Giornale* (Florencia)
NM	*Nuevo Mundo*
O	*El Obrero*
P	*La Publicidad*
Pa	*El Parlamentario*
S	*El Sol*
Se	*La Semana* (Madrid)
SM	*Le Soleil du Midi* (Marsella)
So	*El Socialista*
VC	*La Veu de Catalunya*
VG	*La Voz de Guipúzcoa*

1914

Agosto

1	«Un nuevo libro inglés sobre España», *OC VIII*, 746-51.
12	«Sobre el profesionalismo político», *Esc IX*, 1241-5.
13	«El automóvil y el arado romano», *OC XI*, 324-8.
29	«Español-portugués», *OC VI*, 722-7.
29	«El deporte tauromáquico», *OC XI*, 918-22.

1914 (continuación)

Septiembre

2 «Primera visión europea del Japón», *OC VIII*, 1048-53.
4 * Carta al Director, *Ad.*
6 «Disociación de ideas», *OC VI*, 551-8.
6 * Carta al Director, *DG.* **1**
7 «Eruditos, héruditos, hheruditos», *OC VI*, 559-63.
12 «De la confianza ministerial», *Esc IX*, 952-5.
19 «Coimbra», *OC I*, 727-34.
19 «Venga la guerra», *Esc IX* 965-7.
26 * «Un documento», *DG.*

Octubre

3 «El político impuro», *Esc IX*, 956-8.
3 * «El perfecto erudito», *DG.*
9 * Carta a Romain Rolland, 10ieme *Cahier Vaudois*, 1914. **2**
10 «El aprovechamiento del listo», *OC IX*, 802-5.
12 «Elocuencia y poesía», *OC XI*, 759-62.
14 «El inglés y el alemán», *OC VI*, 728-36.
17 «Notabilísima ilustración», *Esc IX*, 962-4.
17 «La calle de don Juan López Rodríguez», *OC VI*, 564-7.
24 «La nube de la guerra o la Helena de Eurípides», *OC VIII*, 859-63.
28 «Un extraño rusófilo», *Esc IX*, 1246-51.
30 «Ubermensch», *OC VIII*, 1095-9.
31 «¿Bárbaros? ¿Pedantes?», *OC IX*, 806-10.

Noviembre

2 * Discurso en el Café Suizo, Salamanca, *Ad.* **3**
3 «Grandes, negros y caídos...», *OC V*, 737-40.
7 «La sugestión académica», *OC VI*, 568-71.
7 «Pequeña confesión cínica», *OC X*, 289-93.
9 «El mejor público», *OC IX*, 811-16.
14 «El ajedrez y el tresillo», *OC IX*, 817-21.
17 «¿Qué libro mío prefiero?», *OC X*, 294-8.
21 «El cuarto Juan y la última España», *OC XI*, 329-33.
22 * «La mentira como arma de combate», *DG.*
23 «Aquiles, Ayas y Hércules», *OC VIII*, 864-8.
25 Conferencia: «Lo que ha de ser un Rector en España», *OC VII*, 853-83.
27 «El célebre Benítez», *OC XI*, 334-8.

1914 (continuación)

28 «Orgullo o vanidad», *Esc IX*, 968-71.
29 «A propósito de la catedral de Reims», *Esc IX*, 1252-7.
30 * Discurso en un banquete, *VG*.

Diciembre

3 * «¡Investigación!», *DG*. **4**
4 * «No sé escribir papeles», *L*.
5 «Papeletas a la alemana», *Esc IX*, 972-4.
6 * «Franco-Alemania», *DG*.
12 * «Indiscreciones», *NM*.
19 «Comentarios a un libro», *Esc IX*, 975-7.
26 «¡Qué piensen! ¡Que piensen!», *OC X*, 299-303.
28 «Catón de Utica y Lucano de Córdoba», *OC V*, 136-41.
29 «¡El estilo kolossal!», *OC XI*, 763-5.
31 «Strauss y Renan», *Esc IX*, 1257-62.

1915

Enero

1 «España-1915», *OC XI*, 353-6.
2 «Deber cívico», *Esc IX*, 978-80.
4 * «La señora no quiere libros», *DG*.
4 «La humanidad y los vivos», *OC V*, 394-402.
6 «La personalidad frente a la realidad», *Esc IX*, 1263-8.
10 «Algo sobre parlamentarismo», *OC V*, 403-12.
11 «Mazzini al pie del torreón de las Ursulas», *OC XI*, 348-52.
15 «Sobre el gran Roque Guinart y su imperio», *OC IX*, 822-6.
16 «La inquisición germánica», *Esc IX*, 981-3.
23 «La fuerza de la opinión», *Esc IX*, 984-6.
30 «Tecnicismo y filosofía», *Esc IX*, 987-9.

Febrero

1 «Filósofos del silencio», *OC XI*, 603-8.
1 «Sobre el regionalismo español», *OC XI*, 357-61.
5 * «Después de la paz», *E*.
8 «Una conversación con don Fulgencio», *OC IX*, 827-31.
13 «Sobre el quijotismo de Cervantes», *OC V*, 741-5.

1915 (continuación)

19 * «Contribución a la psicología del hombre de orden», *E.* **5**
27 «Hispanofilia», *Esc IX*, 990-2.
27 «Salvar el alma en la historia», *OC XI*, 953-62.

Marzo

1 «¡Ensimísmate!», *OC IX*, 837-42.
1 * «Pelicularidad», *His L.*
6 * «Juicios sobre la Kultur», *VG.*
7 «Leyendo a Maragall (I)», *OC V*, 646-55.
8 * Conferencia en el Centro Ferroviario de Salamanca, *Ad.*
8 * «El heroísmo de un alfil», *I.*
10 «Más sobre el célebre Benítez», *OC XI*, 344-7.
11 * Discurso en la Federación Obrera, Salamanca, *Ad.*
15 «La santidad inconsciente», *OC IX*, 832-6.
19 * «La noluntad nacional», *E.* **6**
21 «Protejamos nuestras discordias», *Esc IX*, 1269-75.
22 * «Empleo de pasión», *I.* **7**
22 «Leyendo a Maragall (II)», *OC V*, 655-65.
27 «Hacer política», *OC IX*, 843-7.
28 «La guerra y la vida de mañana», *Esc IX*, 1276-81.
29 «Libertad bien entendida», *OC VIII*, 940-5.

Abril

1 * «Prudentes y sencillos», *His L.*
5 «Ni lógica, ni dialéctica, sino polémica», *OC IV*, 1116-20.
10 «Iberia», *OC VI*, 737-40.
12 * «Pointilleux et ombrageux», *I.*
22 «Castelar», *OC X*, 304-8.
23 * «Retórica profético-apocalíptica», *E.*
24 «La organización de Europa», *Esc IX*, 1282-8.
26 «Heráclito, Demócrito y Jeremías», *OC IX*, 64-9.

Mayo

«La guerra y los niños», *OC X*, 309-13.
1 «Roque Guinart, cabecilla carlista», *OC V*, 746-9.
1 * «La unidad del pueblo de presa», *His L.*
5 «Algo sobre Nietzsche», *OC VIII*, 1100-9.
8 Conferencia «Lo que puede aprender Castilla de los poetas catalanes», *OC VII*, 884-906.

1915 (continuación)

8 «Mal consejero, el odio», *Esc IX*, 996-8.
10 «Frente a los Negrillos», *OC I*, 735-9.
14 * «El turno de la Cancillería. Maura-Venizelos», *E.*
24 «Sobre el paganismo de Goethe», *OC VIII*, 1110-20.
30 * «De Valladolid», *DG.*

Junio

1 * «¡Hay que vivir!», *His L.*
5 «La triste paz de la mujer estéril», *OC V*, 666-70.
8 «La plaga del normalismo», *OC VIII*, 496-505.
18 * «Sobre el tema de un gobierno nacional», *E.* **8**
19 «Idea y acción», *Esc IX*, 999-1001.
20 «El egoísmo de Tolstoi», *OC VIII*, 1145-9.
25 * «En el mayor de los ridículos», *E.* **9**
26 * «Neutralidad», *Ib.* **10**
30 «El caso de Italia», *Esc IX*, 1289-95.

Julio

1 * «Carboneros troglodíticos», *His L.*
2 * «El por qué de la crisis», *E.*
3 «Un tonto a sabiendas y a queriendas», *OC V*, 413-7.
6 * «Hace falta un hombre», *DG.* **11**
6 * «Manifiesto de los intelectuales españoles», *VG.*
16 «¡El español... conquistador!», *OC IV*, 1121-8.
17 «Sobre el destino», *Esc IX*, 1002-4.
19 «El diputado modelo», *OC VIII*, 679-82.
24 «Don Catalino, hombre sabio», *OC IX*, 229-33.
24 «Algo sobre la civilización», *Esc IX*, 1296-1302.
29 * «A la *Revista Cristiana*», *E.*

Agosto

1 * «Un alegato catalógico», *His L.*
6 «Los límites cristianos del nacionalismo», *Esc IX*, 1303-9.
7 «El dolor de pensar», *OC X*, 314-8.
10 * «Contra la germanía nacional», *VG.*
13 «Ingenio tauromáquico», *Esc IX*, 1005-7.
22 * «Nuestros tontos», *DG.* **12**
25 «Mis paradojas de antaño», *OC X*, 319-23.
27 «Es para volverse loco», *Esc IX*, 1008-10.
30 «Nuestros pedagogos», *Esc IX*, 1310-16.

1915 (continuación)

Septiembre

		«Pepachu», *OC X*, 324.	
2	*	«Sobre eso de la unanimidad», *E.*	
5		«Mameli y Korner», *Esc IX*, 1317-23.	
12		«Más sobre los pedagogos», *Esc IX*, 1324-30.	
13	*	«La dependencia de la clase media», *VG.*	
16	*	«La clase media», *E.*	**13**
17		«Leyendo a Lucano», *OC V*, 120-31.	
17		«Deporte y literatura», *OC XI*, 362-5.	

Octubre

4		«Morirse de sueño», *OC V*, 132-5.
7	*	«Ante la tumba de Alba», *E.*
13	*	«Mon souvenir de Marseille», *SM.*
20		«Las dos nubes», *Esc IX*, 1331-7.
23		«Recuerdos entre montañas», *OC X*, 329-32.
25	*	«Judas y el cirineo», *I.*

Noviembre

8	*	«La cruz de hierro de la guerra», *I.*	**14**
9		Discurso con motivo de haber sido presentado candidato a concejal del Ayuntamiento de Salamanca, *OC VII*, 907-10.	
11	*	«Sur le latinisme espagnol», *SM.*	
12	*	Discurso-Mitin electoral en la Federación Obrera, Salamanca, *Ad.*	
12		«La fuerza del idealismo», *OC VIII*, 1121-32.	
12		«Pensar con la pluma», *OC XI*, 766-71.	
21		«Una entrevista con Augusto Pérez», *OC X*, 333-43.	
22	*	«Gedeón», *I.*	

Diciembre

13	«El Quijote de los niños», *OC V*, 750-5.
24	«Sobre la necesidad de pensar», *OC IX*, 848-51.
25	«Consideraciones lingüísticas sobre el éxito», *Esc IX*, 1338-44.
27	«De la insubordinación en la conciencia», *Esc IX*, 1345-51.
29	«¿La guerra hace valientes?», *Esc IX*, 1352-8.

1916

Enero

1 «El padrino Antonio», *OC IX*, 234-41.
1 «El hacha mística», *OC IX*, 242-5.
8 «Homo hominis canis», *Esc IX*, 1017-19.
10 «De un provinciano a otro», *OC X*, 415-19.
16 «De relaciones hispano-americanas», *OC VIII*, 506-17.
17 «En el Museo del Prado», *OC XI*, 615-9.
18 * «L'Unité morale de l'Europe», *SM*.
19 * «La lógica de la derrota», *L*.
24 «De las tristezas españolas: la acedía», *OC IV*, 1129-35.
24 «La evolución del Ateneo de Madrid», *OC X*, 344-54.
25 «La soledad de los muertos políticos», *Esc IX*, 1020-22.
30 «Divagaciones de Navidad», *Esc IX*, 1359-65.
31 «Nuestra egolatría de los del 98», *OC V*, 418-25.

Febrero

5 «El abogado del Leviatán», *Esc IX*, 1023-5.
6 * «L'organizzazione d'Europa», *NG*.
12 «Lo de Gibraltar», *Esc IX*, 1366-72.
17 * «Ese público», *E*.
25 «La victoria metafísica», *OC XI*, 366-70.
26 «¿Gramática oficial?... ¡No!», *OC VI*, 582-7.

Marzo

Discurso en la velada en memoria de don Luis Rodríguez Miguel, *OC VII*, 911-18.
«Don Bernardino y doña Etelvina», *OC IX*, 246-53.
7 «El que se vendió...», *OC IX*, 852-9.
9 «Un relato de cautividad», *Esc IX*, 1373-81.
15 «¡Hay que ser justo y bueno, Ruben!», *OC VIII*, 518-23.
22 «Eso de la ligereza francesa», *Esc IX*, 1382-8.
25 * «El manifiesto germanista de los intelectuales españoles», *Ib*.
25 «En la paz de la guerra», *OC IX*, 860-5.

1916 (continuación)

Abril

8 «Tuvo un gesto», *OC XI*, 371-4.
10 * «El alma y el estado», *DG*. **15**
14 «Oración», *OC IX*, 866-9.
29 «Nada de pretensiones», *OC X*, 355-67.
29 «Cambio de productos literarios», *OC VIII*, 524-30.

Mayo

* «Discípulos y maestros», *FL*. **16**
1 * «Las ranas pidiendo diputados», *O*.
4 * «¡... y aquí no ha pasado nada!», *DG*. **17**
5 * «Camarrupadas pedagógicas», *NM*.
10 «De la correspondencia de Ruben Darío», *OC VIII*, 531-45.
11 * «Trabajo perdido», *E*.
12 «Sobre los imponderables», *Esc IX*, 1389-97.
13 * «Las liturgias», *Ib*.
20 * Discurso: «La espiritualidad francesa», *Ad*.
23 * «¡Todo lo hace el garbanzo!», *DG*.
25 * «La paz de la neutralidad pedagógica», *E*.
27 «Batracópolis», *OC XI*, 649-54.
30 «Improperios troglodíticos», *Esc IX*, 1398-1405.

Junio

«Contestación a una pregunta», *OC X*, 368-72.
9 «El deber y los deberes», *OC XI*, 375-80.
25 «Mi fracasado viaje a esa Argentina», *Esc IX*, 1406-12.
25 * «¿Cómo y cuándo ganó Vd. su primera peseta?», *So*.

Julio

7 «El morillo al rojo», *OC X*, 373-8.
12 «Nuestra quisquillosidad», *Esc IX*, 1413-21.
24 «Huitzilipotzli y Chimalpopoca», *OC VI*, 867-72.
26 «La politiquería picaresca», *Esc IX*, 1422-29.

Agosto

1 «Paz armada y guerra inerme», *Esc IX*, 1430-38.
2 * «El liberalismo de Ginesillo de Pasamonte», *VC*.
6 «De Salamanca a Barcelona», *OC I*, 740-50.

1916 (continuación)

7 «Los olivos de Valldemosa», *OC I*, 765-70.
7 * «Hablando con don Miguel de Unamuno», *P*.
14 * «El cetro estéril», *I*. **18**
15 «Guerra y milicia», *Esc IX*, 1011-16.
18 * «Cansera oficial», *P*.
18 «El castellano de Mosén Alcover», *OC VI*, 741-5.
19 * «Una paradójica hipótesis sociológica sobre la causa de la guerra actual», *Ib*. **19**
21 * «Más de la guerra civil», *DG*. **20**
21 «Arte y naturaleza», *OC IX*, 870-5.

Septiembre

4 «Junto a la cerca del Paraíso», *OC IV*, 1136-40.
6 «En la calma de Mallorca», *OC I*, 751-64.
9 «Estética política», *OC IX*, 876-80.
17 * «Matar la eternidad», *DG*.
18 * «Con Don Quijote en Sigüenza», *I*.
24 «Diccionario diferencial catalán-castellano», *OC VI*, 746-51.

Octubre

1 «La córnea imaginación de la 'afición'», *OC XI*, 923-7.
2 «Escritores y políticos», *OC XI*, 655-60.
14 «Los hijos espirituales», *OC IX*, 254-60.
15 «Mendacidad», *OC XI*, 381-6.
15 * «La afición guerrera española», *P*.
19 * «Es el ábrego», *E*.
23 * «Bibliotecas para analfabetos», *I*.
28 «Leonor Teles, flor de altura», *Esc IX*, 1439-43.

Noviembre

1 * «Holgazanería política», *P*.
3 «En la isla dorada (I)», *OC I*, 771-81.
9 «En la isla dorada (II)», *OC I*, 781-91.
9 * «La fisiología parlamentaria», *E*. **21**
12 «Hindenburg según el general A. E. Turner», *Esc IX*, 1444-8.
13 * «Luis Bello, diputado por la prensa», *P*. **22**
23 * «O milicia o carrera», *E*.
24 «Sobre la tolerancia del juego de azar», *Esc IX*, 1026-9.
27 «La neutralidad de Hefesto», *OC VIII*, 869-75.

1916 (continuación)

Diciembre

1	*	«Costa y Camo», *P.*	
2	*	«Comentario», *D.*	
3		«La superstición militarista», *Esc IX*, 1449-53.	
7	*	«Panterre», *E.*	
8	*	«Comentario», *D.*	
13	*	«Pesimismo», *P.*	
15	*	«Comentario», *D.*	**23**
17	*	«Los dos negocios» (I), *VG.*	
18		«La Torre de Monterrey a la luz de la helada», *OC I*, 792-8.	
19	*	«Los dos negocios» (II), *VG.*	
20		«Horror a la historia», *Esc IX*, 1454-8.	
21	*	«Comentario», *D.*	**24**
22	*	Conferencia en Eibar, *VG.*	
24		«Italianos y españoles en el Renacimiento», *OC V*, 146-53.	
26	*	«Comentario», *D.*	
31	*	«La trágica vanidad tudesca», *P.*	

1917

Enero

		«La soledad de la España castellana», *OC IV*, 1141-8.	
1		«La decadencia hispano-italiana», *OC V*, 154-62.	
2	*	«Comentario», *D.*	
3		Conferencia: «Autonomía docente», *OC VII*, 918-42.	
4	*	«Las bibliotecas populares», *E.*	
9	*	«Comentario», *D.*	**25**
16	*	«Comentario», *D.*	**26**
22		«Un caso de longevidad», *OC IX*, 261-6.	
23	*	«Comentario», *D.*	
28		Discurso en la comida anual de la revista *España*, *OC VII*, 943-57.	
29		«Vascuence, gallego, catalán», *OC VI*, 752-8.	
29		«La traza cervantesca», *OC V*, 756-63.	
30	*	«Comentario», *D.*	

Febrero

		«Españolidad y españolismo», *OC IV*, 1154-9.
2		«El frío de la Villa-Corte», *OC VIII*, 546-51.
5		«Otra vez Brand», *OC IX*, 70-5.

1917 (continuación)

6 «De nuestra Academia otra vez», *OC VI*, 572-6.
10 * «Treitschke sobre España», *P.* **27**
13 «Recuerdos de don Francisco Giner», *OC V*, 426-31.
15 * «En torno de la guerra: Profesionalismo anti-patriótico», *E.*
16 «Juego limpio», *OC XI*, 387-92.
18 «Una plaga», *Esc IX*, 1459-63.
19 * «Fatalidad de la victoria germánica», *P.*
20 * «Comentario», *D.*
24 «Batracófilos y batracófobos», *OC IX*, 267-72.
26 «La vida es sueño», *OC V*, 163-71.
27 «Don Silvestre Carrasco, hombre efectivo», *OC IX*, 273-8.

Marzo

1 * «El alboroque de la paz ajena», *E.*
2 «El encanto de la servidumbre», *Esc IX*, 1030-33.
6 * «Comentario», *D.*
6 «En un lugar de la Mancha...», *OC XI*, 393-8.
13 * «Para alusiones: España y Treitschke», *D.*
14 «Pío Cid sobre la neutralidad», *OC V*, 432-8.
18 «Calderón y el ingenio español», *Esc IX*, 1464-9.
19 * «Soliloquio de un neutro: Pequeño ensayo de filosofía cínica», *I.* **28**
20 * «Comentario», *D.*
22 * «Emigración espiritual», *P.* **29**
23 «Vida, guerra, alma e ideas», *OC IX*, 881-6.
25 * Llamamiento a la sección de San Sebastián de la Liga Antigermanófila, *VG.*
27 * «Comentario», *D.*

Abril

3 * «La oleada europea», *P.*
3 * «Comentario», *D.*
4 * Entrevista con Unamuno, *Ad.*
6 «Borrow y la xenofobia española», *OC VIII*, 752-7.
9 * Carta al Director, *Ad.*
10 * «Comentario», *D.* **30**
13 * «Reflexiones sobre el pueblo en armas», *P.*
19 * «Traidores», *MV.*
20 «De los recuerdos de la vida de Cajal», *OC V*, 439-44.
21 * «Patriotismo negativo», *P.*
29 * «Habilidosidades políticas», *MV.* **31**

1917 (continuación)

Mayo

3	*	«Cacería de moscas», *P.*	**32**
6		«Sobre un pasaje de Cobbett», *OC VIII*, 758-65.	
11	*	«El tesón de Constantino», *MV.*	
14		«El zorillismo estético», *OC V*, 172-9.	
15	*	«Comentario», *D.*	
16	*	«Cambio de constitución», *P.*	
17		«Sobre el arte de la historia», *OC VIII*, 952-9.	
18		«La hermandad hispánica», *OC VIII*, 552-4.	
18	*	Discurso en la Sociedad Benéfica: «Los Hijos del Trabajo», *Ad.*	
21		«Las coplas de Calaínos», *OC V*, 180-6.	
22	*	«Responso», *D.*	
23		«Ni envidiado ni envidioso», *OC IV*, 1160-4.	
28	*	Discurso-Mitin de las izquierdas, Madrid, *P.*	**33**
29	*	«Satisfacción», *D.*	

Junio

1		«Los Jelkides», *OC VI*, 764-9.	
7	*	«Deber de España para con Portugal», *E.*	
10	*	«Influencia y favoritismo. El pronunciamiento de la autoridad militar», *P.*	
12	*	Entrevista con Unamuno, *Ad.*	
12	*	«Comentario», *D.*	**34**
12		«El juego y la guerra», *Esc IX*, 1470-4.	
17	*	«La organización del descontento», *P.*	
17	*	«Las dos muletas turnantes», *MV.*	**35**
19	*	«El canto del gallo», *D.*	**36**
22		«Artículos y discursos», *OC V*, 900-4.	
24	*	«La ironía del destino», *MV.*	**37**
24		«La crueldad disciplinada», *Esc IX*, 1475-9.	
25	*	«La democracia es publicidad», *P.*	
26	*	«Comentario», *D.*	**38**

Julio

2	*	«¿Qué pasa en España?», *MV.*	**39**
6		«Ángeles y microbios», *OC IX*, 887-92.	
6		«Fisiocracia y mercantilismo», *OC XI*, 399-404.	
7	*	«Cadáver que hiede», *P.*	**40**
8	*	«Isto é uma piolheira», *MV.*	**41**

1917 (continuación)

9 «¡Vivir para ver!», *OC XI*, 405-10.
10 * «Comentario», *D*. **42**
12 * «Hierocardiocracia», *P*. **43**
15 * «El principio de autoridad», *MV*.
16 «El sentimiento de la existencia histórica», *OC VIII*, 960-4.
30 «La liga anti-germanófila española», *Esc IX*, 1480-4.
31 * «Comentario», *D*. **44**

Agosto

«La labor patriótica de Zuloaga», *OC XI*, 609-14.
3 «El fanático y el escéptico», *OC VIII*, 965-70.
3 * «Separatismo oficial», *P*. **45**
4 * «¡Viva Cataluña!», *MV*. **46**
6 «La contemplación vegetativa», *OC V*, 445-50.
9 * «Renovación-revolución», *P*.
9 * «En las afueras de la corte», *E*.
10 «El secreto y la mentira», *Esc IX*, 1034-7.
12 * «La sombra de conciencia de Dato», *MV*.
13 «La muerte de Jorge Fraginals», *OC V*, 671-6.
27 * «Comentario», *D*. **47**

Septiembre

3 * «¡A comer papel! (Al señor Ministro de Hacienda)», *D*.
4 «La fábula de Menenio Agripa», *OC VIII*, 876-80.
9 * «¡En mi casa hago lo que quiero...!», *MV*. **48**
10 «Ignacio Manuel de Altuna», *Esc IX*, 1485-9.
10 * «Comentario», *D*. **49**
28 «La revolución de la biblioteca de Ciudámuerta», *OC IX*, 279-83.

Octubre

2 «El momento histórico español», *Esc IX*, 1490-4.
11 * «Comentario», *D*.
19 * «Comentario», *D*. **50**
22 «De vuelta de Italia en guerra. I. ¿Qué hace España?», *OC X*, 379-84.
24 «De vuelta de Italia en guerra. II. Una nación joven», *OC X*, 384-9.
25 * «Comentario», *D*.
25 * «En Salamanca: Notas de un testigo», *E*. **51**
31 * «Programas y gritos», *P*.

1917 (continuación)

Noviembre

3 * «Comentario», *D.* **52**
4 * «Guillermín», *MV.*
4 * «Pocilga de circo», *P.*
9 * «Comentario», *D.* **53**
12 «Algo de historia», *Esc IX*, 1495-9.
13 * «El juramento del Sr. Rodés», *MV.*
14 «Maquiavelo o de la política», *OC VIII*, 689-93.
15 * «El pseudo problema regionalista», *P.* **54**
16 * «Ni indulto, ni amnistía, sino justicia. Si yo fuese rey», *D.*
16 «Sobre exámenes y reválidas», *Esc IX*, 1038-40.
18 * «Hay que despertar a Segismundo», *MV.*
19 * Discurso en el banquete en la ocasión de su elección como concejal, *Ad.*
25 * «Comentario», *D.*
25 * «Desvergonzadamente ramplones», *MV.*
26 * «La amnistía: una carta de Unamuno», *P.*
29 * «Las subsistencias espirituales», *P.*
30 «Vida e historia», *OC V*, 451-55.

Diciembre

1 * «Comentario», *D.*
2 «El talento de hacer artículos», *OC IX*, 893-7.
7 «Confesión de culpa», *OC X*, 393-6.
9 «Nuestro yo y el de los demás», *OC IX*, 898-902.
9 * «Política nacional atudescada», *MV.* **55**
9 * «¡Ay de la Turquía de Occidente!», *P.* **56**
11 «Sobre la bancarrota del socialismo», *Esc IX*, 1500-4.
12 * «Comentario», *D.*
16 * «La última cruzada», *MV.*
16 «Glosa a un pasaje del cervantino Fielding», *OC V*, 764-8.
17 * «Responso», *D.* **57**
18 «Una visita al frente italiano», I, II, *Esc IX*, 1505-13.
23 «Conversación», *OC IX*, 903-6.
25 * «Comentario», *D.*
25 «Una visita al frente italiano», III y IV, *Esc IX*, 1514-24.
27 * Conferencia en el Ateneo, *E.*
28 «Nacionalismo separatista», *OC XI*, 411-14.
29 * «Comentario», *D.*
«Algo sobre la desdeñosidad», *OC VIII*, 683-8.
«Los salidos y los mestureros», *OC IV*, 1149-53.

1918

Enero

	*	«L'Envie et la germanophilie espagnole», *His P.*	**58**
	*	«Ante el Íñigo del Pintor Salaverría», *H.*	
1	*	«Política y elecciones», *MV.*	**59**
4	*	«Comentario», *D.*	
4		«La religión civil del erizo calenturiento», *Esc IX*, 1041-3.	
6		«Paisajes del alma», *OC I*, 851-4.	
10	*	«¿Qué es reinar?», *E.*	
11	*	«Comentario», *D.*	
12	*	«Sobre el clasificacionismo», *BE.*	
13		«Daoiz y Velarde», *OC IX*, 907-11.	
14	*	«Tiranía y despotismo», *MV.*	**60**
15		«Por tierras isabelinas», *Esc IX*, 1534-8.	
16	*	«Ni ganas», *P.*	**61**
18	*	«Comentario», *D.*	**62**
20	*	«Renovación española», *MV.*	
20		«La sombra de Sagasta», *OC X*, 397-401.	
22		«Una visita al frente italiano», V y VI, *Esc IX*, 1525-33.	
22	*	«Comentario», *D.*	
25		«Reflexionemos», *Esc IX*, 1044-6.	
26	*	«Comentario», *D.*	
27	*	«La heredada incondicional lealtad», *MV.*	**63**

Febrero

	*	«Europa, América y Germania», *Ib.*	
1	*	«Comentario», *D.*	
3		«Arabescos en torno del cetro», *OC V*, 972-6.	
4	*	«Comentario», *D.*	**64**
8		«La firma», *OC VI*, 577-81.	
9	*	«Comentario», *D.*	
10	*	«Asesinofilia», *MV.*	
10		«El hombre de la mosca y el del colchón», *OC V*, 982-6.	
13	*	«Comentario», *D.*	
17	*	Discurso al ser proclamado candidato de las izquierdas, Salamanca, *S.*	
17	*	«Ante las elecciones», *MV.*	
17		«Más sobre el hombre de la mosca», *OC V*, 987-91.	
25	*	«Comentario», *D.*	

1918 (continuación)

Marzo

1		«El megaterio redivivo», *OC VI*, 339-43.	
1	*	«Cuestión de método», *MV*.	
3		«Intermedio lingüístico», *OC VI*, 589-92.	
3		«Con el alma desnuda», *OC IX*, 912-16.	
5		«Las Indias occidentales y la Europa asiática», *Esc IX*, 1539-43.	
6	*	«Comentario», *D*.	
9	*	«Comentario», *D*.	
10	*	«¿Qué es ser político de oficio?», *MV*.	**65**
10		«El contra-mismo», *OC IX*, 76-80.	
11		«Para los jóvenes», *OC IX*, 917-8.	
12	*	«Comentario», *D*.	
16		«Sobre el supuesto fracaso de la Internacional», *Esc IX*, 1544-8.	
19	*	«Comentario», *D*.	
22		«¡Res=nada!», *OC V*, 992-6.	
25	*	«Comentario», *D*.	
26	*	«Política parlamentaria», *P*.	
28	*	«Un problema de honor», *MV*.	
29	*	«Comentario», *D*.	
29		«Concepción idealista de la historia», *Esc IX*, 1549-54.	
29		«Artemio, heautontimoróumenos», *OC IX*, 284-8.	

Abril

1	*	«Comentario», *D*.	
2	*	«¡Toma y daca!», *MV*.	
3	*	«En 1918 como en 1874. La santa división del 2 de mayo», *L*.	**66**
5	*	«Comentario», *D*.	
7	*	«La aquendidad política», *MV*.	**67**
9	*	«Comentario», *D*.	
10	*	«Ofensiva germanizante en España», *P*.	
14	*	«La cruz de la guerra», *MV*.	
14	*	«Comentario», *D*.	
19	*	«Los señoritos de cuota», *P*.	
19		«Doña Felipa de Lancaster», *OC VIII*, 1054-8.	
19		«La Universidad de Depung», *OC VIII*, 766-70.	
20	*	«Comentario», *D*.	
21	*	«España es patria y no patrimonio», *MV*.	**68**
26		«El último viaje de Ulises», *OC X*, 402-5.	
28		«Sobre una obra filosófica del Sr. Sánchez de Toca», *OC V*, 456-60.	
28	*	«Comentario», *D*.	
28	*	«La conspiración gubernamental del silencio», *MV*.	

1918 (continuación)

Mayo

«La obra de arte de Adolfo Guiard», *OC X*, 589-96.
1 * «Dos de mayo de 1874», *So*.
3 * «El programa en lápiz y los ases del gobierno», *P*.
5 * «La tasa de la renta», *MV*.
9 * «Comentario», *D*.
12 * «Hay que esperar», *P*.
12 * «A propósito de la fiesta del 1.º de mayo», *MV*. **69**
13 * «Comentario», *D*.
17 «La nostalgia del ser», *OC VIII*, 971-4.
18 * «Comentario», *D*. **70**
19 * «Más sobre la amnistía», *MV*.
19 * «El entendimiento menudo de un déspota», *S*.
24 * «Comentario», *D*.
24 «La ciudad procesional», *OC XVI*, 840-3.
26 * «¡Oh! La hidalguía española», *MV*.
28 * «Comentario», *D*. **71**
31 «Del patrimonio irreligioso», *Esc IX*, 1555-9.
31 «¡Qué tedio!», *OC XI*, 415-8.

Junio

«Nicolás de Achúcarro», *OC X*, 622-6.
3 * «Sobre un caso deplorable», *MV*.
5 * «Imparcialidad e irresponsabilidad», *P*.
9 * «La anarquía reinante», *MV*.
14 * «La bolsa política española», *P*.
14 «Sancho Pança», *OC VIII*, 771-4.
16 «Glosas a Jeremías», *OC VIII*, 881-5.
16 * «Una terrible ley natural», *MV*. **72**
21 «En el país sin nombre», *OC IX*, 919-22.
23 * «La sórdida colaboración», *MV*.
30 * «Bastante listo», *MV*.

Julio

2 * «La consigna de la España oficial», *P*.
5 «La hermandad futura», *OC X*, 406-9.
7 * «Hasta inteligente», *MV*. **73**
10 «Sobre la tragedia del Príncipe Constante», *OC VIII*, 1059-66.
14 * «¡Abajo lo existente!», *MV*.

1918 (continuación)

15		«Los Caños de Bilbao en 1846», *OC X*, 617-21.	
17	*	«¡Al fin nación!», *P.*	
19		«El demonio de la política o la tragedia de Cánovas del Castillo», *OC V*, 461-4.	
21	*	«Los reyes quieren ser engañados. Doña Isabel de Borbón y Borbón la abuela», *MV.*	
24	*	«La loca y el hermoso», *P.*	
25	*	«Para la calle y como en la calle», *E.*	
25		«Por el pueblo serbio», *Esc IX*, 1560-4.	
28	*	«El epílogo de la guerra. En fin del patrimonialismo», *MV.*	

Agosto

	*	«La guerra de Italia», *Ib.*	
1	*	«Un recuerdo», *E.*	**74**
3	*	«Glosando la historia '... Aquel imposible coloso...'», *P.*	
4	*	«El sueño de un romántico alemán. El rey de Novalis», *MV.*	
6		«¡Protegida, jamás!», *Esc IX*, 1565-8.	
8	*	«El hapsburgianismo jesuítico español», *E.*	
9		«Fantasía de una siesta de verano», *OC XI*, 419-22.	
11	*	«Nuestros ratones bidimensionalistas», *MV.*	
14	*	«El salto en las tinieblas», *P.*	
15	*	«Del despotismo en la envilecida España», *E.*	**75**
18	*	«El caso Márquez: Propensión a la pública notoriedad», *MV.*	
22	*	«El mitin anti-hapsburgiano», *P.*	
22		«El jubileo de la Gloriosa», *OC X*, 410-4.	
23		«Abraham Lincoln y Walt Whitman», *OC VIII*, 1161-4.	
25	*	«Libertad es una palabra viva: Viva la libertad», *MV.*	

Septiembre

6		«Eruditos, ¡a la Esfinge!», *OC V*, 997-1001.	
8	*	«Obra a realizar: Romper caminos», *MV.*	
11	*	«Iglesia y patria», *P.*	
17	*	«Las hazañas de Ballesteros. España una gran timba», *MV.*	
18	*	«El entontecimiento de España», *P.*	
22	*	«Los censores: El suizo Schiller», *MV.*	
26	*	«La libertad a la fuerza», *P.*	**76**
27	*	«Comentario», *D.*	**77**
29	*	«Dogmática troglodítica», *MV.*	
30		«Secretos encantos de Bilbao», *OC X*, 597-601.	

1918 (continuacio)

Octubre

4		«Fecundidad del aislamiento», *OC IX*, 81-5.	
4	*	«Comentario», *D*.	
6	*	«El humorismo de un corresponsal. La gracia de la Pantera», *L*.	
11	*	«Comentario», *D*.	
13	*	«Traidores», *MV*.	
17		«Cosas de libros», *OC VI*, 593-8.	
18		«Principio de dolores de parto», *Esc IX*, 1050-2.	
18	*	Una carta de Unamuno, *Pa*.	
18	*	«Comentario», *D*.	
19	*	Discurso en el banquete del semanario *Los Aliados*, *A*.	
20	*	«La última vileza», *MV*.	
20	»	«Pasó el Emperador», *P*.	
25	*	«Comentario», *D*.	
25		«Cánovas del Castillo y la ambición política», *Esc IX*, 1569-72.	
26		«Nuestra leyenda negra», *Esc IX*, 1573-6.	
28	*	«Mazzini y la república», *P*.	

Noviembre

	*	«La anglofobia española», *Ib*.	
1	*	«Comentario», *D*.	
1		«Majaderos que no majan», *OC IX*, 923-6.	
7	*	«La más alta indisciplina», *P*.	
8	*	«Comentario», *D*.	
10	*	«Los dogmas en entredicho», *MV*.	**78**
15	*	«Comentario», *D*.	**79**
15	*	«Nuestro armisticio», *P*.	
22	*	«Comentario», *D*.	
22		«Un pueblo gaseoso», *Esc IX*, 1053-5.	
24	*	«Y del poder temporal ¿qué?», *MV*.	
25	*	«La Marsellesa y la Marcha Real», *P*.	

Diciembre

		«Leopoldo Gutiérrez Abascal», *OC X*, 627-31.	
1	*	«Comentarios a unos 'Comentarios'», *MV*.	
5	*	«El cadáver del reino de España», *P*.	
6		«Espiritualidad de la conciencia colectiva», *Esc IX*, 1056-8.	
15	*	«Dícese...», *MV*.	
22	*	«Vecindad, naturaleza y aboriginalidad», *MV*.	
29	*	«Ni Portugal ni Cataluña», *MV*.	
31	*	«Se elige patria», *P*.	**80**

BREVE BIBLIOGRAFIA

A. Correspondencia

De las muchas colecciones de la correspondencia de Unamuno ya publicadas, las siguientes contienen cartas escritas durante la época 1914-18:

Carta a Ramón de Basterra (20-VI-1917) en *La poesía y el pensamiento de Ramón de Basterra* (Barcelona, 1941), 178.

Cartas a Jacques Chevalier (15-III-1915), *Pages Actuelles de la Guerre*, núm. 26 (1915).

«Cartas inéditas de Miguel de Unamuno y Pedro Jiménez Ilundaín», *RUBA*, IV ép., año III, núm. 9, tomo IV, vol. 1 (enero-marzo de 1949), 89-179 y núm. 10, tomo IV, vol. 2 (abril-junio de 1949), 473-525.

Cartas inéditas de Miguel de Unamuno. Recopilación y prólogo de Sergio Fernández Larraín (Santiago de Chile, 1965).

«M. de Unamuno y J. Ortega y Gasset: Epistolario», *RO*, año II, 2.ª ép., número 19 (octubre de 1964), 3-28.

«Unamuno y Francia. Dos cartas inéditas», *In.*, núms. 216-7 (noviembre-diciembre de 1964).

«El escritor mejicano Alfonso Reyes y Unamuno», *CHA*, XXV, núm. 71 (noviembre de 1955), 155-79.

Carta a R. Rojas (26-II-1916) en M. García Blanco, *América y Unamuno* (Madrid, 1964), 306-8.

Miguel de Unamuno-Luis de Zulueta, *Cartas 1903-1933* (Madrid, 1972).

B. Borradores

En lo que se refiere a borradores de obras literarias, ver el artículo «Sobre la elaboración de *Abel Sánchez*». En el Archivo existen igualmente borradores de ciertas cartas escritas por Unamuno (parecidas a los publicados por Turin en *Miguel de Unamuno, Universitaire* (París, 1962). Los siguientes corresponden a los años de la guerra: S. Alba (30-IV-1914); R. Brandão (19-I-1918); G. Beccari (30-III-1915); E. Dato (sin fecha pero refiriéndose a su destitución del Rectorado); R. Menéndez Pidal (2-VI-1915); A. Revilla (26-X-1914 y 7-IV-1917); F. de los Ríos (25-V-1915) y los profesores del Claustro (31-I-1918).

C. Cartas dirigidas a Unamuno

Entre las cartas dirigidas a Unamuno durante la Guerra Europea y conservadas en el Archivo, se destacan las siguientes: S. Alba, A. Alcalá Mutín, G. Alomar, Melquiades Álvarez, L. Antón del Olmet, L. Araquistain, J. Castillejo, A. Castro, J. Chevalier, M. B. Cossío, E. Dato, M. Domingo, A. Farinelli, P. Iglesias, R. Johannet, R. Lafont, S. de Madariaga, R. de Maeztu, R. Menéndez Pidal, G. Miró, J. Montaner, P. de Mugica, F. de Onís, E. D'Ors, J. Ortega y Gasset, R. Pérez de Ayala, S. Ramón y Cajal, A. Revilla, Romain Rolland, Conde de Romanones, R. del Valle-Inclán, J. Veira Martínez, L. de Zulueta.

D. La biblioteca personal de Unamuno

De los libros de su biblioteca anotados personalmente, los siguientes se refieren particularmente al tema de este estudio:

N. Angell, *La Grande Illusion* (París, sin fecha).
H. Barbusse, *Le Feu* (París, 1916).
R. Brooke, *1914 and other Poems* (Londres, 1917).
G. K. Chesterton, *Letters to an Old Garibaldean* (Londres, 1915).
E. Demolins, *En qué consiste la superioridad de los anglo-sajones* (Madrid, 1899).
E. Faure, *La Sainte Face* (París, 1918).
R. Johannet, *Le Principe des nationalités* (París, 1918).
P. Northomb, *Les Barbares en Belgique* (París, 1915).
C. Péguy, *De la situation faite au parti intellectuel dans le monde moderne* (París, 1906).
P. Saint Yves, *Les Responsabilités de l'Allemagne dans la Guerre de 1914* (París, 1915).
A. Suarès, *Péguy* (París, 1915).
— *La Nation contre la race* (París, 1917).
G. Sorel, *Considerazioni sulla violenza* (Bari, 1909).
P. Villari, *Le Invasione barbariche in Italia* (Milán, 1920).

E. Obras generales

La obra periodística de otros escritores de la época constituye la fuente más importante en cuanto al ambiente intelectual, social y político de estos años. Es de lamentar que en los raros casos en los que se ha pretendido publicar en forma de libro tales artículos no todos hayan sido incluidos y la selección ha sido arbitraria, sobre todo en el caso de Azorín. Para los artículos de Azorín ver *ABC*, *Iberia* (Barcelona) y *La Prensa* (Buenos Aires). Para los de Maeztu ver *La Correspondencia de España*, *La Esfera*, *España*, *El Heraldo*, *El Liberal*, *Nuevo Mundo* y *La Prensa* (Buenos Aires).

Para los de Ortega ver *El Día*, *España*, *Hermes*, *El Imparcial*, *El Sol* y *Summa*. Para los de Pérez de Ayala ver *España*, *El Imparcial*, *Nuevo Mundo* y *La Prensa* (Buenos Aires).

A. Alcalá Galiano, *La verdad sobre la guerra* (Madrid, 1915).
— *España ante el conflicto europeo, 1914-15* (Madrid, 1916).
— *El fin de la tragedia: La «Entente» victoriosa y España neutral* (Madrid, 1919).
R. Altamira, *La guerra actual y la opinión española* (Barcelona, 1915).
F. Anaya Ruiz, *Lo que interesa a España de la guerra mundial* (Madrid, 1918).
M. André, «La Propagande germanophile en Espagne», *L'Information*, 6-III-1915.
— *La Catalogne et les Germanophiles* (Barcelona, 1916).
Anón., «L'Esprit public et la situation en Espagne», *Le Correspondant*, 10-X-1915 y 25-X-1915.
L. Araquistain, *Polémica de la Guerra, 1914-15. Los orígenes, hombres e ideas* (Madrid, 1915).
L. Arnould, «Le Duel Franco-Allemand en Espagne», *Pages Actuelles*, número 59 (París, 1915).
M. Azaña, *Obras completas* (Méjico, 1966-8), 4 tomos.
— «Nuestra misión en Francia», *OC I*, 116-29.
— «Los motivos de la germanofilia», *OC I*, 140-57.
P. Baroja, *Nuevo tablado de Arlequín* (Madrid, 1917).
— *Momentum catastrophicum. Los mitos de los adiadófilos* (Madrid, 1919).
M. Barrès, *L'Ame française et la guerre*, vol. III, *La Croix de guerre* (París, 1916).
J. Becarud, *Miguel de Unamuno y la segunda República* (Madrid, 1965).
B. Bertrand, «Mon enquête en Espagne», *RDM*, XXXI (15-I-1916), 241-80.
C. Blanco Aguinaga, «Escepticismo, paisajismo y los clásicos: Azorín o la mistificación de la realidad», *In*, núm. 247 (junio de 1967).
— «*Authenticity* and the Image» en *Unamuno, Creator and Creation* (Ed. Rubia Barcia y Zeitlin), 48-71.
V. Blasco Ibáñez, «Le Monde espagnol et la France», *Pages d'Histoire*, número 76 (París, 1914-15), 41-70.
— «Le Monde espagnol et la guerre», *Renaissance politique, littéraire et artistique* (1-V-1915).
— «La Guerre», *Revue Bleue*, LIII, année No. 22 (13-XI-1915 - 20-XI-1915), 545-9.
— *Historia de la guerra europea de 1914* (Valencia, 1914-19).
G. Bleiberg y E. Inman Fox (Ed.) *Pensamiento y letras en la España del siglo XX* (Nashville, 1966).
J. Bois, «L'Espagne et la guerre», *RH*, XXIV année No. 10 (6-III-1915), 22-43.
J. Camba, *Alemania. Impresiones de un español* (Madrid, 1916).
— *Londres. Impresiones de un español* (Madrid, 1916).
S. Canals, «La crise espagnole», *Le Correspondant*, 10-XI-1917 y 25-XI-1917.

Marqués de Casa Fuerta, «Francophiles et germanophiles en Espagne. La question de Gibraltar», *La Revue*, CXIII núm. 19 (1-X-1915 y 15-X-1915), 267-83.

H. Cenamor Val, *Los españoles y la guerra. Neutralidad o intervención* (Madrid, 1916).

J. Chaumié, «Don Ramón del Valle-Inclán», *MF*, CVIII núm. 402 (16-III-1914), 225-46.

E. Comín Colomer, *Unamuno liberalista. Sus campañas contra don Alfonso XIII y la Dictadura* (Madrid, 1971).

P. Corominas, «Pour l'amour de la France», *Pages d'Histoire*, núm. 76 (París, 1914-15), 21-32.

J. Corredor de la Torre, «Latinisation et germanisation», *RH*, XXV année, número 27 (1-VII-1916), 86-93.

— «La Débâcle allemande en Amérique», *RH*, XXVI année, núm. 20 (19-V-1917), 348-60.

J. Deleito y Piñuela, «El aislamiento de España en el pasado y en el presente», *Boletín de la Institución Libre de Enseñanza* (junio-julio de 1915), 179-86 y 212-17.

G. Demerson, «Unamuno y Francia. Dos cartas inéditas», *In*, núms. 216-17 (noviembre-diciembre de 1964).

E. Díaz, *Unamuno. Pensamiento político* (Madrid, 1965).

G. Díaz Plaja, *La poesía y el pensamiento de Ramón de Basterra* (Barcelona, 1941).

E. Díez Canedo, «Azorín y la política», *RO*, año I, núm. 5 (noviembre de 1923), 257-62.

P. G. Earle, «Unamuno and the Theme of History», *HR*, XXXII, núm. 4 (octubre de 1964), 319-39.

P. Garagorri, «Unamuno y Ortega, frente a frente», *CHA*, LXIV núm. 190 (octubre de 1965), 15-32.

M. García Blanco, «Unamuno y Ortega (Aportación a un tema)», *In*, número 181 (diciembre de 1961).

E. Gómez Carrillo, *Campos de batalla y campos de ruinas* (Madrid, 1915).

— *En el corazón de la tragedia* (Madrid, 1916).

— *En las trincheras* (Madrid, 1916).

J. E. González, «Joaquín Monegro, Unamuno y Abel Sánchez», *LT*, X, número 40 (octubre-diciembre de 1962), 85-109.

E. González Blanco, *Iberismo y germanismo. España ante el conflicto europeo (Tres estudios)* (Valencia, 1917).

A. González Posada, «La idea del estado y la guerra europea», *La Lectura*, año XV, vol. 1 (abril de 1915), 371-98.

L. González Seara, «La relación sociedad-individuo, en Miguel de Unamuno», *RUM*, XIII, núms. 49-50 (1964), 163-96.

J. Granados, *Los ensayistas del 98. Miguel de Unamuno* (Milán, 1964).

L. Granjel, «Unamuno en la revista *España*», *PSA*, XXXVI (1965), 137-46.

R. Griffiths, *The Reactionary Revolution. The Catholic Revival in French Literature 1870-1914* (Londres, 1966).

P. Guinard, «Legendre et Unamuno», *Bulletin de l'Institut Français en Espagne*, núm. 87 (enero de 1957).
J. Gutiérrez Rave, «Unamuno, destituido por Bergamín», *ABC*, 18-XI-1964.
A. F. Herold, «L'Espagne en 1917», *MF*, CXXVI, núm. 473 (1-III-1918), 46-56.
J. Iriarte, «Los intelectuales y Benavente», *RyF*, CL (noviembre de 1954), 335-50.
P. Ilie, «Unamuno, Gorky and the Cain Myth: Toward a Theory of Personality», *HR*, XXIX (1961), 310-23.
P. Imbart de la Tour, «L'Opinion catholique et la guerre», *Pages Actuelles*, número 26 (París, 1915).
— «Notre mission en Espagne», *BH*, XVIII (julio-septiembre de 1916), 155-74.
E. Inman Fox, «Ramiro de Maeztu y los intelectuales», *RO*, año V, 2.ª época, núm. 51 (junio de 1967), 369-77.
A. Insúa, *Por Francia y por la libertad (Páginas de la guerra)* (Madrid, 1917).
— *Nuevas páginas de la guerra* (Madrid, 1917).
J. Lacomba, *La crisis española de 1917* (Madrid, 1970).
R. Lafont, «Les Intellectuels espagnols et la guerre», *Renaissance Politique, Littéraire et Artistique* (20-III-1915), 13-18.
R. Lantier, «L'Attitude des intellectuels espagnols dans le conflit actuel», *MF*, CXIII, núm. 421 (1-I-1916), 40-54.
— «La Propagande française en Espagne», *RPa*, XXIII année, núm. 11 (1-VI-1916), 661-72.
— «L'Espagne et le conflit européen. L'Information et la littérature de guerre», *MF*, CXVI, núm. 434 (16-VII-1916), 238-58.
L. Livingstone, «Interior Duplication and the Problem of Form in the Modern Spanish Novel», *PMLA*, LXXIII (septiembre de 1958), 393-406.
— «The Novel as Self-Creation», en *Unamuno, Creator and Creation* (Ed. Rubia Barcia y Zeitlin), 92-115.
S. de Madariaga, *La guerra desde Londres. Selección de artículos publicados en España, El Imparcial y La Publicidad* (Tortosa, 1918).
R. de Maeztu, Prólogo a A. Arguedas, *Pueblo enfermo* (Barcelona, 1909).
— *La revolución y los intelectuales* (Madrid, 1911).
— *Obreros e intelectuales* (Barcelona, 1911).
— *Inglaterra en armas. Una visita al frente* (Londres, 1916).
— *Authority, Liberty and Function* (Londres, 1916).
R. Marrero, *Maeztu* (Madrid, 1955).
J. Marías, «Ensayo y novela», *In*, núm. 98 (febrero de 1954).
— «Dos dedicatorias: Las relaciones entre Unamuno y Ortega», *In*, número 132 (noviembre de 1957).
— «La voz de Unamuno y el problema de España», *LT*, IX, núms. 35-36 (julio-diciembre de 1961), 147-56.
J. Marichal, «La originalidad de Unamuno en la literatura de confesión», *LT*, año XI, núm. 8 (octubre-diciembre de 1954), 24-43.
— «La melancolía del liberal español: de Larra a Unamuno», *LT*, año IX, números 35-36 (julio-diciembre de 1961), 199-210.

— «Unamuno y la recuperación liberal (1900-14)», en *Pensamiento y letras* (Ed. Bleiberg y Fox), 331-44.

E. Merimée, «Encore quelques mots sur l'attitude de l'Espagne», *BH*, XVII (octubre-diciembre de 1915), 280-90.

R. de Mesa, «Sur la Germanophilie espagnole», *La Revue*, CXVII, números 19-20 (1-X-1916 - 15-X-1916), 95-99.

Miles (seud.), «Silhouettes de guerre: M. Dato», *Le Correspondant*, 10-VII-1917.

A. Morel Fatio, «L'Attitude de l'Espagne pendant la guerre», *Le Correspondant*, 25-I-1915.

— «La Version espagnole du manifeste des 93», *BH*, XVII (enero-marzo de 1915), 54-8.

— «Les Néo Carlistes espagnols et l'Allemagne», *Le Correspondant*, 25-VII-1915.

A. Mousset, «L'Espagne dans le conflit actuel», *La Grande Revue*, XIX année, núm. 2 (abril de 1915), 182-204.

— «La Propagande allemande en Espagne», *RPa*, XXII année, núm. 19 (1-X-1915), 657-72.

— «En Espagne. Catholicisme et germanophilie», *RH*, XXIV année, núm. 47 (20-II-1915), 321-35.

— «L'Espagne neutre et le Portugal belligérant», *RH*, XXV année, número 53 (30-XII-1916), 628-40.

— «L'Effort militaire de l'Espagne», *La Grande Revue*, XXI année, número 1 (enero de 1917).

— «Alphonse XII et les oeuvres de guerre», *Pages Actuelles*, núm. 111 (París, 1917).

— *La política exterior de España, 1873-1918* (Madrid, 1918).

R. Narsy, «Las Academiciens espagnols en France», *RH*, XXV année, número 47 (18-XI-1916), 354-82.

P. Northomb, «L'Opinion catholique et la guerre», *Pages Actuelles*, número 26 (París, 1915).

M. Nozick, «Unamuno, Gallophobe», *RR*, LIV (febrero de 1963), 30-48.

P. Paris, «L'Espagne et la guerre: Kultur et civilisation», *BH*, XVIII (enero-marzo de 1916), 26-47.

R. Pérez de Ayala, *Política y toros* en *Obras completas* (Madrid, 1966), III, 661-1279.

— Prólogo a R. Rolland, *Por encima de las pasiones* (Madrid, 1916).

— *Hermán encadenado. Notas de un viaje a los frentes del Isonzo, la Carnia y el Trentino* (Madrid, 1917).

B. Pérez Galdós, «Cordialité franco-espagnole», *Pages d'Histoire*, núm. 76 (París, 1914-15), 19-20.

E. Perrier, «La Fraternité espagnole», *RH*, XXV année, núm. 32 (5-VIII-1916), 27-53.

G. Redondo, *Las empresas políticas de Ortega y Gasset* (Madrid, 1970).

A. Reyes, «Una polémica interesante» en *Obras completas* (Méjico, 1956), IV, 249-52.

— «La sátira política de Azorín», *OC IV*, 401-4.

R. Rolland, «Littérature de Guerre», *Journal de Genève,* 19-IV-1915.
— *Journal* (París, 1952).
Conde de Romanones, *Obras completas* (Madrid, 1949).
J. Rubia Barcia y M. Zeitlin (Ed.), *Unamuno, Creator and Creation* (Berkeley, 1967).
St. C., «Notes et reflexions sur notre propagande et l'état de l'opinion en Espagne», *BH,* XVIII (julio-septiembre de 1916), 194-206.
— «La Main de l'Allemagne en Espagne», *BH,* XIX (enero-marzo de 1917), 49-84.
— «L'Espagne francophile», *BH,* XIX (abril-junio de 1917), 134-56.
E. Salcedo, «Unamuno y Ortega y Gasset: diálogo entre dos españoles», *CCU,* VII (1956), 97-130.
M. de Sorgues, «Les Catholiques espagnols et la guerre», *Pages Actuelles,* número 44 (París, 1915).
J. Tudela, «Unamuno agrario», *RHM,* XXXI (enero-octubre de 1965), 425-30.
M. Tuñón de Lara, *Variaciones del nivel de vida en España* (Madrid, 1965).
F. Utrilla Calvo, *Comentarios a los tres ideales del señor Vázquez de Mella* (Madrid, 1915).
R. del Valle-Inclán, *La medianoche. Visión estelar de un momento de guerra* (Madrid, 1917).
J. Vic, *La Littérature de guerre: manuel méthodique et critique des publications de langue française (août, 1914-11 novembre, 1918)* (París, 1918), 5 tomos.
Voix espagnoles sur la guerre de 1914-15, *Pages d'Histoire,* núm. 76 (París, 1915).
Voix de l'Amérique-Latine, *Pages d'Histoire,* núm. 95 (París, 1916).
X., «La prensa española y la guerra», *BH,* XIX (abril-junio de 1917), 123-33.
— «Quelques points de vue espagnols sur la guerre», *MF,* CXXVIII, número 418 (1-VII-1918), 16-42.
A. Zarach, *Bibliographie Barrésienne,* 1881-1948 (París, 1951).

ARTICULOS

1. Carta al Director

Me ofrece usted, amigo mío, las columnas de su diario por si quiero decir algo desde ellas de mi destitución airada del cargo de rector de esta Universidad de Salamanca, que he venido ejerciendo cerca de catorce años, por nombramiento que me dio el primer ministro de Instrucción pública y Bellas Artes. Sí, quiero decir algo de ello.

Nada, desde luego, de cuáles puedan ser mis méritos y cuáles los servicios que he rendido a mi patria y a esta mi Universidad de Salamanca. No tenía por qué tenerlos en cuenta el señor Bergamín, así como el hecho de llamarse amigo mío y de haberme ofrecido a primeros de año, sin yo habérselo pedido, un puesto en el Senado para colaborar a sus planes, le obligaba, ni mucho menos, a ser siquiera cortés conmigo. Porque me ha echado del rectorado sin advertirme nada, sin que precediera amonestaciones o queja por mi conducta, sin haberme pedido la dimisión. Ha sido una majeza y nada más que una majeza en forma de una especie de puñalada trapera por la espalda, hablando en metáfora.

¿Las verdaderas causas? La verdad, las ignoro. Y cuando no se me han hecho saber es porque son, de parte del señor Bergamín, inconfesables, pues harto supondrá él que yo las habría hecho públicas. La vil discreción de los políticos de oficio, que aguantan y se callan en busca de compensaciones, no entra entre mis virtudes, si alguna tengo.

Cuando mis amigos y compañeros de claustro me ofrecieron votarme para senador por la Universidad, me hizo saber el señor ministro que no podía ser candidato a la senaduría y rector. Y así se lo hizo saber a otros dos. Estos dos optaron por la candidatura y salieron senadores. Y uno de ellos volvió a ser nombrado rector, habiendo estado vacante el cargo en ese tiempo. Si se me hubiera propuesto ese indecoroso cachipuche de politiquilla profesional, lo habría rechazado. Pero no se me propuso. Hacía falta para otro la senaduría de esta Universidad. Y por cierto ese otro no la consiguió. Y acaso estorbaba yo ya en el rectorado.

Mi destitución estaba pensada hace mucho tiempo, aunque no sé bien por qué. Sólo se aguardaba la ocasión táctica.

¿Si sospecho algo de los verdaderos motivos? Apenas. Y no quiero hablar de sospechas. Sólo diré que me figuro que el actual ministro de Instrucción Pública, con el que no he tenido el más leve rozamiento, y con quien me he mantenido en relaciones, si no cordiales, correctas, tenía a la corta o a la larga que indisponerse conmigo. Nuestras sendas virtudes son opuestas, nuestros respectivos modos de ser, ver y apreciar las cosas, muy contrapuestos. Repito que no he recibido de él queja ninguna, ni amonestación, ni llamada al orden, y que las dos únicas veces que nos hemos visto no me hizo sino ofertas amistosas, pero aquel ministerio de Instrucción Pública —y no sé si otros— es lo que es; yo tengo muchos amigos, pero no me faltan enemigos, y soy, en fin, para no poca gente, sobre todo de la de mi oficio, el hombre que carga.

En medio de todo me animan las muchas cartas que recibo estos días. Ahora mismo, una del venerable maestro de todos, don Francisco Giner, en que después de hablarme de la burocracia de cuatro intrigantes, añade: «Buen episodio este atentado en la tragedia de barbarie con que nos regalan las partes más selectas de la Humanidad.»

Sólo quiero añadir a estas líneas que acaso el atentado de que he sido blanco sirva para que me lance a un género de lucha y de acción públicas a que hasta ahora, por motivos poderosísimos, he sido rehacio, y que me disgustaba profundamente. No hay nada peor que la neutralidad, aunque sea armada.

(El Día Gráfico, 6-IX-1914.)

2. Carta a Romain Rolland

La destruction de Reims, de Louvain, de Malines, est l'effet, je crois, de la pédanterie de brutalité plus que de la simple, spontanée et naturelle brutalité, sans pédanterie; l'effet d'une brutalité voulue et cherchée, PESET, par position, plus que d'une brutalité QVSET, par nature. C'est le jeune Werther, dont la pédanterie sentimentale s'est changée en pédanterie brutale et qui, par discipline —ou mieux, par profession— a obéi à ses professeurs de science militaire, lui disant que la guerre doit être brutale (c'est le mot d'ordre des livres professionnels) et non aux maîtres de l'art de la guerre, qui sont toujours des artistes, malgré tout et quand même. C'est le *Kathedermilitarismus* de l'aigle prussienne, qui, coiffée du bonnet doctoral, faisait semblant de croire que le soleil de la victoire se levait à son chant, et qui a jeté au public plus d'exemplaires de bouquins prophétiques sur la guerre que de projectiles.

«*Der Krieg ist die Politik* XAR' EFOXNV», a dit le professeur H. von Treitschke, l'apôtre de l'impérialisme, le même qui appelait l'Allemand *ein geborener Held, der glaubt, er werde sich schon durchs Leben schlagen.* Et il faut se rappeler le pauvre Nietzsche, fou de faiblesse, —le lion ne rit que pour cacher ses larmes et se tromper soi-même en rêvant le Retour éternel),— qui n'a fait qu'outrer Darwin le parcimonieux en faisant le *struggle for life*, et rêver l'*Uebermensch*, la negation de l'homme dont parlait saint Paul, du chrétien. Et le pauvre fauve *Uebermensch* —(au fond, un professeur d'énergie... littéraire!)— invoque non le nom de Dieu des hommes chrétiens, mais l'Elohim Sabaoth, le dieu saducéen et matérialiste qui n'aime que la fumée et la poussière.

La vieille culture, d'origine gréco-latine, la culture avec un *c* minuscule, modeste, rond et de deux pointes seulement, est la culture d'un Luther, d'un Leibnitz, d'un Goethe, la noble culture de la Réforme et de la *Sturm und Drang*. La *Kultur* avec un *K* majuscule, rectiligne et de quatre pointes, comme un cheval de frise, la *Kultur* qui, selon les professeurs prussiens, a besoin de l'appui des canons, n'est que technicisme, statistique, quantitativisme, antispiritualité, pédanterie d'energie et de brutalité voulues, —au fond, négation de l'esprit et de l'espoir éternel de l'âme humaine qui veut être immortelle. — Et la pédanterie n'est que mensonge, manque de vrai courage, du courage de vouloir se connaître... «*Quis sibi verum dicere ausus est ?*» se demandait un autre Espagnol, Seneca.

Et moi, Espagnol aussi, de la patrie de Don Quichotte, le héros de la déroute, le maître de la sagesse la plus haute et difficile, celle de savoir être pauvre et vaincu, le Chevalier de la Triste Figure, celui qui avait les moustaches, grandes, noires et tombantes — *los bigotes grandes, negros y caídos*, — je me crois obligé en protestant contre la destruction de Reims, Louvain et Malines, de renier une *Kultur* qui aboutit à la négation de l'humanité au nom d'une prétendue surhumanité, et à la négation de la «culture» qui nous a faits hommes, rien que des hommes, c'est-à-dire rien de moins que des hommes, chacun dans sa patrie, tous en Dieu, l'Homme éternel et infini et absolu.

(Cahiers Vaudois No. 10, 9-x-1914.)

3. Discurso en el Café Suizo, Salamanca *

Me doy exacta cuenta, amigos y compañeros, de la solemnidad de este acto y de su verdadera trascendencia. Tenía razón el señor Bernis cuando decía que este acto es impersonal. Pero en cierto sentido no deja tampoco de ser personal, en cuanto es motivado por mí.

* Acto organizado por la Sociedad de Dependientes de Comercio e Industria y en el que también tomó la palabra José Ortega y Gasset.

Doy las gracias a las sociedades obreras y al Comité de la Federación Escolar, por haberme nombrado su presidente honorario. Sé lo que esto significa y a lo que me obliga.

No recuerdo tanto a quien debí mi nombramiento de rector, como quien me lo ratificó. Un amigo mío, que no me conocía mucho cuando me escogió para tal cargo, nombróme rector de esta Universidad. Pero quien me ratificó en el nombramiento fue la voluntad del pueblo.

He sido rector por la gracia de Dios y por la voluntad nacional, aunque esto parezca una arrogancia. Además, estoy seguro de ello, me acompañó siempre el cariño de los estudiantes.

No quiero hablar de las causas de mi destitución. Algunas las ignoro. Se ha hablado de ilegalidades por mí cometidas en el desempeño de la rectoral. Precisamente el cargo que me han hecho muchas veces, compañeros queridísimos, es el de haber sido ordenancista, haberme apegado excesivamente a la justicia pura.

Amigos míos me han aconsejado que no haga ciertas cosas, porque me alejarían cada vez más de la rectoral, y me ponían en condiciones de no hacerme acreedor a ciertas compensaciones. Me confundían con uno de tantos, con un nuevo cazador de votos, con uno de esos que, cuando ocupan algún cargo, no piensan más que en la reelección. Y ya que de compensaciones se trata, ¿qué más compensación que ésta?

He tenido siempre confianza en el pueblo. Desde que fui rector, las puertas de la Universidad se han abierto para todos y son muchos los obreros que han desfilado por el Paraninfo y que han dicho cosas que los señores doctores no han sabido decir.

Yo, aunque fuera de partido y ajeno a clasificaciones, he hecho política y seguiré haciéndola. Y esta es mi culpa. Si hubiera hecho política de partido como tantos otros, no estaría ahora en el cargo, pero sería por ocupar otro más elevado. Pero no. Tenía la seguridad de que en un partido sería pernicioso, porque yo no valgo para esas cosas. Respecto de mis campañas agrarias, a que aludía el señor Elorrieta, no han sido políticas en el sentido vulgar y corriente de la frase. Precisamente por no haber sido políticas, han hecho el efecto que han hecho.

Se ha hablado también de mis extravagancias. Pero estas extravagancias no han hecho daño a nadie. He querido solamente agitar el espíritu de Salamanca, si es que tiene alguno.

El ambiente político de Salamanca, reducido y mezquino, se halla reducido a la cobardía y a la pordiosería.

Hay que vivir, se dice. Pero vivir en cierta forma, no es vivir, es morir. El estar a la defensiva es ser vencido y los ejemplos de ahora, en otro orden, lo comprueban.

Está todo corrompido. Las sociedades obreras están también infeccionados del ambiente general; pero así y todo, son las más puras. Yo no creo a los obreros enteramente buenos, pero sí los creo mejores que otros. Es preciso que no os dejéis engañar por los que compran vuestros votos regalando a las bibliotecas libros de desecho o dando credenciales a unos cuantos de los que os dirigen.

Y a los estudiantes ¿qué les he de decir? Una de las cosas de que me culpan es de haberos excitado a la rebeldía. A la rebeldía, sí, no a la indisciplina. He atacado a su majestad el catedrático y os he hecho ver que es obligación, no un derecho, el no asistir a las clases de los que ocupan cátedras y no enseñan.

Muchas de las cosas que han llamado originalidades no han sido más que protesta contra ciertas solemnidades y exigencias estúpidas.

Quise salvar el hombre del catedrático; el catedrático no es más que un guiñapo; el maestro es algo.

Yo os daré a todos ni credenciales ni prebendas, sino algo de mi espíritu, que no es tampoco mío, sino de esta doliente España. Que también yo, como Ortega y Gasset, siento el patriotismo como una espada atravesada.

(*El Adelanto*, 2-XI-1914.)

4. ¡Investigación!

Desde hace ya algún tiempo, desde que nos proponíamos europeizarnos a toda costa, empezaron a ponerse de moda entre nosotros los trabajos de investigación. Esto de la investigación llena mucho la boca. ¿Y qué es ello?

Investigar o «vestigar» parece ser el buscar por los vestigios o huellas el camino que ha seguido alguna presa, aunque de ordinario se reduzca a buscar esos mismos vestigios y nada más. Hay quien sostiene que la ciencia es el método o el camino y que lo que importa es el procedimiento.

Sin duda alguna la palabra «rebusca» sería mucho más sencilla y más apropiada que la de investigación, pero no suena tanto. Responde a la francesa «recherche» y a la italiana «ricerca». Malebranche llamó a su genial libro «De la recherche de la vérité», o en latín «De inquirenda veritate». Los ingleses emplean la misma palabra francesa en la forma de «research». Pero nuestro actual vocablo «investigación», responde más bien en cuanto al sentido y concepto, al alemán «untersuchung». ¡Oh la investigación a la alemana! Ello es algo estadístico.

Literatura española: ¡curso de investigación! Así se llama una de las nuevas asignaturas de la Facultad de Letras. Y con la denominación no ha variado nada la cosa.

Es indecible la cantidad de insoportable pedantería que bajo ese dictado de investigación se encubre entre nosotros.

Desde hace algún tiempo es frecuente que se devuelvan tesis de doctorado a los aspirantes a obtener el título de doctor en una Facultad cualquiera bajo el pretexto de que sus trabajos no son de investigación. Unos señores que jamás han rebuscado nada en serio y que si han rebuscado nada han hallado, ni huellas o vestigios siquiera, rechazan sistemáticamente todo lo que signifique libre interpretación de datos ya conocidos, nuevas hipótesis, sugestiones teóricas, juicios, meditaciones, genialidad acaso. Parten del supuesto de que un joven de veinte o pocos más años no es capaz de tener una visión propia y ni siquiera se toman la molestia de examinar lo que se les presenta en tal sentido. Y si lo examinan es igual, porque son, por lo común, incapaces de apreciar esa genialidad.

La mezquindad de semejante criterio elevado a norma de juicio, salta a la vista. Es la perseverancia sistemática del verdadero, del genuino espíritu científico, es la guerra a las facultades creadoras. El viejo trapero no puede admitir que un joven sea capaz de hacer una tela nueva con el hilo que recoge.

Y así los pobres muchachos tienen que encerrarse en un laboratorio a volver a hacer lo que ya otros hicieron, añadiendo alguna minucia sin valor alguno, o en un archivo para sacar una noticia cualquiera sin verdadero valor.

Un erudito chileno, infatigable trabajador y excelente sujeto, se fue muy satisfecho de un viaje de investigación que hizo hace poco por nuestra patria porque de unos papeles que examinó referentes a don Alonso de Ercilla, el autor de *La Araucana*, dedujo que ese soldado-poeta —o por lo menos cronista en rima— había padecido avariosis. El dato, como se ve, es preciosísimo y de un gran valor. Pero es de un gran valor para el hombre ingenioso y paradójico que se ponga a hacer juegos malabares de ideas devanando, imaginativamente, la influencia que la avariosis de Ercilla pudo tener en la naturaleza de su estilo literario.

A mí no me cabe duda de que la enfermedad dominante en un individuo influye en sus sentimientos, en su ideación, en su imaginación, en su expresión, y, por lo tanto, en su estilo, y que en literatura hay un estilo alcohólico —nada chispeante, sino al contrario, monótono, pesado y machacón— otro artrítico, otro avariósico, otro tuberculoso, otro hepático, etc. Y como en cada país el cuadro general de las enfermedades dominantes se modifica en favor de una o de otra, las diferencias en el estilo de un país a otro acaso se expliquen por la enfermedad que resulte relativamente dominante en él. Quiero decir que si tomadas diez enfermedades, v. gr., en toda Europa una de ellas, a, figura en un 5 por 100 entre las diez, por término medio, y en un país dado se altera esta proporción al 8, o al 7 o siquiera al 6 por 100, esa enfermedad puede imprimir un carácter.

Y he aquí por dónde he dado, sin pretenderlo, indicación de una tesis de doctorado. Pero que a ningún aspirante a doctor se le ocurra echar mano de esta indicación, porque ello no es investigación. Y si pretendía tratar esa tesis investigativa o estadísticamente, fracasaría; estoy seguro de ello.

Muchas veces se ha hecho notar lo endebles que son las supuestas investigaciones con que Lombroso trató de justificar sus tesis apriorísticas y de pura imaginación. Lo del criminal nato es una fantasía tan fantástica como todo lo que en derredor al hombre de genio escribió aquel atolondrado. Y, sin embargo, ¡qué huella tan honda ha dejado ese hombre! Mucho más honda que la de cien honrados y limitados y mezquinos investigadores de esos que buscan los examinadores de las tesis de doctorado. Aunque no quede en pie ni una sola de las afirmaciones dogmáticas de Lombroso —y no quedarán muchas— queda su obra. Fue un gran removedor.

Bien sé el peligro que entraña, y más en nuestra patria, abrir la mano a los trabajos de libre interpretación y el cuidado grande con que hay que andarse aquí con eso de la genialidad. Porque aquí se llama así a algo que es muy otra cosa y son pocas las personas que no tratan de engañar sino que dan la fantasía como fantasía. Pero tampoco esta sistemática persecución a las más nobles y más fecundas facultades del espíritu.

¿Qué resultado da eso? Pues da como resultado el que si llegáis a una capital de provincia, podéis asegurar, por regla general, y salvas muy pocas excepciones, que la persona menos calificada en ella para ejercer la alta crítica literaria, la crítica estética, es el catedrático de preceptiva literaria —en mi tiempo de estudiante se decía retórica y poética— de su Instituto general y técnico. Y así en lo demás. Tal vez sea un investigador y logre hallar la partida de bautismo o las cuentas de la lavandera de un autor de madrigales del siglo XVIII y natural de aquella provincia, ¡pero lo que es otra cosa...! La investigación, que es lo serio, lo impide.

Y he ahí por qué estoy tan interesado en la actual guerra europea. Se me ha metido en la cabeza —no sabría decir bien por qué— que de esta sacudida va a resultar una nueva oscilación en el péndulo de la cultura, que se va a reaccionar contra el absorbente tecnicismo del final del siglo XIX, y que, como a la epopeya napoleónica, va a seguir a esta epopeya sin héroe protagonista un nuevo período romántico. Y falta hace que descansemos un poco de las investigaciones y nos pongamos a soñar, acaso a delirar. Si es que la investigación no es otro delirio sin fiebre y peor que el otro.

(*El Día Gráfico*, 3-XII-1914.)

5. Contribución a la psicología del hombre de orden

Que nuestros partidos políticos no son valores o potencias ideales es algo que aquí nadie ignora. Son más bien asociaciones de intereses y de afectos personales. Hay quien siendo un redomadísimo reaccionario se apunta para liberal por agradecimiento a un favor del jefe provincial del partido. Otro se deja colocar por su papá, que husmea en cuál de los partidos hay un mejor hueco para la carrera del hijito. Y luego, cuando pasan de uno a otro partido se dice que han cambiado de ideas, y no hay tal. ¡Ojalá! Para cambiar de idea, como de trajes, es menester tenerlos; y aquí, ¿quién tiene ideas políticas? Ideas, ¡eh!, lo único que puede llamarse ideas.

No cabe, pues, definir nuestros partidos políticos, porque la definición supone categoría ideal, concepto. Y ni sabemos qué es lo que tratan de conservar los conservadores, ni qué es lo que van a liberar los liberales. El coco de nuestros partidos es el credo. Les basta con el pontífice. A pesar de lo cual, o mejor dicho, merced a lo cual están muy bien los esfuerzos que, como el último de nuestro *Azorín*, tienden a definir lo indefinible. Y muy bien que sobre la base de un hombre real y concreto, psíquico, se trate de erigir una personalidad ideal, porque si se consigue, ésta, la personalidad ideal así erigida, matará, al cabo, a aquél, al hombre real y concreto, o le modficará, si es modificable.

Pero si nuestros partidos políticos escapan a la definición lógica, no así a la descripción psicológica. Pues no cabe desconocer que, aparte los intereses y los afectos personales, y las tradiciones de familia, y el cálculo mundano, y un cierto elemento de azar, les llevan a los hombres a uno u otro partido sus sendos temperamentos. Aparte de las ideas, en el campo de los instintos hay un temperamento reaccionario, y otro conservador, y otro liberal, y otro radical, y otro escéptico. Y así de seguida. Apenas hay envidioso, verbigracia, que no desee una Inquisición cualquiera que impida el que otro se distinga donde él no puede distinguirse. Y por algo esa especial babarie troglodítica, que estima estravagancia o desequilibrio todo lo que no comprende —y es casi todo—, se viste de tradicionalismo, sin la menor idea de lo que la tradición es, y sin más que una cierta retórica de arenga tan vacua como inflamatoria para corazones... de estopa.

Es innegable, además, que nuestro sedicente liberalismo propende al libertinismo, es decir, a una cierta laxitud ética que no me atrevo a llamar latitudinarismo. La pobreza de sentido moral de nuestros sedicentes liberales oficiales —o por denominación propia— es un triste caso. Cuando en otros países de verdadera conciencia política han sido precisamente los liberales los que han anudado el rigor ético.

Aquí, en cambio, hasta se jactan del pequeño chanchullo —porque todo es pequeño, aun la irregularidad—, de lo que llaman habilidad, de la mañería electoral, del favoritismo, y se burlan de las ideas. La austeridad repútanla inocencia.

Y nuestros conservadores, psicológicamente, ¿cómo podríamos describirlos brevemente?

No hace mucho que en un semanario —el *Nuevo Mundo*— publicaba Ramón Pérez de Ayala un artículo, tan sutil como suelen ser los suyos, «Tabla rasa.—Interludio», tratando de esto, de la psicología del conservador. Pérez de Ayala, a quien siempre leo con interés, suele pasarse de ingenioso a las veces y frisa con frecuencia en sofista. Pero siempre sugiere algo y a menudo cala honda. Como en este dicho artículo.

En el cual nos dice que la esencia de la doctrina conservadora es considerar al hombre naturalmente malo: la malignidad. «No se entienda —añade— que la malignidad es la voluntad para el mal; antes bien, es la suspicacia para el mal, o sea, la manía de descubrir maldades recónditas allí donde no las hay, o entre maldades y bondades iluminar con descaro las primeras y preferir las últimas.» ¡Muy bien visto! Y luego, hablándonos de cómo en los procesos de canonización en Roma hay siempre un abogado del diablo encargado de interpretar malignamente las vidas de los santos varones, vírgenes y matronas, añade: «El jefe honorario de todos los partidos conservadores del mundo es el diablo.» ¡Muy bien dicho!

Bueno será recordar al lector que lo sepa, y enseñar al que no lo sabe, que diablo —*diabolos*— quiere decir, en griego, acusador o fiscal. Y tampoco estará de más decir que, de ordinario, la maldad de un hecho está más en quien la juzga que en quien la comete. Hay desdichado que lleva a cabo una barrabasada por torpeza o ignorancia o locura; pero nunca falta un mal intencionado, un conservador, que le atribuye la intención maligna que le faltaba. Y ese tal es, de ordinario, el que hubiese cometido la misma fechoría a no temer a la ley externa.

Para el buen conservador no existe la irresponsabilidad... ajena, y en todo caso su aforismo es que al loco el palo le hace cuerdo. La cuestión es dar palo, y para tener que darlo, si es menester, se inventa delito. La facultad de castigar no puede quedar ociosa. La dignidad del infierno exige que haya condenados. Y si no, ¿para qué se instituyó esa saludable institución de ultratumba?

Hay fariseos que se mueren sin haber *hecho* nada malo —mejor dicho, ilegal— ni deseado nada bueno; sin haber cometido acto punible ni tenido pensamiento bueno. Y que cuando delinquen y se arrepienten es con atrición, no con contrición. Suelen ser almas ruines, temerosas de la ley y del buen parecer. Aquellos a quienes se puede aplicar el famoso dicho de «¡qué canalla es la gente honrada!» Y es que las gentes de camisa limpia, por *dandysmo* más que por aseo, suelen tener muy sucio el fondo del alma, el criadero de los deseos. Son los que se alegran del mal ajeno.

Y sabido es que Nuestro Señor Jesucristo, que fustigó crudamente a los fariseos, personas honradas, respetables, de camisa limpia, que tenían qué perder, no canonizó, ofreciéndole la gloria, más que a un bandolero que murió junto a su cruz en otra cruz. Aquel bandolero era un anarquista.

¿Lo era? ¡No! Los anarquistas eran los otros: los hombres de la ley y de la autoridad. Es decir, los que llevaban la ley por fuera. Y es que, como dijo San Pablo, la ley hace el pecado.

No quiero aplicar todo esto demasiado concretamente a nuestros conservadores. Figuran con tal nombre muchos que nada tienen de tales. De su más prestigioso jefe he hablado con respeto, y más que respeto, más de una vez. Y recalco todo aquello y lo ratifico y encarezco. Pero hay que ver sus jaleadores y aduladores e idólatras que operan por los rincones de provincias. ¡Hay que ver los papeluchos de buena prensa y de defensa social y de gente de bien que muerden viperinamente, buscando no más que flaquezas e inventando intenciones! Parecen escritos por gente de perversa condición.

Nuestra prensa de la extrema izquierda suele pecar, justo es decirlo, de procacidad, de grosería, de violencia antiestética, de plebeyismo; pero ¡esa buena prensa de extrema derecha! Es un modelo de insidia, de mala fe, de malignidad, de ruindad. Maneja a maravilla el arte de mentir con la verdad y el de morder muerdo venenoso con el elogio mal intencionado y hasta con el silencio. En mi vida olvidaré que la única vez, acaso, en que perdí de veras los estribos y tuve que acudir a la prensa con un comunicado violento, insultante —¡cuando tantas cosas hay que dejar pasar!—, fue en ocasión en que un diario de extrema derecha y de defensa social de mi pueblo nativo se metió, para zaherirme, en el terreno más sagrado, con la más baja y ruin malignidad farisaica.

¿Y el fondo de esa malignidad conservadora o diabólica? Pues envidia, envidia, envidia y nada más que envidia. La envidia es la que cree que el hombre es naturalmente malo. Y no nos quepa duda de que si los eunucos mandasen, caparían a todos los niños. La autoridad para el conservador no es más que un instrumento de castración. Dicen algunos de ellos que las ideas delinquen, que hay que cercenar la libertad de pensamiento; pero es que envidian al que piensa. Su ideal es que no circule más que legalizado papel moneda del pensamiento y proscribir todo el oro, no sea que alguien le tenga nativo, vena de él, y acuñe dinero que logre curso. En el papel moneda todo es cuño, y el Banco —una institución ordenada, y autorizada, y... anónima— le tienen ellos. ¡El sentido común sobre todo! Es decir, nada de sentido propio. Los enemigos son la heterodoxia, la personalidad, la originalidad..., etc.

Claro está que entre nosotros las cosas andan tan confundidas que figuran como conservadores o liberales muchos que respectivamente no son lo que presumen y confiesan ser. Y he aquí por qué hace falta, de vez en cuando, una sacudida que le obligue a cada uno a ponerse del lado a que su temperamento le lleva, haciéndole ver claro en sí mismo. Si no en sus ideas, por lo menos en sus instintos. Y de aquí el que proclamemos algunos la necesidad de la guerra civil. Y ahora, en España, la gran guerra europea está azuzando nuestra siempre latente guerra civil y poniendo al descubierto el verdadero temperamento de las gentes. Y nuestra íntima barbarie troglodítica, nuestro autoritarismo inquisitorial y nivelador, el de la *democracia* (!!!) *frailuna* de que habló Menéndez y Pelayo, el de los eunucos intelectuales —que quieren castrar la inteligencia a los capaces de parir ideas nuevas y vivas, heréticas, por supuesto, con respecto a cualquier ortodoxia, pues, lo demás, no serían ni nuevas ni vivas—, todo eso que se disfraza de amor al orden y a la tradición, nos está brotando como un sarpullido. Y la conciencia nacional aparece con una enorme costra de lepra. Mejor así, pues cabrá intentar curarla.

(*España*, 19-II-1915.)

6. La noluntad nacional

Bueno, ¿y qué queremos? ¿Lo sabemos acaso nosotros mismos? Yo creo que no. Sólo sé una cosa y es que queremos querer, que acaso soñamos querer. Pero voluntad, no ya nacional, siquiera colectiva, de unos pocos escogidos, ¿dónde la hay? Cada uno quiere, es cierto, su cosa; mas ¿dónde está aquella sola y misma que todos, o por lo menos muchos, queramos?

Que no hay conciencia nacional decimos. Ni siquiera voluntad nacional. Si la hubiera, del querer brotaría el pensar. Pero los españoles, como tales, sólo parecen querer que se les deje morir en paz. Morir, no vivir. España no quiere nada fuera de sí misma, es decir, no quiere nada. No quiere dominio territorial; no quiere dominio espiritual tampoco. Ni quiere soñar ensueños que dar a los demás. Duerme sin soñar.

> Mi voluntad ha muerto una noche de luna
> en que era muy hermoso no pensar ni querer.
> Mi ideal es tenderme sin ilusión alguna...

Así cantó Manuel Machado. Y así España. Tal es también su ideal.

«¿Qué quiere España?» —me preguntaba un amigo extranjero. Y le le contesté: «España no quiere nada, sino que la dejen.» Y así hasta Dios la deja de su mano.

Apenas hay hoy nación histórica de algún bulto que no pretenda tener en algo la primacía. Menos nosotros. En todo, tomados colectivamente, en todo lo que puede valer con valor universal, nos reconocemos inferiores. Y en esta falta, no ya de orgullo, de dignidad colectiva, el orgullo individual de los pocos españoles que por gracia de Dios le tengan, aparece más monstruoso. ¡Enorgullecerse de ser español en España!

Que no haya deseo alguno de expansión territorial o espiritual se comprende, aunque haya que lamentarlo; pero es que no hay deseo de nada. Unos cuantos se quejan, dicen que a nombre de los demás; pero los demás no se quejan. Viene un azote cualquiera, una plaga del campo, y los perjudicados mismos parecen no conmoverse. La insensibilidad, hasta para con los propios males, pone espanto. Y no se diga que es resignación, no. ¡Es callosidad!

Oigo decir que el país despierta, pero lo que yo veo es que a nadie le importa nada de nada. Con dejarle a cada cual echar su partidita o lo que sea y engullir su puchero, que no le den quebraderos de cabeza. «¡Déjeme usted en paz, hombre!» Y en paz estamos. ¡Y tan en paz! A pesar de las apariencias en contrario.

Y tú, lector, que lees esto, tú eres casi de seguro, uno de tantos, esto es, un neutro. ¿Y sabes lo que es un neutro? Pues uno que no es ni masculino ni femenino, uno que es cosa y no hombre. Porque si pareciendo hombre en cuanto al cuerpo fueses mujer de instinto —y mujer en cuerpo de hombre es cosa muy triste; más triste que hombre en cuerpo de mujer— serías algo aún. Pero ni eso. Porque no sólo no obras, pero sí sufres. Dejas que ruede el mundo porque dices que no lo has de arreglar tú.

«Y qué voy a hacer yo?» —me dirás—. ¡Qué sé yo...! Es decir, sí lo sé. Revolverte, agitarte, querer algo. ¿Qué? ¡Lo mismo da! ¡Querer, querer, querer! Y ya la voluntad encontrará su objeto y se creará su fin.

No se quiere sino lo que se conoce de antemano —dijeron los escolásticos—. Pero yo te digo que no se conoce sino lo que de antemano se quiere. El mamoncillo busca y encuentra la teta de su madre sin haberla conocido antes. Pero aquí ni ese instinto, como a nación, como a colectividad, nos queda.

Acaso estés alistado, lector, en algún partido político, bajo un jefe más que bajo un programa. Pero eso entre nosotros no tiene nada que ver, de ordinario, con la voluntad nacional. Los que forman el comité de un partido político no quieren nada para la nación. A lo sumo para sí mismos. Mas de ordinario no quieren sino matar el tiempo. Y si eres diputado provincial, por ejemplo, peor que peor, porque eso es ya el acabóse de la inanidad política. Te pones a hacer elecciones con el mismo espíritu —¿espíritu? ¡no! ¡bueno, lo que sea!— con que te pones a jugar al chamelo. Y a lo mejor se te ocurre decir que está ya comprometido tu amor propio. ¿Amor propio? ¡no! Eso que llamas tú amor propio no es sino tontería. Tontería, sí, así como suena, tontería. Lo único que tú quieres es que te dejen en paz.

¿Sabes, lector de un rincón de provincia, lo que hace ese tedio que, como una llovizna helada, cae sobre nuestras almas, y las cala hasta el tuétano, y nos arrece y nos envejece antes de tiempo? Pues es que no queremos nada como pueblo, como nación. Alguna vez, esa tu aldea, villa o ciudad, se quejará diciendo que la tienen abandonada, que es una Cenicienta —este tópico de la Cenicienta se emplea mucho en nuestras soñolientas ciudades provincianas—; pero repara en que esa tu aldea, villa o ciudad, no quiere nada, absolutamente nada para España.

Y si perteneces a algún Instituto, mira bien cómo ese Instituto a que perteneces tampoco quiere nada, absolutamente nada, sino que le dejen en paz. Y dejar él en paz a los demás, es decir, no hacer nada. A lo sumo, cada uno de los que lo componéis deseáis que os suban el sueldo y os disminuyan el quehacer. Medro de jornal y mengua de jornada. ¡Y a vivir! Lo que quiere decir: ¡a morir!

¡Haragán, haragán, haragán! No eres nada más que un haragán. Y eso aunque cumplas estrictamente con lo que llamas tu obligación. Y a las veces ese estricto, esto es, rutinero cumplimiento de tu obligación es la más exquisita forma de haraganería. No conozco haraganes mayores que esos celosos funcionarios a quienes les salen canas en la cabeza y callo en el trasero después de cuarenta años de servicios en su oficina. Ellos no se metieron nunca con nadie.

«¿Y qué podemos hacer?» —me preguntarás—. Pues mira, podemos hacer una cosa y es sugerirnos una inquietud, por vaga que sea, y empezar a dar vueltas y a chillar, aunque sea inarticuladamente. Y tú puedes empezar a querer llevar el nombre de tu patria, sobre el tuyo o sin él, fuera de ella. Todos, cada uno según sus fuerzas y su voz, podemos gritar algo de la frontera allá. Y para ello enterarnos de qué es lo que embarga los ánimos a los otros hombres y dar nuestro parecer, nuestra palabra. ¿Que no nos lo piden? ¡Y qué importa! Si todos los españoles nos pusiésemos a gritar algo a los que no lo son, acabarían por oirnos y por preguntar: «¿Y qué dicen esos?» Y entonces llegaríamos a tener voluntad nacional.

Sí, hay quienes creen que acaso preocupándonos de lo que pasa fuera, de las preocupaciones de los otros, acabaremos por tener propias preocupaciones.

No hay voluntad nacional, no hay conciencia nacional, porque no hay voluntad internacional, no hay conciencia internacional entre nosotros. Y estoy convencido de que hasta la resolución del más ínfimo problema de índole local depende de que nos sintamos nación frente a las demás naciones y junto a ellas. El régimen de administración local depende de la posición internacional. Es perder el tiempo, verbigracia, hablar de los males de la emigración y buscarles remedio mientras no pongamos en claro qué es lo que quiere España, como nación, para con las naciones americanas que surgieron de sus colonias de antaño y adonde van esos emigrantes.

Es perder el tiempo discurrir sobre derechos de importación, tratados de comercio, zonas francas, etc., mientras no se quiera que España sea algo más que un mercado de compraventa para con las demás naciones de cuya concurrencia industrial y mercantil queremos defender a nuestros industriales y mercaderes.

Para vivir como nación hay que vivir con las demás naciones, y para vivir con las demás naciones hay que pensar y hay que querer como nación algo más que vivir: «¡Que nos dejen en paz...!» No; harán bien en no dejarnos en paz, en la paz mortífera de esta *voluntad* nacional.

Y luego dirán algunos pobres diablos que se nos desprecia y se nos desdeña. Hacen muy bien; porque para los más de nosotros el horizonte del mundo termina en las fronteras de la patria.

Y esto os dice un español que lleva años trabajando con su pluma desde España, pero fuera de España y para ella, y buscando —si no lo encuentra no es su culpa— un anhelo que sea el anhelo de su patria. Pero es más cómodo apuntarnos, a lo sumo, en un partido político y echar la partida de chamelo o de tute por las tardes. Y no pensar ni querer nada.

(*España*, 19-III-1915.)

7. Empleo de pasión

«Está usted apasionado —me dijo— y no cabe hablar con usted serenamente de esto de la guerra.» Y yo no le contradije, porque, en efecto, la guerra ha llegado a apasionarme y no hay por qué tape mis sentimientos. Dicen, ya lo sé, que pasión quita conocimiento; pero quisiera yo saber qué conocimiento que merezca ser conocido puede lograrse sin alguna pasión. ¿He de repetir una vez más aquella sentencia, inversa a la tan mentada de la escuela, de que no cabe conocer nada que no se haya antes querido?

Sí, sí; hay una moda antirromántica —ya me entendéis lo que quiero decir— de execrar los que llaman sentimientos vagorosos, los impulsos, los anhelos, y nos vienen con la cantilena de la mesura, y la serenidad, y la objetividad. Pero de morirme prefiero que sea achicharrado a no arrecido.

Pero ahora se trata de otra cosa. «Parece mentira —me dijo después el censor— que haya tantos españoles que parezcan interesarse por eso de fuera más que se interesan por nuestras cosas de dentro.» Pude haberle retrucado que eso de fuera y de dentro no es tan claro como a primera vista parece, ni mucho menos; que hay cosas que pasando fuera, lo que se dice así en el sentido geográfico o de espacio, nos tocan muy en lo íntimo, y cosas que ocurriendo acá, dentro de los linderos del cuerpo de la patria, nos caen por fuera. Es como un hombre que a la vista de un tremendo duelo de dos de sus prójimos olvida su propio dolor de muelas.

¡Es que aquí tenemos más que dolores de muelas!, dirá el censor. ¡Bah! No ha de negarse que aquí hay dolores y miserias, como en todas partes; pero lo que hay más son pequeñeces, ramplonerías y modorra. No es que las cosas anden mal; es que no andan. Todo es chico, hasta la miseria.

Acaban de verificarse, por ejemplo, elecciones para cubrir vacantes en esas llamadas Diputaciones provinciales. ¿Es que eso tiene importancia alguna nacional? ¿Es que va ningún español que tenga conciencia de patria, conciencia de españolidad, a distraer su atención de la tragedia de fuera para fijarla en ese ridículo sainete de dentro? El que venzan en la gran contienda europea unos u otros interesa a España más, mucho más, que el que en esas elecciones haya obtenido mayoría uno u otro partido. Es más; aquello le interesa y esto no, ni poco ni mucho. Voy más lejos, y es que creo que es perfectamente indiferente que nos gobiernen quienes nos gobiernan o quienes les hayan de suceder. Y si me apuran mucho diré que es lo mismo que no nos gobierne nadie. Que es lo que de hecho ocurre.

¡Claro está que las elecciones les importan a los que en ellas se meten y llegan hasta gastarse unos miles de duros para darse luego postín con el gloriosísimo título de diputado provincial! Pero estos son asuntos de familia de los que los demás nunca debemos hacer caso. Y nuestros partidos son familiares, estrictamente familiares, domésticos. Con todas las de la ley de nuestra domesticidad española.

Ahí fuera se ventila, a cañonazos, ideales, digan lo que quieran los pesimistas. ¡Y si aquí se ventilara a papelatazos realidades! ¡Pero ni esto! No se ventila, en rigor, nada. Bien dicen que de Pedro a Diego no va un dedo. Y es porque ni Pedro es Pedro ni Diego es Diego. O mejor, no son más que nombres.

«Pero tú ¿para qué quieres ser diputado a Cortes?», le pregunté una vez a un antiguo amigo y condiscípulo que solía sentarse en el Congreso, donde jamás hablaba —como no fuera para decir sí o no— ni daba que hablar. Y me contestó: «Pues, mira, para tener entrada gratis sin tener que andar solicitándola de otro; para sentarme por derecho propio en cómodo escaño, de donde asisto a la función que me divierte. Prefiero las sesiones de Cortes a las corridas de toros, o a las funciones del circo, o a una piececita del género chico —¡qué más género chico, más género y más chico!—, y vale la pena de lo que me gasto en una elección por mi talanquera de escaño. Hago cuenta que pago un abono.» No supe qué responderle al pronto.

Pero, sí, hoy sé lo que debí entonces haberle respondido. Y es que esa función a que él, como espectador de dentro, asistía, podría interesar a uno que no sea un aburrido o un trastornado si hubiese en ella pasión, esa pasión que dicen que quita conocimiento. Pero la comedia es tal que lo más ridículo de ella es cuando suenan truenos, porque ni se cuidan de esconder la caja que entre bastidores los produce. Y si hay relámpago se ve que es de bengala o como esos con que de noche se impresionan placas fotográficas.

Todos se ponen en postura para cuando estalle el fogonazo. Y algunos salen con los ojos cerrados. Y otros riéndose en plena tempestad.

Para un público avezado no hay nada más cómico y hasta más bufo que un melodrama repetido muchas veces. Cuando se sabe en qué ha de parar la conjuración, ésta es profundamente grotesca. Y ni siquiera hace reir.

Y como esa comedia política es casi todo lo demás. Por darnos importancia y dar importancia a nuestra patria, unos cuantos señores que necesitamos llamar la atención del público hacemos el papel de profetas, generalmente jeremíacos, y de salmistas y hasta de apocalípticos, y empezamos a gemir y pregonar: «¡Aquí se está mal, muy mal; vamos a la ruina! ¡Esto no puede durar mucho! ¡Este país está perdido! ¡La decadencia es espantosa! ¡Esto ya no tiene remedio!» Y así se viene diciendo hace tiempo, y esto no está, al parecer, ni mal ni bien, sino que está, meramente estar, está estando, y no vamos ni a la ruina ni a otra parte alguna, ni se decae, ni a nadie, en el fondo, le importa un pitoche del remedio. Vamos viviendo. Que es como quien dice: «¡Se vive!» Y la cuestión es pasar el rato.

¿No os hablé una vez de los filósofos del silencio, de aquellos admirables no pensadores de la escuela del bobo de Coria, que han llegado al colmo de la filosofía teórica, que consiste, no en pensar que no se sabe ni siquiera que no haya nada, sino en no pensar nada del todo? Pues en el orden práctico hay una posición correlativa, y es la de no hacer nada. Y hay muchos, pero muchos, que pareciendo hacer algo, no hacen absolutamente nada. Ni siquiera sacudirse las moscas cuando sestean. Y sabido es que el demonio, ente activísimo, cuando no tiene que hacer, que es muy pocas veces, con el rabo mata moscas. Otros, en cambio, las papan.

¿Y queréis que el soñoliento sainete interior nos aparte de ver, con el corazón palpitante, la tragedia de fuera? Nuestra suerte, nuestra verdadera suerte, se está acaso jugando fuera y no dentro. Quiero decir nuestra suerte espiritual, el curso que haya de seguir el caudal de nuestras ideas. Si es que tenemos ideas fluyentes, de las que corren, y riegan, y sirven de motores.

Sí, ya lo sé; de vez en cuando hay hasta motines. Pero los motines mismos suelen ser ridículos, de siesta. Pequeños ataques epilépticos, hijos de debilidad, que no de fuerza.

Y bien: los que tenemos un repuesto de pasión que busca pábulo y salida y no nos gustan las corridas de toros, ¿con qué vamos a alimentarlo para que no nos destroce y nos reseque el corazón? ¿Vamos a cometer acaso el crimen pasional de la semana, el consabido crimen que cometen esas pobres almas encendidas e ignorantes, que no encuentran ni en el ambiente ni dentro de sí, en el mundo de sus ideas, dónde jugar a la tragedia? ¿Nos vamos a arrojar de cabeza a la charca helada de nuestra política nacional, a riesgo de rompernos aquélla antes de con ella romper el témpano de la sobrehaz de la charca y antes de acarambanarnos en ésta?

Sí; es muy fácil decir que las pasiones debemos reservarlas para las cosas de dentro, cuando el caso es que estas cosas de dentro no merecen que nadie se apasione por ellas. Necesita uno llevar dentro de sí un mundo entero, un mundo de imágenes, de ilusiones, de ensueños, de anhelos, para no arrecirse de tedio en medio de estas pequeñas luchas interiores, de pequeñas vanidades personales, insatisfechas siempre.

«Ya ni fuerza para indignarse queda aquí» —me decía un amigo a menudo—. Y yo solía responderle: «¿Indignarse? ¿Y de qué?» Porque ni indignación pueden provocar ciertas travesuras. Y los progresos de la civilización en nuestra patria hasta hacen imposible el que surja ya un gran bandido, uno que merezca pasar, envuelto en leyenda y en pliegos de cordel, a los siglos venideros. Hay quien echa de menos los tiempos de José María y de Diego Corrientes, y no seré yo, seguramente, quien se lo reproche.

«... Y aquí no ha pasado nada»... Así se dice después que se liquida una travesurilla cualquiera. No, no es que no ha pasado nada en ese sentido en que se dice así; es que de hecho no pasa nada. Hasta lo irregular es regular; la regla no consta más que de excepciones que la confirman.

Y repito: cuando a la puerta de casa se me ofrece una tragedia, ¿voy a dejar de asomarme a ella y poner con mis ojos mi corazón en la terrible escena, para encerrarme dentro de mis paredes y rumiar el pasto amargo y seco de nuestro picaresco sainete casero? No puede ser.

(*El Imparcial*, 22-III-1915.)

8. SOBRE EL TEMA DE UN GOBIERNO NACIONAL (Respuesta a una encuesta de *España*)

Me pregunta usted, mi buen amigo, si creo conveniente a los intereses generales del país la constitución de un Gobierno nacional. Más es el caso que no sé bien qué pueda ser y significar Gobierno *nacional* en una nación, como es España, en que no cabe decir que haya opinión pública política y menos en asuntos internacionales. ¿Quién elegiría ese Gobierno? A tener que ser nacional, claro que el pueblo. ¿Pero cómo? Porque formarlo, mediante tratos y contratos, y dimes y diretes, y toma y daca, entre los cabecillas de los partidos que tienen asiento y voz en el Parlamento, no es hacer un Gobierno *nacional*, al menos en España.

Teniendo usted esto en cuenta ha pensado, a falta de sufragio universal, en una especie de sufragio restringido, y me pide que vote, esto es, que dé los nombres de aquellos españoles a quienes crea más idóneos —¡ojo con el apelativo!— para formar un Gobierno nacional que salve..., etcétera. ¡Dios me libre de votar! ¡Dios me libre de pronunciarme sobre el mayor o menor idoneidad, para servir a la Patria, de mis compatriotas! ¡Nada de individualizar así! Y no digo personalizar, que es muy otra cosa. Cada español consciente de su propia dignidad personal y de la dignidad de su Patria harto tiene que hacer con defenderse del aliento de los políticos profesionales, lacayos del Poder, que no suelen conocer, por lo común, ni una ni otra dignidad.

Y si ese Gobierno que usted llama nacional —mítica fanfarria aquí— es para traernos una unanimidad de acción, fíjese en que esa unanimidad es hoy entre nosotros imposible. Lo que hace falta, a mi sentir, es ahondar y acrecer la guerra civil latente. Mientras uno de los dos bandos no sea reducido a la impotencia es inútil pensar en otra cosa. Donde se hacen oír y aplaudir espíritus troglodíticos, cavernarios, y abogaduelos traviesos, no hay reconstitución económica, política y pedagógica posible. Sólo podemos unirnos en el no hacer, en que nos dejen en paz irlo pasando, en una abyecta neutralidad moral, en fin. Y para eso, el más idóneo de los Gobiernos es el actual Gobierno de idóneos, aunque de nacional no tenga absolutamente nada.

(*España*, 18-VI-1915.)

9. En el mayor de los ridículos

Parece ser que Blasco Ibáñez trajo de París la especie de que los aliados descontaban nuestra neutralidad y aun nuestra inercia, y no hacen esfuerzo alguno por lograr la ayuda material de España. Y comentando un prestigioso diario de Madrid la tal especie, decía:

«Si este es el estado de opinión en Francia e Inglaterra, no hay duda que, unos más otros menos, desde el Gobierno al último ciudadano español, pasando por los gremios políticos y por la Prensa, todos estamos un poco en ridículo. El Gobierno, porque, sacrificándolo todo al temor de que se desflore la neutralidad, no vacila en afrontar los riesgos de esa supuesta dictadura que se le echa en cara; los periódicos, porque no se aviene la prosa inflamada de algunos colegas con el estado de indiferencia que a los aliados se atribuye, y, por último, están en el mayor de los ridículos aquellos de nuestros conciudadanos dispuestos a molerse a palos por una Dulcinea que ni ha de agradecérselo ni ha de tener una mirada para los presuntos descalabramientos.»

Este párrafo ha debido inspirarlo el bachiller Sansón Carrasco, y yo, que soy uno de esos últimos ciudadanos españoles, si es que no de los primeros, y que he tomado parte en la contienda esta de la neutralidad, me doy por aludido y digo que sí, que he quedado, gracias a Dios, en el mayor de los ridículos, en un ridículo quijotesco. Pero debo declarar también que por mi parte nunca pensé en que Dulcinea, la Dulcinea a que ahí se alude, me agradezca mi campaña de pluma, ni la he llevado en espera de mirada alguna suya.

No sé qué provecho material le podría reportar a España el ponerse resueltamente del lado de los aliados, por la causa de la justicia y de la civilización cristianas, y en contra del nuevo y bárbaro paganismo que amenaza a Europa, no sé qué le darían por ello, ni si le darían algo, ni en rigor me importa. Tenemos que ganar algo que vale más, muchísimo más, que todos los peñones y todas las costas fronteras.

Ningún hombre, y tampoco ningún pueblo, que es al fin y al cabo hermano, puede inhibirse de tomar partido, de pronunciar su juicio en una contienda como la actual de Europa. No pronunciarse en uno u otro sentido, es renunciar a la consecución de la humanidad culta. Aunque luego, no sólo no nos lo agradezcan los combatientes, mas ni aun se enteren de ello.

Pero hay otra razón. La guerra europea se ha traducido —¡y alabado sea Dios por ello!— aquí, en España, en una guerra civil, o, más bien, en un despertamiento de nuestra guerra civil que parecía estar durmiéndose, por desgracia. Yo no me pregunto quién vencerá en la guerra —el éxito de momento significa poco—, me pregunto tan sólo quién tiene justicia. Y me basta ver quiénes se ponen aquí, en España, de parte del nuevo paganismo, que son los que, santiguándose cada día, apenas si tienen sentimiento cristiano y han perdido la clara noción del supremo derecho de la libre personalidad humana, libre de toda tiranía colectiva. Me aterra el que se nos tradujese eso que llaman disciplina, y orden, y organización, y que no es sino la muerte de la libre conciencia personal cristiana y humana.

No sé quién vencerá, digo, ni me he preguntado nunca eso para comprometer mi simpatía; pero me horroriza pensar que de rechazo de una —quiero creer que ya imposible— victoria del neo-paganismo imperial y militar cobrase fuerza y predominio en mi patria cierta beocia troglodítica que hoy se revuelve, y agita, y conspira, y barbota enormidades. Antes que bajo el dominio de esas gentes prefiero ver a mi patria colonia de una nación civilizada y cristiana. Porque hay independencias nacionales que no lo son sino de nombre.

No me importa, pues, ni aun quedar en el mayor de los ridículos. Todo antes que apagar nuestra guerra civil contra la beocia troglodítica y contra la malicia de los que se dicen gentes de bien y de orden, contra los fariseos, contra los paganos que por pura liturgia se santiguan.

(*España*, 25-VI-1915.)

10. Neutralidad

Lo de la neutralidad del Gobierno de Dato no es más que una mentira. Sin estar suspendidas las garantías constitucionales suspende reuniones y conferencias, pero es cuando pueden dar origen a quejas de la Embajada de Alemania. Tolera, si es que no favorece bajo cuerda, manifestaciones contra un político, Lerroux, que dice clara y abiertamente su opinión e impide que se le dé un banquete en Valencia a Blasco Ibáñez para que éste no hable de la guerra de modo que pueda provocar quejas de esa Embajada convertida en centro de propaganda germanizante, si es que no de algo peor. Pero Mella puede libremente barbotear todo género de desatinos insultando y calumniando a Inglaterra, pues por lo visto ésta, Inglaterra, más serena que Alemania y mejor enterada, no se digna quejarse por las tonterías que se le ocurran a un político español.

La beocia troglodítica atudescada, la de los fariseos que se santiguan por rutina pero tienen puesto el corazón en el neo-paganismo imperial y militarista germánico, anda suelta. Y Dios nos libre de que el triunfo —creo que ya no es posible— de Alemania, nos trajera de rechazo la supremacía en España de esa jauría. Antes quisiera verla colonia de una nación civilizada y cristiana.

Pero hoy por hoy son los únicos que pueden decir lo que se les antoja, porque ellos, sí, propugnan hipócritamente la neutralidad, visto que ni para jóvenes turcos servimos en España. Y pueden envenenar la conciencia nacional inventando agravios y sacando a colación historias como esa de Gibraltar, que les tiene sin cuidado.

Nos está haciendo falta apoyar al fin, de un modo o de otro, a los beligerantes que luchan por la civilización cristiana, aunque sólo sea para exacerbar más esta guerra civil contra los bárbaros de dentro de casa.

(*Iberia*, 26-VI-1915.)

11. ¡Hace falta un hombre!

«¡Aquí hace falta un hombre!» He aquí lo que se suele decir donde no los hay. ¿Y de qué serviría que apareciese el hombre, ese a quien se le llama el hombre, si los demás no lo fuesen?

Hasta Costa llegó a caer alguna vez en el estado de abatimiento que supone el pedir que aparezca el un hombre, cuando clamaba por el cirujano de hierro. Bien es verdad que él se creía el tal cirujano y pedía, a su modo, que le diesen para operar... ¡la «Gaceta»! Se creyó alguna vez el héroe, el hombre destinado por Dios a salvar a España. Y España, como no era un pueblo de héroes ni aun de ciudadanos conscientes de su ciudadanía —con esto basta— se sonrió del hombre quijotesco que daba voces pidiendo que se cerrase con triple llave el sepulcro del Cid, cuando lo que en realidad quería era resucitarlo y que el sepulcro quedase candado, sí, pero sin cadáver.

Después de Costa otro hombre proclamó la necesidad de hacer la revolución desde el Gobierno, y la inició... ¡con una nueva ley de Administración local! ¡Como si leyes así pudieran dar conciencia de ciudadanía!

Y en tanto seguían muchos clamando por el hombre, por el un hombre, revestido de poder personal. Sin tomar en cuenta lo que ya enseñaba Carlyle, el apóstol del culto a los héroes, y es que éstos, los héroes, sólo surgen de un pueblo, a su modo, heroico.

El gran predicador unitariano William Ellery Channing, en el estudio sobre Napoleón Bonaparte, que publicó en 1827, después de decirnos que la Francia napoleónica o imperialista fracasó por falta de preparación moral para la libertad —y mal podía habérsela dado un Voltaire, añade con razón, ni quienes se burlaban de la inmortalidad humana, que es la «semilla de toda grandeza»— nos habla de lo que hizo la singular majestad de la revolución norteamericana, la de los hijos de los puritanos del «Mayflower».

«Nuestra libertad —dice— no nos vino por accidente; ni fue el don de unos pocos caudillos, sino que sus simientes fueron sembradas abundantemente en los espíritus del pueblo todo. Arraigaba en la conciencia y la razón de la nación. Era el producto de deliberadas convicciones y de generosos principios liberalmente difundidos. No teníamos un París, una metrópoli, gobernada por unos pocos caudillos, y que esparciese su influencia, como un poderoso corazón, por provincias. El principio vivo penetraba a la comunidad, y cada aldea añadía fuerza al solemne propósito de ser libres. Y aquí tenemos la explicación de un hecho notable en la historia de nuestra revolución: el de la falta de aquella especie de grandes hombres que encontramos en otros países; hombres que por su sola agencia y por sus espléndidas hazañas determinan el hado de una nación. Había demasiada grandeza en el pueblo americano para admitir esta grandeza de caudillos que le hubiese hecho sombra. Y por eso los Estados Unidos no tuvieron libertador ni salvador político. Cierto es que Washington nos procuró grandes beneficios. Pero Washington no fue un héroe, en el sentido corriente de esta palabra. Jamás hablamos de él como los franceses de Bonaparte; jamás dijimos de sus ojos aguileños, de su genio irresistible, como si esto hubiese de traernos la salvación. Jamás perdimos nuestro respeto a nosotros mismos. Sentimos que, bajo Dios, habíamos de ser libres por nuestros propios coraje, energía y saber, bajo la influencia animadora y guiadora de ese espíritu grande y bueno. Washington nos sirvió, principalmente, por sus sublimes cualidades morales. Su gloria fue ser la más brillante manifestación del espíritu que reinaba en su patria, y de este modo llegó a ser un manantial de energía, un lazo de unión, el centro de la confianza de un pueblo ilustrado. En una revolución como la de Francia, Washington no habría sido nada porque hubiera faltado aquella simpatía que mediaba entre él y sus conciudadanos y que era el secreto de su poder. Por un instinto que no marra, llamamos a Washington, con agradecida reverencia, el Padre de su patria, pero no su Salvador. Un pueblo que necesita un salvador, que no posee garantía de libertad en su propio corazón, no está aún preparado para ser libre.»

Hasta aquí Channing, el gran educador norteamericano. Y recuerdo haber leído en alguna parte de las obras de aquel otro gran educador suramericano, Domingo Faustino Sarmiento, el hombre que acaso ha escrito las páginas más encendidas e intensas que en castellano se escribieran en el pasado siglo —y que son, por consiguiente, desconocidas del gran público en España— algunos conceptos análogos a los de Channing y aun más expresivos, sobre el peligro que para los pueblos tienen los héroes que fácilmente se convierten en tiranos. Porque el libertador, el salvador de un pueblo, fácilmente se hace su opresor.

¿Hace aquí falta un hombre? No, lo que aquí hacen falta son ciudadanos, esto es, hombres. Porque si el hombre es, como enseñaba Aristóteles, un animal político, o sea civil, donde no es ciudadano no es hombre propiamente así dicho. Y es inútil que donde no hay ciudadanos ni ciudadanía, donde apenas hay vida civil, es decir, civilización, se pida un hombre.

Ahora bien, lo que hay es que algunos piden, no el hombre, sino el caudillo que ha de repartir después mercedes. Parece lo natural que se pida el hombre, el hombre providencial, el enviado de Dios, por humanismo. Pues no, se pide ese hombre por aquel ya viejo sentimiento entre nosotros, del «agermanamiento», por aquella canina adhesión al caudillo, al jefe, que desde los tiempos de Roma distinguió a los españoles. ¡Esa terrible lealtad no a un principio, no siquiera a una norma de conducta, sino a un cabecilla, disponiéndose a seguirle a donde quiera que vaya!

¡El hombre providencial! Todos los hombres somos providenciales con tal de que creamos en la providencia. Y en todo caso está aquella profunda sentencia de Mrs. Annie Besant que no me cansaré de repetir y dice así: «Muchas gentes desean el triunfo de una buena causa, pero muy pocos se ponen a ayudarlo y todavía menos son los que arriesgan algo en su apoyo. Alguien tiene que hacerlo; pero ¿por qué he de ser yo? Es el estribillo de la simpatía pusilánime. Alguien tiene que hacerlo, ¿por qué no he de ser yo? es el grito de un buen servidor del hombre, que afronta cualquier peligroso deber. Entre estas dos sentencias median siglos enteros de evolución moral».

Que todos esos que andan repitiendo que nos hace falta un hombre se dispongan a ser hombres ellos. A mí por lo menos no me hace falta un hombre. Lo que nos hace falta a todos es un pueblo. Un hombre, un hombre solo, por grande que fuese, no haría un pueblo, y un pueblo hace algo más que un hombre, algo más que un héroe, hace hombres de sus hijos todos.

Y el disponerse a ser hombre, a ser ciudadano, tampoco es meterse en una atolondrada y espectaculosa acción de un revolucionarismo estridente y en el fondo puramente literario, ¡no! Hay un pseudo-heroísmo de lengua y de pluma que es mucho más fácil de lo que a primera vista parece. No es ni heroísmo ni hombría correr riesgos innecesarios ni avanzar en la lucha civil a pecho descubierto y a paso gimnástico, así como para impresionar películas, cuando con tal conducta no se ha de conseguir nada efectivo. No es una obligación del soldado dar sin más ni menos su vida.Al contrario, el deber de un buen soldado puede llegar a ser ahorrar y conservar su vida, y su posición. Es una torpeza que el centinela abandone su puesto por ir a atacar al enemigo. Cada uno debe estar allí desde donde tenga conciencia que ha de hacer obra más eficaz, no obra más espectaculosa y más teatralmente revolucionaria. El que desde su garita, en lo alto de la torre de atalaya señala donde hay que dirigir los fuegos para apagar los del enemigo no hay por qué se baje de su torre y vaya a exponerse a esos fuegos. Hay aparentes bravuras que no pasan de suicidios.

Y sobre todo no nos hace falta un hombre. Lo que nos hace falta es un pueblo de ciudadanos conscientes de su ciudadanía.

(*El Día Gráfico*, 6-VII-1915.)

12. Nuestros tontos

En un libro alemán —la Gramática griega, de Brugmann— encuentro un adagio serbio que dice poco más o menos así: Mientras los sutilizadores sutilizan, se apoderan los tontos de la ciudad. (Otro que yo transcribiría el adagio en serbio, tal como le trae, a efectos de una doctrina de sintaxis, Brugmann). En la traducción alemana dice: «Waehrend die Klugen kluegeln...» Cabría decir también: «Mientras los razonadores razonan»... o «los estudiosos estudian»... o «los entendidos entienden»... o «los filósofos filosofan». Pero puesto más que a traducir la letra, a glosar el espíritu del adagio serbio, prefiero decir: «Mientras los intelectuales discuten, gobiernan los beocios». O los menos, que es peor.

Un profesor alemán de quien después de la guerra se ha hablado mucho y a quien tuve ocasiones de citar mucho antes que ella estallase, Treitschke, dice en el libro I, capítulo 5, de su *Politik*, que «tiene que haber partidos de la tontería —'Parteien der Dummheit'— porque una gran parte de los hombres poseen esa propiedad.» Profético espíritu el de Treitschke, y no es mal sastre el que conoce el paño! El cual profeta del pangermanismo, en otro pasaje de la misma obra —en el mismo libro y capítulo— agrega que «se tiene a veces la impresión de que los límites de la tontería humana se han ensanchado mucho en el siglo XIX». Y más adelante —en el siguiente capítulo del mismo libro— que nuestro siglo nos presenta una muy extendida estupidez —«eine weit verbreitete Stupiditaet»— entre los instruidos. Y eso que Treitschke no conocía a España, aunque en cierto modo la admirase. A la del pasado, se entiende.

Aunque acaso un alemán pangermanista no necesita conocer algo ni para admirarlo ni para despreciarlo. Por lo menos es lo que ocurre a un español germanófilo, que se alimenta de fe de carbonero y de ciencia infusa.

Pero vengamos a nuestro tema de ahora, si es que lo tenemos. Y es que hemos quedado en que tiene que haber partidos de la tontería y en que los límites de ésta se ensancharon considerablemente durante el pasado siglo, que nos ofreció una muy extensa estupidez entre las personas instruidas. Ahora lo que hace falta saber es qué entendía por tontería—«Dummheit»— y por estupidez —«Stupiditaet»— el malhumorado de Treitschke.

Volvamos a España. Y aquí sí que hoy se esparce más que el sarampión entre los niños, la tontería entre los adultos. O si queréis, la ramplonería. Me gusta esta palabra. Tiene un acento, casi diría un timbre, un matiz insustituible. Sí, la ramplonería, hija de eso que llaman sentido común los incapaces de pensar por cuenta propia, por sentido propio —es decir, los incapaces de pensar— la ramplonería cunde y redunda que es una bendición de... ¿Cuál es el dios de la estupidez? Y la ramplonería se ha organizado en partido político y social y tiene sus órganos.

Me parece que fue Leopardi el que hizo la observación de que si un tonto entra en una reunión de hombres en que haya otro tonto como él, al punto se conocen, no más que al mirarse, como si tuviesen escarapela de tontería, y se saludan felicitándose de ser las dos únicas personas sensatas y de sano juicio que hay en la tal reunión. Lo de sensatas y de sano juicio son expresiones mías, pues no recuerdo bien el pasaje de Leopardi que leí hace años y no quiero ponerme ahora a rebuscarlo. Sensatos y de sano juicio, ¡sí! Es de lo que se jactan los tontos, los ramplones. Así como lo que más les horroriza es la paradoja, la extravagancia, el afán de notoriedad, las novedades malsanas, etc., etc.

Hay quien sostiene que el celo por la virtud y el horror al vicio de ciertos fariseos no son más que envidia. Es muy corriente la idea de que las honradas matronas, sobre todo las señoras de la defensa social, sienten envidia de las pobres desgraciadas que sucumbieron a los incentivos de la concupiscencia. Esta tesis sostenida con gran ingenio —¿ingenio dijiste?, ¡horror!— por Guillermo Ferrero (v. *L'Europa giovane)*, me parece un poco fuerte. «E pur... si muove!» Quisiera no creer en eso de la envidia de las personas continentes y castas por frigidez de temperamente. Tengo, sin embargo, un amigo que me asegura que no hay ser más envidioso que el impotente, séalo de nacimiento o no, y al efecto me cita a cierto erudito —¡claro está!— que es todo él una pastilla de ictericia moral y de quien me asegura que es a la vez un eunuco, al pie de la letra.

Nuestros tontos —¡y que angustioso es esto de tener que llamarlos «nuestros»!— como en el fondo no son más que impotentes, eunucos de la mentalidad, son ante todo y sobre todo envidiosos. Y la envidia es lo que les hace amigos de eso que llaman orden, inquisitoriales.

El orden, para semejantes entes no es ni más ni menos que la consigna. Los que carecen de sentido propio no pueden soportar que le tengan otros. No debe haber más sentido que el común; ¡y cuanto más común mejor! No creo que haga falta recordar que se llama común al lugar a que van a parar todas las deyecciones del vientre humano. Y del mismo modo van al sentido común todas las deyecciones mentales, todos los lugares comunes, todos los «por supuestos», todos los «claro está», que no es posible que digiera quien tiene sentido propio y juicio, si queréis, malsano.

Porque eso del sano juicio es otra de las trincheras en que se defiende, bien pertrechada de necedades, la ramplonería. Yo no sé si los castos tienen envidia a los lujuriosos artísticos, según cree Ferrero, pero sí creo que hay muchas gentes que envaneciéndose de su salud sienten envidia de ciertas enfermedades que nos les ha sido dable adquirir. Cuando Lombroso publicó su obra sobre el hombre de genio, pretendiendo probar que la genialidad es una enfermedad, una especie de locura, los tontos que leyeron la obra sintiéronse confortados y al terminarla exclamaron: «¡Pues claro está, hombre, pues claro está! ¡Naturalmente! Eso del genio no es más que locura, ¿qué disparate no ha sido primero dicho por un filósofo?»

Porque ellos, nuestros tontos, no dicen ni disparates. Los suelen repetir, pero ¿inventarlos? El tonto no inventa ni siquiera las tonterías que dice. Como que quien las inventó probablemente no fue sino un guasón. El tonto, nuestro tonto, no hace más que repetir. Uno que tenga talento para inventar tonterías nuevas ya no es tonto. El tonto lo que hace es repetirlas diciendo: «Entiendo yo», «soy de opinión de que...», «a mi parecer...», y ni entiende nada ni opina nada ni le parece nada.

Nuestros tontos forman una especie de partido y tienen sus órganos en la Prensa. Y la función de estos órganos es hacerles creer a sus lectores que se les ocurre por sí mismos lo que el órgano repite. Y al ver que son tantos los que repiten —no piensan— lo mismo se sientan a cubierta. Por aquello de que el consentimiento unánime es criterio de verdad.

Ganas me dan de comentar aquí lo que nuestro Excmo. Sr. D. Fr. Zeferino González, O. P., arzobispo y cardenal que fue hombre de muy sano juicio dejó escrito en su *Filosofía elemental* (libro primero: Lógica; sección segunda: Lógica especial; capítulo tercero: los criterios de verdad; artículo III) acerca de que «los juicios de sentido común deben tenerse por infalibles y ciertos, siempre que reúnan las condiciones de esta clase de verdades». Pero vale más que dejemos para otra ocasión el comentar a este nuestro gran humorista inconsciente, el que descubrió que la importancia y utilidad de la Filosofía es una verdad práctica y de sentido común.

(*El Día Gráfico*, 22-VIII-1915.)

13. La clase media (Extracto de una conferencia pronunciada en Bilbao)

Y esta clase, cuando llega un momento de conmoción de las entrañas de un pueblo, uno de estos terremotos sociales, que por lejos que ocurran siempre llegan ramalazos de ellos hasta los pueblos más lejanos, entonces muestra sus entrañas al desnudo. Ahora, estalla la guerra, y esta nuestra clase media ha encontrado su fórmula precisa, que es la neutralidad.

No me refiero, naturalmente, al caso concreto de tomar o no tomar parte, con las armas en la mano, en una guerra, no; eso es para mí una cosa secundaria. Cuando dicen neutralidad hasta en sentido sentimental, dicen otra cosa. Y ellos no es que sean neutrales, es que son neutros en el peor sentido de la palabra.

Costa, increpándolos, los llamó una vez eunucos; ni eso; el eunuco alguna vez fue hombre; hay gentes que no han sido hombres nunca. [*Ovación.*]

Y ahora los veis con el alma al desnudo, mostrando las más tristes lacerías de un pueblo que va, en el sentido espiritual no sé si decayendo o buscando por oscuros subterráneos un camino nuevo.

Oyéndoles se observa que no anhelan el triunfo de uno ni de otro, que anhelan la derrota de éste o de aquél.

Yo he oído esta horrible blasfemia que sólo puede brotar de almas viles y hambrientas: que España no puede alzarse sino sobre las ruinas o el abatimiento de su vecino. Son gentes que tienen podrida el alma, corrompido el corazón hasta decir una blasfemia tan enorme como esa; no merecen redención de ninguna clase; esas gentes no son hombres, no pueden llegar a serlo nunca.

He oído decir eso, y he recordado aquel terrible aforismo que cuando la guerra de Crimea tomó cuerpo por tierras de Castilla: Agua, sol y guerra en Sebastopol: ahora vamos a hacer nuestro agosto a cambio de la guerra del vecino.

Y están apoyados en todo un tejido de embustes, de falsificaciones y de calumnias que se ha extendido sobre toda España, diciéndose que nuestros vecinos no nos han dejado desenvolvernos. Eso, no es que sea falso, es mentira —esta es la palabra—, mentira, es faltar a la verdad a sabiendas. Somos nosotros los que no hemos sabido desenvolvernos. [*¡Muy bien, muy bien!*]

(*España*, 16-IX-1915.)

14. La cruz de hierro de la guerra

En una tarde tibia y clara de otoño; recostado sobre la yerba amarilla de una loma suave; en el fondo, al pie, como poso del cielo sosegado, tendido el valle silencioso; amarillean en los fresnos las últimas hojas; pastan lentamente unas ovejas a lo largo de la vaguada donde el verdor recuerda lo que fue regato en primavera; el pastor, haciéndose con las manos almohada, acostado en tierra, deja perderse sus ojos en las nubes quietas.

Aquí no hay historia, y antójaseme que el Tiempo ha plegado sus alas, echando a tierra, como segador en fiesta, su guadaña. A mi cabecera trafagan unas inquietas hormigas, unas hormigas milenarias. Porque son, en efecto, las mismas que trabajaban en la niñez de nuestra historia, cuando aqueos y troyanos se destrozaban por la hermosura de Helena.

El Sol se acostará, como ayer, tras la cortina de encinas que empenacha el horizonte, y a la blanca paz del día seguirá la paz negra de la noche. Y las estrellas, guiñando su luz remotísima por entre los desgarrones de las nubes, nos dirán de los siglos de fuera de la Historia.

Es como si fuese yo también una planta, una planta submarina, enraizada en las entrañas del océano de la eternidad.

Pero viene de lejos, por el ámbito espiritual, un vago susurro palpitante de dolor y gloria, de horror y fatalidad. Es el rumor densísimo de una horrísona tormenta lejana. En tierras como ésta, humanadas con el sudor del trabajo, que acaso sirvieron de lecho nupcial a pastores y que guardan corazones que sobre ellas anhelaron, la guerra arrasa la vida. Tal vez una granada o un obús destroza un hormiguero de hormigas, como éstas, milenarias. Allí el Tiempo, con las alas desplegadas a la mayor envergadura, siega de tal modo que ni se ve la guadaña. Parecen relámpagos los tajos de su filo.

Desde el hondón de este océano de calma, enraizado en la eternidad del paisaje, mirando a las ovejas que pastan lentamente, a lo largo de la vaguada, en el verdor que recuerda lo que fue regato en primavera, me pregunto —es decir, pregunto a nuestro Dios—: «¿Para qué? ¿Para qué se matan?»

Desde niños nos dijeron lo que dijo la niñez del humano linaje: que Dios hizo el hombre a su imagen y conforme a su semejanza (Gén., I., 26).

¿Hace el hombre la Historia o es la Historia la que hace al hombre? ¿Saldrá de esto un hombre nuevo?

Cada uno de ellos, de los que luchan, o por lo menos cada uno de los que les mandan a la lucha, creen luchar, creen ir a matar y a morir por una u otra causa. ¿Pero no hay una causa sagrada, misteriosa, la causa de Dios, a que todos ellos obedecen sin saberlo? Porque si no hay un Supremo Estratega, que ve más allá de los siglos de la Historia. ¿Para qué toda esta carnicería?

Y ese Supremo Estratega es el Dios de los ejércitos, de todos los ejércitos, de unos y de otros. Diríamos que con cada brazo les coge y los hace chocar. O más bien que guerrean en la palma de su mano y no tiene más que cerrarla, apuñándolos, para romperlos unos contra otros, remejiéndolos.

Hablan de civilización, de cultura, de gloria, de libertad, de orden, de progreso, de tradición, de necesidad... ¿Saldrá un hombre nuevo de todo esto? Si Francia, Alemania, Rusia, España, Inglaterra, Italia... no sirven para hacer el francés, el alemán, el ruso, el español, el inglés, el italiano... ¿para qué sirven? No una civilización, no una ciencia, no una cultura, no una sociedad, sino un hombre.

El hombre es el sujeto del dolor; es el alma que sufre en la carne. Piensa la soceidad, pero sufre el dolor el hombre. Cambia y progresa el pensamiento; es siempre el mismo el dolor. La palabra primitiva, prehistórica, es «¡ay!». La queja es la fuente del lenguaje. Con un quejido nacemos a la vida, cuando la brutal invasión del aire nos despierta al dolor y a la respiración los pulmones.

Desde sobre la yerba amarilla de esta loma suave pienso en la mano del Señor que ha convertido en lagar de corazones las rientes campiñas de Champaña, y que mañana se beberá el espumoso vino regado con sangre espumosa también. ¿Y de las almas de esos bravos, qué se hace? Y cuando acuesten a su vez las madres sus corazones a dormir dolores, bajo la tierra, ¿encontrarán acaso en las tinieblas los ojos de sus hijos? ¿Para qué esta matanza?

Pienso que Dios ha cargado a nuestro linaje, al del hombre que hizo a su imagen, con la cruz de hierro de la guerra. Y nos la hace arrastrar por la calle de amargura de la historia. Es un yugo que agobia a muerte. Mejor remacharnos a ella, a la cruz de hierro, que hacernos arrastrar sobre la tierra regada con sangre. El pan amasado con sudor, es mieles; pero amasado con sangre, es una piedra.

Si por encima de los miserables caudillos que creen llevar sus huestes a la victoria no hay un eterno Caudillo que lleva a todos al horno de donde ha de surgir el hombre que sea su perfecta imagen, ¿para qué esta horrible pesadilla?

Cuando la Humanidad llegue a la cumbre de su calvario y erija allí, enhiesta, esta cruz de hierro de la guerra que arrastra sobre la tierra regada en sangre, entonces será la paz. Y la cruz, el pararrayos de la justicia divina.

¿Justicia? ¿Qué es justicia? —me preguntaba arrellándome en la yerba amarilla de la loma suave—. ¡A cada cual lo suyo! ¿Y qué es mío? ¿Qué es de otro? ¿Quién está en lo justo? Esas ovejas pastan lentamente para seguir siendo ovjeas, y mañana, si el invierno se encrudece y el pastor se descuida, bajará del monte el lobo a devorarlas, para seguir siendo lobo. Y sólo Dios sabe el último destino del lobo y de la oveja y si hizo la oveja para el lobo o el lobo para la oveja.

«¿Preguntas si tiene sentido la guerra?» —me dirá alguien—. «Es como preguntar si tiene la vida sentido. Se vive la vida; se guerrea la guerra; es decir, se vive la guerra.» Pero no, no, sigo preguntando: ¿Para qué? ¿A qué fin?

Esto de estarse aquí, sobre la yerba amarilla de la loma suave, bajo el cielo claro y tibio, a la cabecera del valle silencioso, apacentando la vista en el verdor, ya caduco, del follaje de los fresnos, esto se cierra en sí, esto se redondea, y no cabe preguntar para qué ello. Porque a nada más tiende ni de sí mismo se sale. Esto es pacer lentamente con el alma la creación como las mansas ovejas pacen lentamente a lo largo de la vaguada. Salirse de la Historia —y sólo se sale de ella chapuzándose en la Naturaleza— es salirse de todo para qué.

Dijo egregiamente Páscoli al poner en boca del pastro Addi aquello de: «Tú, sólo tú vives, rebaño, que jamás ves desde tus senderos la Muerte parada en la encrucijada. Veo algún astro que, desmayado, cae; muere también el astro. Pero tú, contento el corazón, estás rumiando bajo el rocío. ¡Oh, rebaño, sólo el que no sabe, no muere! Tú no oyes al abismo que retumba junto a tus dientes, y, alegre, arrancas la flor del loto eterno a las piedras de la tumba.»

«O greggia, solo chi non sa, non muore!»

Pero, y esos que mueren, saben acaso, ¿saben por qué mueren? ¿Saben si mueren? ¿Y para qué?

Como un soplo de viento al rizar la sobrehaz de un lago destroza y descoyunta la visión de la verdura de las orillas que en él se retrata, así este soplo que me llega de la lejana tormenta histórica trastorna mi visión de la paz del otoño del valle. ¿Saben si mueren?, me pregunto. Todos esos que mueren en el campo de batalla, ¿saben si mueren? ¿Saben que mueren?

Una extraña noción del heroísmo corre entre las gentes. Diríase que su meollo es la inconsciencia. Dicen que es dar la vida, aunque no se sepa bien por qué ni para qué. Es algo formal, puramente formal. ¿Y el heroísmo crítico? ¿El heroísmo de criticar cuando los otros cierran, al embestir, los ojos, y a ojos ciegas van a la muerte y a la matanza? ¿El heroísmo de preguntar preguntas sin respuesta?

La acción, ¡la acción! ¿Pero es que no se busca en la acción el aturdirse, el cerrar los ojos a la contemplación pavorosa? ¿No hay quien se arroja en la sima negra e insondable por miedo a clavar en ella los ojos y escudriñar sus tinieblas? ¡Oh, aquel héroe que dejó el campo de batalla por la Cartuja! ¿Y para qué todo?

«Si alguno quiere venir tras de mí niéguese a sí mismo, tome su cruz y sígame», dijo el Cristo (Mat. XVI, 21). Su Cruz, dijo, y no la *mía.* ¿Será para la Humanidad la cruz de hierro? El Cristo murió en su cruz, cruz de leño, para redimirnos de la muerte. ¿Y para qué nos redimió? ¿Para qué?

(*El Imparcial*, 8-XI-1915.)

15. El alma y el Estado

«Se verá por estas observaciones que considero la libertad de la fortaleza moral del alma individual como el bien supremo y el más alto fin de Gobierno. Bien sé que suelen adoptarse a menudo otros puntos de vista. Se dice que el Gobierno es para el público, para la comunidad, no para el individuo. La idea de un interés nacional prevalece en los espíritus de los estadistas, y se sobrentiende que a él debe sacrificarse el individuo. Pero yo he de mantener que no ha sido tanto hecho el individuo para el Estado cuanto el Estado para el individuo. Cada hombre no ha sido creado para las relaciones políticas como su fin más alto, sino para el indefinido progreso espiritual, habiendo sido colocado en relaciones políticas como en un medio para su progreso. El alma humana es más grande, más sagrada que el Estado y jamás debe ser sacrificada a él. El alma humana ha de sobrevivir a todas las instituciones terrenales. Ha de pasar la distinción de nacionalidades. Tronos que se sostuvieron durante edades han de someterse a la sentencia pronunciada sobre las obras todas de los hombres. Pero el alma humana sobrevive y el sujeto más oscuro, si es fiel a Dios, se alzará a un poder no manejado nunca por potentados terrenos».

Estas nobilísimas palabras, henchidas de fe en el final destino del Hombre, fueron predicadas el 26 de mayo de 1830 por William Ellery Channing, el gran predicador unitario de Norteamérica. Son palabras que expresan la fe de los verdaderos amantes de la libertad humana, que en el individuo y por el individuo se cumple. Porque el Estado, mero instrumento para la perfección del individuo, ni tiene alma ni puede tenerla.

A esas nobilísimas palabras de Channing, uno de los más grandes profetas de la nobilísima raza anglosajona, que parece destinada a mantener el más íntimo y cristiano sentido de la libertad en el mundo —frente al paganismo estatista— cabe añadir aquellas otras de nuestro Calderón, cuando decía: «Al Rey la vida y la hacienda —se ha de dar, mas el honor— es patrimonio del alma—y el alma sólo es de Dios».

«El alma humana es más grande, más sagrada que el Estado y jamás debe ser sacrificada a él», porque «el alma sólo es de Dios». El sacrificio de Ifigenia por Agamenón, el de la hija de Jefté por su padre, son cosas de paganismo helénico y judaico. Porque para nosotros, los cristianos, el Antiguo Testamento es un testamento pagano. También en el Leviatán, como le llamó Hobbes, el Estado devora no ya las vidas y las haciendas, sino las almas de los hombres.

Y a esas nobilísimas palabras de Channing y a las no menos nobles de nuestro Calderón, quiero juntar unas que leí hace meses atribuidas al gran ciudadano francés —y no digo general, porque lo del generalato es cosa más que secundaria y sólo una triste e inevitable necesidad— Joffre, el cual, refiriéndose a la orden dada por el Almirantazgo alemán a los comandantes de sus submarinos para que hundiesen al «Lusitania» sin advertencia previa, dicen que dijo: «No hay Gobierno francés que se hubiese atrevido a dar tal orden, sabiendo que podría no ser obedecida, porque nuestra disciplina respeta la fraternidad y la inteligencia de los ciudadanos de la República, cuya conciencia moral está más alta que cualquiera necesidad militar».

Si el noble espíritu del gran ciudadano francés a quien la República ha confiado la dirección de su defensa militar pronunció esas palabras, cabe decir que ha pronunciado las más grandes que se hayan dicho desde que empezó la guerra. Casi tan nobles como aquellas del estadista argentino: «La victoria no crea derechos».

Sí, la conciencia moral del ciudadano, del cristiano, del hombre, está por encima de cualquier necesidad militar. Sentíalo muy bien aquel gran cristiano y gran patriota, pero sobre todo gran hombre, que fue el general C. G. Gordon, el que murió en Kartum, junto al Nilo, y que fue mucho más que un general. Verdad es que ser un general, un caudillo, un estratega, por bueno que técnicamente se sea, puede moralmente no ser nada y aún menos que nada, puede ser algo hasta despreciable y abominable. El cual Gordon se arrogaba noblemente el haber alguna vez desobedecido a su Gobierno. Y llamó asesinato —«murder»— judicial a un fusilamiento que en Consejo de guerra acordaron sus subordinados.

Todas estas palabras y estos hechos de Channing, de Calderón, de Joffre, de Gordon, hay que recordar cada día en los tiempos que corremos, tiempos en que el monstruoso Moloc del Estado, el desalmado Leviatán, amenaza tragarse las almas individuales. Es decir las almas, porque sólo los individuos tienen alma. Y hay que recordarlas sobre todo en esta nuestra pobre España —pobre de espíritu— que creemos indisciplinada cuando es rebañega y donde la admiración a la eficacia técnica, sea aparente o real y aparte de toda estimación ética ha llegado a los últimos grados de lamentabilidad. Hoy se ve propagar en esta nuestra patria las más hediondas doctrinas paganas por parte de gentes a quienes se debería reputar cristianas, pues de católicas se precian. Ni siquiera conocen el sentido de aquella sentencia del Cristo: «Dad al César lo que es del César y a Dios lo que es de Dios», pronunciada cuando los fariseos le tentaron preguntándole si se debía pagar el establecido tributo al conquistador romano. Ni recuerdan que alegando que era un antipatriota le llevaron los judíos a Jesús, su compatriota, a la Cruz. Y es que el Hijo del Hombre, el Hombre por excelencia, cuya patria era el cielo, enseñó el valor del alma humana, que es más grande y más sagrada que cualquier Estado y los fueros de cuya conciencia moral no deben ceder ante ninguna necesidad militar ni de otra baja clase política.

Grande dicen que era como general el gran Duque de Alba, y fiel servidor de su amo y señor, el rey don Felipe II, y, como persona privada, muy cortés e inteligente, pero nada de eso le exime de la mancha indeleble que sobre su nombre y su conciencia cayó por haber puesto su talento y su energía al servicio de una causa inmoral, como fue la de pretender ahogar las conciencias cristianas de los ciudadanos de los Países Bajos, estrujándoles, de paso, las bolsas. Y gracias a Dios y a Inglaterra que pudieron los flamencos libertarse de la abominable tiranía de los Austrias de la España de entonces, de aquella triste España que tanto admiraba el Treitschke el pagano.

Pasará la guerra —quiera Dios que pronto y bien, porque si no ha de ser bien y la paz blanca o gris, más vale que no pase tan pronto— pasará la guerra y continuará en pie nuestra gran batalla, la de siempre, la de conquistar la libertad y la dignidad del alma individual, la de impedir que se sacrifique a la autarquía íntima de cada uno de nosotros a una bárbara, monstruosa y mal entendida organización, la de no permitir que una sociedad de hombres descienda a ser una colmena o un hormiguero, por muy prósperos y bien mantenidos que sean. Y los que queremos creer en la inmortalidad del alma humana, los que la deseamos, tendremos que seguir combatiendo contra la desenfrenada admiración a la eficacia técnica. Mejor, cien veces mejor que esa eficacia la imprevisión inevitable en quien vive solicitado y combatido por preocupaciones morales.

No, yo no quiero ver prosperar a España, mi patria, bajo doctrinas que nos convirtiesen a cada uno de los españoles en un átomo de ella, de la patria, en un piñón de las ruedas de su mecanismo, por bien que éste fuese y por grande que fuera el provecho temporal que de ello cada cual sacase. Ni aún cuando así me sirviese de más alto pedestal. Quiero conservar y afirmar mi derecho a ser, en mi conciencia, juez de mi patria y a poder negarle razón y justicia cuando no las tenga y a poder decir siempre que con justicia perdió Flandes, con justicia perdió las Américas y con justicia apenas hace cuenta en el concilio de las naciones europeas.

(El Día Gráfico, 10-IV-1916.)

16. Discípulos y maestros

La creadora dialéctica íntima de la historia se revela, sobre todo, en la oposición entre las generaciones sucesivas. Si la tradición ha de ser una cosa viva, una cosa que progrese, o mejor, que crezca y se enriquezca, tiene que deberlo a la contradicción entre hijos y padres, discípulos y maestros.

«Soy un hombre de contradicción», dijo de sí Job, el varón de tierra de Hus, perfecto y recto y temeroso de Dios y apartado de mal. Y por haber sido hombre de contradicción fue grande y vive en la historia de la eternidad. Y Pablo, el de Tarso, el que hallaba en sus miembros una ley que iba contra la de su espíritu, y pedía quien le librase de su cuerpo de muerte, era también un hombre de contradicción, y por serlo vive en la historia de la eternidad. Y lo fue Agustín de Hipona. Y lo han sido todos cuantos han hecho a la conciencia humana vivir, esto es: progresar.

Sólo vive de veras aquel en quien pelean entre sí sus varios yos sucesivos, aquel que lleva su niñez contra su mocedad, ésta contra su virilidad, y ésta contra ancianidad, si llega a ella.

Y lo que sucede con el hombre individual sucede también con el hombre colectivo, con las sociedades humanas. ¡Ay de aquélla que no viva de contradicciones íntimas! Porque la única guerra noble es la guerra civil. Y la innoble es la guerra militar.

Y entre estas intestinas luchas civiles de una sociedad, de un pueblo; entre estas fecundas contradicciones íntimas que hacen la historia no hay acaso otra más fecunda, más creadora, más vivificadora, más enriquecedora que la entablada entre unas y otras generaciones sucesivas, los hijos y discípulos contra los padres y los maestros. Es más vivificadora que la lucha entre los sexos, que la lucha de clases, que la lucha de razas.

El más noble afán es el afán de superación, el ahínco del hijo por superar al padre, del discípulo por superar al maestro. Y ese noble afán, ese ahínco vivificador, le lleva al hijo a negar al padre a que quiere superar, al discípulo a negar a su maestro. Y al negarlos es cuando por creadora dialéctica histórica, más los afirman. El sí del maestro donde vive vida más entera es en el no del discípulo. Sé que mis cosas más vivas serán aquellas que me nieguen mis discípulos, como aquellas que niego yo a mis maestros fueron las más vivas de éstos.

El único homenaje digno de la generación que nos precedió y que nosotros vencimos, es que la sometamos a nuestra crítica demoledora, que la neguemos. Y es el único homenaje digno que puede rendirnos a nosotros la generación que nos sucede. Así se establece la continuidad dialéctica y dilemática y hasta polémica; así se hace historia.

Y refiriéndome concretamente a jóvenes estudiantes españoles, les diré que su deber está en negarnos, en corregirnos, en guiarnos a sus maestros. Y más en la España de hoy. Nuestro problema de la enseñanza, problema gravísimo, absolutamente abandonado, descuidado y hasta menospreciado por los gobiernos —la política en nuestro país es antipedagogía—, es un problema cuyo planteamiento está en mano de los estudiantes. Son ellos y sólo ellos los que tienen que enderezar todo lo torcido de nuestra enseñanza pública.

¿Cómo? Rebelándose con noble rebelión. Negándose, verbigracia, a entrar en aquellas clases en que no se les enseñe nada o se les enseñe disparates, y negándose luego a que el maestro inepto o ignorante, o acaso bárbaro se vengue de esa noble y santa huelga suspendiéndoles o haciendo que les supendan.

En el orden pragmático, tiene que acabarse esa vergüenza de que el catedrático examine sólo a sus alumnos oficiales, y que acarrea tantas humillaciones, tantas abyecciones, tanta miseria moral de éstos, de las alumnos. Entristece el ánimo ver a qué bajezas lleva a los alumnos la preocupación única de que se les apruebe.

Compete a los alumnos también, y a una publicación como esta revista, el coadyuvar a la campaña nuevamente emprendida contra los libros de texto y las explicaciones desatinadas, contra los que han llamado en otra parte catedráticos *camarrupas*. Ya que no hay inspección técnica, y aunque la hubiere ya que no se ejercería debidamente, han de ser los alumnos los inspectores. Es una obligación moral de los estudiantes españoles sacar a la vergüenza pública, y sacarlas nominativa y acusativamente, no ablatinamente, las fechorías doctrinales de los maestros que no lo son ni lo deben ser. Son los estudiantes los que tendrán que limpiar el estable de Augias de nuestra Universidad, puramente burocrática y rutinaria.

Mas aparte de este orden pragmático y más bien administrativo de la enseñanza en el más elevado y más puro, en el doctrinal, ¡desgraciada de nuestra Patria si los jóvenes estudiantes de hoy siguen las huellas de sus maestros! Porque nunca ha estado una generación española más obligada que la de los jóvenes de hoy lo está a oponerse a la de sus mayores. Porque la obra pedagógica universitaria desde la Restauración acá ha sido, en general, una bochornosa obra de rutina y de desidia. Durante este tiempo se ha invocado lo europeo para mejor excusarse de ignorar lo propio, y se ha invocado esto, lo propio y tradicional, para mejor excusarse de ignorar lo otro, lo ajeno. Aunque hay que decir, en honor a la verdad, que los tradicionalistas han sido los más ignorantes, pues no sólo han ignorado lo ajeno y lo nuevo, sino hasta lo propio y viejo: la tradición. Lo característico del tradicionalista español es su ignorancia de la tradición. ¡Como que no cabe conocer ésta sino a través del progreso! Sólo con los métodos científicos nuevos, europeos, es posible conocer la tradición para hacerla progresar, es decir, vivir.

Y aquí entra de nuevo la dialéctica. Los verdaderos tradicionalistas, los que hacen vivir la tradición, son los que, estudiándola y conociéndola, la niegan. Hay que enterrar a Adán, al troglodita, en la conciencia, para que resucite el hombre nuevo, el vivo. Esto lo sabía Pablo de Tarso.

Mi mayor desesperanza proviene de ver la actitud de nuestros escolares frente a sus maestros, o, mejor dicho, bajo ellos. Me apena la borreguería que en general caracteriza al estudiante español de hoy, sin conciencia de su estudiantía, sin íntima y verdadera disciplina, que es la del que sabe afirmarse frente a su maestro y contra él, negándolo y superándolo.

Y luego esa falta de sentido colectivo estudiantil...

Pero de esto...

(*Filosofía y Letras*, V-1916.)

17. ¡... Y AQUÍ NO HA PASADO NADA!

¡... Y aquí no ha pasado nada! He aquí una de las frases —especie de estribillo— más terribles. La solemos decir cuando después de alguna agitación pública creemos que todo volverá a su cauce, o mejor, a su asiento de charca. Y otra forma del mismo pensamiento es ésta: «¡todo está igual; parece que fue ayer!». Es decir, que no pasa el tiempo para nosotros, como no pasa para los animales.

El que no pase nada, quiere decir que no hay historia, y el no haber historia quiere decir que se vive en la prehistoria, esto es, en la animalidad. Siglos enteros del hombre de las cavernas, del antropoide de Cromagnon, no equivalen a un solo momento histórico y la historia es continua revolución...

Entre nosotros hoy apenas hay más cronología que la de los calendarios de pared, y en rigor pueden servir para cualquier año. Todo se reduce a que los domingos caigan en este mes en el 1, 8, 15, 22 y 29 ó en el 3, 10, 17 y 24; cosillas sin importancia alguna. Y los buenos jubilados paseantes observan ya entrado el mes de enero que los días empiezan a alargarse para que se acorten las noches y ya entrado julio observan que empiezan a alargarse las noches para que se acorten los días. Y se regocijan íntimamente de sus finas dotes de observación y de su buen sentido. Y alguno de ellos, más filósofo que los otros, piensa que un día de más es un día de menos. Suman los días como quien suma guarismos.

En la introducción que Cánovas del Castillo puso al libro de don Miguel Rodríguez-Ferrer, «Los Vascongados; su país, su lengua, y el príncipe L. L. Bonaparte», etc., dijo de nosotros aquel célebre estadista que si los pueblos sin historia han sido felices, felicísimos hemos sido los vascongados durante siglos y siglos. Con lo que dijo —no sé si queriéndolo o no— que durante esos siglos no hemos existido como verdaderos hombres los vascongados. Y si nuestros antepasados fueron o no felices no sabría decirlo.

Eso de la felicidad de la inocencia, o mejor de la inconciencia, es una de tantas expresiones ambiguas. Decir que el pueblo sin historia es feliz, decir que viven felices y contentos los pueblos esclavos, es lo mismo que decir que es feliz el borrego que pasta en un prado suculento. La felicidad no reza con los animales, ni aún con los humanos. Y no es que el borrego que pasta esté más allá de la felicidad y de la infelicidad —al modo que Nietzsche hablaba de allende el mal y el bien— si no que está más acá de ellas. Y lo mismo el hombre sin historia, esto es, sin conciencia.

Y la historia es progreso; algo más que sucesión de tiempos. Hay una expresión española que siempre me ha chocado y contra la que alguna vez protesté sin percatarme bien de todo su sentido, y es aquella de «tiempo material». «Me falta tiempo material para ello», solemos decir. Y pensando con más calma he venido a comprender que hay, en efecto, un tiempo material, de continente, el que mide el sol y en que viven el borrego que pasta y los pueblos sin historia, y un tiempo espiritual, que es historia y progreso.

Hablando de Jacobo Ruffini, mártir de la unidad italiana, que se suicidó en la cárcel, escribía su amigo del alma José Mazzini: «Exquisita, y por así decirlo fébrilmente sensible, había adquirido una tristeza habitual que se exacerbaba de vez en cuando por desesperación de todo. Y sin embargo, no había en él vestigio alguno de aquella tendencia a la misantropía que visita a menudo a las fuertes naturalezas condenadas a vivir en tierra esclava. Tenía poco gusto por los hombres, pero los quería; poca estimación a sus contemporáneos, pero reverencia al hombre, al hombre como debería ser y como será un día. Fuertes tendencias religiosas combatían en él el desconsuelo que le llegaba de casi todos y de todo. la santa idea del progreso, que a la «fatalidad» de los antiguos y al acaso de los tiempos medievales sustituye la providencia, le había sido revelada por las intuiciones del corazón, fortificadas por estudios históricos. Adoraba el ideal como fin de la vida, a Dios como a manadero de vida y al genio como a su intérprete, casi siempre mal entendido. Era triste porque sentía la soledad de quien va por delante y no verá vivo la «tierra prometida», pero era habitualmente tranquilo, porque sabía que el fin de nuestra existencia terrestre no es la felicidad, sino el cumplimiento de un «deber», el ejercicio de una «misión», hasta donde no hay posibilidad de triunfo inmediato. Su sonrisa fue de víctima, pero fue sonrisa. Su amor por la humanidad era como el amor ideal de Schiller, un amor sin esperanza individual, pero era amor. Lo que padecía no ejercitaba influencia sobre sus acciones».

Leamos despacio este pasaje admirable del gran místico de revolucionarismo italiano, de aquel grande Mazzini que pensó con el corazón en la mano y los ojos puestos en el cielo de la patria. «La misantropía, que visita a las fuertes naturalezas condenadas a vivir en tierra esclava», es decir, en tierra sin historia. La santa idea del progreso que sustituye, a la felicidad, la providencia. Y luego la soledad de quien va por delante y no verá, estando vivo, la tierra prometida. Y por último... ¡aquí no ha pasado nada! Mas esto no lo dijo Mazzini; lo digo yo. No pudo decirlo Mazzini, hombre que hizo historia. Y el suicidio de Ruffini fue algo que pasó, es decir, que quedó. Porque todo lo que de veras pasa queda.

Cualquiera diría que al decir «aquí no ha pasado nada», queremos decir que ha quedado todo. Y en la otra expresión: «todo está igual; parece que fue ayer», se corrobora ese sentimiento. Y sin embargo, en rigor no es así. Donde no pasa nada, nada tampoco queda, porque en rigor no hay nada, y donde todo está igual no puede hablarse de ayer ni de anteayer. ¿En qué se diferencia un día de otro?

Se habla de la felicidad eterna y a ella aspiramos, de un modo o de otro, todos los que somos hombres. Pero así como no hay felicidad donde nada pasa, donde no hay historia, tampoco hay eternidad en el tiempo vacío. La eternidad no está más acá del tiempo, sino más allá de él, no sustentándolo, sino coronándolo. Y es cosa humana, es cosa del espíritu. Fuera del espíritu no hay eternidad posible. Y el espíritu es historia.

¡Y aquí no ha pasado nada! Con qué tranquilidad nos solemos repetir esta frase terrible.

Hablamos mucho de las libertades de que gozamos hoy los españoles, sin comprender que donde no pasa nada después de ciertos sucesos de la realidad brutal, es que no hay libertad.

¿Qué diríamos de un hombre a quien se le pudiera cortar un pie o una mano sin que lo notara? Pues hay pueblos a los que se les puede hacer amputaciones semejantes también sin que lo noten. Y aún hay algo acaso más terrible y es que se le dé al cojo el pie que le falta o al manco la mano que perdió o nunca tuvo sin que se percaten de ello. Es pavoroso ver al cojo a quien se le pudo devolver el uso de la pierna pidiendo a voces la muleta, porque ya no sabe andar sin ella. Y cuando esto le ocurre a un pueblo es que no tiene sentido del progreso y por lo tanto no le tiene de la historia.

En la época romántica, en 1833, cuando el gran Mazzini escribía lo que he citado más arriba, se creía en el progreso, se creía en la historia, porque se creía en el hombre, en el espíritu, y que son los hombres y no las cosas quienes hacen la historia. Después se inventó una cosa que se llamó la evolución, sujeta al determinismo, y se enseñó que son las cosas y los intereses y no los hombres y las ideas los que rigen la historia y la libertad pereció en esa doctrina. Y aquí seguimos en eso, en que no pasa nada. Somos nosotros los que pasamos. Y queda el vacío, la felicidad de los pueblos sin historia.

(*El Día Gráfico*, 4-v-1916.)

18. El cetro esteril

Una noche de insomnio y sin la menor molestia corpórea, en pleno respiro de salud. ¿El calor acaso? ¡No, el calor no! Es el pensamiento que, desvelado, busca ideas para soltarlas apenas las roza. Y como si se dejara mecer en un oleaje de ellas.

El blanco mosaico de ciudad tendida a nuestra vista, orilla del mar y soleándose palpita en la fantasía. Los derechos surcos de sombras de sus grandes vías dicen de gentes que se afanan, se divierten y aspiran. También la muchedumbre palpita en mosaico. Y de ella se desprende como un husmo que transciende a sementera. Esa muchedumbre quiere vivir y no tan sólo se resigna a ello.

Vueltas y más vueltas en la cama, sin poder pegar ojo. ¿Será verdad, Dios nuestro, que quiero salvar en mi alma a esta alma de mi pueblo que no quiere salvarse? ¿Y cuál es mi pueblo? ¿Es él mío o soy yo de él?

He forjado mi verbo con su verbo; pero ¿me entiende? Tal vez los que hemos intentado sacar de los soterraños de ese verbo las posibilidades allí desde siempre ocultas hablamos una lengua y un estilo extranjeros a nuestra patria. Aterrado ante el aguaducho de lugares comunes y de frases hechas que cuadra el embuste de nuestra expresión colectiva, he pensado a menudo si no es que fuera de Castilla sea donde mejor se comprende el castellano.

¡Querer hablar al mundo a nombre de nuestro pueblo cuando éste no quiere hablarse sino a sí mismo!

Pasó Cortés una noche triste, al pie de un árbol, aquel maravilloso peregrino Cortés, que encalmaba y apaciguaba a las muchedumbres belicosas de los aztecas hablándoles en una lengua que no entendían. ¿No le entendían realmente? La letra, no; pero la música, sí. Tenía un verbo de conquistador al que hizo la locura heroica de quemar las naves de regreso. Pero esta noche de desvelo no ha sido una noche triste. No puede asentarse la tristeza sobre la palpitación del blanco mosaico de la ciudad tendida a orilla del mar, con sus pies en las olas azules y la cabeza recostada sobre los brazos cruzados que descansan en los tesos verdecidos de pinares. No; tristeza, no; pero sí desasosiego.

¿Se salvarán nuestras intenciones en la memoria del Hombre Dios, que es la Historia? Pero ¿es que tenemos intenciones? ¡Yo sí sé que las tengo! ¿Tenemos algo que decir?

Es trágica la soledad del que piensa en España por España, y con verbo español, mas para el mundo. «¿Pensamiento de exportación? —parecen decirle—. ¡Extranjerismo!» Lo castizo es pensar —si es que es tal— para dentro, para que sólo puedan entenderlo bien los de casa. Todo lo demás son deformaciones y falsificaciones. Así, en arte; así, en literatura también. Diríase que aspiran a ser incomprendidos. Y ello es porque no se comprenden a sí mismos.

¿Antieuropeísmo? Menos mal si ello quisiera decir la conciencia, por brumosa y vacilante que fuese, de un valor fuerte frente al valor Europa, de una intención que sobrepuja a la intención europea, de un anhelo de abrir otro sendero a las estrellas. Adán, el Adán español de «El Diablo Mundo», se hace muy grande cuando, haciendo tabla rasa de la Historia, se pone heroico troglodita, junto a una charca del páramo, y mirándose en ella se plantea los problemas genesíacos, y entre ellos el del pecado original, como si nadie ante él hubiese pensado, como si él, Adán, fuese el Verbo por quien se hizo el mundo. Ser así antieuropeo es acaso querer salvar a Europa para luego salvarse en ella. ¡Pero no, no es así!

Es el otro antieuropeísmo, el del recelo, el defensivo. Es el que no quiere superar, sino tan sólo no ser superado.

En la posición que aquí se toma respecto al íntimo conflicto que desgarra las entrañas espirituales de Europa, ¿no hay acaso un profundo desinterés por la europeidad? Porque si nada importa aquí en general el hondo conflicto mismo, nada su esencia y su sustancia. Hay quien al ponerse de un lado se pone en rigor contra las dos partes. ¡Y no por transcender en intención de ellas, no! Lo que no quiere el desespíritu estepario es que nos fuercen luego a determinarnos intencionalmente a tomar puesto en la marcha a otra vida. Lo mejor sería que nos dejasen en paz y dejados de la mano del Hombre Dios, y si así no puede ser que nos metan en fila y nos marquen la dirección y el compás del paso. Porque hay quien quiere ser llevado para poder mejor dormirse en el camino y conservar la libertad del sueño. Del sueño sin ensueños casi siempre.

¿No es la nuestra también una noche de insomnio en el sueño que es nuestra vida? Pasamos desvelados el sueño de la vida, y sin soñarla ni vivirla. Y para expresar ese insomnio basta un caló cualquiera; el académico, por ejemplo. En el que se habla y escribe por una especie de doloroso deber de parecer civilizados. Es menester que haya literatura, como es menester que haya escándalo; mas ¡ay de aquellos por quienes viniera!

No, no creemos ni en nuestra retórica. Su brillantez, su pompa, su chisporroteante artificio es un secreto a voces. Y si alguna vez parecemos querer imponerla es para convencernos a nosotros mismos de su valía y su eficacia. Son bostezos las explosiones de esa retórica.

¿Tenemos algo que decirnos? Porque si así fuera, se lo diríamos a los demás, haciendo para ello nuestra lengua. Una lengua viva y no un caló oficial, el caló de la retórica del bostezo. Cuando no del ronquido.

El insomnio provenía acaso de cierta recóndita irritación porque me propusieran las cuestiones que creo tener yo solo derecho a proponérmelas a mí mismo. Me escuece y desasosiega que se me levante la Esfinge y con burlona sonrisa de piedra me arroje en cara los enigmas que me susurran en el poso del alma. ¿Qué derecho tienen ellos a sorprender mis tropiezos?

Pero es mejor, pues así se prueba mi fe. Cuando flaquea, robustécese y se enciende frente a las amables sonrisas de los negadores.

Y no se puede decir nada de esto más claro. Y no por respetos políticos ni por discreciones patrióticas, no; sino porque más claro no sería ya otra cosa que embustera estridencia y pábulo de disputas baldías. No sería ya verdad. En un insomnio fecundo no se fantasean programas ni plataformas retóricas, sino que todo pasa en brumas y en conatos.

Es trágica la soledad del español que se pone frente a Europa, cara a cara con ella y no dándole las espaldas, y ve que sólo le entienden, lo que se llama entenderle, los que de un modo o de otro le traducen. Y piensa si el «¡no!» redondo de su boca no les suena a un «¡sí!», agudo como un taladro. Y los nuestros, los que llamamos y acaso creemos nuestros, nos descomulgan cuando nos servimos de nuestro verbo común para hablar con él a todos, inclusos los demás. Quieren una palabra que sólo se entienda en casa. Los otros, los incircuncisos, no tienen derecho ni a las migajas de nuestro Verbo.

¡No se ha querido de veras imponerlo, no; no se ha querido imponerlo de veras! En vez de hacer de él un verbo imperial se ha hecho un caló imperioso. Y aun menos que un caló, una germanía, una jerga de lugares comunes y de frases hechas. En vez de ir con la rama en la mano, llena de fronda y de hojas jugosas, y de corteza y aun de brotes, la descortezamos y pelamos y descuajamos, y hemos hecho de ella un cetro, esto es, un palo que no verdece y que no se puede plantar en tierra como un esqueje. Porque plantad un cetro, sea de encina o de laurel o bien de almendro o de olivo, y estad seguros de que no prenderá ni os dará ramas para coronaros o frutas para regalaros. Los cetros ni florecen ni afruchiguan. No son como la vara de José. Y se puede llevar a las almas con una rama de laurel o de encina, o bien de almendro o de olivo, sobre todo si tiene fruto; pero no se les puede llevar con un palo. Y un cetro no es más que un palo, y ni siquiera una cayada de pastor.

Pero cogeré mi palo, el que me han dado, y me lo clavaré en las entrañas para que enraíce en ellas y chupe mi sangre y se vista de corteza que eche brotes y luego ramillas y hojas y flores y frutos. Quiero que se haga un árbol el palo que me han dado, y que ese árbol viva en la selva, mezclando sus raíces y sus ramas con las de otros árboles, y que sus hojas canten al toque del mismo viento que hace cantar a las hojas de los otros árboles. Bajo su copa dormirá mi memoria.

¿No os parece, hermanos de verbo, que en vez de enarbolar y esgrimir el cetro pelado sin corteza, ni ramas, ni hojas, ni flores, ni frutos, haríamos mejor en clavárnoslo en las entrañas y hacer de él un árbol? Pero llegar a las propias entrañas cuesta más que echar el cuerpo adelante y tratar de aislarse a codazos y a trompicones.

(*El Imparcial*, 14-VIII-1916.)

19. Una paradójica hipótesis sociológica sobre la causa de la guerra actual

Todavía es para muchos un enigma pavoroso como el buen pueblo alemán, el pueblo bonachón y pacífico, que sólo quiere —dicen— que le dejen trabajar, el pueblo que, reventado de sentimentalidad, llora lágrimas de cerveza al oír un *Lied* de Schumann, se ha lanzado a una guerra ofensiva y de conquista de la hegemonía mundial.

Los más perplejos, los que menos aciertan a explicarse este, al parecer, paradójico fenómeno mundial —¿No creen ustedes que es mejor llamarle así, social, que no sociológico?— son los socialistas internacionalistas, los que nos venían diciendo y repitiendo que la *Sozialdemokratie* —es mejor dejarla en alemán, para mayor claridad— del partido socialista obrero internacional que fundaron Marx y Engels, dos hegelianos sin patria pero ciudadanos de Alemania, habían de evitar la guerra. Aquello de «¡proletarios de todos los países, uníos!» sería el conjuro de la paz perpetua con que soñaba aquel viejo profesor prusiano de sangre escocesa que fue Manuel Kant, el del imperativo categórico, el fiel funcionario.

El internacionalismo sólido y fecundo y fuerte era el de Marx. Porque era el científico. Era científico lo mismo que son científicos los zeppelines y los submarinos que echan a pique buques inermes, y los gases asfixiantes. ¡El socialista científico! ¿No se acuerdan ustedes, lectores? Para nuestros ingenuos e inocentes obreros, ignorantes de los elementos de las ciencias, incapaces de resolver una ecuación de segundo grado, el socialismo tratraducido del alemán era el legítimo, el científico. ¡Y cómo se les llenaba la boca con esto de científico! Nunca olvidaré la cara que me puso un obrero cuando al ver en mi librería los cuatro volúmenes de *Das Kapital, Kritik der politischen Oekonomie* de Carlos Marx —o, si se quiere, Karl Marx— me preguntó si los había leído por entero, y al contestarle que sí, volvió a preguntarme: «¿pero... en alemán?», y a mi nueva afirmativa me miró ya como a un sabio hecho y derecho, entero y verdadero.

Aquello —y digo *aquello* y no *esto* porque me parece ya hundirse en un remoto pasado—, aquello era ciencia y lo demás... literatura. Es decir, utopía. ¿Quién hacía caso de Proudhon, por ejemplo? ¡Soñadores! El socialismo serio era el científico, es decir, el alemán. ¿Y no fue acaso un ruso, un cierto botarate por nombre Bakounine, el que se metió a trastornar la solemne mrcha de la Internacional marxista? ¡Un anarquista, bah! Los literatos y los sentimentales decían que en una página de Bakounine había más espíritu que en un volumen de Marx; ¿pero quién hablaba de espíritu? ¿Y quién, cuando la escisión, siguió a Bakounine? Unos cuantos españoles, además de rusos, y otros así. Y apenas se mantenían fuera de la imponente Internacional socialista científica, con sello germánico, esos incorregibles insulares que son los ingleses, con sus *Trade Unions*, sus sindicatos, sus sociedades fabianas y su estrecho pragmaticismo empírico que no busca sino ventajas de momento. Esos insulares recalcitrantes no se sometían al dogma: un dogma hegeliano.

¿Cómo he de negar yo que el marxismo, con su dogmatismo y su rígida disciplina, ha educado a nuestras masas obreras? ¿Pero no les ha infiltrado también un virus de pedantería? Lo salvador fue lo vital y lo instintivo. Y lo vital y lo instintivo fue que nuestro socialismo, por lo menos el español, era en el fondo sindicalismo y, más en el fondo aún, anarquismo. Todo aquello de que gobiernan las cosas y no los hombres —doctrina de un embrutecedor fatalismo a la alemana— y de que el colectivismo vendría por sí solo, en virtud del proceso mismo económico, e hiciesen los hombres lo que hicieran, todo aquello de la concepción materialista de la historia resbalaba por sobre los espíritus de nuestros socialistas, creyentes, como buenos españoles, en el milagro. Porque hasta la ciencia no es para nosotros sino un manantial de milagros.

Pues bien: ¿cómo aquella tan cacareada Internacional socialista, la que iba a borrar las fronteras entre los pueblos, no ha podido impedir la guerra? Este es el enigma todavía más pavoroso de esta guerra para muchos. ¡Y hablan del fracaso del socialismo internacionalista!

Hay una primera hipótesis explicatoria, y es la de que el socialismo internacionalista alemán no impidió la guerra porque con ella iba a borrar las fronteras y a unir a los proletarios y a los pueblos todos del mundo entero bajo el Imperio Germánico. Socialismo, internacionalismo y pangermanismo eran una sola y misma cosa. El Estado Germánico era el embrión del Estado internacional colectivista; Krupp iba a llevar a efecto la doctrina de Marx. Se iba a acabar con el capitalismo burgués a cañonazos. Primero la suprema concentración del capital alemán en poder de una sola entidad, el Imperio Germánico, y luego la socialización del resto del mundo. ¿Es que el socialismo de Estado era, en el fondo, otra cosa que el socialismo internacionalista de Marx? El Estado Alemán era el modelo de un Estado en vías de hacerse socialista. Y el partido socialista obrero, el que en un tiempo dirigieron Bebel y Liebknecht el viejo, el de la *Sozialdemokratie* —repito que es intraducible esto— era otro ejército más, al servicio del *Deutschland ueber alles in der Welt* (Alemania sobre todo en el mundo). Alemania era el instrumento fatal— no providencial, pues eso de la Providencia es anticientífico— para imponer el colectivismo internacionalista al mundo. La dialéctica de las cosas, no de los hombres, había de determinar a cañonazos la obra inevitable del materialismo histórico. Para ello había que destruir esos focos del viejo liberalismo burgués que son Francia e Inglaterra: Francia, la de los soñadores utopistas y la de los Derechos del Hombre —cuando no hay más derecho que el que nace del estómago—, e Inglaterra, la de los indisciplinados tradeunionistas, y había que destruir Rusia, la patria de Bakounine y de Kropotkine, la de los nihilistas y anarquistas.

Esta hipótesis es muy tentadora y parece apoyarla de un lado la conducta general de los diputados socialistas del Reichstag y de otro la actitud que para con los socialistas ha adoptado el Kaiser. ¡Como no sea todo ello una comedia...! Porque esos mansos socialistas, al servicio y devoción del Kaiser, no han empezado a dividirse hasta que no empiezan a ver el resultado turbio. Todas sus actuales disidencias se explican por aquellas palabras de Haase, su diplomático, de que no hay en la guerra ésta ni vencedores ni vencidos. Mientras creyeron firmemente en el triunfo total y completo de Alemania, en la conquista segura de la hegemonía mundial, todos los socialistas —con la excepción acaso de Liebknecht, ¡y quién sabe si éste no hacía su señalado papel...!— se mantuvieron unidos bajo la bandera, común a ellos y a los burgueses, de Alemania sobre todo en el mundo incluso sobre los proletarios de otros países. Empezó a decaer la fe en ese triunfo total y completo, empezó a entrar la duda, acaso la sospecha de una posible derrota, y salió Haase con lo de ni vencedores ni vencidos, y ya están los de la *Sozialdemokratie* —andrómina intraducible— dividiéndose y movilizando las fuerzas que preparan una paz menos dura, una paz que les permita volver a su guerra. A su guerra pangermanística, quiero decir. Y ya veremos como, si las cosas van peor, serán los socialistas los que confiesen que Alemania ha sido vencida, excusen su culpa y pidan perdón y... preparen el desquite.

Sí; la hipótesis de que el socialismo internacionalista alemán no se opuso a la guerra sino más bien la ayudó por ver en ella el mejor arbitrio para realizar, por medio del Estado alemán del Imperio Germánico, su ideal, es una hipótesis tentadora, aunque fantástica. Pero por lo mismo que es fantástica es tentadora.

Más hete aquí que de pronto me siento sociólogo, aunque no científico, y se me ocurre otra hipótesis, más paradójica aún, sobre la razón íntima que ha llevado al pueblo alemán a la guerra actual y se ha dejado convencer que es defensiva.

¡En primer lugar claro está que es defensiva! Pero con la defensiva del lobo. El lobo cuando se lanza a devorar una oveja es que se defiende. Se defiende para no morirse de hambre. Y un pueblo al cual le han hecho *populívoro*, que no puede ya mantener su economía sino a costa de otros pueblos, se defiende devorando a éstos. Tal como se iba montando la riqueza de Alemania no podía subsistir sino sobre el empobrecimiento de los otros pueblos. «¡O me compras o te ahogo!»; tal era su lema. Los cañones apoyaban el *dumping* y las tarifas tiránicas.

Pero yo voy a otra cosa al decir que se defiende. Es que acaso se defiende de sus amos y busca redención. Todo ello oscuramente, sin conciencia clara, de un modo instintivo. Cree buscar una cosa y busca en realidad otra. El *Volksgeist* tiene su subconciencia y mientras cree perseguir un fin persigue otro. ¿Y quién sabe si el buen pueblo alemán no está peleando, sin saberlo, por su propia liberación?

Todos los no alemanes y muchos de éstos están contentos en presentarnos al buen Michel, al bonachón y tardo pueblo tudesco, como un pueblo sumiso y disciplinado, o, digámoslo sin ambages, algo borreguil o rebañego, que es lo que otros llaman disciplinado. Sométese fácilmente al *¡verboten!*, esto es: ¡prohibido! El espíritu de rebeldía está en él apagado y como muerto. Le llevan al matadero y se deja llevar, no ya tranquila sino hasta alegremente. Sobre todo cuando el espíritu de sacrificio y de abnegación se alía con la *Schadenfreude*, palabra que no quiero traducir. Esto es, que cuando al llevarle a que le maten le dicen que él puede matar a su vez, se queda satisfecho. Eso de morir matando debe ser un exquisito placer germánico. No hay sino leer lo que del Diablo que rige la sangre —*der Teufel, der das Blut regiert*— hace decir el dramaturgo Hebbel a Dietrich en la escena séptima del acto IV de la tercera parte de su tragedia «Los Nibelungos», *Die Nibelungen*. (¡Es cosa terrible esta trilogía trágica en once actos!)

Pero el pacífico pueblo agresivo, el héroe nato —*ein geborener Held*— que es, según Treitschke, un héroe de la pluma, todo tudesco, por muy rebañego y servil que le supongamos, ha de estar descontento de su rabañeguería y de su servilidad. Es un pueblo compuesto, al fin y al cabo, de hombres, y si el alemán es, según Treitschke, un héroe nato, el hombre es, según la Biblia, un anarquista nato. Y no por ser alemanes están como hombres, libres del pecado original, de esa culpa, según la Iglesia Católica: feliz —*¡felix culpa!*, dice— que nos trajo la redención. Y con todos estos embolismos algo germánicos no quiero decir sino que los alemanes, como todos los hombres que de verdad lo sean, sienten dentro de sí el instinto de rebeldía.

Yo presumo más, y es que están hartos de tanto orden y tanta disciplina y tanta organización y tanto método y tanta especialización y tanto *verboten* y tanta liturgia y tanto paso de parada y tanta... *Kultur*, en fin. ¿Pues qué, no era alemán Max Stirner, el Unico? ¿No han sido ellos los mayores soñadores del Yo? ¡Y del yo con letra mayúscula! Sólo que aquí estaba lo ominoso, en la mayúscula. Si hubiesen sentido sus sendos yos con minúscula, otra gallo les habría cantado. Pero quedamos, me parece, en que a pesar de todo deben echar muy de menos ese indisciplinado libertinaje latino que execran oficialmente. Les debe pasar algo parecido a lo que les pasa a esas señoras honradas por el respeto ajeno que suspiran por dentro mientras miran con sañudos ojos de envidia, disfrazada de lástima, a las triunfantes pecadoras.

Yo presumo que los tudescos desean redimirse de la organización, del orden militar y de la disciplina del todopoderoso Imperio militar, socialista y kaiserico. ¿Pero cómo?

Y he aquí que el genio de la raza, lo correspondiente al genio de la especie de que les habló Schopenhauer, una especie de *Volkstrieb*, les empuja a reducir a los demás pueblos a su propio estado para que así, viendo en la común servidumbre, les ayuden a levantarse de ella y a redimirse. He aquí, pues, mi hipótesis. ¡No dirán ustedes que no es paradójica, ingeniosa y, si se quiere, hasta genial...!

El genio subconsciente del pueblo tudesco ha debido de decirse por debajo de toda idea clara y definida y consciente: «Yo solo no podré sacudirme de esta servidumbre y mandar enhoramala al demonio a estas autoridades que me están mecanizando y deshumanizando con tanta organización y tanto orden; voy, pues, a someter a los demás pueblos a la misma servidumbre; voy a ponerles sobre la cerviz el mismo yugo que me oprime y a ver si entonces al revolverse ellos, me revuelvo yo y acabo de una vez con esta pesadilla de un bienestar y de un orden y una prosperidad que matan todo aliciente de vida libre y humana». Porque yo estoy convencido de que por dentro el tudesco —¡hombre al fin!— está harto de *Kultur*.

Es, pues, muy posible que los internacionalistas alemanes al lanzarse con sus compatriotas nacionalistas a esta guerra agresiva adquisitiva y conquisitiva contra otras naciones, lo hayan hecho movidos por un oscuro instinto —el pueblo alemán es un pueblo de instintos— de que al conquistar a esas otras naciones serían ellos conquistados a su vez y que aumentando el número de los sometidos aumentaría la posibilidad de sacudirse de la sumisión. Acaso la guerra ha sido la salida desesperada de la Internacional socialista alemana. Y esto, lo repito, dense o no ellos mismos cuenta de ello.

Téngase en cuenta, además, que para la intraducible *Sozialdemokratie* la paz armada era peor que la guerra misma. Todos los años tenían que acabar votando un aumento en el presupuesto de guerra. Una gran parte, además, de los obreros socialistas alemanes vivían directa o indirectamente de las industrias guerreras. La preparación de la guerra era acaso la principal industria que llevaba a las clases proletarias el dinero del capitalismo burgués. Muchos de los proletarios cobraban su salario por hacer guardia a la caja de los capitalistas. Pero el sistema se iba destruyendo a sí mismo, por una íntima dialéctica más o menos hegeliana. Era ya la tan conocida historia de aquel que se gastó todo su dinero en construir una caja para guardarlo y en rodearla de todo género de artefactos protectores. La paz armada iba siendo mucho más mortífera y ruinosa que la guerra misma. Había que salir de tan pavorosa pesadilla. ¡Y como los otros no querían avenirse a razones germánicas...!

Porque, eso sí, lo inconcebible es la testarudez de las naciones que están peleando contra Alemania y que le han obligado ¡pobrecilla! a ponerse a la defensiva del lobo. Y tan fácil que les habría sido evitar la guerra sin más que avenirse pacíficamente a cuanto Alemania pacíficamente, pero con la mano en el cañón, pretendía y reconocerle su supremacía y comprarle sus baratijas y rendirle pleito homenaje.

Y es lo peor que esta testarudez, en lugar de haberse corregido con la guerra y con la suerte que les ha cabido a Bélgica, a Polonia, a Servia y a Montenegro, va en aumento. ¿Pues no se empeñan los aliados en no confesarse vencidos cuando es cosa sabida, y fuera toda duda que Alemania ganó la guerra hace muchos meses? Así, por lo menos, lo han declarado aquí nuestros germanófilos que ejercen ya de profetas, ya de pontífices. Esta obstinación en no declararse vencidos es, francamente, criminal en alto grado. Sólo que a las veces la testarudez da resultado.

¿Y si empeñándose los aliados en no confesar su derrota ni pedir merced al que se proclama vencedor acabaran por vencer...? ¿Si del segundo período dialéctico, el de Haase, de que no hay ni vencedores ni vencidos, se pasase al otro, al tercero? Entonces sí que si el buen pueblo alemán consiguiera lo que según mi hipótesis sociológica —¡hay que darse postín!— busca con la guerra, sin darse clara cuenta de lo que busca; entonces sí que habría sonado la hora de redención! ¡Y qué suspiro de liberación al desimperializarse! Y eso aunque formal y oficialmente subsistiese el Imperio. ¡Qué nuevo aliento de vida circulará por la vieja Alemania cuando se le desvanezca la tremenda pesadilla del ensueño de una hegemonía mundial! ¡Cuán más libremente respirarán allí los espíritus cuando renuncien a esa insensata locura de una Alemania sobre todo en el mundo! ¡Cuán más hombres se sentirán cuando se convenzan de que no son más hombres que los de los demás pueblos ni superiores a ellos!

He llamado a mi hipótesis paradójica y fantástica. No pretendo, en efecto, que tenga cientificidad, o *Wissenschaftlichkeit*, vamos a decir. Mi frecuente trato con la literatura inglesa ha debido de contagiarme de su superficialidad y acaso de su *humour*. Y el *humour* es lo menos a propósito para tratar de cosas alemanas, que de humorísticas nada tienen. Todo lo alemán es fundamentalmente serio y fundamentalmente científico. Así es su socialismo internacionalista. Y si las cosas santas han de ser tratadas santamente, las cosas germánicas han de tratarse germánicamente. Pido pues, perdón a aquellos de mis lectores que tengan un espíritu serio y científico y antihumorístico, pero no les prometo arrepentirme y no reincidir.

¿Y si ocurriese que en el fondo de todo hasta seria y científicamente no estuviese desprovista de algún fundamento objetivo —¿no se dice así?— esta mi paradójica y fantástica hipótesis? ¡Porque se ve cada cosa!

(*Iberia*, 19-VIII-1916.)

20. MÁS DE LA GUERRA CIVIL

En no pocas publicaciones religiosas, o más específicamente, cristianas, en especial protestantes, de los diversos países en guerra, se discute hasta qué punto es la guerra compatible con el cristianismo y si Cristo no la prohibió. Sabido es que los cuáqueros en Inglaterra han suscitado su doctrina de la no resistencia al mal y su interpretación rígida del precepto del Decálogo que dice: «No matarás». Roberto Barclay en su *Apología* («An apology for the true christian divinity») recopiló ya en 1678, todos los pasajes del Nuevo Testamento y de los santos padres contra la licitud moral y evangélica de la guerra, y los discutió. Y muy poco puede añadirse, por la vía de la exégesis, a lo que Barclay dejó escrito. Pero yo voy a aducir un texto evangélico que Barclay no adujo.

En el capítulo XII del Evangelio según San Lucas, versillos 51 al 53, se dice: «¿Pensáis que he venido a la tierra a dar paz? No, os lo digo, sino disensión. Habrá desde ahora cinco en una sola casa divididos, tres contra dos y dos contra tres se dividirán, el padre contra el hijo y el hijo contra el padre, la madre contra la hija y la hija contra la madre, la suegra contra su nuera y la nuera contra su suegra.» Lo cual es predicar la guerra, pero la guerra civil.

Porque el Cristo, que no predicó la guerra de unos pueblos contra otros, sino que más bien dijo aquello de: «dad al César lo que es del César y a Dios lo que es de Dios», cuando presentándole una moneda romana le tentaron preguntándole si el pueblo oprimido y conquistado debía o no pagar tributos, es decir, someterse, al opresor y conquistador en vez de rebelarse contra él como hicieran los Macabeos, predicó la guerra de unas generaciones de un pueblo contra otras del mismo pueblo, de los hijos contra los padres y aún de los hermanos entre sí, esto es: la guerra civil. Y la guerra civil se opone a la guerra militar, así como civilidad y civilización se oponen a militaridad y militarización.

La guerra ni debe ni puede desaparecer pero debe civilizarse desmilitarizándose. Y la guerra verdaderamente fecunda es la guerra civil. Que por otro nombre se llama revolución. Sea aguda y cruenta, sea crónica e incruenta.

La interna dialéctica de la historia —y más que dialéctica, polémica— pide que unas generaciones se alcen contra otras. Desdichado el pueblo en que los hijos no se rebelan contra sus padres ni los discípulos contra sus maestros! Desgraciada la generación que no niega a la que le precediera! Y es negándola como mejor la afirma. Pobre e infecunda será mi obra si mis discípulos no me la niegan.

Ya sé que alguien algo versado en el Evangelio —y para esto no se necesita estarlo mucho— me aducirá aquellas otras palabras del mismo Cristo cuando dijo que «todo reino dividido contra sí mismo es asolado y una casa dividida contra sí misma, cae» (Luc. XI, 17) y pasajes análogos, pero ocurre pensar que un reino puede estar dividido en sí mismo y no estar dividido contra sí mismo. Y en todo caso vale más que un reino sea asolado por otro, que no el que se petrifique y estanque en la unanimidad. Este sería el fin de todo progreso.

Lo he dicho muchas veces. El más noble ejemplo que ha dado Francia después de 1870, fue el de sus luchas intestinas cuando el famoso «affaire» Dreyfus. Un pueblo dividido así, por cuestión de justicia y de verdad y en que se discutía si éstas deben o no prevalecer sobre la conveniencia y la disciplina militares y sobre los intereses mismos de la defensa nacional, es un pueblo grande. Aquello fue una verdadera guerra civil que les distrajo de prepararse convenientemente para la guerra militar, pero aquello fue grande. Y creo que sin aquella guerra civil, Francia no daría los ejemplos de heroísmo que está dando. Si en vez de mantenerse un pueblo civil, libre y revolucionario, se hubiese convertido en un pueblo militar, es decir, en un mero ejército, acaso no habría soportado el empujón del ejército alemán sobre París y la guerra se habría acabado pronto con la rendición de un ejército a otro. Las guerras entre dos ejércitos están singularmente simplificadas y son como un duelo entre dos profesionales de la esgrima. No así las luchas entre dos pueblos o de un pueblo contra un ejército.

Lo que da al proletariado fuerza en su lucha económica contra la burguesía capitalista es lo que llaman los economistas motivos no económicos, aneconómicos o antieconómicos. Tal huelga antieconómica, por sentimiento de pundonor o de dignidad, no se habría producido de seguir los obreros la táctica puramente económica que recomienda el marxismo, que no es sino la fase pedantesca y cientificista —no científica— del socialismo. Pero afortunadamente los obreros se han dejado mover de sentimientos y pasiones que aquel grandísimo pedante que fue Carlos Marx habría llamado con desdén utópicos y antieconómicos.

De la misma manera un pueblo, un verdadero pueblo, un pueblo civil, que puede ser belicoso pero no militar y valeroso aunque no muy disciplinado, se mueve en la guerra por móviles que no son estrictamente militares, y así como no sacrifica su conciencia moral a necesidad alguna militar, así tampoco cede ante esta necesidad. Y acierta.

Hay una guerra noble y digna y cristiana, y es la guerra civil. Cuando esta horrible pesadilla de la guerra entre naciones, de la guerra militar desencadenada por un ejército y no por un pueblo, se haya disipado a su propia pesadumbre, acabará la unión sagrada de los partidos franceses frente al enemigo común y de la patria. O vendrá más bien una unión dentro de la lucha. Porque los partidos que luchan se unen para luchar.

Lo bochornoso, lo triste, lo innoble es el género de neutralidad interior que se predica por muchos aquí en España. Y esa forma de neutralidad moral —o más bien inmoral— la llaman tolerancia. Porque para muchos, tolerancia no es más que indiferencia.

No, neutralidad, no, sino «alterutralidad». No «neuter», es decir, ni uno, ni otro, sino «alteruter», uno y otro. Y uno y otro en lucha entre sí. Y así cuando me dicen que si yo predico la lucha es porque mis ideas no prevalecen, contesto que si prevaleciesen me volvería yo contra ellas para evitar su muerte.

La pura contemplación es la muerte. Hasta el más evidente teorema hasta un axioma, sólo es todo lo vivo y fecundo que puede ser para aquel que llega a ponerlo en duda. Y si hay algo como la visión beatífica de que los teólogos nos hablan, la contemplación cara a cara de Dios, debe de ser una continua y perpetua conquista de él, de su visión, contra la duda de que no sea sino pura ilusión. Como sólo existe de verdad aquel que de continuo está poniendo en duda la propia existencia.

«In necessariis unitas, in dubiis libertas, in omnia caritas»; «unidad en lo necesario, libertad en lo dudoso y para todo caridad», suelen decir y repetir los que no son libres porque no dudan y para nada tienen caridad. Y multiplican las pequeñas aparentes dudas, las ridículas cuestioncillas puramente técnicas, las sutilezas escolásticas, para jugar a la libertad. Pero no, debe haber libertad en todo, incluso en eso que llaman necesario. Y la libertad no se opone a la unidad, a la verdadera unidad, a la unidad o unión de los que luchan. Porque los que luchan están unidos para la lucha y cooperan a una obra común. Los que luchan entre sí quiero decir, los antagonistas. El que me combate me ayuda. El que rebate mis ideas me las trabaja. Dios sabe muy bien que debe más a los ateos que a los que le confiesan por rutina y le rinden un culto tradicional pero de modorra.

Y sucede que la guerra civil, es decir, la guerra civilizadora, está en contraposición con la guerra militar, anti-civilizadora. Como que los explotadores más bien que directores de los pueblos suelen echar a uno contra otro, para evitar la guerra civil. Es cosa harto sabida que la xenofobia, la hostilidad al extranjero —o al forastero— es sentimiento que fraguan las clases explotadoras para apartar al pueblo de la visión clara de su verdadero enemigo. Y de aquí que sean las oligarquías las que se exceden en la patriotería. Que es lo que hoy está sucediendo en España. Esa quisicosa absurda y desatinada que llaman hispanofilia o españolismo de españoles, no pasa de ser invención de los oligarcas explotadores y de sus abogados y siervos.

Empiezan aquí algunos a predicar la unión sagrada cuando nadie de fuera nos ataca ni piensa en atacarnos, y no es ello más que una maniobra para hacer que amaine la guerra civil, que harto languidecida está. Pero yo espero que una vez hecha la paz europea, nuestro pueblo por antonomasia, el pueblo obrero, tal vez el de los campos, empiece a agitarse y a romper la siesta de esta desdichada clase media española, que es lo más desastroso que se puede dar.

Hay que ver, en efecto, en nuestras Universidades, la flor y nata de la juventud, de esta nuestra clase media, con su única preocupación de colocarse, de ir a la caza del destinito, empleando para ello las consabidas armas de la cobardía, la pordiosería, el servilismo, la hipocresía. Y son sus padres los que les aleccionan. Y cualquiera que haga propaganda pública sabe cuán preferible es un público de obreros a uno de estudiantes. No es sólo que tengan más curiosidad, más deseo de aprender; es que son muchísimo mejor educados. Cuando hay temor de que un número de estudiantes den en alborotar y escandalizar no hay sino mezclar entre ellos obreros que hagan de policía y les impongan orden.

Nuestra estudiantina de la clase media odia la lucha, como odia la duda y la investigación, y sólo quiere la estéril y terrible paz de la busca del destinito.

(*El Día Gráfico*, 21-VIII-1916.)

21. La fisiología parlamentaria

> «Prevaricar (del lat. *prævaricare)* n. Faltar uno a sabiendas y voluntariamente a la obligación de la autoridad o cargo que desempeña, quebrantando la fe, palabra, religión o juramento.»
>
> *Diccionario de la Lengua Castellana*, por la Real Academia Española. Décimacuarta edición. Madrid, 1899. Página 810, columna 1.ª

Otra vez más ha logrado el señor Urzáiz provocar un escándalo farisaico en el Congreso diciendo desnudamente y a la faz del país lo que todos los escandalizados dicen en el seno vergonzoso de la intimidad.

En cierta ocasión clamó Cánovas en ese mismo ruedo parlamentario diciendo que no se podía llevar a él voces del arroyo. Y es, sin embargo, el agua viva y corriente del arroyo la única que puede sanear esa charca anidadora de paludismo moral.

Y la enfermedad es tal y tan grave que pasa por lo normal, por lo fisiológico, y cuanto de ella se desvía, lo sano, lo verdaderamente sano en el orden moral, aparece como enfermo y patológico. Un manto mugriento y andrajoso de convenciones verbales, bordado y festoneado de frases y de vergonzosos eufemismos —esa miserable jerga de abogados de malas causas y de hipócritas profesionales de la arbitrariedad—, es lo que es el llamado lenguaje parlamentario. Que es, además, como lenguaje, y sobre todo en el respecto estético y literario, la cosa más lamentable. Su fondo es el miedo a la verdad.

Así se ha constituido la normalidad, la fisiología del Parlamento. Y todo aire colado de la calle que se haya refrescado en el arroyo en que se bañan y de que beben los que sufren hambre y sed de verdad y de justicia, lleva enfermedad a esa charca.

El Presidente del Consejo de Ministros, casero y minero, y desde ayer académico de ciencias morales y políticas, dijo que había tenido que echar al señor Urzáiz del Consejo de Ministros por sus especiales condiciones de carácter, de todos conocidas. Es decir, que las condiciones de carácter del señor Urzáiz no son las generales o genéricas de aquellos de que se sirve el Conde y el señor Sánchez Guerra, aclarando aún más el concepto condal, algo velado en su vaga expresión de índole parlamentariamente eufemística, habló de que el señor Urzáiz se presta a que se le considere como un enfermo y dijo que tendrían que decir que se encontraban frente a un caso patológico.

Y con relación a la fisiología del Parlamento, resulta el señor Urzáiz, sin duda alguna, un enfermo y un caso patológico. Lo que honra mucho moralmente al señor Urzáiz. Porque en ese Parlamento la mejor ejecutoria de nobleza que pueden extenderle a uno es considerarle y reputarle como a un enfermo, un soberbio, un díscolo, un esquinado, un perturbado o siquiera un hombre de condiciones especiales —es decir, no las allí generales—, de carácter. Entre gentes que viven de fórmulas, de acomodos, de enjuagues y a las veces de abyecciones —sólo disculpables por cierta triste tradición de pordiosería y de holgazanería—, esos dictados son los que puede apetecer todo hombre que a un vivo sentimiento patriótico una el de su propia dignidad personal. Y lo más deshonroso, lo más penoso, lo más bochornoso para todo el que se estime es merecer pasar en ese ámbito por un hombre listo, hábil o travieso que se hace cargo pronto y que sabe donde está. Hay acomodamientos al ámbito que no suponen selección alguna progresiva, sino regresiva.

El señor Urzáiz logró que los fariseos hicieran como que se escandalizaban al hablar de prevaricación, cuando es un valor entendido y corriente lo de que entre los que ocupan autoridad o cargo, con frecuencia profesionales de la arbitrariedad, es cosa de cada jueves faltar a sabiendas y voluntariamente a la obligación de la tal autoridad. Y no siempre interesadamente, sino que a las veces, y esto es lo peor, por ostentación de prepotencia e impunidad y hasta por desprecio manifiesto a la opinión de los buenos. Como quien dice: «yo hago esto porque me da la real gana y puedo hacerlo».

Pero el que estuvo verdaderamente inefable en esa ya histórica y gratamente memorable sesión fue el inexistente señor Dato —y el no existir de veras es su disculpa—, que dirigiéndose al señor Urzáiz soltó, a modo de un fonógrafo, estas palabras estereotipadas y dignas del que vendió al señor Maura: «¡Diga que no ha tenido el propósito de ofender con sus palabras!» ¡Estupendo de ramplonería ética!

¡Diga que no ha tenido el própositο de ofender con sus palabras! Este conjuro, genuinamente idóneo y típicamente parlamentario, pinta al país y al tiempo que puede admitir a que rija sus destinos a quien tan solemne vaciedad moral pronuncia. Porque eso no es sino una vaciedad moral y las vaciedades morales son más perniciosas que las vaciedades mentales. El que después de oirse inculpado de prevaricador, o de otra inculpación tan concreta y precisa y tan definida como ésta, se contentara con que se le dijese que al echársela en cara no era con el propósito de ofender, está juzgado.

Este triste criterio convencional es de la misma laya que aquella nefanda doctrina de la doble naturaleza, la del hombre público y la del privado. Con esta doctrina infame y el blasfemo apotegma de que «la política no tiene entrañas», se quiere cohonestar las mayores degradaciones y los más feos atropellos morales. Pero no nos quepa duda de que no hay diferencia entre quien roba un acta de diputado, v. gr., y quien roba otra cosa, así como los llamados delitos políticos suelen ser delitos vulgares en el peor sentido. Y sólo donde domina esa terrible confusión moral y se puede creer que cabe ser un caballero en la vida privada y un pícaro en la pública política, es donde cabe darse por satisfecho cuando se le dice a uno que no hubo propósito de ofenderle con tales palabras o tales hechos.

Esos son los de «mi querido amigo personal...», y esos arrumacos y lagoterías con que se acarician en torpes y nefandos tratos los que luego, como hombrezuelos, se echan la zancadilla y se dan puñaladas traperas en eso que llaman conjuras. ¡Qué asco!

La sesión del día 4 de noviembre de este año fue, sí, triste, muy triste, pero no por lo que la ha considerado así la prensa de los diputados, escrita, cuando no inspirada, por profesionales de la política y en servicio de ellos, que forman una sola legión con uniformes y consignas, distintos y hasta opuestos; fue triste, por lo de las *especiales condiciones de carácter*, por lo de *enfermo* y *caso patológico*, y por lo de: ¡diga que no ha tenido el propósito de ofender con sus palabras! Sí, dígalo, y aquí no ha pasado nada, y todos somos unos, y a quien Dios se la dé San Pedro se la bendiga, y puede el baile continuar. Convendría que resucitase Echegaray, que fue un diestro parlamentario dramatúrgico, y nos explicase lo de mancha que limpia.

No hay nada que horrorice más a los abogados que la desnudez de la verdad.

(*España*, 9-XI-1916.)

22. Luis Bello, diputado por la prensa

En un semanario de Madrid, *España*, que estimo mucho, en el cual colaboro asiduamente y con cuya tendencia general estoy conforme, leo un suelto saludando la elección de Luis Bello para diputado a Cortes por un distrito de la desventurada Galicia y por el tan desacreditado artículo 29. El suelto merece comentario. Y he de comentarlo sobre todo por tratarse de un suelto de *España*, revista de toda mi predilección, y referente a Luis Bello, uno de mis mejores amigos y a quien estimo en mucho y muy de veras.

Después de dar cuenta de la elección, agrega *España:* «Olvidemos el artículo 29 —que pocas veces tuvo aplicación más justa— y felicitémosle por este premio a su talento literario.» ¡Alto aquí! En primer lugar no debe nunca olvidarse que eso del artículo 29 es algo bochornoso, y más en Galicia, y sobre todo si el elegido no es del distrito ni es muy conocido en él, y luego ese artículo nunca tiene aplicación justa, ni más ni menos, ni siquiera cuando se trata de un hombre conocidísimo en el distrito. Además, no comprendemos cómo el elegir a uno diputado pueda ni deba ser premio al talento literario. El talento literario es una cosa y la política es otra.

Pongo sobre mi cabeza los méritos literarios de Luis Bello y declaro que es uno de los escritores que más me gustan, así como tengo la mejor idea de él como hombre y como amigo y compañero. Mas ignoro los ideales políticos con que se ha presentado candidato a la Diputación por el distrito ese gallego, que creo es el mismo que antes representó Alfredo Vicenti. Y como sospecho que los electores gallegos del distrito ese, o mejor dicho, los caciques políticos de él —pues son éstos y no los electores los que amañan lo del artículo 29— no conocen la labor literaria de nuestro buen amigo Bello, resulta claro que no le han elegido en premio a su talento literario. Más probable será que ese distrito sea uno de los reservados para la prensa y que haya «tenido que» ir a representarlo Bello por ser periodista y como mandatario del periódico en que lealmente sirve.

«Con esto queda dicho —prosigue *España*— que a la satisfacción de ver acrecentada su personalidad social, va unida la melancolía de comprobar una vez más que en España los valores literarios no se cotizan sino fuera de las letras.» ¡Alto aquí otra vez! No veo que con haber sido elegido diputado a Cortes acreciente en nada nuestro amigo Bello su personalidad social, ni creo que con ello gane en independencia, en la verdadera independencia por la que tan bravamente ha luchado y lucha y que ha sabido defender —me consta— tan bien. Creo conocer algo a Bello y me parece que lo de su diputación no pasa de ser una inevitable exigencia de su oficio de periodista. Y respecto a lo de que los valores literarios no se cotizan sino fuera de las letras, no se nos alcanza como al hacerle a uno ser diputado a Cortes por un distrito gallego signifique cotizar su valor literario. Y en cuanto a la palabra «cotizar»... ¡cuánto se dice!

«En otro país —continúa *España*— Luis Bello viviría espléndidamente escribiendo libros delicados, colaborando en revistas selectas o dirigiendo un gran periódico.» Esto sí que es verdad. Y añade *España:* «Aquí el escritor no significa nada, y, lo que es peor, gana a duras penas para vivir. El demonio de la política al uso se aprovecha de esto para llevarse muchas almas valiosas.» Y lo triste es que estas almas valiosas, y valiosísima es la de Bello, tengan que dejarse llevar del demonio de la política al uso, y acaso para poder vivir.

Yo no sé si aquí, en España, el escritor no significa nada y si no es que nosotros, los escritores, tenemos la mayor parte de la culpa de no significar más, pero quiero detenerme en lo de que sea peor que a duras penas ganemos para vivir. ¡No, no, y mil veces no! ¡no, no, no! Es peor el que signifiquemos tan poco que el que apenas ganemos para comer. Valiera más que ganásemos aún menos significando más, que el que significásemos menos aún, es decir menos que nada, el que acabáramos de desacreditarnos del todo, pero ganando más.

La pluma puede dar para vivir modestamente y sin tener que venderla contra las propias convicciones. Mi mujer y mis hijos —y no son pocos— comen conmigo y se educan y siguen sus carreras principalmente con lo que el Estado me da por explicar dos cátedras diarias y para merecer lo que se me paga las explico con una asiduidad que no es inferior a la de quien más asiduo sea. Pero la pluma me ayuda, y no poco, a mantenerme y a mantener a los míos. Ahora que yo no podría ser diputado a Cortes.

La razón es obvia. El tener que quedarme excedente, reducido a la mitad del sueldo de una de mis dos cátedras y tener que trasladarme a Madrid en los períodos legislativos y asistir a las sesiones —pues así como no concibo ser catedrático sino sin faltar un solo día a cátedra y preparándome para ella, no concibo ser diputado sino sin faltar a una sesión y estudiando los asuntos todos para poder votar con voto consciente y libre— todo eso implicaría una dificultad, no ya sólo de obtener de la pluma el suplemento de lo que por la excedencia de la cátedra perdía, mas ni aun lo que hoy de ella obtengo. El cargo de diputado lejos de procurar ganancias debe traer pérdidas. No puede ni debe ser una carrera.

Ninguna persona que tenga que vivir de un trabajo intenso, sin capital, ninguno que no sea un rico o un hombre de escasísimas necesidades puede desempeñar una diputación a Cortes, sobre todo si vive fuera de Madrid. El Congreso no es más que para ricos, criados de ricos y abogados de ricos. Sobre todo para abogados. El que tiene que vivir de su trabajo no puede ser diputado a Cortes, como su trabajo no sea para uno de esos particulares o una de esas empresas que le necesiten precisamente en el Congreso. Al Congreso suelen ir los abogados a hacerse fuera de él un bufete.

Lo que en plata quiere decir que en la mayoría de los casos o tiene uno que ir al Congreso porque a él le llevan —le lleva el demonio ese de la política al uso, que es un repugnantísimo demonio— o va a él buscando hacer carrera política. Y la política como carrera, la de los profesionales de la política o políticos de oficio, es una de las carreras más deshonrosas. Y yo estoy seguro de que nuestro amigo Bello, alma valiosísima llevada al Congreso por el demonio de la política al uso, no va a hacer carrera política. Va, lo que suponemos, a defender su carrera periodística de la que honradamente vive y sin haber hecho traición a sus convicciones y sus ideales. Pero a mí, que quiero de veras a Bello, me ha entristecido el que «haya tenido que» dejarse encasillar por un distrito cualquiera gallego. Es una triste necesidad.

«Sin embargo —concluye *España*— la de Bello (el alma) nos parece demasiado inquieta y libre para encanecer en un escaño parlamentario. Más que surco para tumbarse, el Parlamento será para él, a lo sumo, una trinchera para seguir combatiendo.» ¡Así sea! Y esperamos que acaso Bello se resuelva a combatir contra la triste necesidad social que le ha obligado a dejarse encasillar por un distrito cualquiera de la desventurada Galicia, contra el demonio ese de la política al uso que tantas almas valiosas se lleva. Valiosas sí, pero desvalidas. Desvalidas y acobardadas.

En cierta ocasión me dijo Bello —él lo recordará— que hubo un momento en que pude yo alzarme poco menos que jefe de un partido en España y acaso no haya olvidado cómo le expliqué que no podía ni puedo vender mi alma, mi independencia, mi ideal ni por una jefatura. Él debió de comprenderme, pues Bello no es de los que no comprenden que un hombre renuncie a una muy problemática jefatura y hasta a una segura representación parlamentaria por bienes espirituales más altos y para poder hacer política más pura.

Bello tiene la obligación moral de combatir en el Parlamento como en la prensa combate, y debe combatir ante todo y sobre todo porque el desventurado distrito gallego que representa, y todos los que están en su caso, se vean libres de la aplicación caciquil del vergonzoso artículo 29 y puedan llegar a ser cuerpos electorales conscientes y libres; debe combatir porque no se formen las mayorías y las minorías de forzados al voto que les dicte el jefe; debe combatir porque el demonio de la política al uso no siga llevando al Parlamento a almas valiosas, que deberían ir a él de otro modo, por la libre y honrada voluntad del pueblo, libres de compromisos y con la dignidad que hoy no le es permitida al pobre.

Nos parece que fue al mismo Bello a quien le oímos una vez hablar de un proyecto fantásticamente utópico cual es el de hacer una vasta asociación de periodistas, pero de verdaderos periodistas, es decir, de chicos de la prensa, de jornaleros de la prensa, de forzados de la pluma, frente a sus patronos y a las empresas periodísticas. El proyecto es, como se ve, irrealizable. ¡Abundan tanto los «esquirols» de la pluma! ¡Es tan triste la situación del que tiene que alquilarla! Pues ahora acaso en las salvadoras distracciones de sus tardes parlamentarias puede Bello fantasear una asociación de los pobres diputados encasillados— de los forzados del voto frente a sus patronos y a las empresas políticas que industrializan la arbitrariedad, la prevaricación y hasta el cohecho. Porque sabemos que Bello no es de los que den nunca su voto contra sus convicciones, aunque se lo mande el jefe. La disciplina política está muy bien y es indispensable cuando se trata de salvar los principios o de servir a la patria, pero esa disciplina puede llegar a ser algo antipatriótico e inmoral cuando se trate de un jefe como por ejemplo, Romanones, cuyo único dogma político es el de su propia jefatura del partido.

Lamentamos que espíritus tan nobles, tan puros, tan generosos como el de Luis Bello, después de haber luchado bravamente por la independencia espiritual, se vean obligados, maltrechos y desilusionados, a dejarse llevar del demonio de la política al uso, consintiendo que los encasillen para diputados de artículo 29 por cualquier desdichado distrito gallego falto en absoluto de conciencia civil y política.

(*La Publicidad*, 13-XI-1916.)

23. Comentario

Creemos que cualquier técnica no debe ser más que la expresión de un contenido ideal, que la externa forma literaria poética, por ejemplo, si no surge de un contenido de veras poético, de una verdadera creación, vale menos que nada. Las «tecniquerías» parécennos despreciables y el medio «virtuoso» lo más contrario al verdadero artista que puede darse. Por eso hemos dicho muchas veces que hay una quisicosa que llamamos literatismo o literatería, y que sólo a los profesionales de las letras importa e interesa, que es el despojo muerto de la literatura viva. Y hay también otro despojo muerto, otra escurraja pocha, que llamamos politiquería.

Tanto como la política, la verdadera política, el ejercicio de la civilidad nos interesa, vivimos execrando la mera técnica del profesionalismo politiquero, la de los políticos de oficio que carecen de ideal civil. Los cabildeos en los pasillos de las Cámaras, los conciliábulos, las conjuras tras de las puertas, la permanente latencia de las crisis ministeriales, los dimes y diretes, los dares y tomares, el tira y afloja de lo que en sentido estricto y profesional se llama política parécenos algo execrable.

Aunque el Catecismo de la doctrina cristiana que nos enseñaron a recitar de coro en la primera escuela enseña bien claro que la Iglesia es la congragación de los fieles cuya cabeza es el Papa, se persiste en entender por Iglesia no más que al clero, los que viven del sacerdocio, y de aquí el clericalismo con su anti correspondiente. Aunque el ejército sea, en rigor, todo el pueblo en armas, entiéndese por él la oficialidad, los que viven de la milicia, y de aquí el militarismo y su anti. Por el mismo proceso llegarán nuestros hijos a conocer el pedagogismo y el antipedagogismo. Y conocemos ya el politicismo y antipoliticismo.

El antipoliticismo, el odio o el desprecio a la política, es natural en un pueblo no político, no civil —es decir, incivil, y en tal sentido incivilizado—, que carece de conciencia civil pública, de civilidad consciente, o donde la poca que haya en vez de ser estimulada, suele ser deprimida por una vergonzosa técnica electoral. Las elecciones las hacen los profesionales de la carrera política con sus servidores; el pueblo deja hacer.

Ahora aparece nuestro Parlamento dirigido, en realidad, por la minoría catalana. Y es ello muy natural. Cataluña es hoy la región de España en que se nota alguna mayor civilidad, en que el pueblo toma más parte en los comicios y más de verdad, la región a que menos llega el encasillado. Así los diputados catalanes representan algo. Y al fin y al cabo impónese siempre la calidad, sea cuanta fuere la cantidad que se le enfrente. No es verdad que votos son triunfos.

¿Qué valor va a tener, pongamos por caso, el voto de aquel senador ministerial de quien en este mismo diario se dijo que al felicitarle otro por la habilidad y elocuencia con que había contestado a un ex ministro conservador, dijo: «Pero lo más triste de esto es que mi contrincante llevaba toda la razón»? Nos da lástima de este pobre senador ministerial, caído por una abyecta y antipatriótica concepción de la disciplina política, en el bochornoso oficio de abogado de malas causas; pero nos da más lástima del país donde tales senadores caben. La más triste degradación a que puede caer un representante en Cortes del pueblo es a defender lo que sabe que no es lo más justo, ni lo mejor para defender su acta, que a esto se reduce lo que llaman, con evidente y baja hipocresía, disciplina de partido; y el más depresivo estado a que puede rodar un pueblo es a tener que soportar tales sedicentes representantes de él. Y todo ello no es más que huero virtuosismo, tecniquería de profesionales de la carrera política, es decir, de los que viven de la política en vez de vivir para la civilidad, de los que en ella buscan o pan o vanidad.

Claro que toda acción política, y más si es parlamentaria, exige su técnica especial y la emplean esos representantes del pueblo catalán a que aludíamos y algunos otros verdaderos representantes de otros verdaderos pueblos de España; pero esa técnica tiene que ser expresión de un contenido ideal. ¿Y qué otro contenido ideal pueden oponer a ese los que nunca se preocuparon más que de hacer y preparar elecciones, y, a lo sumo, de repartir favores para asegurarse el acta? Porque no ya el colocar a amigos, mas ni aun el conseguir carreteras y puentes, y pantanos y cuarteles, o lo que sea, para el distrito es verdadera política, es civilidad. Esta consiste más bien en poner a los pueblos en condiciones de que sepan y puedan bastarse para ello.

¿Qué fuerza pueden oponer nuestros dos principales partidos políticos de carrera, los de los dos cancilleres de turno, a la fuerza de los representantes de los pueblos? Siete distritos electorales tiene esta provincia de Salamanca, que es la que por vivir en ella hace más de veinticinco años conocemos menos mal, y los siete diputados son ministeriales, contando como tales a los que figuran en el partido del Dato ese. Y podemos asegurar que ninguno de ellos representa una verdadera opinión, por la razón sencillísima de que no hay opinión política, de que no hay civilidad, de que no hay conciencia civil en esta provincia de Salamanca, salvo grupos muy restringidos de ciudadanos. Y hay distritos en ella en que, en caso de votarse —que ni se da este caso, ¿para qué?—, arrollan con sus votos a los ciudadanos conscientes, los desgraciados siervos de la gleba, los pobres vecinos de esos pueblos de señorío —vergüenza y escarnio de una nación que se cree civilizada— que tienen que votar a quien les manda el amo, que encima obliga a emigrar a sus hijos y despuebla de hombres la tierra para sustituirlos con ovejas, con toros o con cerdos. Y menos mal cuando se les compra el voto, que es algo al fin y al cabo, y acaso principio de regeneración futura la libertad de vender el voto. Lo peor es el que no puede ni venderlo, porque le tienen a él, al elector, comprado de por vida.

Y así es claro que esos partidos electoreros, de encasillado, en el fondo de Real orden, esos partidos a que arrastran, no dirigen, y arrastran por el sentimiento de complicidad en la ficción representativa, los dos cancilleres de turno, no pueden oponer nada, absolutamente nada eficaz a los representantes del pueblo, a los verdaderos representantes del verdadero pueblo, que dentro de la legalidad resultan ser, aunque se digan republicanos o antidinásticos de otra clase, la verdadera oposición de S. M., de la verdadera Majestad.

Y así no nos extrañan las vaguedades, las fluctuaciones, las debilidades y habilidades débiles, las componendas, las defecciones a los principios del canciller ahora en turno a quien no elevó a su puesto opinión pública alguna consciente —que le es, en su casi totalidad, adversa— ni siquiera la del menguado y lamentable partido a cuya precaria jefatura trepó por tristes artes de engaño de todos conocidas.

¿Es que no hay opinión pública civil en España? Sí, aunque incipiente y pequeña, la hay. Negarlo sería calumniar a la patria. Con su evidente progreso en el orden material, en lo económico, en industria, en comercio, en artes, en bienestar, empieza a apuntar, aunque debilísimamente, una más fuerte civilidad. En Cataluña y en Vasconia, sobre todo. Y en algunas, muy pocas, grandes ciudades, y en tal cual rincón que no quiere perderse. Pero esta opinión, lejos de ser estimulada, es perseguida por el Poder, donde y cuando y como pueda perseguirla. Las viejas organzaciones electorales de los profesionales de la carrera política acuden con sus artes a sofocar todo alzamiento de la milica de la civilidad. Los más de los pueblos españoles dan actas en blanco, que llenan los delegados del Gobierno del canciller en turno. En pocos sitios, como sucedió en Burgos, se retiran ante un pueblo que quiere hacer valer su libertad civil.

Y así, claro está, no cabe que sea el pueblo, el verdadero pueblo, el pueblo soberano, el verdadero soberano, Su Majestad el Pueblo, por cuya voluntad y gracia es Majestad la Majestad del Rey, quien se dé a sí mismo las leyes, y como no es él quien, por genuinos representantes propios, se legisla, de aquí la confusión, el barullo, la incertidumbre, la debilidad de la obra legislativa. ¿Cómo va a legislar esa mesnada de políticos de carrera cuya principal y casi única preocupación es retener el acto y ser reelegidos, que, llamándose liberales, ni saben lo que es liberalismo, ni siquiera lo que es libertad? ¿Cómo va a legislar una hueste en que hay reclutas que creen que aquel con quien les obligan a contender es el que lleva la razón?

La disciplina política, la buena disciplina, la democrática, va de abajo arriba. En un buen partido la opinión se hace abajo, en la masa de él. ¿Pero es que opinan algo los más de nuestros ministeriales de uno o de otro partido cancillerescamente turnantes?

Es cosa triste. El anterior Gobierno datista subió porque el romanonista que le precedió no quería cargar más con la responsabilidad de gobernar, y este Gobierno subió porque el datista tenía miedo al Poder, y cada uno de ellos hace como que gobierna, porque el otro no lo quiere. Es el miedo al Poder lo que les mantiene presos de él. ¿Cabría esto en un país de opinión, de conciencia pública, de civilidad dominantes? No, no cabría tal cosa donde la milicia de la opinión pública, fuere la que fuere, dominara a la inconsciencia de los siervos apacentados y esquilados por los profesionales de la política hecha carrera. Y como la milicia de la civilidad no domina a la servidumbre electoral, todos huyen, en momentos graves como los actuales, del Poder, y tiene que aceptarlo el que para escalarlo vendió su conciencia civil, si la tenía, o se valió de la docilidad que presta el no tenerla. De aquí el turno de las cancillerías y de esto la lamentable confusión política presente.

Y para terminar por hoy este comentario: ¿Por qué se llama nacional a todo proyecto de Gobierno de opinión? ¿Es acaso porque los otros, los de los cancilleres, no son nacionales? Y si no son así, son antinacionales.

(*El Día*, 15-XII-1916.)

24. Comentario

Hemos leído en el semanario *España* un artículo sobre la cuestión, es decir, sobre el precio del trigo, de un hombre competentísimo en la materia, cual es el ingeniero agrónomo don José Cascón.

En este artículo, en que el autor contiende con el señor vizconde de Eza, agricultor y propietario de tierras muy entendido, sobre si la cosecha de trigo de España es o no suficiente para ella —incluyendo, suponemos, las islas Canarias y nuestra zona de Marruecos, adonde ahora hay que llevarlo de aquí, aunque no lo digan—, acaba diciendo que «nos hace falta un Pitt que vaya por esos campos, donde se alberga la miseria, a que se refiere *El Norte de Castilla*, para demostrarles que el arancel no le libra de la baja del precio en épocas normales inmediatamente después de la recolección, y en cambio eleva este mismo precio cuando el pobre labriego se convierte forzosamente en consumidor, que es en los que llaman meses mayores, abril, mayo y junio».

Este recuerdo nos ha recordado de los tiempos, que pronto han de volver, en que unos pocos hombres de buena voluntad y de ninguna ambición política al uso corriente recorríamos campos y hogares para despertar a los labriegos, a los renteros y a sus criados, a los siervos de la gleba, de la pesadilla de la renta impuesta por los grandes rentistas, por los grandes o medianos propietarios de latifundios, por los que hacen emigrar a los hombres para sustituirlos con ovejas, vacas o cerdos, que les producen más.

No es un problema agronómico; es un problema agrario, económico, de renta, el de nuestros campos. Los que tanto hablan del atraso técnico de nuestra agricultura —y técnicamente ésta, a pesar de los pesares, progresa aquí mucho— no se paran a pensar en que de poco le sirve a un agricultor rentero mejorar su cultivo si, por haberlo mejorado cuando termine su contrato de arriendo con el amo, éste le subirá la renta.

¿Quién que haya saludado siquiera la economía política desconoce la ley de la renta, llamada de Ricardo? El aumento de riqueza, que proviene de mejora del cultivo de la tierra, como todo aumento en el valor de ésta, llévaselo, a la fin y a la postre, débase a quien se debiera, el amo de la tierra, el propietario. El cual es a lo peor un señorito, tal vez duque, marqués o conde; pero seguramente senador o diputado o fabricante de ellos, que jamás ha visto la tierra, que así le acrece sus rentas, permitiéndole gastar un automóvil o una querida más, y que no distingue el trigo de la cebada.

Dice muy bien el señor Cascón comentando las prestidigitaciones que con las cifras de la estadística del trigo hace el señor vizconde de Eza, inteligentísimo propietario de tierras y cultivador además, que «había que

Unamuno orador: Mitin de las izquierdas en la Plaza de Toros de Madrid, el 27-V-1917

—¿Y usted, don Homobono, es trancófilo o germanófilo?...
—¡Lo que usted quiera, maestro; lo que usted quiera!

Francófilos y germanófilos caricaturizados por Tovar en *El Imparcial*, el 10-II-1915

LA COMIDA DE «ESPAÑA» EN EL PALACE

La garra de Unamuno apretando el cráneo microcéfalo de un troglodita germanófilo español.

Caricatura de Bagaría aparecida en *España*, el 1-II-1917

—¡Qué calor amigo!...
—¡Pschtt! ¡Por favor, cállate, desdichado!... ¡¡¡Si el censor te oyera!!!

En julio de 1917 la censura prohíbe toda referencia a las cuestiones candentes del momento. Caricatura de «Apa» en *La Publicidad*, el 12-VII-1917

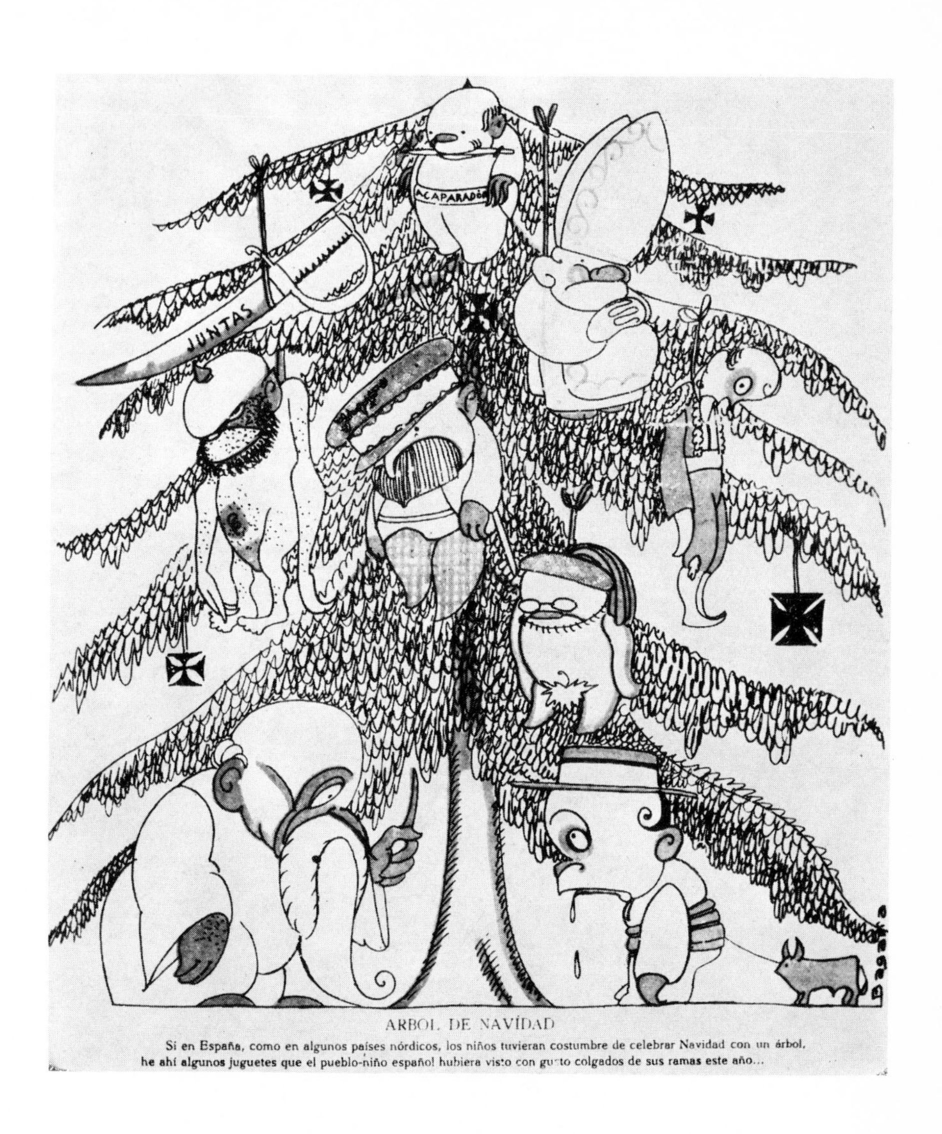

ARBOL DE NAVIDAD

Si en España, como en algunos países nórdicos, los niños tuvieran costumbre de celebrar Navidad con un árbol, he ahí algunos juguetes que el pueblo-niño español hubiera visto con gusto colgados de sus ramas este año...

Caricatura de Bagaría aparecida en *España*, el 27-XII-1917

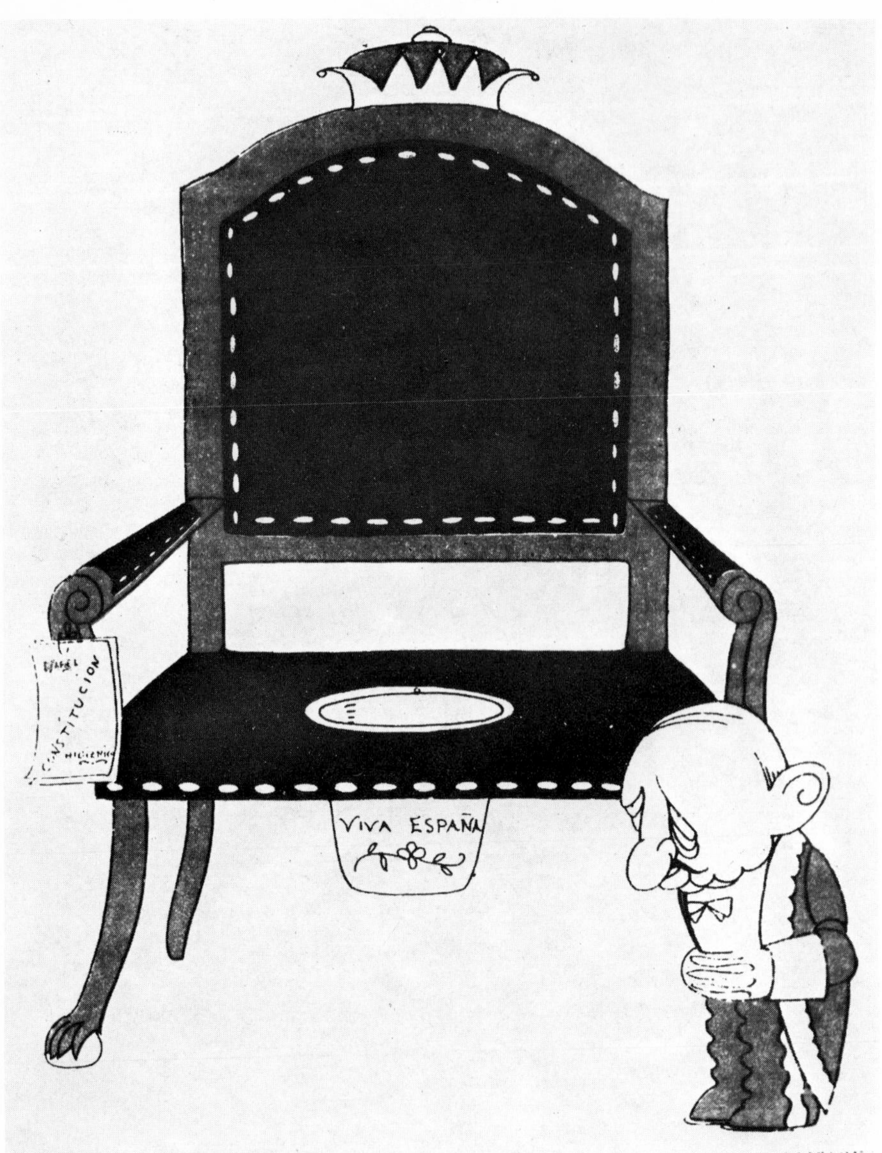

Caricatura de Bagaría aparecida en *España*, el 14-III-1918

Caricatura de Bagaría aparecida en *España*, el 17-V-1918

El caricaturista «Apa» censurado. El título fue suprimido por la censura. La caricatura representa la falta de reacción del gobierno Dato ante los torpedeamientos de barcos españoles. (*España*. 29-VIII-1918)

contentar a los rentistas que pasan el invierno en Madrid entretenidos con cosas agrícolas, que no se satisfacen con el precio de 62 reales fanega, que es precio de hambre para la inmensa mayoría de las gentes que trabajan».

Dos cosas hay que hacer resaltar, ya que los señores propietarios o sus mandatarios y voceros tienen empeño en confundir las cosas y echar polvo a los ojos de la gente que mira, y que no es mucha. La primera es que el principal acaparador, que el verdadero acaparador es el propietario mismo, que es éste el que acapara el trigo de la renta, reteniéndolo en sus paneras un año y otro en espera de que suba. Sabemos de más de uno de esos señorones que contra el consejo de su administrador, hombre que por vivir más en contacto con el pueblo y por proceder casi siempre de él conoce sus necesidades, le ha mandado que retenga el trigo hasta que el hambre sea mayor y alcance precio de hambre. Pues a precio de hambre quieren vender el trigo, ya que a salario de hambre tienen que pagar sus renteros a los obreros agrícolas.

La otra cosa que hay que hacer resaltar es que cuando se habla del pobre agricultor, del pobre productor y que tiene que sacar un precio remunerador de su trabajo, debe entenderse que los que real y verdaderamente cavan, y aran, y siembran, y arican, y escardan, y siegan, y trillan, son económicamente considerados más consumidores que productores de frutos de campo. Así como el obrero de una fábrica de paños tiene que comprar más caras las telas con que se viste, cuando ellas encarecen, sin que por eso le suban el salario, así el labriego tiene que comer más caro el pan que come cuando el trigo encarece, sin que vea por eso que su jornal se acrezca. El fruto de la mayor carestía se le lleva el amo y sólo el amo. Ni siquiera, de ordinario, el rentero. ¡Cuántos de éstos no se arruinan por tener que pagar rentas arruinadoras!

«He vivido ocho años en una plaza de mercado de cereales de una provincia triguera —dice el señor Cascón— y he visto, con una constancia y una regularidad no alterada, llegar al mercado, desde últimos de agosto, los carros con trigo tirados por borricos y mulos entecos e inútiles, uncidos con sogas y cueros remendados, desapareciendo de la vista en media hora el contenido de aquellos desvencijados carros para llenar los trojes de harineros y almacenistas; en marzo y abril, según el aspecto de la futura cosecha, comenzaban a verse las mulas jaquetonas de 2.500 y 3.000 pesetas el par, con majos arreos y magníficos carros abarrotados de la preciosa mercancía. Esta es la época en que el propietario rentista abre sus paneras y el acaparador realiza la segura ganancia que le proporciona el arancel.» Donde se ve que el propietario rentista y el acaparador son en rigor uno y el mismo casi siempre. O el puro acaparador es una especie de agente, de corredor del propietario.

Y de poco servirá la tasa del precio del trigo si no se sabe o no se quiere ir de un modo o de otro a la tasa de la renta. La tasa de la renta: ¡he aquí el problema! Y en todo caso que sea la comunidad, la voz pública, por intermedio del Estado, la que se beneficie del enriquecimiento del suelo y no los señoritos y señorones propietarios —senadores y diputados o hacedores de éstos— que se comen el fruto de las tierras heredadas de sus abuelos y fecundadas con el sudcr de aquellos que no ganan más cuando está más caro el trigo que siembran y siegan y que tienen luego que comprar para comerlo.

Difícil, dificilísima es la tasa de la renta; pero en todo caso le queda al Estado aprovecharse de lo que los propietarios se enriquecen sin poner de su parte nada, ni trabajo, ni más capital que la ruda tierra, ni inspección siquiera, y con dejar que las cosas marchen y subir sus rentas. De los efectos de la ley de Ricardo es la comunidad la que debe aprovecharse.

«Quedamos, pues —escribe con grandísimo acierto el señor Cascón—, en que contra lo categóricamente sentado por el señor vizconde, el coste de la producción del trigo, en lugar de aumentar, por el mayor precio de los jornales, que no existe, y por la aplicación de la maquinaria, que lo rebaja considerablemente, el aumento ha venido por el acrecentamiento de las utilidades del propietario, por la renta contra la que enfila, no con todo acierto, a nuestro parecer, sus proyectos el actual ministro de Hacienda.»

No son, sin duda, perfectos tales proyectos —¿cómo han de serlo?—; pero hoy en España marcan sin duda una nueva dirección política y señalan un programa económico a ese pobre partido, mal llamado liberal, tan exhausto ya de doctrina, luego que realizó, en tiempos de Sagasta, lo que se llamaba grandes conquistas democráticas. No son perfectos, pero son algo y pueden ser principio de algo más en medio de la vaciedad cobarde de nuestra política de ir tirando. Pero ya veremos cómo salen esos proyectos del Congreso, y sobre todo del Senado, donde ya antaño los camastrones que en él operan le quitaron el pistón a la ley de sustitución del impuesto de Consumos. En la Cámara de nuestros «lores» se estrellará siempre toda reforma beneficiosa para el pueblo.

Nuestro Parlamento se compone en grandísima parte de funcionarios públicos —altos empleados de Hacienda o de Gobernación o de otro ministerio, abogados del Estado, jueces, catedráticos, militares, del Cuerpo Jurídico Militar, etc., etc.— de gentes que cobran del Estado y que a modo de dietas por diputación siguen cobrando una parte de su sueldo sin cumplir servicio; pero estos funcionarios y los más de los otros diputados que no lo sean deben por lo común sus actas, cuando no a su dinero, al favor de los grandes propietarios de tierras, que son los grandes electores. Lo hemos dicho cien veces y aun nos queda por repetirlo cientos de veces más: el Parlamento español se compone de ricos, de criados de ricos, peores que aquéllos, y de abogados de ricos, que son los peores de todos, pues en una gran casa, en los estados del título tal o cual, el servidor moralmente más bajo es su abogado, el que se encarga de buscar razón a la casa cuando no la tenga.

Sí, amigo Cascón, estamos en la fija, y el mal de nuestros campos se debe a esos emigradores que regulan la población de los pueblos de señorío y echan de España a los españoles para poblarla de borregos, terneros y gorrinos, cuando no de liebres y perdices que cazar, porque producen más que los hombres, ya que éstos se empeñan en vivir como tales hombres... Si cupiera cebar los hombres para que nos comiéramos los unos a los otros, o reducirlos a meras bestias de tiro y educar sus fuerzas para que tirasen del arado, sustituyendo a bueyes o mulas, la cosa variaría.

Aún nos queda que decir alderredor de eso de la tasa del trigo y de esto de la tasa de la renta.

(El Día, 21-XII-1916.)

25. Comentario

Cada vez que venimos de provincias a Madrid es para cosechar un nuevo haz de desilusiones. Por dondequiera que vayamos de la Corte y Villa nos asalta los oídos este sombrío agüero: «¡Esto no tiene remedio!» Y los que no lo dicen, por haberse creído obligados por patriotismo a hacerse profesionales del optimismo, lo dan a entender con el tono en que hablan de los remedios ya en acción.

El dolor, el verdadero dolor colectivo acaso no exista. Fíngese, sí, ese dolor, pero es como lo fingen ciertos enajenados —o más bien ensimismados— melancólicos para complacerse en la queja, por voluptuosidad. Dijérase que esta España ficticia de la Corte y Villa y sus aledaños y dependencias padece ensimismamiento melancólico. Lo que no le priva, ¡claro está!, de divertirse, y de divertirse además con la ficción de su pena al verse así. «¿Y para qué se toma usted la inútil molestia de indignarse...?», le preguntan a uno. Sí, es, según ellos, un trabajo perdido. Acaso creen que todo trabajo es perdido. Y dedícanse a pasar el rato y a matar el tiempo. Todos creen estar en el secreto. Y el secreto, secreto a voces, es que no hay tal secreto, es que no hay nada. Un nihilismo impasible y hasta regocijado inunda las almas.

En estos pocos días que lleva en la Corte el que urde estos comentarios, una parte de la Prensa se ha puesto a atacar furiosamente al señor presidente del Consejo de ministros de S. M. el Rey, sacándole a relucir no sabemos qué negocios de la casa industrial de que es jefe, y ello con ocasión de la nota de España en contestación a la de Wilson.

Este comentarista, cuya opinión respecto a la actual guerra europea y a la actitud que España debe guardar frente a ella es perfectamente definida y bien conocida de sus lectores habituales, no tiene que decir que esa nota le parece muy bien. Debe añadir que cree justo que el jefe del

Gobierno acepte su responsabilidad, haya sido o no de su iniciativa y haya brotado o no de su consejo, y a la vez que no ve verdadera incompatibilidad moral entre haber autorizado esa nota y pertenecer a una casa de negocios que los hace con una de las partes beligerantes. No, no ve esa incompatibilidad; lo declara seriamente. Pero...

Pero se trata de quien se trata y es cosa terrible cuando por sus culpas cae sobre un hombre un veredicto público nacional. Es una némesis fatal, es un hado. Llega un momento en que toda rehabilitación se hace más que difícil. El arribismo sin verdadera ambición, sin alta ambición patriótica, sin el noble orgullo de quien aspira a sobrevivir limpiamente en la historia, atrae un lúgubre castigo. Y llega el triste ocaso de una vida pública de constantes habilidades que se tornan en constantes abdicaciones.

Acaso ese hombre, allá en sus mocedades floridas, soñó con representar un día un noble papel histórico en su patria, con dejar con una obra política y legislativa un nombre, acaso prendió en él, sobre otras pasiones más oscuras y sórdidas, la pasión luminosa y embriagadora de la gloria. Para satisfacerla cumplíale llegar al más alto puesto político a que en una Monarquía puede un vasallo llegar, y acaso aspiró a ese puesto como a un medio y no como a un fin. Así lo queremos creer; así lo creemos. Pero la técnica política, el maquiavelismo, le dominó y le perdió. Como todos los que creen, muchos de buena fe, que el fin justifica los medios se atolló en los medios mismos. ¡Y ay de aquél que cae en el virtuosismo de la arbitrariedad y de la habilidad! Acaba por dejar de ser hábil con tal de parecerlo. Y luego, ni lo parece.

No lo sabemos bien; pero tal vez trajo de la patria de Maquiavelo la concepción de esa política que llaman realista, antirromántica, pragmaticista, concepción que en nuestro ámbito tiene que degenerar en picarismo.

Y empezó su vida pública y fue trepando por los escarpes del Poder. Y fue haciéndose una fama que habría de esclavizarle. Muchos, muchísimos españoles —el que este comentario elegíaco traza ahora, entre ellos— hemos creído en algunos momentos en él, hemos querido creer en él, hemos esperado en que su mejor natural, el ahogado por un crédito fatídico, que no es a la postre sino descrédito, en que ese su mejor natural se sobrepusiera a una detestable educación pública y la domeñara. Esperábamos a que se afirmase en su poder para que empezara a construir para la patria. Y en tanto, se ligaba con la banda.

Quiso hacerse amigos, ¡pero cómo! Y hoy de seguro que se siente entre sus partidarios, entre aquellos a quienes llama suyos, solo, íntima y enteramente solo. Y no son suyos, no; es él de ellos. ¿De qué le habría servido a Roque Guinart, naturaleza noble, sintiéndose arrepentido, y muestras de algún arrepentimiento dio a Don Quijote, retirarse al claustro dejando su azarosa vida? Los suyos no le habrían dejado. Los suyos, aquellos de quienes él era, aquella triste banda de forajidos que no eran capaces de ganarse de otro modo su vida, le habrían hecho sentir que no era ya caritativo dejarles en medio del bosque sin caudillaje. Son los trágicos intereses creados.

Dicen de ese hombre los que parecen saber de estas cosas, que no es hábil, como por ahí se cree, en asuntos de negocios financieros, que le han engañado en ellos cien veces. Le creemos muchos cuando asegura, y así lo ha hecho público, que necesita recogerse a la vida privada y atender al restablecimiento de su fortuna, algo quebrantada. Creemos muchos que, en cierto sentido, el ejercicio del Poder público le es perjudicial, aunque no tanto como lo es a la patria; creemos firmemente que, lejos de lucrarse con él, se perjudica en sus intereses. Y ello sin considerar otros perjuicios como la intranquilidad y el desasosiego que tales funciones llevan siempre a un hogar. Sí, creemos que, hoy por hoy, ese hombre que tantas nobles cualidades sacrificó al logro del Poder hace un verdadero sacrificio al dejar que le tengan preso en él. Pero...

Es la terrible expiación de quien soñando acaso en un principio con hacer patria y para ello escalar al más alto puesto convirtió a los demás hombres, para lograr su propósito, en medios, en instrumentos, acaso en juguetes. Jugó con ellos; ejerció con ellos la virtuosidad de la técnica política. No vio en los ciudadanos más que electores. Y así como el avaro se goza en amontonar oro, sin cuidarse del fin a que el oro sirve, así se gozó en ganar elecciones y en hacer y deshacer crisis ministeriales, sin cuidarse del fin a que eso sirve. Hizo de la política, como de la caza, un deporte. Y así como hay cazador por deporte que, sin necesidad —como sería el caso de un cazador furtivo de ganarse el pan—, va a cazar en tiempo de veda, y acaso convida a ello a un jefe de la Guardia civil, y todo ello por intenso regocijo de gustar la dulzura y sabrosidad del fruto prohibido, así ese hombre en el deporte político se complació, sin provecho, en las cosas tortuosas habiendo camino derecho. Es el maquiavelismo puro; es casi el mefistofelismo. Y en el fondo terrible, frivolidad, acompañada de la abulia de la voluntariedad.

Y la frivolidad llega a adquirir los tremendos caracteres de algo que hace reír cuando debiera hacer llorar. Es cosa fatídica la risa, que por dondequiera sigue en España a ese tan típico y castizo ejemplar de un carácter nacional, hondamente trágico. ¿Hay nada más trágico que los protagonistas de nuestras novelas picarescas? En aquel «¡Maura, no!», que resonaba, con eco más o menos falso, hace algún tiempo, había un homenaje de respeto, de admiración, en el fondo hasta de adhesión a lo que su nombre representaba. El hombre del ¡no! aparecía como una idea encarnada. Pero a ese otro hombre, ni se le niega siquiera. —Pedro negó a su divino Maestro—. ¿Para qué? Así se dice la gente. Y llega la trágica seriedad del destino de que a un hombre que aspiró a cosas muy serias no se le tome ya en serio. Y luego le envuelve una fatídica leyenda. Leyenda, sí, pura leyenda acaso; ¿pero no es uno mismo quien se forja su leyenda? Quiso pasar por hábil, por travieso, por práctico.

Ha jugado con los hombres; los hombres empiezan a jugar con él. Y ya nadie le cree. Y lo que es peor, le creen menos cuando dice la verdad. Si miente, por seguir representando el papel que el público le ha impuesto, cree el público que dice lo que siente, y si alguna vez, sacando su mejor natural, lo que le llevó a las tablas, dice la verdad, dice lo que siente, el público se ríe a carcajadas, exclamando: «¡Con qué gracia miente!» No es posible que el gracioso llore de veras en escena, ni aun cuando se le esté muriendo un hijo.

¡Y es lástima, es grande lástima! ¡Qué cosas pudo haber hecho ese hombre! ¡Y qué cosas pudo no haber impedido que se hicieran por empeño de no hacerlas él!

(*El Día*, 9-I-1917.)

26. Comentario

En la tribuna libre de *La Correspondencia de España*, con el título de «Nuestra acción africana.—En pleno laberinto», y la firma de «Un africanista en la reserva», acabamos de leer unas muy atinadas consideraciones críticas sobre la acción de nuestro Gobierno en el Marruecos español. El sentido general de la serena y justa crítica africanista en la reserva lo marcan muy bien estos tres párrafos:

En primer lugar, hay que reaccionar contra la exagerada organización marcial que allí se ha dado, contra el desmedido afán intervencionista; hay que desmilitarizar nuestra gestión, porque una organización exclusivamente militar, que todo lo absorbe y en todo interviene, no es lo suficientemente flexible, no tiene los recursos, no permite las calculadas negligencias, los procedimientos de blandura indispensables para una atracción política; pero hay también que guardarse de caer en el exagerado burocratismo civil, en la empleomanía, que produciría por otros derroteros el mismo anquilosamiento del pueblo protegido.

Hay que preparar el instrumento político, de que hasta ahora no nos hemos preocupado todo lo que es necesario, como lo prueba lo poco que se ha fomentado el estudio de la historia, usos, costumbres e idioma indígena; como lo atestigua el que el conocimiento del idioma, la larga permanencia en el país, no sean un título para aspirar al desempeño de un cometido en la intervención indígena; como lo confirma el hecho de que desde España se puede ser destinado a uno de esos puestos, aun en completa ignorancia de las cosas indígenas.

Precisa formar, en el más corto plazo posible, un personal apto para interpretar y llevar a cabo la misión más importante, más complicada que nos corresponde en Marruecos, que no es, con mucho, la militar, a pesar de su dificultad, a pesar de sus penalidades, sino la política, la administrativa, que no es imponer nuestra voluntad por el solo imperio de las armas, sino inculcar en el país nuestros principios de vida social dentro del credo religioso que allí se vive; la transformación palatina, metódica y calculada de un régimen social religioso en un régimen civil.

Parécenos, en efecto, que la misión de España en la parte de Marruecos cedida a su influencia es la de civilizar, la de hacer un país civil, y para civilizar, para hacer aquello civil, hay que desmilitarizar. El instrumento de la guerra —que es, acaso, como la guerra misma, un mal necesario— es el peor instrumento para la paz. A nadie se le puede ocurrir convertir en juez al ejecutor de la sentencia de justicia. Los militares están mucho menos capacitados que los filósofos para gobernar.

Hace algún tiempo que *La Lucha*, el valiente diario barcelonés que dirige nuestro amigo Marcelino Domingo, diputado del pueblo, viene sosteniendo una brava campaña contra la viciosa acción gubernamental en Marruecos, una acción en que se repite las torpezas que le llevaron a España a perder Cuba como la perdió, en vez de haberla emancipado como Inglaterra emancipa sus colonias.

De cuanto hemos leído en *La Lucha*, lo más grave, lo más triste es un artículo que reprodujo de *El Telegrama del Riff*, diario melillense, que dirige, según parece, el comandante y periodista don Cándido Lobera. Nos sorprende cómo no ha sido denunciado ese artículo que con escandalosa indiscreción narra una visita de sus redactores militares a Palacio. El artículo está lleno de evidentes inexactitudes. Es más aún y es peor, mucho peor que inexactitudes, y es que su redactor, para cubrir sus propias y más que discutibles opiniones políticas, llega a la inaudita audacia de atribuírselas nada menos que al Monarca, desconociendo así los caracteres de la realeza constitucional a que tan fiel es nuestro Soberano.

El redactor del artículo de *El Telegrama del Riff*, osa, en efecto, ampararse en altísimo prestigio para recomendar a los melillenses que no lleven allí, a Melilla, la política, ni el Ayuntamiento, ni la diputación a Cortes, por temor, según dice, al caciquismo. Pero ese redactor indiscreto y atrevido, que así busca torpemente alta sanción a sus ideas, no ha reflexionado en que al no llevar Ayuntamiento civil a Melilla y al impedir que esta ciudad y su región tengan representante en Cortes es también política y perniciosísima política y política caciquil. Pues qué, ¿un comandante, un coronel, un general, un capitán general y todo lo que se quiera en el orden militar, no pueden caciquear? ¿No caciquean muchas veces de hecho? ¿No hay, acaso, un caciquismo militar tan malo o peor que el civil?

Un cacique, más bajo o más alto, no es sino un ciudadano que en vez de representar una opinión colectiva y servirla no representa más que su propio personal criterio y obra por arbitrio. Aunque este arbitrio pueda ser ilustrado y benévolo. Un cacique es un jefe político absoluta. De ordinario sirve los intereses, más bien los materiales que los morales, de una pequeña banda de gente conchabada con él. Y hasta puede darse lo que se llama el cacique bueno, que, por bueno que sea, siempre es funestamente malo. Somos de los que creemos que don Porfirio Díaz, cacique máximo a la vez que presidente, durante muchos años, de la República de Méjico, fue un gran patriota, y que se cuidó de la prosperidad —aunque más de la material y económica que de la moral y de la libertad civil— de su patria; pero de tal modo con su providencia caciquil y gobierno personal emblandeció y aun aniquiló las personalidades de los que debieran haber sido sus colaboradores y no sus servidores, que preparó el estado de anarquía que en Méjico ha seguido a su caída. No supo o no quiso o no pudo preparar a su pueblo para una verdadera autarquía civil.

Hay personas que no se hartan de repetir ahora, con motivo de los sucesos de la guerra europea, que el sistema parlamentario resulta un gran fracaso. Nos apena y nos aterra oír este juicio de espíritu estrecho, antiliberal y antidemocrático. Malo, malísimo, pésimo, como creemos que es nuestro Parlamento español, que apenas representa en su mayoría opinión pública alguna; pésimas, como nos parecen nuestras Cortes brotadas del hórrido maridaje, del encasillamiento ministerial con la inconsciencia y la abyección de lo más de nuestro pueblo de descreídos y desesperados, y aun así, creemos que ese Parlamento ejerce una augusta función, la más augusta función pública ejercida en España. Malo y todo no tenemos poder público superior a él y en que más podamos confiar. Hasta la poca capacidad para obrar que le imprime su función, principalmente crítica y fiscalizadora, es una gran ventaja. Su mayor valor estriba no en lo que hace, sino en lo que impide que se haga. No cabe negar que si muchas veces empece que se gobierne, muchas más evita que se desgobierne.

No, la labor crítica de los Parlamentos no ha resultado un fracaso. Y si un poder concentrado y libre de fiscalización puede organizar mejor una obra de momento y de angustia de necesidad, hay que tener en cuenta que la organización no es, como parecen hoy creer muchos, un fin, sino un medio, y que se debe mirar a qué fin la organización tiende. Los pueblos no son para ser organizados y disciplinados sin más; hay que organizarlos y disciplinarlos para algo. En los tres días y tres noches que estuvo Don Quijote con el «gran» Roque Guinart tuvo mucho que mirar y admirar, y lo habría tenido aunque estuviera trescientos años; tan bien concertada y organizada y disciplinada República era la que formaban aquellos bandoleros catalanes, y nadie, sin embargo, alabará semejante concierto. Hay colectividades que, cuanto más organizadas, son más execrables. Y en cuanto a la disciplina, que vale por «disciplina», lo propio del discípulo, del que «disce» o aprende, supone la maestría, el magisterio, el que enseña, y en la relación entre discípulo y maestro, lo que importa es lo que se enseña y el fin a que esa enseñanza tiende. Es inhumano, por ejemplo, someterle a uno a aprender bobadas o inutilidades —tal, verbigracia, como las del epítome de gramática académica— nada más que para que ejercite la memoria y la docilidad, y es inhumano hacerle aprender el paso de parada.

El redactor de *El Telegrama del Riff* añade luego, en apoyo de su antiliberal, antidemocrática y anticivil, es decir, anticivilizadora idea de que Melilla no debe tener Ayuntamiento popular y civil, de sufragio, ni debe estar representada en Cortes por sí e independientemente, que al comerciante, al industrial y al hombre de negocios le interesa vivir tranquilo y evitar socaliñas. Mas aparte de que, con privarse de ese propio Gobierno, de esa autonomía, ni evita socaliñas, ni vive tranquilo en una ciudad, hay más que comerciantes, industriales y hombres de negocios, hay obreros; y todos ellos, comerciantes, industriales, negociantes, obreros, hombres de carrera, funcionarios civiles, son ciudadanos, y para un ciudadano, la ciudadanía, la civilidad, la libertad civil, la justicia, el derecho de crítica deben estar por encima de una vergonzosa tranquilidad que compra, al precio de los más altos bienes del espíritu, una prosperidad material, casi siempre ficticia, que enerva a los pueblos. La soberanía moral de todo ciudadano, su dignidad, el que no haga nada público sin que su parecer, en lucha con los otros pareceres, pese, vale más, mucho más que la alta cotización de la peseta. Y es lamentable que el redactor de *El Telegrama del Riff* predique esas doctrinas de triste materialismo político. Cualquiera diría que el Riff español no es más que un campo de explotar negocios, y que la misión de España no es plantar en él la civilización. Y la civilización no se reduce a agricultura, industria y comercio e ingeniería.

El africanista en la reserva de la tribuna de *La Correspondencia de España* habla de la necesidad en el Marruecos español de «la transformación paulatina, metódica y calculada de un régimen social religioso en un régimen civil». Nosotros diríamos en un régimen civil, religioso. Porque es labor religiosa la que compete a España en África. Y no que vayamos a catolizar a los moros y judíos, ni a poner la media luna a los pies de la cruz; ¡no! En el fondo, las creencias fundamentales de los moros son las mismas de nuestro pueblo; los dogmas vitales, esenciales, los que no son elucubración teológica, son idénticos en ellos y nosotros. Pero hay una religión de la civilidad, y el espíritu de ella, que es espíritu cristiano, puede y debe inculcarse en los ánimos de los sarracenos y de los judíos de Marruecos sin herir en lo más mínimo sus creencias y sus prácticas religiosas tradicionales. Cabe civilizar, esto es, cristianizar el mahometismo y el judaísmo, sin necesidad de imponerles un nuevo credo teológico, cuya imposición en pasados siglos no era más que un acto de prepotencia y no de magisterio.

Pero para esa obra de implantar el régimen civil religioso, la civilidad, el anhelo siquiera de libertad y dignidad, y soberanía personales, para esa obra de espiritualización, de civilización, no es, sin duda, el mejor instrumento el ejército, utensilio de guerra, sometido con ciega disciplina, como por necesario mal de su naturaleza tiene que estar, a un verdadero caciquismo o caudillismo, a un poder personal.

(*El Día*, 16-I-1917.)

27. Treitschke sobre España. Para nuestros trogloditas germanófilos

El discurso que pronuncié en Madrid el 28 del finado enero en la comida que presidí y en que se celebraba el tercer aniversario de la fundación del semanario *España*, a la vez que la constitución de la Liga anti-germanófila española ha empezado a rendirme sus frutos. Que son ante todo cartas de troglodíticos germanófilos españoles —¿españoles?— que la emprenden conmigo escribiéndome, no ya con pluma, sino con la porra que heredaron del hombre de las cavernas, su abuelo venerado, a cuya tradición quieren permanecer fieles.

Si he puesto con interrogante lo de españoles no es porque yo dude de que los autores de esas cartas hayan nacido en España, de padres empadronados como españoles y de que ellos mismos, según el estricto derecho civil y la cédula personal, lo sean, sino porque la españolidad es para mí una categoría histórica y esas gentes viven al margen de la historia, fuera de ella, aunque acaso dentro de la tradición. Y la tradición como algo estático, fijo, dogmático, establecido de una vez para siempre, no es historia sino escurraja de ella. La historia es tradición en progreso, en cambio, en renovación, es contradicción.

Esos pobres trogliditas me culpan de mal español, de no ser español. Y ello porque siento nuestra historia pasada, viviéndola, es decir haciéndola en el presente, de otro modo que ellos la sienten. No me pueden perdonar —así me dice alguno de ellos— que haya llamado al tercer duque de Alba el primer verdugo de Flandes y que haya dicho que fue un día feliz para España aquel en que la Armada Invencible —invencible antes de pelear— se hizo añicos en las costas de Ingaterra. Y creo, sin embargo, que si la Aramada Invencible llega a vencer y no ser, como fue, aunque invencible, vencida, habría sido peor para España en el aspecto moral aunque más ventajoso para la Casa de Austria. Inglaterra, al derrotar a la armada aquella de Felipe II que pretendía asegurar a Flandes bajo su dominio imperial y el de la Inquisición, ayudó a España no menos que la ayudó dos siglos y cuarto después al arrojar de nuestro suelo patrio a las huestes napoleónicas. Así como creemos que la batalla de Waterlóo fue una derrota de Napoleón, pero una victoria —victoria de liberación— de Francia. Y que 1870 fue derrotado el nuevo imperialismo de Napoleón el Chico, de Napoleón III, el que quiso imponer el austríaco Maximiliano a Méjico, y no Francia, no la Francia que ahora resurge para libertar a Alemania derrotando el imperialismo militarista prusiano.

Son maneras de sentir la historia.

Aquellos de nuestros trogloditas que conocen algo nuestra historia nacional, que han recibido la tradición histórica que como cosa muerta, como osario de lo que vivió, se trasmiten de unos a otros en sus cavernas espirituales a donde no entra el sol del porvenir ni aun el del presente, aquellos de nuestros preteritistas que guardan como legado intangible, esa historia muerta, que no es historia, sino despojo de ella, sienten que los alemanes están haciendo buenos a los sicarios de los reyes de nuestros abuelos. Las atrocidades de los tudescos en Bélgica les parecen una justificación o por lo menos una excusación de las atrocidades de aquellos servidores de la Casa de Austria española en Flandes. España, la España oficial, representó la Contra-Reforma entonces como hoy Alemania representa la Contra-Revolución.

Treitschke, el principal apóstol del imperialismo prusiano, en su libro de «Política» («Politik»), hablando de España, dice: «Los españoles, este pueblo bien dotado, se desangró por la idea política del todopoderío de la Iglesia Catóica. Es un grandioso idealismo político que no cabe examinar sin temblorosa admiración. El áureo suelo de la industria fue despreciado y el país se arruinó de tal modo económicamente que se siguió de repente el derrumbe.» (L. 1). ¿Admiración a España? Sin duda, pero a aquella España, a la España imperialista, a la España inquisitorial, a la España liberticida. Pero oigan los trogloditas lo que de nuestra España, de la de hoy, de esta en que aún son legión los que quieren vivir, no ya de recuerdos vivos, mas de reliquias muertas —como aquella vieja e infecunda solterona que cuando ya no siente ni el dejo del amor pasado contempla entre las hojas de su devocionario el seco pensamiento, hecho ya casi polvo, que le diera aquel novio que se casó con otra y con otra tuvo hijos— oigan lo que Treitschke, el admirador tembloroso de la España que fue, decía en 1892, de la que es.

«Para las potencias históricas no se trata tanto del primer descubrimiento e invención como de saber informar y retener. Aquí encajan aquellas claras palabras: «sic vos, non vobis.» ¡Qué trágica la suerte de España que descubrió al Nuevo Mundo y hoy no guarda para sí, inmediatamente, nada de este gran hecho cultural! Tienen, sin embargo, todavía una ventaja los españoles y es que viven todavía allí tantos millones de hombres que hablan español. Han venido otras naciones para arrebatar a los pueblos ibéricos el fruto de su esfuerzo, primero los holandeses y los ingleses después. La historia tiene rasgos viriles; no es para naturalezas sentimentales ni para mujeres. Sólo los pueblos valientes («tapfere») tienen una existencia segura, un porvenir, un desarrollo; los pueblos débiles y cobardes se van al fondo y con derecho.» Más claro ni agua. Y que lo lean los que retorcieron unas palabras de lord Salisbury. Los pueblos débiles y cobardes —«schwache und feige Voelker— decía Treitschke refiriéndose a los pueblos ibéricos, se van al fondo y con derecho —«von Rechts wegen».

Vamos, sí, que tienen el derecho de hundirse. ¡Como tendrá España el derecho de pasar hambre y afrenta si soporta la barbarie esa del bloqueo por los submarinos del pueblo valiente!

Y en otros pasajes de su obra, en el L 27, al final de ella, hablando de la entrada de Italia en la pentarquía de Europa —Rusia, Alemania, Austria, Francia e Inglaterra— como gran potencia decía desdeñosamente: «Las pretensiones de España son puramente formales; una mera cuestión de vanidad—«eine blosse Eitelkeitsfrage». De Italia hay que decir, por el contrario, que empieza a ser lo que hasta aquí no ha sido, una gran potencia.» Esto lo decía Treitschke en 1892.

Y no se les ocurrirá a los que siguen las maquiavélicas doctrinas políticas de Treitschke, el que sostenía que la guerra es la política por excelencia y que sólo en la guerra se hace pueblo un pueblo (L. 1, pág. 60 de la 3.ª edición, de 1913) si no es precisamente por haberse desangrado España en la satánica idea política de querer imponer el todopoderío de la Iglesia Católica y la hegemonía de su dinastía austríaca, por lo que tuvo que dejar que otros pueblos se aprovecharan del fruto de sus descubrimientos y por lo que tiene que tener pretensiones puramente formales a ser potencia y como cosa de mera vanidad? Y ahora ni eso. Porque no sé que sea ni vanidad siquiera lo de la neutralidad a todo trance y a toda costa y ese infantil ensueño de que la paz se firme en nuestro suelo, celebrándola acaso con una corrida de toros en que rejoneen algunos grandes de esta chica y achicada España. Se verá que sirven, por lo menos, para caballeros en plaza... de toros.

Nuestros trogloditas germanófilos han inventado la máscara de la hispanofilia, pero para ellos español hispanófilo es el que se hace moralmente solidario de los atropellos contra la civilidad que cometieron hace cuatro o tres siglos los poderes públicos españoles al servicio entonces de la Casa de Austria. ¡Cualquiera diría que en un pueblo, como en un hombre, no cabe el arrepentimiento!

Y aun aquellos españoles de entonces, los que decían con Hernando de Acuña: un pastor y una grey sólo en el suelo; un monarca, un imperio y una espada, y con el conde Lozano, el de «Las mocedades del Cid»:

procure siempre acertarla
el honrado y principal,
pero si la acierta mal
defenderla y no enmendarla

aquellos españoles de antaño, los de capa y espada, iban por sí mismos a tratar de imponer su credo y su manera de sentir al mundo, iban a procurar ganarlo para Dios a cristazo limpio, a la vez que le estrujaban el oro por añadidura, pero estos españoles trogloditas de hoy, estos que se llaman a sí mismos hispanófilos, estos dicen que esperan —lo dicen sin creerlo, por supuesto— que Alemania nos devuelva el peñón de Gibraltar y no sabemos si también las islas Carolinas y obligue a Portugal a sometérsenos para que pueden así volver a él los jesuitas y se restablezca en él la subordinación del Estado a la Iglesia.

Pero lo saben bien en Alemania; las pretensiones de la España troglodítica, tradicionalista, germanófila, son puramente formales; todo ello no es sino cuestión de vanidad. Cuestión de vanidad y de vengatividad. Y de envidia también. De envidia, sí, de esa lamentable envidia que engendró la Inquisición y mantiene nuestra actual inquisición social latente, de esa envidia de bajo rasero, odiadora de la Libertad, que se enfurece frente a todo desarrollo y juego limpio y libre de la personalidad, de esa envidia de la que Menéndez y Pelayo llamó nuestra democracia frailuna que no es en el fondo tal democracia, pues no brota del pueblo, del verdadero pueblo, sino de las facciones y de los rebaños.

Sólo la civilidad hace pueblos y sólo un pueblo consciente del ensueño del porvenir tiene historia, la historia que digiere, trasformándola, la tradición. La tradición indigestada produce fatales asientos en las entrañas de una nación.

(*La Publicidad*, 10-II-1917.)

28. Soliloquio de un neutro. (Pequeño ensayo de filosofía cínica)

In interiori hominis habitat servitas

¿Y a mí quién me manda meterme en eso? ¿Qué me va ni me viene en ello? Dicen que una señora, inglesa o norteamericana, no lo sé bien, pero sí que era teósofa o cosa por el estilo, Annie Besant, solía decir que entre este dicho: «alguien tiene que hacerlo, pero ¿por qué he de ser yo?», y este otro: «alguien tiene que hacerlo, ¿por qué no yo?», median siglos enteros de evolución moral. ¡Pataratas! El que se mete en un fregado o barrido es para que se lo digan, por vanagloria, para presumir y dar que hablar. Cuando no para algo peor. ¡Títeres, nada más que títeres!

Ahora están dando en querernos presentar como una especie de santo civil y un profeta de civilidad a aquel Abraham Lincoln que sostuvo a los Estados del Norte, a los antiesclavistas, en los días acerbos y duros de su lucha contra los del Sur, los esclavistas. Y fue, sin embargo, ese

Lincoln quien cuando aun no pensaba llegar a ser presidente de la República de su patria, declarando que la ambición de llegar a serlo no es de hombres de la familia del león o de la casta del águila, y hablando de los que arden por distinción y tienen sed de ella, añadía que han de obtenerla a costa de emancipar esclavos o de esclavizar hombres libres. Y a mí Dios no me ha llamado ni a una cosa ni a otra. ¿A qué me ha llamado, pues, Dios?

Sí, veámoslo, ¿a qué me ha llamado Dios? Y en primer lugar, ¿me ha llamado a algo? Me parece que no. Me trajeron, que yo no vine, a vivir, y vivo. Y no es poco. ¡Se vive!

Esos faroleros dicen que no vivo y hasta que no existo. Añaden que no soy persona, sino cosa; carne de esclavo. ¿Y qué es persona? ¿Y qué es cosa? Persona es careta, máscara; cosa es causa. Es más positivo, sin duda, ser causa que no máscara. La causa obra, la máscara representa. Y todo eso de la representación y lo representativo y la ciudadanía y la libertad... ¡Bah, bah, pataratas! Teatro, puro teatro. Es mejor ser espectador que cómico, y mejor que ser espectador, estarse en la cama durmiendo la cena. Porque lo que se duerme es lo que se gana.

¿Ciudadano? ¿Ciudadano yo? ¿Y eso con qué se come? ¿Con qué se come la ciudadanía? Porque todo eso acaba en que sube el pan. Eso que llaman libertad es quisicosa muy cara, y si la compro al precio de la vida y luego me muero, ¿quién será libre? No yo. Y bien dijo quien dijo que vale más ser perro vivo que león muerto. Y si la compro al precio de mi salud, ¿para qué quiero quedarme libre y a la par enfermo? Y si a costa de mi fortuna, ¿para qué libre y pobre? Ningún pobre es libre.

Ese fantástico don Miguel me hablaba el otro día de la codorniz que enjaulada empieza a dar saltos en la jaula, golpeándose la cabeza contra el techo de la jaula, que así ensangrienta, hasta que a las veces sucumbe a esos esfuerzos por libertarse. Y sacaba yo no sé qué metafóricas consecuencias de ello. Sí, sí; hay hombres que pegan saltos y se creen, ¡pobrecitos!, que dan con la cabeza en el cielo azul y que lo ensangrientan con la sangre de sus sesos. Y luego resulta que ni es cielo, ni es azul, ni es techo alguno, ni ellos están enjaulados, no hay jaula, ni libertad, ni servidumbre, ni cosas que lo valgan. Ganas de pasar el tiempo. Y es mejor pasarlo como yo lo paso. Es decir, me pasa él.

Me llamó luego vil y abyecto, y recordando aquello de Maquiavelo de que para quien desea engañar siempre había quien busque ser engañado, me dijo que la servidumbre no procede del instinto del señorío del amo, sino del de servilidad del siervo, y que para quien quiera domeñar a otro y hasta para quien no lo quiera habrá siempre quien busque y pida y suplique ser domeñado. ¡Puede ser...! Y después de todo, ¿qué mejor se puede apetecer que un buen amo? Porque el buen amo es el que quiere aparecer siéndolo, aunque no lo sea. Y no hay hombre más libre que el esclavo pues no tiene que pensar en el pan de mañana.

«¡Ser o no ser!», exclamó aquel pedante de Hamlet. Y como eso no quiere decir nada, se quedan boquiabiertos todos los papamoscas al oírlo. «¡Pienso, luego soy!», dijo otro pedante. Y un tercer pedante, acordándose a la vez de ambas sentencias, exclamó: «¡pensar o no pensar!» Y luego: «¡ser o no ser libre!» Pero de lo que hay que estar libre es de tener que pensar, y es la única positiva libertad de pensamiento.

¿Existo o no existo? ¿Soy libre o esclavo? ¡Logogrifos! ¡Metafísica! Lo que sé es que como y sigo durando. Y esta es la fija: ¡comer y durar! El que no come no dura. Aunque lo malo es ¡ay! que hasta comiendo se deja de durar. Pero los duelos con pan son menos.

Don Miguel me decía que también los muertos duran, duran como muertos, y que no se debe durar, sino vivir, y que no vivo, sino que duro, y qué sé yo que más. ¡Pataratas y juegos de palabras! Pero qué afición tienen, Dios mío, a jugar con las palabras estos... ¿Cómo los llamaré? estos que a mi amigo Juan Lanas llama hombres dinámicos. Pues yo me quedo en estático. Estar es lo supremo.

Ante todo la división del trabajo. Es el gran principio de toda organización y de todo bienestar social. Sin la división del trabajo nada marcha bien. ¡Zapatero, a tus zapatos! El que nació para mandar, a mandar, y los demás, a ser mandados. ¿Para qué quiero yo saber dónde tengo el bazo y para qué sirve y cómo se cura si enferma? Ahí está el médico. Y todo el que no siéndolo se mete a escudriñar cómo tiene las cosas del bandujo y los entresijos, acaba en enfermo imaginario y en neurastenia segura. Los médicos curan mejor a los enfermos cuanto menos saben éstos de su enfermedad. Y una cosa así sucede con los curas. ¡Cualquier día me pongo yo a devanarme los sesos por eso del pecado original y la redención y la gracia y el libre albedrío! No debe uno meterse en lo que no le atañe.

Sí, sí, ya conozco las doctrinas de los hombres de excepción; pero como los más, la casi totalidad, somos de regla general del montón, del vil rebaño, pues...

¿Que todos debemos aspirar a ser excepcionales?... ¡Medrados estaríamos! Sí, ya me acuerdo, cuando hablando de un pobre majadero me dijo que su deber era romperse la crisma a estudiar, violentar su majadería, y al decirle yo que eso equivaldría de su parte a un suicidio, me contestó: «¡Pues que se suicide, que tal es su deber!»

Por más vueltas que le den siempre quedará en fijo que el fin de un pueblo es el bienestar. El bienestar y no el bien andar. No, no, nada de bienandanzas, sino bienestancias.

¡A otra cosa nos ganarán, pero lo que es a felices!... Para felices, para contentos, para bien hallados nosotros, y todo lo demás son paparruchas y ganas de hablar por no callarse. Porque hay que ser optimistas. ¡Pues no faltaba más!...

Sí, voy a apuntarme para optimista. Pero... ¿No sería mejor no apuntarme para nada? ¿A qué comprometerme? No, dejémosle estar. Porque son capaces de constituir el partido optimista, con su reglamento, y su Comité, y su programa, y sus demás zarandajas, y entonces... ¡adiós mi dinero! No, nada de eso. Y el día en que se les ocurra fundar el partido de los neutros, dejo de serlo. Pero ¿y qué me hago entonces?

Porque aquí está el busilis. Si me hostigan en mi neutralidad ¿adónde me voy? ¿Me declararé epiceno? ¿O común de dos? ¿O ambiguo? Ambiguo sería lo mejor. ¿Y nihilista? Pero esto de nihilista tiene un sentido desde que esos rusos... Huele a dinamita. Y es menester que no huela a nada. Nihilista... ¡Claro!, de «nihil», palabra latina... Eso no es castizo. ¡Lo castizo es nada! ¡NADA! ¡Qué castizo es esto! También la nada es cosa, esto es, causa. Me declararé, pues, nadista.

¿Pero... declararme? ¿Qué es eso de declararme? ¡Pues no se reirán poco de mí! ¡Y de mí no se ríe nadie! Y menos yo mismo. Paso por todo menos por ponerme en evidencia, que es ponerme en ridículo. De modo que lo derecho es no ponerse.

Digan lo que quieran, se vive bien. ¡Vaya si se vive bien! Lo primero, vivir; es decir, durar. Y después... seguir durando.

Se vive bien, sí, se vive bien. Y esos que emigran es porque tienen hormiguillo y mal asiento. ¡Sí, van los pobres a que los exploten y a morirse de hambre! Y de morirse, es mejor morirse donde se ha nacido; se muere más descansado. ¡Buena gana dar media vuelta en la cama antes de lanzar la última boqueada!

¿Para qué trabaja el hombre? Para no tener que trabajar. ¿Para qué corre? Para poder pararse.

Y luego que me llamen siervo. Vale más ser siervo de otros que siervo de sí mismo. Y esos que se creen libres son siervos, siervos de sí mismos, siervos del sentimiento fantástico de su libertad. ¡De cuántas cosas se privan por no renunciar a esa libertad tan decantada! El que quiera mantener incólume su libertad desconocerá las más delicadas dulcedumbres de la existencia. Cómo se ríe del lobo la oveja cuando aquél la está devorando. Y se dice: «¡no volverás a devorarme otra vez!» Porque el lobo volverá a tener hambre de oveja; pero la oveja no será devorada más que una vez. Y quién sabe... acaso le causa al lobo una indigestión que le cuesta la vida.

Lo mejor será cultivar la envidia, que es nuestro veneno espiritual, envenenarnos la obediencia y la sumisión y así le amargaremos su señorío al majadero del amo que nos maneje. ¡Lo que al cabo tendrá que sufrir al leer en nuestra sumisión nuestro desprecio! Reventará de indigestión de dominio. Le crucificaremos con nuestras miradas, miradas de clavo empozoñado.

¿Neutro, eh? ¿Neutro? ¡Vuelve por otra!

Y el hombre sintió en la boca el amargor de la bilis.

(El Imparcial, 19-III-1917.)

29. Emigración espiritual

Ha publicado en *La Lucha* su director Marcelino Domingo, un artículo titulado: «El hatillo y la espada. Emigrantes del deber», comentando el hecho —porque ello es un hecho y no un mero suceso—, de que todo un pueblo de un rincón de la provincia de Burgos está dispuesto a emigrar de España. Y con muy íntimo sentido y hondo sentimiento de la realidad española ve en eso más que un mero fenómeno económico nuestro buen amigo Domingo.

Sin duda alguna; eso de la emigración no es siempre ni en todas partes un fenómeno puramente económico. Es más, no hay hecho histórico que sea un puro fenómeno económico. La pura economía cae fuera de la historia, que es ante todo moral. La doctrina del llamado materialismo histórico, la de Carlos Marx, que es una doctrina genuinamente germánica y antiliberal, una doctrina para apoyar la tiranía y la explotación, como lo fue la de Malthus, su predecesora, ha acabado de deshacerse, reduciéndose a sus proporciones con esta guerra, pues no hay error que no tenga una almendra de verdad.

La emigración española no es siempre, no en todas partes un fenómeno eminentemente económico. Hace unos años se habló de que pensaba emigrar en masa todo un pueblo de esta provincia de Salamanca y por entonces fui a aquel pueblo radicante en una comarca que conozco bien y que fue el principal foco de nuestras campañas agrarias hace cinco años. Pues bien, aquel pueblo no era de los más angustiados económicamente de la provincia, y todo aquello fue obra de un hombre sobre todo, de un solo hombre.

Estoy seguro de que si se investigara la cosa se vería que no es mayor la emigración de las regiones más pobres. Más pobre que las Hurdes no conozco en cuanto he visto de España, y no es poco, y sin embargo los hurdenos que pueden emigrar, que emigran —últimamente al Canal de Panamá y al Brasil— vuelven en cuanto reúnen un puñado de duros compran un mezquino y sórdido pegujar en su tierra, y prefieren vivir allí pobremente, miserablemente, pero sin amo, a prosperar en tierra ajena

Lo que no es ciertamente un buen cálculo económico. Consumirse de hambre en una cortinilla propia antes que vivir en relativa abundancia y acaso enriquecerse en campos de otro, no es cosa que se explica bien por el materialismo histórico ni que procede del estómago.

Y entre tanto han desaparecido de esta provincia de Salamanca en los veinticinco años largos que llevo en ella, cinco o seis municipios reduciéndose a sendos vecinos. Verdad es que estos pueblos no han emigrado, sino que los han emigrado; no se han ido, sino que les han echado los dueños de las tierras que cultivaban. Como ahora empieza el Gobierno a echar a pueblos enteros. Porque si todo Burriana emigrase sería que el Gobierno, con el absurdo género de neutralidad que practica, lo desahuciaba de sus naranjales.

Y no es lo peor que la gente emigre con el cuerpo; es que emigra con el espíritu, es que emigra de espíritu y es que hasta muchos de los que se quedan, de los que tienen que quedarse, emigran en espíritu también. En Galicia hay pueblos enteros donde interesa mucho más la política argentina o la cubana que no la española.

Dice bien nuestro amigo Domingo: «Pueblos de los que salían todos los años el 10 o el 20 de sus vecinos, hoy salen el 40 y el 50 y el 80 por 100. Pueblos de los que no salía una sola persona, hoy quedan desiertos, abandonados. Y aunque en algunos de estos pueblos haya ocupación para todos los brazos y la situación no sea desesperada, existe la emigración y existe, arraigado en el alma de los que no han emigrado aún, el deseo de emigrar. Y es que en España no se está bien. Es que, en España, el español vive descontento. Descontento de todo. Descontento de la escuela que no le enseña; del Municipio que no le administra honradamente; del juez, que no le hace justicia; del ejército, que no es la seguridad de nuestra independencia; del Gobierno, que no siente la dignidad de sus deberes. Descontento de todo. Descontento de la organización actual, que cree eterna, invariable, siempre la misma. Y que al creerla siempre la misma, le estimula a desentenderse de ella, a abandonar a su mala suerte al país que la soporta. Por esto, el deseo de la emigración está más extendido que la emigración.»

Hay, sin embargo, un caso en que parece no haberse fijado nuestro amigo Domingo y es que no todos emigran porque juzguen eterno e incurable el mal presente de España y consustancial con ella. Los hay, aunque no sean muchos, que creen que ese mal habrá que curarlo desde fuera. Conocemos más de uno que entre los varios móviles que le llevaron a emigrar era uno de los mayores, acaso en cierto sentido el predominante, el de trabajar desde fuera de España por otra España. Sabemos de quienes han emigrado por patriotismo, como suele ocurrir con los emigrados políticos; sabemos de quienes se han ido de esta triste España del frío y rutinario caciquismo, por amor a la otra España, a la España espiritual y libre.

¿Qué más? Si el que estas líneas escribe no pasara de los cincuenta años y tuviese una numerosa familia que criar, es fácil que hubiese emigrado ya. Y aun así y todo... Y si alguna vez hubiera llegado a emigrar o si llega a hacerlo, será por amor a España en pro de cuya libertad y grandeza e independencia espirituales lucha cuanto puede en España misma, pero aún más y con mejor resultado fuera de ella. Si el que estas líneas escribe no ha podido salir temporalmente, en misión de unos meses o de unos días de su patria, es porque el sentimiento de su dignidad de ciudadano español hollada y escarnecida le ha impedido pedir gracia alguna de jefes que le niegan justicia, pero saldría con el corazón, aunque entristecido, levantado, sin pedir licencia alguna para emigrar así, y saldría a trabajar por el advenimiento de una España que fuese verdadera patria.

Nuestro amigo Domingo quiere que los españoles se queden en España a luchar contra los vicios de España, contra el organismo que sostiene la España oficial. Y concluye su artículo con estas palabras:

«En la noche amarga del Huerto de los Olivos, Jesús dijo a los suyos: «Que aquel que tenga una espada la saque». Antes de morir, Jesús quiso luchar. Que aquel que tenga una espada, debemos decir a los españoles, no coja el hatillo, ni cierre el hogar, ni busque la frontera, ni marche. Que aquel que tenga una espada, coja la espada.»

No, amigo Domingo, no; la espada no sirve aquí de nada. Sería como dar estocadas en la arena o en el agua, o aun peor, a sombras. Sería acuchillar pellejos de vino, y ni aún de vino, mas vacíos, creyendo acuchillar malandrines y follones. No, la espada no serviría aquí más que para rendirnos el brazo. No encontraría nunca ante sí cuerpo, el cuerpo del delito, el cuerpo del delincuente; no encontraría más que trapo, el trapo unido a la muleta. Los principales causantes de nuestra ruina espiritual saben manejar la muleta, son gente de mano izquierda. La espada sirve contra la violencia y en España no hay violencia. La espada y si no la espada el hacha, sirve para talar bosques y abrirse por ellos camino, pero no sirve para defenderse del remolino de agostadera arena que nos trae encima el ábrego, ese viento terrible que nos sopla de las tierras de la arbitrariedad y de la frivolidad y de la ignorancia. ¿O es que como Manolito Gázquez —¡qué castizo tipo!— libró a la condesita y a su hermana de las lluvias de agua en 1776, vamos a librarnos de la lluvia de arena del ábrego a golpes de espada?

¡No, espada, no! Más bien lo que Guerra Junqueiro decía y es lanzadas de luz. ¡Luz, luz, luz! Es lo que hace falta: ¡luz! Con taquígrafos o sin ellos. El mal de España es oscuridad, tinieblas. Y las tinieblas no se rasgan con espada. ¿Y no ha visto nuestro amigo Domingo que lo que no se quiere es luz? ¿No conoce esas explicaciones oficiales y oficiosas que sólo sirven para entenebrecer? ¿No ha visto que el torbellino de arena que levanta el ábrego, suele velar la luz del sol? ¿No ha visto que pasa por más hábil parlamentario el que mejor sabe oscurecer las cuestiones? Y la espada no puede manejarse desde fuera, pero el rayo de luz sí. Y hasta hay cosas que se puede iluminar mejor desde fuera, con un buen reflector.

El emigrar de la patria puede llegar a ser un deber para con ella.

(*La Publicidad*, 22-III-1917.)

30. Comentario

Mi anterior Comentario salió mutilado por la previa censura. No me quejo de ello, sino que, antes al contrario, reconozco que aquellas líneas machacadas le daban cierta gracia y que eran mucho más sugestivas que si perfectamente legibles. El lector puede imaginarse truculencias mayores que las que yo pudiera haber escrito si me hubiese puesto a disertar, más o menos filosóficamente, sobre la eficacia, ya que no sobre la licitud, de la violencia. Lo que sí debo declarar es que nada decía allí de Romanones, como es muy natural que el malicioso lector suponga. Y digo esto porque muchas gentes suponen que eso de la previa censura no es más que un medio que han ideado nuestros gobernantes para poder hacer mangas y capirotes de la ley y de la justicia.

Tampoco incurriremos en la inocentada de condenar en principio eso de la previa censura. Es un medio de Gobierno como otro cualquiera y todo depende de la manera como sea aplicado. Es, sobre todo, el medio más cómodo y más a la mano para Gobiernos débiles y a la vez ininteligentes. Porque la ininteligencia es la característica de los listos que nos desgobiernan. Casi siempre el listo anda escaso de inteligencia, y esto se ve cuando saliendo del curso normal y apacible de los sucesos, en que la listeza basta para ir tirando, se encuentra con casos graves. A los listos que aparecen despachando nuestra suprema administración pública y política lo que les falta es inteligencia para gobernar. Por torpeza se meten en los líos en que se meten. Y es que el arte de gobernar no se aprende ni en nuestro Parlamento, ni en peñas y tertulias de desocupados metidos a políticos electoreros, ni en Redacciones de periódicos. Los profesionales de nuestra política suelen ser los que menos saben de política.

Eso de la previa censura no es más que una tontería, una grandísima tontería de remate. Y mucho más tonta tal y como por fuerza tiene que ejercerse.

Hay que ver, ante todo, la calidad de los desgraciados funcionarios encargados de ejercerla, porque así se ganan el pan. El empleado público español —y lo es el que estas líneas escribe— rara vez pasa de ser un ganapán, a lo sumo un ganabizcochos. Y cumple su oficio de la peor gana y sin aquella «interior satisfacción» de que dicen que hablan las Ordenanzas militares, que nosotros, ¡gracias a Dios civil y misericordioso!, no hemos tenido que leer.

Conocemos catedráticos que siendo acérrimos enemigos de los exámenes tienen, por virtud de oficio, que examinar. Y ¿qué hacen? Pues aprueban a todos los examinandos, o los suspenden a casi todos, tan injustamente lo uno como lo otro. Y luego dicen que de lo que tratan es de desacreditar los exámenes. ¿Y no pasará algo así con los que se ven forzados a ejercer la previa censura?

A lo mejor se trata de algún antiguo periodista, que tal vez vio antaño sometidos sus escritos a un procedimiento igual, y que se dice: «¡Ahora es la mía!» Porque no nos cabe duda de que ha de haber tachaduras, aun dentro del procedimiento, arbitrarias y caprichosas, que no obedecen sino al humor del censor asalariado cuando no a su incompetencia. Me parece, al menos, que no es ningún dogma administrativo la competencia del que haya de censurar éste nuestro Comentario antes de que aparezca impreso. El que lo está escribiendo, por su parte, no le reputa competente, y esto aún sin conocerlo, mientras no se le demuestre lo contrario.

Cuando hemos tomado parte en algún mitin público siempre hemos sentido una profunda conmiseración hacia el pobre delegado de la autoridad gubernativa, que tiene la obligación de estar atento, de enterarse y de juzgar rápidamente. Y suele ocurrir que los pobrecitos, empleados de poco sueldo, se tragan came los y se oponen al vuelo de un mosquito.

¿Y qué van a hacer?, nos preguntará el lector. ¿Que qué van a hacer? Si no fuese por la previa censura ya se lo diríamos al lector; pero en todo caso, rogándole al director de este diario que guarde estas cuartillas por si se diese el caso de tener que reproducir, después que esto de la previa censura pase, algunos pasajes que nos puedan ser machacados, vamos a tratar de responder al lector.

Y tomamos estas precauciones porque seguramente que entre las instrucciones que se ha dado a los censores previos está la de que no dejen pasar nada que se estime como una excitación a la huelga, y lo que vamos a decir podría parecer a los suspicaces que es una excitación a la huelga de... los censores mismos. ¡Y pocas ganas que tendrán éstos de ella! Más de una vez hemos visto a pobres romanones —se llama así vulgarmente a los de la policía armada— diciéndose ante unos huelguistas a que vigilaban: «¡Quién pudiese hacer otro tanto!» Y en cierta ocasión hasta le oímos a uno que decía a unos obreros: «¡Duro, chicos, que tenéis razón hasta la coronilla!»

Conocemos personas que, aunque enemigas de la supresión de la pena de muerte, no estiman muy honroso el oficio de verdugo, y así comprendemos, guardada, ¡claro está!, la proporción entre los dos casos, que haya quien siendo partidario de la previa censura, siquiera en casos excepcionales, no se prestaría en caso ninguno a ejercerla y por apurado de recursos que anduviese. Tampoco el alguacil ha sido nunca simpático al pueblo, que hasta los más enamorados de la justicia no reverencian al ministro de ella.

¡Claro está que esto no es predicar la huelga a los funcionarios que ejercen la censura previa, no! El que ha de revisar éste mi Comentario y ha de censurarlo previamente con más o menos inteligencia y espíritu de justicia se gana así su vida, como yo me la gano, en parte al menos, escribiendo estos comentarios. Yo no sé si él preferirá o no censurarlos a escribir otros análogos; pero yo prefiero escribirlos a tener que censurar otros. Y creo, además, que es más lucrativo.

Claro está que nos damos cuenta de la delicadísima situación del censor previo y que le compadecemos. Le compadecemos profundamente. Acaso es un escritor, un periodista, un comentarista fracasado que logró que el cacique de su pueblo o región le diese un destinillo en la Administración pública y que hoy se ve forzado a censurar lo que otros escriben y comentan. Lo que no queremos creer es que en éste su oficio se vengue de sus pasados fracasos, si es que acaso es uno de esos fracasados de las letras que decimos. ¡Porque está tan llena de ellos nuestra Administración pública, tanto subalterna como superior! Ministros ha habido, hay y habrá que no son otra cosa.

No, no, querido censor; no, no estamos induciéndole a la huelga. Y menos a la huelga revolucionaria. Jamás le aconsejaremos que mande a paseo a esos gobernantes ineptos que le obligan a ejercer tan triste y lamentable papel. Respetamos la conciencia que de su propia dignidad y del deber de su oficio tiene cada funcionario, porque queremos que se respete la nuestra. No somos de los que vamos —por la cuenta que nos tiene— a predicar a los soldados que se nieguen a hacer fuego cuando sus jefes así se lo manden, ¡no! ¡Le estamos, además, muy agradecidos, querido censor desconocido, mucho! Aquellos machaqueos que mandó hacer en nuestro anterior Comentario le daban mucha gracia y eran muy sugestivos.

Y ahora vuelvo a rogar al director de este diario que guarde estas cuartillas por si acaso. ¡No lo olvide usted, amigo Gómez Hidalgo!

(*El Día*, 10-IV-1917.)

31. Habilidosidades políticas. Un capítulo de maquiavelismo de perro chico

Se ha presentado por algunos como un modelo de habilidad política el Mensaje que el Conde de Romanones presentó a S. M. el Rey inmediatamente antes de su última caída —y acaso definitivamente la última— de la

Presidencia del Consejo de ministros y tal vez de la jefatura del partido mal llamado liberal. Y como caso de maquiavelismo de perro chico no estará de más examinar brevemente esa habilidad.

Hay que dejar desde luego de un lado el contenido del tal Mensaje, contenido con el que estamos completamente de acuerdo, salvo la manera de expresarse en lo que se refiere a las naciones americanas de lengua española. El contenido aquí es lo de menos. Hubiéralo redactado otro que no el Conde de Romanones u otro de su laya y el Mensaje tendría valor. Pero es cosa sabida que las más solemnes promesas las hace el Conde cuando sabe que no las ha de poder cumplir. O bien se da con él casos como el de aquel proyecto de ley de autonomía universitaria que presentó a las Cámaras, y aprobado en el Congreso y en el Senado y pendiente de un último trámite, hizo el mismo Conde, su autor, que lo enterrase de un golletazo el Duque de Tetuán en el Senado. ¡Y a esto llaman habilidad política!

El Conde dice en ese Mensaje, ya famoso como pieza de habilidad política, que no debe ni quiere gobernar contra la opinión, como si hubiese nunca gobernado con ella o se hubiese preocupado de hacer opinión en España, que es la verdadera labor de un verdadero político y no urdir elecciones que la falsifiquen.

Se dice que el Conde opinaba por la intervención de España hace ya meses, ya en septiembre del pasado año de 1916. ¿Cómo entonces no se dedicó a preparar a la opinión para ella y cómo no planteó antes ese problema? Sencillamente porque por encima del patriotismo ha estado siempre para él lo de retener la jefatura del partido mal llamado liberal, y para retenerla, retener el poder. Y si al fin ha hecho público su criterio intervencionista ha sido cuando esto no pasa de ser una habilidad que a nada le obliga. Antes había inspirado un artículo: «Neutralidades que matan», como había inspirado otros en sentido contrario, y poder así más tarde confesarse inspirador de unos o de otros. ¿No lanzó acaso en cierta ocasión al señor Alcalá Zamora a que hiciese ciertas declaraciones para desautorizarlas luego que vio que caían mal? ¡Y a esto llaman habilidad política!

Cuando sabía que le quedaban pocos días de Presidencia del Consejo de ministros, el 9 de este mes de abril, publicó, actuando una vez más de periodista, un artículo en *El Liberal* de Madrid tratando de contestar al Manifiesto dirigido al país por el Consejo de la Casa del Pueblo de Madrid— y ese Manifiesto ha sido la verdadera ocasión de la crisis última— y en el artículo decía entre otras cosas:

«Sus párrafos dirigidos a los gobernantes no son de crítica acerba, sino de ultraje desenfrenado. Se injuria a los hombres públicos; no se les censura. No se emiten opiniones duras que el propio derecho ampare; sino agravios feroces que las leyes y hasta el propio decoro condenan.

Y para educación ciudadana, en vez de reputar a los directores políticos de la sociedad española de desacertados, si se quiere, se les pinta como hombres de mala fe. Las caudillos obreros saben que esto no es verdad: ¿por qué lo dicen?»

Como no conocemos el Manifiesto del Consejo de la Casa del Pueblo de Madrid, aquel por el que se encarceló a sus autores, no sabemos cuáles serían esos ultrajes desenfrenados y agravios feroces de que se quejaba el Conde; pero sabemos muy bien que una buena parte de los directores políticos de la sociedad española, y en esa parte se cuenta el Conde mismo, se compone de hombres no ya desacertados, sino de mala fe. Compónese de hombres que prometen sin ánimo de cumplir, que tergiversan y falsifican la verdad, que erigen la arbitrariedad en sistema, que venden a los amigos y persiguen con armas prohibidas a los enemigos. Los políticos profesionales españoles forman un montón de carroña moral. Y son, en general, hombres de mala fe, de muy mala fe, de pésima fe. Y sabiéndolo, como lo sabe muy bien el Conde, ¿por qué lo niega?

La última crisis ministerial estaba latente desde que el Conde de Romanones subió al poder. El maridaje con el Marqués de Alhucemas no era sino ficticio y para mejor poder reñir. (Hay quienes se casan por desesperación y para mejor poder pelearse, o son matrimonios «a fortiori», como para encubrir una falta, y que acaban, cuando no hay amor, muy mal.) El Marqués no podía, no debía perdonar al Conde, su consorte, la manera gitanera con que le birló la jefatura del partido mal llamado liberal y peor llamado democrático. La podrida hueste de politiqueros de carrera, pensionistas del poder y profesionales de la arbitrariedad y del embuste que forman el partido mal llamado liberal estaba y sigue estando en crisis de descomposición. Eso no puede tenerse en pie mucho tiempo y si aún se sostiene es por tristes y tenebrosas causas que hay que ir a estudiar en la historia de las postrimerías de los regímenes caducos y carcomidos.

La crisis ministerial y la del partido mismo que sostenía al ministerio estaba en acción desde que éste, merced a un maridaje precario, llegó al poder. El Conde, que dice no deber ni querer gobernar contra la opinión pública, le temía a ésta, aún en la forma tan apagada y exangüe en que aparece en el Parlamento. Tenía un santo horror al Parlamento, donde se defiende muy mal, sobre todo de sus consortes y consocios en politiquería. Allí, en el Parlamento, es donde debió preparar a la opinión pública para el caso en que España se vea obligada, por dignidad y honor, a romper con Alemania y acaso a intervenir, de un modo o de otro, en la guerra; pero ese hombre que inspiró el artículo «Neutralidades que matan» y del que se dice que ya desde hace meses era partidario de romper la neutralidad, no dejó que en el Parlamento se hablara de ello. Ese director político de la sociedad española no dejó que «para educación ciudadana» se hablase en el Parlamento libre y claramente de la neutralidad y la posible intervención. Quiso hacerlo todo a cencerros tapados y a espaldas del Parlamento para quedarse siempre con la retirada a cubierto y poder siempre probar la coartada. Es fácil que de haber vencido los Imperios Centrales nos quisiese probar que él había sido siempre germanófilo.

Se mantuvo abierto el Parlamento a pesar del Conde, que es un electorero, un intrigante y un tramador de conjuras de pasillos y antecámaras, pero no un parlamentario, y se mantuvo aquél abierto merced a Alba, parlamentario, que acaba de romper del todo con el Conde. Mas en cuanto Marcelino Domingo empezó a arrojar luz sobre eso de Marruecos, el Conde, después de engañarle, se apresuró a cerrar el Parlamento, no fuese que un nuevo general Pavía lo disolviese «manu militari». Que hasta esto podríamos haber llegado. ¡Y a eso es a lo que se llama habilidad política!

Cerró el Conde el Parlamento para poder dedicarse mejor a su característico sistema del doble juego, pero no pudo cerrar lo que de opinión pública, por menguada que sea, hay en España. Y vino el Manifiesto del Consejo de la Casa del Pueblo de Madrid y vio el Conde que se le nublaba el cielo del poder y que podía estallar el conflicto, y entonces hizo que se encarcelara a los autores del Manifiesto, suspendió las garantías constitucionales para evitar que se discutiese libremente la neutralidad y estableció la previa censura. La previa censura contra los que, con supuestos «ultrajes desenfrenados» y «agravios feroces que las leyes y hasta el propio decoro condenan», ponían de manifiesto la mala fe, que no ya el desacierto de los directores políticos de la sociedad española al modo del Conde mismo. ¡Y esto era otra habilidad política!

Pero también esta vez le salió mal su habilidad a este Conde que ha venido hundiéndose en prestigio político, en influencia y en poder —¡cuando podía haber hecho tanto!— por pasarse de hábil y cultivar la técnica de la habilidosidad por sí misma. Como no sea que en ese empeño —pueril empeño de una senilidad prematura— por retener el caudillaje del partido mal llamado liberal no entrara el cálculo de legar la jefatura a su primogénito, el Marqués de Villabrágima, jefe también futuro de la razón social que con unos u otros accionistas, más bajos o más altos, funciona bajo la firma de Casa Figueroa.

Y cuando su habilidosidad le ha marrado y empieza a tambalearse la jefatura de ese pulpo que se llama partido no sabemos por qué liberal, agárrase al gravísimo problema internacional, y previendo el triunfo de los aliados declárase intervencionista y acusa al pueblo, y según se ha leído hasta al Rey, de permanecer insensible a los tiros de Alemania. Y lanza su Mensaje para torpedear al ministerio que sucede al suyo y buscar a la vez, en las naciones aliadas contra Alemania, vencedoras mañana, apoyos para poder volver al poder. ¡Y a esto se llama habilidad política!

Todo lo aquí expuesto no son ni «ultraje desenfrenado» ni «agravios feroces»; no es más que un capítulo de psicología sobre la mala fe, que no desacierto, de los directores políticos de la sociedad española. Y queda escrito como obra de «educación ciudadana» y para que se sepa lo que hay que limpiar.

(*El Mercantil Valenciano*, 29-IV-1917.)

32. Cacería de moscas

Casi todos nuestros políticos profesionales, los de carrera, los que aspiran al colmo del privilegio extralegal en España que es llegar a ex ministro —pues a un tal le es permitido todo— casi todos nuestros profesionales de la política, son hoy neutralistas a todo trance, esto es germanófilos declarados o encubiertos y ello aunque finjan otra cosa. Y es porque la actual Revolución europea, o mejor mundial, humana, les trae desasosegados y desconcertados. Ven en ella con espanto una fuerza que puede echar por los suelos el tinglado en que representan sus papeles y de representarlos viven y medran y satisfacen su vanidad a la par. Aunque sea una bien menguada vanidad.

España no es ciertamente la Rusia autocrática de hace todavía un año y menos. Nuestro Rey, legalmente constitucional, no es un Zar absoluto. Y sin embargo, hay absolutismo en España. Hay absolutismo ministerial. La arbitrariedad es la norma de gobierno entre nosotros. Y los absolutistas de la arbitrariedad gubernamental temen que si España tiene que intervenir en la Revolución, ésta, la Revolución, llegue a España. Y lo que quieren es mantenernos alejados de ella.

El absolutismo de la arbitrariedad en España es acaso peor que fuera en Rusia porque como no llega a tan violentos excesos, no ha podido provocar reacciones tan violentas. Contra el régimen de deportaciones a Siberia y el de tratar a ciertas razas como a parias, contra la opresión zarista se pudo alzar la violencia del nihilismo y la exaltación de la mística revolucionaria. El absolutismo zarista ruso produjo un Dostoyeusqui y un Tolstoi y un Kroptkine y un Gorqui y tantos otros. Pero el absolutismo español, hecho de pequeñas miserias, de ruines vengancillas, de menguados favoritismos y que más se sirve de la corrupción seductora que de las violencias, no ha podido producir, por reacción, ni esos fuertes caracteres. Se admira el que un águila ande a picotazos con un dragón del fango, pero no que se dedique a ir cogiendo mosquitos de esos que llevan los gérmenes del paludismo que endeblece y mata a pueblos enteros. Parecería ridículo. Y es, sin embargo, labor tan digna de un águila como la de pelear con el dragón. Sobre todo donde no hay dragón.

«Aquila non capit muscas»; el águila no coge moscas. He aquí una sentencia que han puesto en circulación las moscas a ver si así les dejan en paz hacer de las suyas.

Dostoyeusqui escribió un libro inmortal —*La casa de los muertos*— describiendo los martirios y torturas de los que el absolutismo imperial ruso deportaba a Siberia, ¿pero un Dostoyeusqui podría en España conmover los corazones describiendo las miserias del pobre empleadillo a quien el cacique hace que le trasladen de un extremo a otro de España porque no votó al candidato caciquil para diputado o para concejal acaso? Para el que ve la cosa desde fuera, los atropellos del absolutismo ministerial español son cosa de sainete, pero para el pobre empleadillo que tiene que sufrir sus efectos, son algo doloroso y torturante. Tener que trasladarse de la provincia de Sevilla, pongamos por caso, a la de Huesca con una familia numerosa y un sueldo de 1.500 ó 2.000 pesetas, puede llegar a ser un caso digno de que lo narre un Dostoyeusqui.

Y no sólo las torturas económicas, sino las morales, las de la dignidad pisoteada. Recordemos ahora un caso entre varios. Y es que Burell, absolutista con majeza y sin inteligencia alguna, entre las innumerables tropelías que lleva a cabo siempre que puede, hizo una de las suyas en contra de la Justicia y del Derecho de un pobre maestro de escuela de esta provincia. El maestro, dolido por la injusticia, escribió al ministro una carta algo viva, aunque respetuosa, quejándose del atropello y el ministro, Burell, mandó que se formase expediente por desacato. Y el pobre maestro, aterrado, temiendo verse acaso sin pan, se allanó a escribir una nueva carta humillante, indigna, con lo que se arregló todo. Y ya está el alma de este pobre maestro envenenada para siempre. Ese acto de triste, de denigrante servidumbre, será levadura de amargas pasiones. Ese pobre hombre es muy difícil que pueda volver a creer en la justicia.

Estos ministros absolutistas y todos los que aspiran a serlo y la ralea de los diputados electoreros, políticos de carrera, los partidarios de las facultades indiscrecionales y del arbitrio, son germanófilos, declarados o encubiertos, y están con el temor de que la derrota total de Alemania marque la hora de que la Revolución llegue también a España. La España oficial, esa podrida España oficial, está inquieta. Todos los problemas que ha ido soslayendo o escamoteando —el económico, el social, el regionalista, el pedagógico, el agrario, el religioso...— se le presentarán como nunca se le presentaron una vez que la Revolución haya triunfado en el resto del mundo civilizado. Y, o los afronta, o salimos de una vez de la civilidad y de la civilización.

La hedionda política española, la de nuestros miserables parlamentarios, teme el ventarrón revolucionario. No hay sino ver las voces que se alzan sobre el silencio —un silencio más hostil aún que las voces esas— cuando por acaso se oye en nuestro Parlamento alguna palabra de verdad y de sinceridad. El mismo hombre a quien citábamos más arriba, prototipo del profesional de la arbitrariedad, cínico y a la par hipócrita, gritaba en cierta ocasión que allí todos eran caballeros. ¡Caballeros! Basta con ser personas honradas.

Nuestros neutralistas a todo trance y costa no lo son sino porque se imaginan que así podrán preservar mejor a nuestro pueblo del contagio de la Revolución.

El presidente del Congreso, Villanueva, que fue como funcionario a Cuba, cuando se habló de dar autonomía a ésta dijo que antes de consentirlo se echaría a la calle y por no querer conceder esa autonomía se hizo una guerra, resultando entonces, por lo tanto, nada pacifista Villanueva. No quería la paz con Cuba, ya que esa paz sólo merced a la autonomía, acaso a la independencia noblemente y de grado otorgada, podía conseguirse. Y hoy este mismo hombre, enemigo de la paz entonces, habla de echarse a la calle si España va, de un modo o de otro, a la guerra, o mejor a la Revolución. ¿Hay contradicción en esto? Ninguna. Porque entonces se trataba con la guerra de impedir que un pueblo se hiciese libre y hoy se trata con la guerra, por parte de los aliados, de libertar a los pueblos. Y así cuando la guerra era de oprimir la libertad estuvo por la guerra y cuando la guerra es de conquistar la libertad está por la paz. Pero siempre contra la libertad.

Rusia, que de todos modos hubiese acabado por hacer su revolución para libertarse del absolutismo autocrático imperial, la ha hecho antes y mejor merced a esta gran Revolución que es la guerra. Y en Grecia, a la que Venizelos no había logrado redimir del militarismo monárquico, la guerra ha traído la revolución. Y aquí, en España, donde acaso a no haber estallado esta gran Revolución, no habría habido valor para empuñar la escoba —pues el mismo que en caso extremo coge el fusil o el trabuco se deja abatir antes que echar mano a la escoba y hay quien siendo capaz de pelear con un tigre se desmaya de asco al tener que limpiar un retrete— aquí, en España, la gran Revolución va a obligarnos a hacer la nuestra. Que no será más que una limpia, una barredura, una caza a moscas pestíferas y a anofeles portadores del paludismo.

No me cabe duda, por ejemplo, de que esa ignominiosa ley de jurisdicciones, que no ha habido medio de derogar, no resistirá aquí en España luego que sea abatido el incivil e inhumano militarismo prusiano. Y así de otros privilegios inmorales. Y es por esto por lo que un grupo de generales estuvieron a punto, según se dice, de ir a Palacio a ver el Rey, antes de la caída de Romanones, a decirle que el ejército español no lucharía fuera de las fronteras de España. Temían, sin duda, que luchando fuera de las fronteras de la patria, al lado de los ejércitos civiles, de los pueblos en armas que en tierras de Francia y otras luchan por la libertad civil, por la civilidad libre, se civilizará a su vez nuestro ejército. Y una vez civilizado sería el primero en pedir, no sólo que se derogase esa ignominia de la ley esa, sino que se derogase lo más del fuero militar, fuero medieval y bárbaro.

La gran Revolución nos está cribando en España a los espíritus. De un lado los absolutistas, los defensores de la arbitrariedad y del pandillaje, los más de los políticos de carrera, los hábiles, los electoreros, los «amigos de sus amigos», y del otro lado los ciudadanos, los que creen que sólo es digna y noble una voluntad que se limita en la Justicia.

(*La Publicidad*, 3-v-1917.)

33. Discurso: Mitin de las Izquierdas, Madrid

Españoles: El acto trágico de la Regencia en 1898, sacrificó la dignidad de la patria al interés dinástico.

Hoy no sabemos qué tenebrosos intereses o qué cerval terror se la quiere sacrificar.

De todo esto se ha dicho que no nos queda sino lamentar el dolor ajeno.

Cuando la humanidad se duele, con la conciencia de la justicia herida, este dolor no puede ser ajeno para ningún pueblo libre.

El bloqueo pirático ha salpicado el regazo de nuestra patria.

No. Se comprende más por pudor que por miedo que no se quiera ir a una intervención armada con un ejército, que no lo hay adecuado para el caso y que cuando podría formarse sería tarde para esta intervención.

Pero es que hay otros modos de intervención en esta guerra civil, en esta revolución que ilumina con llamaradas de sangre la conciencia de la humanidad; porque es esta una guerra contra el absolutismo, y el absolutismo español se defiende.

¿Qué puede retener a los poderes públicos de incorporarse a la historia de Europa? ¿Miedo a la guerra civil, acaso?

Es que la tenemos ya; tenemos la guerra civil en España, y Dios quiera que no adopte la forma vergonzosa de Grecia o no nos lleve acaso al desmembramiento de la patria, porque hay regiones españolas que quieren ser europeas, viriles, humanas, y si no se les da medios de serlo tendrán, acaso, para conseguirlo, que dejar de ser españoles al cabo.

No se hable de separatismo. El separatista será el resto de España, que se separe de la humanidad civilizada. [Aplausos. ¡Muy bien!.]

¿Es que se le quiere reservar a España el papel de mediadora, acaso de Celestina y que se firme la paz aquí en un congreso y con una corrida de toros o sin ella, y ponernos de acuerdo con el Fomento del Turismo para el alboroque de las negociaciones?

Sería un espectáculo bochornoso y de tercería.

Pero no, no intervendrá en la paz quien de una manera o de otra no intervenga en la guerra; y no es intervenir en ésta hacer oficios, por piadosos que ellos sean, de ayuda al desvalido de uno y otro campo, mientras se deja indefensos a los propios súbditos.

Si se defienden con estas notas a las que se contesta con embustes o con mal velados sarcasmos no sirve querer agazaparse en el derecho internacional constituido en vez de contribuir a formar el derecho internacional público constituyente.

Y si no nos defendemos podrá acaso suceder que para defenderse tengan otros que defendernos a nosotros. [Ovación delirante.]

Dícese que no hay opinión a favor de la intervención en España. Aquí no hay opinión a favor de casi nada, no hay voluntad, lo que hay no es voluntad, sino una real gana de no hacer nada, de no vivir en la Historia. [Muchos aplausos.]

Importa poco la forma de régimen, cuando un Gobierno es de opinión pública, de voluntad nacional, de soberanía nacional.

Republicano (res-publica) es todo Gobierno regido por la opinión pública, por la voluntad nacional, aunque esté al frente de él, como magistrado, un presidente o cacique, rey vitalicio y hereditario; y es, en cambio, tirano el regido por un presidente oligarca, sostenido nada más que con las armas.

Si corresponde al derecho divino, como si hubiese derecho alguno que sólo por ser humano no fuera divino a la vez, y si corresponden al derecho divino los Reyes, y éstos dejan de ser Césares, Káiseres, Zares, porque estamos asistiendo a una revolución y los tronos mismos se derrumbarán al cabo al no saber cimentarse en el suelo que está amasado con sangre de esta revolución, que es el actual Gobierno; y entre la conducta de los soberanos que tienen que optar entre el imperialismo o la República, ¿cabe un Rey republicano cuando por todas partes resurge más potente el republicanismo?

El republicanismo español estaba descontento; había entrado en él la sospecha de que dentro del molde elástico de la monarquía constitucional cabía realizar todo el ideal liberal, el democrático, y en lo que es hoy posible, el socialismo.

Se creyó que cabía, como dice de Inglaterra, una República coronada, porque si se persiste en la neutralidad inconstitucional a todo trance y costa, muchos que no hemos sido republicanos nunca, que no lo somos hoy todavía, que aún tenemos un pequeño hilo de esperanza de esta monarquía resurgida de la revolución de septiembre y no del despotismo de Fernando VII El Abyecto, tendremos en este caso que hacernos republicanos al cabo. [Muy bien. Aplausos.]

Tendrían que hacerse todos los monárquicos constitucionales condicionales.

La incondicionalidad es una bellaquería en política.

Todos creemos que el Rey es útil, muy útil, utilísimo todavía, pero no es indispensable ni menos insubstituible. [Grandes aplausos.]

Y si nos fijamos bien veremos que los germanófilos de la neutralidad a todo trance y costa son los absolutistas partidarios del viejo tradicionalismo, y peor aún que el absolutismo regio es el absolutismo gubernamental.

¿Creen acaso que manteniéndose la neutralidad incondicional a todo trance y costa podrán mantener esta caduca España oficial, la de los ex ministros y caciques inmorales, la de los doctores analfabetos, la del profesorado de la arbitrariedad, la del vergonzoso encasillado electoral, la del presupuesto del cubilete y regateo chalanesco?

Esta España pasa por la enorme vergüenza de esta ley de jurisdicciones que no ha podido el Parlamento abolir por miedo a un nuevo Pavía.

Y ante esto, ante esa techumbre que se derrumba y con que está en la picotea la patria, ¿la dignidad y el honor no significan nada?

Se equivocan, porque libre la humanidad de esta pesadilla y cuando se haga la paz roja, porque la paz no va a ser blanca, una política teñida de sangre en el Jordán de la democracia, cuando se haga esta paz roja se presentarán aquí las eternas cuestiones, la civil, la educacional, la religiosa, la económica, la regional.

Todas éstas, como se presentan en toda Europa, o se resolverán como en ella se resuelvan o de nada les habrá servido el torpe cálculo de la neutralidad profesional a todo trance y costa, o no se resolverán de ninguna manera y seguiremos viviendo como pueblo duro que vive como rebaños.

Porque no caben soluciones distintas de las que se den en el resto del mundo civilizado, y nuestra conciencia no puede ser más que una parte de la conciencia universal.

Y a esta guerra ha acabado de darla su sello la revolución rusa y la entrada de la gran democracia norteamericana.

Y entonces, cuando llegue esta paz roja, si nosotros no hemos sabido incorporarnos a la gran revolución europea será un bochorno y una vergüenza llamarse y tener que ser llamado español. [Aplausos.]

Nos alimentaremos en el suelo siempre querido de la patria, viviremos alejados y estériles, enterrados en nuestras casas, entre ruinas, sin una esperanza de historia, enajenados del sentimiento de la hermandad del rebaño troglodita.

Y cuando esos pueblos gocen la paz roja ganada con su sangre generosa, no habrá aquí, no podrá haber, paz, no la hay todavía; ni será una braza de ignominia en las entrañas de la conciencia civil; la nuestra será paz de huero renombre, paz negra, paz de lucha tenebrosa de la historia; quedaremos destinados a pastar en este solar de la patria, pero huérfanos en la historia, enterrados en las sombras de la humanidad. [Grandes aplausos.]

Y si los poderes públicos no quieren hacer la revolución desde arriba, de que hablaba Maura, y esa revolución no puede empezar hoy sino rompiendo con los que han establecido el bloqueo práctico; si no quieren los poderes públicos hacer esta revolución desde arriba y ponerle a la monarquía española un gorro frigio, si queréis, entonces tendremos que hacerla por abajo nosotros, y para esto nos bastará cruzarnos de brazos firmemente, dispuestos a negar nuestro concurso a los que de tal manera, separatistas de la humanidad, se nos ponen fuera de la historia bajo el peso de las escorias de los obstáculos tradicionales; porque en España —ese Escorial, montón de escorias y cementerio de sus Reyes absolutos —era regida por el primero de los Austrias, nacido y criado en España— aunque no español, que los déspotas no tienen patria. [Gran ovación.]

Recordemos el reinado de los Reyes Católicos, en que se oprimió a Portugal y a Flandes e intentamos oprimir a Inglaterra... ¡Oprimir a Inglaterra! [Grandes aplausos.]

Y ya que hablo de Portugal; ahora se le dirigen muchos arrumacos y lagoterías, aunque detrás del grito germanófilo de Gibraltar se piense en Portugal, en Portugal, que hay insensatos que creen que es una colonia española que nos arrebató Inglaterra. [Aplausos.]

Y así volverán a quedar bajo el espíritu de este ideal los espíritus cavernarios que quieren separarnos de la Europa civilizada y arrastrarnos de las vías de la historia.

Y ahora digamos nosotros: ¡Viva España libre y digna, amada de los pueblos libres y dignos y que quieren no sólo vegetar en esta dehesa, sino que también tienen historia, haciéndola para todos los pueblos y no sólo para ella! [Grandes aplausos.]

(*La Publicidad*, 28-v-1917.)

34. Comentario

La revolución española está en marcha. No la revolución desde abajo, pero tampoco la revolución desde arriba, sino desde en medio. La oficialidad del Ejército se ha impuesto la tarea de reducir a la disciplina a los altos poderes del Estado, que eran los indisciplinados. Porque aquí, en nuestra España de hoy, no es el que obedece, sino el que manda, el indisciplinado. El colmo de la indisciplina es la arbitrariedad del poder.

Es la oficialidad del Ejército y no el Ejército mismo ni su generalato la que ha emprendido esa tarea. Pero las revoluciones tienen su dialéctica. En Rusia funciona un Comité de obreros y de soldados. De soldados, no de oficiales. Y aquí, en nuestra España, desde que el servicio militar es general las cosas van cambiando. Hay hoy en los cuarteles soldados que por su educación y su procedencia civiles están capacitados para sacar enseñanzas del movimiento disciplinario que inician sus jefes inmediatos. Porque repetimos que el movimiento es disciplinario.

Se habla, en efecto, de indisciplina y de anarquía, y no se repara en que éstas vienen de arriba. La principal fuente de anarquía en España son hoy los Gobiernos. Los ministros, profesionales de la política de carrera, no son sino agentes de arbitrariedad, esto es, de indisciplina y de anarquía. Y hasta suele haber ministros domésticos, por la fuerza, de casa y boca.

Acostumbran los ministros aprovecharse de la gravedad de las circunstancias para meter de matute las medidas más arbitrarias, para ejercer el más descarado favoritismo. Y dicen luego, como nuestro actual —escribo esto en la mañana del día 9, sábado— ministro de la Desgobernación, que no están las cosas para fijarse en pequeñeces y puerilidades. Doctrina la más adecuada para cometer esas pequeñeces y puerilidades.

La indisciplina viene de los que mandan y de los que ejecutan los mandatos. En las grandes manifestaciones públicas es la policía la encargada de alterar el orden. Es ella la que provoca los más de los conflictos. Y ello, por un miedo absurdo de que vayan a producirse. El sistema preventivo se trueca en provocativo. Por querer prevenir lo que se les antoja que va a ocurrir lo provocan. Es miedo.

La oficialidad del Ejército, decimos, no el Ejército mismo, trata de disciplinar a los poderes públicos. Quéjase, entre otras cosas, de «la ingerencia del favor, que anula el mérito y desmoraliza al que, para lograr un beneficio que se le debe, tiene que mendigarlo del personaje influyente arrastrando a sus pies su dignidad». Pero es que nuestros Gobiernos se componen de personajes influyentes, y estos viven del favor y no de la justicia. Del favor que reciben y del que hacen. O mejor, de los favores. Y necesitan de mendigos —mendigos como ellos mismos, que también lo son— que arrastren la dignidad a sus pies. Hasta que a puro arrastrarla de tal modo, la «gasten», que ya no les quede. Ni a unos ni a otros. Y en España se ha dado el caso de mendigos que han salido a pedir por las carreteras con trabuco. El bandolerismo era una forma de mendicencia o de pordiosería. Y lo mismo sucede con el bandolerismo político. De su trabuco hablaremos otra vez.

La oficialidad del Ejército se rebela contra el favor que anula el mérito y desmoraliza al que para lograr un beneficio que se le debe tiene que mendigarlo del personaje influyente arrastrando a sus pies su dignidad. Hace bien en rebelarse contra eso. Es deber de todo ciudadano —y los oficiales del Ejército lo son; son civiles, son hombres civilizados, antes que otra cosa—, es deber de todo ciudadano rebelarse contra la injusticia. Y esto, rebelarse contra la injusticia, es revolucionar. La revolución, pues, está en marcha.

Pero es que la oficialidad del Ejército, aunque no sea el Ejército mismo, tiene una fuerza de que otros Cuerpos de funcionarios públicos carecen. Se le tiene miedo. Y nuestros profesionales, de la arbitrariedad y del favoritismo, no obedecen más que al miedo. El ministro de Desgracia e Injusticia, por ejemplo, ha inventado una vergonzosa tapadera para restablecer el favoritismo y la arbitrariedad en los ascensos de jueces y magistrados. Parece ser que algunos funcionarios judiciales han protestado contra esa nueva pequeñez, contra esa puerilidad con que un cacique electorero quiere mantenerlos en la indisciplina social; pero, hoy por hoy, la judicatura y la magistratura no son la oficialidad del Ejército.

No hace mucho que los claustros universitarios, por casi unanimidad, protestaron contra uno de los incontables desatinos que perpetró en Instrucción Pública el hoy cacique de Desgobernación; pero no se les ha hecho caso. Háseles dicho que aquella disparatada disposición estaba ya incorporada a la legislación española. ¡Qué idea de la legislación! Hubiera lesionado la medida los intereses privados de cualquier otro cacique, de cualquier compinche en arbitrariedad, y ya estaría derogada a estas horas. «... Pero si la acierta mal, defenderla y no enmendarla.» Los claustros universitarios no son tampoco la oficialidad del Ejército.

De todas maneras la revolución española está en marcha. Una revolución desde el medio y que no sabemos si se correrá hacia arriba o hacia abajo.

Quéjase también la oficialidad del Ejército de las «injustas inculpaciones que sufrió» después de nuestro desastre colonial. El modo de evitar esa injusticia es discutir amplia y claramente las causas del desastre. El Ejército no debe ser indiscutible. Ningún poder público debe ser indiscutible. Hasta el Soberano —y al decir Soberano nos referimos al pueblo, naturalmente— debe ser discutido. Y de hecho a nada se discute más que a nuestro pueblo, cuyas cualidades todas están en examen y crítica acerbos. El Ejército, pues, no debe ser indiscutible.

Y es ella, es la oficialidad del Ejército, la que debe pedir que se derogue la incivil y brutal ley de Jurisdicciones, que a nadie perjudica más que a esa oficialidad misma. Y aún la mejor garantía de la dignidad de ese Cuerpo sería que se restringiese el fuero militar adonde debe restringirse; en rigor, a que desaparezca el tal fuero. Porque el fuero militar, que es un privilegio, un favor, como todo favor anula el mérito y desmoraliza a los que para lograrlo tuvieron que pedirlo con amenazas. Las armas del Ejército pueden a las veces hacer de trabucos.

La oficialidad del Ejército, que se rebela contra la injusticia del favor, debe rechazar el injusto favor de la ley de Jurisdicciones y acogerse civilmente a la ley común.

Esa vergonzosa ley a nadie perjudica más que al Ejército. Es lo que más daña a su prestigio. Tanto o más que el que por cualquier cosa el miedo de los indisciplinados gobernantes saque al Ejército a la plaza pública a meter miedo con él a los obreros en huelga y con la consigna de aguantarlo todo, de hacer de espantajos.

La revolución española está en marcha. Queda por ver si los poderes públicos saben acomodarse a ella.

La indisciplina en España procede hoy de arriba, de la fuente suprema del favor y del arbitrio y es el Soberano, el verdadero Soberano, el que ha de dominarla y reducirla. El Soberano tiene que establecer la disciplina social. La revolución española está en marcha y los amantes de la disciplina, del verdadero orden social, que es la justicia, tenemos un deber: el de no callarnos. Tenemos que hablar alto, hasta que hable, más alto que nosotros, la luz, como le habló a Saulo en el camino de Damasco. Y la voz de la luz le derribó a Saulo del caballo y le cegó; pero fue para salvarle. Luego se hizo Pablo, ciudadano romano, el apóstol de la ley interior, el maestro del santo anarquismo cristiano, que es ley de gracia, suprema justicia.

(*El Día*, 12-VI-1917.)

35. Las dos muletas turnantes

La realeza constitucional española, hace tiempo, y a pesar de las apariencias todas, paralítica, apóyase en dos muletas, que son los dos partidos turnantes. Muletas carcomidas, llenas de composturas y pegadizos. Cien veces se han roto, y otras tantas las han arreglado como peor se ha podido. Entran en ellas ya toda clase de maderas. Cada una de ellas se compone de trozos de roble y de chopo y de corcho —de corcho y a la vez también de alcornoque— y hasta de saúco. Y así por un lado se alabean, por otro se astillan, y por todos lados las come la polilla. Y están ambas muletas llenas de lañas y de clavijas y de remiendos. No hay modo de tenerse mucho tiempo en pie apoyado en ellas.

Como es menester, además, que ambas muletas sean proporcionadas entre sí y con el cuerpo del paralítico a que sostienen, en cuanto una de ellas se gasta o pierde algo de su palo, hay que reponerla. Y en tanto el paralítico se sostiene sobre la otra muleta.

Si las dos muletas se gastan mucho, el cuerpo del paralítico, apoyado en cortos báculos, cae hacia tierra, se derrenga, y si, lo que no es creíble, las dos muletas creciesen, el paralítico, teniendo que colgarse de ellas, no podría mantener el equilibrio y se vendría también al suelo. No pueden, pues, ser las muletas ni demasiado cortas ni demasiado largas. Y todo se va en componer y recomponer las muletas.

El paralítico no puede tampoco apoyarse a la vez, por igual a la vez, en ambas muletas, porque entonces no habría tiempo para las debidas chapuzas reparatorias en la que no esté de turno, y así el paralítico tiene que cargar una vez su peso a la izquierda y otra a la derecha. Sin que esto de izquierda y de derecha signifique en este caso nada de doctrinal. Lo mismo se puede poner a la izquierda o a la derecha una que otra muleta. No hay entre ellas otra diferencia que la del turno, sea par, sea impar.

Hace unos dos años el enfermo tuvo que desprenderse de una de las muletas, llamémosle para entendernos, y no por otra razón, la de la derecha. Ahora acaban de darle al enfermo tal empellón, que ha tenido que soltar la muleta en que se apoyaba, y que se le había roto por la mitad, sosteniéndose en ella por un prodigio de equilibrio, y he aquí que tiene que echar mano de la otra muleta, de la que soltó hace dos años, y la tiene que coger como la dejó.

Dato, principal tarugo de la muleta de marquetería ahora en turno, la trae tal cual quedó al tenerle el enfermo que soltarla. Los mismos tarugos de entonces, algunos de corcho y hasta de médula de saúco; la misma madera, sólo que más podrida. Tarugo hay que no pasa de ser yesca. Y en esta muleta quiere ahora apoyarse el enfermo.

«¿Y qué va a hacer? —se nos preguntará—. ¿Va a buscar nuevas muletas, muletas recién hechas, muletas de madera nueva y no usada para esos menesteres? ¿Va a ir al bosque a buscar árboles sanos y hacer de ellos nuevos báculos, báculos a que no haya aún tocado la carcoma? La carcoma que ataca también a los árboles de que no se ha hecho todavía leña, de que no se ha sacado todavía vigas. ¿Va a buscar nuevos apoyos de madera virgen el paralítico?»

No; no es eso. Al paralítico no le queda sino renunciar a las muletas, echar de sí las muletas. Y ello, o para intentar andar solo, sin muletas, aunque sea tambaleándose, aunque sea a gatas, aunque sea de rodillas o arrastrándose, o sentarse, y una vez sentado, esperar.

Puede renunciar a andar con las muletas, a sostenerse en ellas, e intentar avanzar como pueda con sus propios pies, sirviéndose de aquéllas como de armas, como palos de ciego, para defenderse y atacar. Porque el ciego también usa bastón o cayada; pero no para apoyarse, sino para explorar el terreno y para defenderse con él, esgrimiéndolo en molinete. Y más de una vez han servido a nuestro paralítico, sus muletas, más que de apoyos, de palos de ciego dirigidos por los avisos del lazarillo. El lazarillo es lo que se llama la camarilla. Y la camarilla es a lo peor una camarera.

El enfermo puede intentar sostenerse por sus propios pies; puede intentar sacudirse la parálisis. Pero la parálisis es constitucional. La parálisis de la realeza no es algo patológico y pasajero, es algo fisiológico, es algo evolutivo. Es que la realeza no puede ya marchar sola, es que no debe marchar sola. Está en su constitución misma el necesitar de apoyo, el que la tengan que llevar.

Y le queda otro recurso al paralítico, y es sentarse y dejar que le lleven.

Le queda sentarse en el carro y ni pretender dirigirlo. Porque el carro no es ya tirado por caballos, por tantos animales; el carro es un automóvil, pero un automóvil verdadero, que se lleva a sí mismo.

Si el paralítico se siente en el carro y renuncia a las muletas, le quedarán las manos libres; libres para empuñar, por gala y representación, las bridas, aunque no guíen esas bridas; libres más bien para empuñar la rueda de guiar, aunque sea el automóvil el que por sí mismo marcha. Le quedará sobre todo libre la diestra para firmar. Todo automóvil que se respete necesita de alguien en el pescante. Siquiera para hacer las señales convenidas a aquellos con quien se cruza en la carretera. Un hombre en un pescante puede ser una bandera. Y una bandera, aunque vaya al frente de un ejército, no dirige por sí misma a nadie. Dejarse dirigir por la bandera sola, sería como dejarse por el viento.

El régimen de las muletas turnantes es, pues, el peor de todos los regímenes. O que el hombre enfermo trate de tenerse sobre sus pies y marchar con ellos, o que se siente y se deja llevar mientras sea útil para algo.

La Constitución es para la realeza una parálisis. Una monarquía constitucional es una monarquía paralítica. Y no cabe ser incondicional de semejante realeza. Porque siendo como es la Constitución una condición, es absurda la incondicionalidad del monárquico constitucionalista. Porque ¿y si el rey viola la Constitución?

Cabe hasta cierto punto ser incondicional de la democracia, de la soberanía popular, y aún más de la anarquía, cabe enseñar —aunque no lo enseñaríamos nosotros— que haga lo que hiciera el pueblo soberano está bien hecho, y que la voz del pueblo es la voz de Dios. Y cabe, por otra parte, ser incondicional de la realeza absoluta, del absolutismo regio; cabe enseñar que la voluntad del monarca, sea déspota o tirano, es la ley. El derecho divino de los pueblos o el derecho divino de los reyes son algo coherente y lógico; no lo es el derecho divino de un miserable compromiso entre el pueblo y el rey; no lo es el derecho divino de un precario contrato. Se puede ser en política lógicamente panteísta y monoteísta rígido; lo que no cabe es ese otro compromiso.

Se acepta, sí, un compromiso; pero como una interinidad más o menos larga, como una transición educativa, como una preparación.

Los reyes tienen que hacerse o imperialistas; esto es, emperadores, o republicanos; esto es, ciudadanos. Los reyes, o tienen que servirse del imperio, o tienen que ponerse al servicio de la República. Los reyes, o tiene que empuñar el volante del automóvil, o tienen que dejarse llevar por éste como banderas vivas y de carne, y hacer las señales convenidas a los que cruzan. Lo que no pueden ya es marchar con muletas.

Las muletas, por su parte, no pueden marchar solas. Si uncís vuestras dos muletas, haciendo con ellas unas angarillas o parihuelas, no podrían llevar, por sí solas, ni un cadáver. Esas dos muletas, compuestas de tarugos de pino, de castaño, de roble, pero sobre todo de corcho, y de médula de saúco y de vieja leña podrida y de yesca y de tablas hechas serrín, no pueden sostener ya nada.

Dato ha metido bajo el sobaco del paralítico la muleta de corcho, de médula de sauco, de yesca y de serrín de ese palo de marquetería carcomida que se llama el partido conservador. La muleta no es sino serrín dentro de una chapa barnizada.

(*El Mercantil Valenciano*, 17-VI-1917.)

36. El canto del gallo

Los de Dato, una sombra, otra vez en la sombra del poder; el eterno Dato. Porque Dato es eterno, es inmortal, como todo lo que en realidad no existe.

Trajéronles, que no vinieron, tras las obligadas consultas, tras la fatídica farsa de las litúrgicas consultas a los prohombres oficiales, sombras, y no más, los más de ellos. Celebróse la función conforme al protocolo. Porque el rito es lo último que suele abolirse. Podrán hundirse las instituciones, pero será litúrgicamente. Hay quien se afeita y se viste de etiqueta para pegarse un tiro luego.

Se hizo la farsa de las consultas por evitar que llegase, por algún resquicio, la voz del pueblo al Parlamento. Esas consultas fueron antiparlamentarias, es decir, anticonstitucionales. Y la Constitución, que es algo, va a vengarse. ¿No se quiso oír? ¡Pues se oirá!

Han vuelto a traer a los de Dato. Los mismos perros con los mismos collares. Sobre todo, los collares; collares de perros falderos, de casa y boca. Y todo seguirá igual. Parece que fue ayer. Aquí no ha pasado nada; aquí no hay historia. Aunque la procesión vaya por dentro. Si bien no por dentro de ellos, de los de Dato. ¿Es que tienen «dentro» acaso?

Echar un remiendo y que nos dejen veranear en paz. Hay que jugarse en el Gran Casino ese dinero que dicen que ha entrado en España, merced a la guerra.

Veraneando estaba en Lequeitio Isabel II, abuela que fue de nuestro Rey, cuando éste la tenía, cuando le advirtieron que había que marcharse de España.

El jefe de los de Dato, almacenista al por mayor de gedeonadas y de lugares comunes pochos, ya de puro manoseados, ha despechado algunos de los que almacena. Viene a pacificar, a normalizar la situación. Normalizar la situación es encauzar, no curar, la enfermedad, es impedir que haya crisis. Nada de operar al tumor, no sea que el enfermo se muera. El jefe de los de Dato, que nada tiene de cirujano de hierro, prefiere dejar que el enfermo se muera a exponerse a matarle él por salvarle. No revolucionará nada desde arriba.

El jefe de los de Dato, almacenista al por mayor de gedeonadas y optimista por consigna y obediencia, ha manifestado que España podrá mantenerse en la posición que hoy ocupa en el orden internacional y en el interior. ¡Esto es, a verlas venir! ¡Inefable programa!

Si el presidente dijera algo sustancioso habría que diputar el caso como un portento indicativo de que alguna calamidad grande amenazaba a los españoles. Mas sea portento o no, él dice, a falta de cosas, sombras de cosas, gedeonadas, y no hace nada. El quietismo —el nihilismo, mejor— es su política. Sacrifícase a no hacer nada que sea hacer algo y a no dejar hacer, haciendo así de perro del hortelano.

Nos está, además, el verano encima —«las imperiosas vacaciones», que dirá el presidente, almacenista al por mayor de frases y lugares comunes— y ahora lo normativo, lo litúrgico es vacar. Mañana será otro día, que, en tanto, nadie nos quita lo dormido.

¡Mañana será otro día! Y mañana es el mismo día, como les pasa a los pueblos sin historia, inciviles. Y no es día, sino noche, noche perpetua, y esto aunque luzca el sol material, que no el del espíritu.

Los pueblos sin historia, inciviles, viven años de calendario litúrgico: tal día la procesión, tal otro el ayuno; hoy, Carnaval; mañana, Cuaresma; luego se inaugura la temporada de toros, después la de baños; pronto vendrá la feria; va a abrirse la caza, en otoño el Parlamento, y todo a su plazo calendariesco. Y por añadidura, el del Zaragozano dice cuándo va a llover y cuándo a tronar. Aunque se equivoque casi siempre y nunca pronostique los terremotos.

¿Historia? ¡Ganas de darse postín! Pero es que no por mucho trasnochar se retrasa el alba. Y el alba que va a venir pondrá a la luz del desnudo sol de la justicia muchos mugrientos andrajos de mendigo, que hoy parecen brillar casacas de cortesano. Con el alba se disipará la farsa.

Y la farsa es, ante todo, hija de la holgazanería. La «Gaceta» es el calendario de la holgazanería oficial. Casi todo lo que anuncia como legislado es hacer que se hace y nada más. La energía, la laboriosidad, es la capacidad de cambio; pero de cambio sustancial. Es el poder revolucionario. Porque diga lo que quiera el presidente, que se declara evolucionista, sin entender lo que esto significa, ¡claro está!, la historia es revolución continua. Sólo es pura evolución la vida vegetativa, la natural, no la espiritual, no la humana. El hormiguero y la colmena evolucionan; los pueblos históricos, civiles, revolucionan.

Para vivir historia hay que saber trabajar. Y no es trabajo el comer y el digerir y el conservarse, aunque así lo crean los conservadores, ni es trabajo el divertirse. El deporte suele ser una forma de vagancia, de holgazanería.

Apenas hubo día en que no cazase Carlos IV, el Haragán, el cual aprendió tal vez de sus deberes lo preciso para recitar la papeleta que hiciera al caso y aparecer enterado. Lo peor del bonachón de Carlos IV, el tatarabuelo, fue su haraganería, que se apacentaba en el deporte cinegético. No cabe decir que tuviese camarillas, no cabe decir que tuviese «clarividencias», que suelen ser tan malas o peores que las camarillas.

Han traído a los de Dato, y como los ha traído un pronunciamiento militar hase puesto al frente del departamento de Guerra a un joven enérgico, vigoroso, laboriosísimo, lleno de vista, a un joven de quien no se podrá decir que es un broquel de camarillas o una pantalla de clarividencias. Y ahora a tomar tiempo para hacer que se estudia el problema. Hay que estudiar la dolencia a la cabecera del agonizante. Y éste que espere. «Hay que reprimir la impaciencia», que diría el almacenista de gedeonadas.

ENVIO

Señor:

En nombre de muchísimos ciudadanos españoles forasteros de los partidos políticos con santo y seña electorales, en nombre de una legión de patriotas liberales desencasillados, pongo la pluma en este papel público para decirle que eso no es resolver nada, que así no se resuelve nada, que eso es malgastar el tiempo deplorablemente.

«Quien busque procurarse la vida, la perderá», está escrito en el Evangelio, y quién quiera ganar tiempo —y lo que así se llama suele ser querer hurtarse al curso inexorable de la historia— lo perderá; perderá el tiempo. Y perderá más que tiempo. Y su tiempo, Señor, no es suyo; su tiempo, Señor, es del pueblo. Y el tiempo es para el pueblo más que oro, es vida; y la vida del pueblo es la historia. Y no es la historia juego, ni es rutina cancilleresca y protocolaria de calendario oficial. No es deporte, Señor, sino progreso. Y las consultas protocolarias no iluminan el fondo de la historia, no ilustran nada. Ilustra mejor, por malo que sea, un debate parlamentario. No es en sus cámaras, Señor, donde ha de oír al pueblo, sino en las Cámaras del pueblo. Esas consultas a camarilla cerrada son una farsa.

Está, Señor, derrochando el tiempo lastimosamente y un tiempo vacío, sin historia y que por ella clama. Hay que esquivar la frivolidad, flaqueza en que están muy expuestos a caer los mozos mimados de la fortuna.

Mañana puede ser otro día; el día del alba de una reanudada historia para España. Y aunque el canto del gallo no haga salir al sol, es al ir a salir el sol cuando el gallo canta. Está el gallo cantando, Señor. Hay que despertarse.

Y es suprema lealtad cantar con el gallo.

(El Día, 19-VI-1917.)

37. La ironía del destino

Teme uno en los días que corren escribir ateniéndose a los hechos del día. La actualidad puede dejarlo de ser en unas horas. Acaso cuando este artículo vea la luz pública no esté ya el señor Dato al frente del Consejo de la Corona. Aunque no es de creerlo. Dato, sin embargo, es, como todo lo fantástico, como todo lo asombroso, algo eterno. Y si, lo que no es de esperar, no ocurre en pocos días un cambio sustancial, íntimo, en la manera de gobernar a España; si la Corona no se da cuenta en este tiempo de sus deberes para con la nación que la sostiene, cuando estas líneas se publiquen seguirá actuando de presidente de los secretarios de despacho de S. M. un Dato cualquiera. Este, don Eduardo Dato e Iradier, u otro por el mismo estilo de inexistencia.

¿Y cuál es el papel de esta sombra de gobernante? Definíalo muy bien *La Veu de Catalunya* en un artículo de cabecera, titulado «El senyor Dato y el seu paper», publicado en el día 18 de este mes de junio:

«El paper del senyor Dato és l'optimisme. Un optimisme florit, cortesà, mel-melat. Al senyor Dato li sembla que Espanya és un gran país, i el régim el millor dels régims possibles, i el poder moderador un poder revestit de tots els prestigis. L'Espanya és monàrquica, centralista i datista. Madrid, avui, convertit per obra del senyor Dato en arca de Noé sobre el diluvi, és el dó mes gran que la Presidència podía fer a la humanitat; els espanyols són tan adaleradament partidaris del rei com en són les solterones romàntiques a tota Europa; en quàn a ell mateix, ell, el senyor Dato, mal li està el dir-ho, però roba el cor de tothom; cancelleríes estrangeres, dames formoses, i aquests éssers misteriosos, irreals, que no tenim més remei que anomenar-los amb un nom castellà, perquè en catalá les paraules responen a idees concretes; ens referim als "obreros". El senyor Dato és tan nigromàntic de carmello, que arriba a negar que els nostres propis ulls hagin vist pels carrers de Barcelona els policies amb terceroles.

»El senyor Dato és, donç, une mena de primavera, maldament sigui una primavera amb roses de paper. El seu optimisme és caractirístic d'una certa qualitat d'estadistes que solen trobarse a la vora dels reis a la vetlla dels trastorns públics. Es un fet históric invariable: quàn la conciencia revoltada de les multituts demana justicia amb veu que per la impeniténcia dels malmenadors es va enronquint singularmente hi ha sempre a la vora del poder moderador un optimista. Així ho reclama la llei de la ironía, que en certes estones capdals s'immiscueix en el descapdellament dels fets.»

Esta última observación es justísima y está confirmada por la historia. Corresponde a toda aquella categoría de hechos y sucesos que produjeron la famosa sentencia escrituraria de que Dios enloquece primero a aquellos a quienes quiere perder: «Quos Deus vult perdere dementat prius.» ¿Quién no recuerda aquella mala pasada que Jehová le jugó al Faraón de Egipto, según se nos cuenta en el libro del Exodo (IV, 21; VII, 3; XI, y etc.), endureciéndolo primero el corazón para que no hiciese caso de las advertencias de Moisés y Aarón, y castigándole luego por no haberlas hecho caso? Bien dice el conocido lugar común: «inescudriñables son los caminos de la Providencia».

El gran escritor portugués Fialho d'Almeida, apenas conocido en España, publicaba de 1889 a 1892 una publicación mensual, *Os Gatos*, en la que hizo un terrible proceso de la casa brigantina, corruptora de la civilidad y la moralidad portuguesas, casa no tiránica, pero sí envenenadora del alma nacional. En el número de noviembre de 1889 a febrero de 1890 comentaba la toma de posesión de la Corona y juramento del rey D. Carlos I, al que luego suicidó Buica, del penúltimo rey de Portugal. La descripción de aquel acto por Fialho d'Almeida es de lo más intenso que se ha escrito en portugués y en otra lengua cualquiera.

Al ver pasar en unos coches una lúgubre comitiva, dice Fialho:

«Na minha simpleza rustica, atrevi-me a preguntar a un cavalheiro, se seriam velhos do asylo...

—Ná, nho senhor. Isto é a casa civil de Suas Majestades.

—¿E que serventía dá ele a esta casa?

—E conforme. Uns escrevem nos jornaes que S. M. lê, outros aplaudem as asneiras que S. M. diz, e o resto está encarregado de lhe repetir que o povo está contente.

—¿E S. M. acredita?

—Enquanto lhe pagarem...»

Es flaqueza humana general, no sólo regia, prestar más oído a los optimistas. Cándido estaba encantado al oír al doctor Pangloss.

Sí, tiene razón *La Veu de Catalunya*, hay una ley de ironía que en ciertos momentos capitales se entromete en el devanamiento de los hechos, y que hace que cuando la conciencia revuelta de las muchedumbres demanda justicia con voz que por la impenitencia de los desgobernadores se va enronqueciendo singularmente, haya siempre a la vera del Poder moderador un optimista. Es además al que se le resiste.

Es España se nos han puesto hace poco algunos espíritus, trágicamente frívolos, a predicar, como un deber, el optimismo. Es en parte herencia del viejo sentido dogmático; es en mayor parte conciencia de que las cosas no van bien. Cuando se le prescribe al enfermo que crea que no tiene nada grave, o que lo que tiene es pasajero, suele ser que se le cree gravemente enfermo. «Aprensiones», suelen exclamar los médicos ante las dolencias sin remedio. Una forma de desahuciar suele ser decirle al enfermo que está sano. «Engañarle... es lo único que cabe —le oímos a un médico—; así acaso se logre, levantándole el ánimo, prolongarle algo la vida, y en todo caso que viva más tranquilo el tiempo que haya de vivir.»

El optimismo, o por lo menos lo que llaman así los profesionales de él, los juramentados para predicarlo como un deber patriótico —pues el verdadero optimismo es el otro, el de los que somos motejados de pesimistas, el de los que, por bien que estemos, nunca nos parece que estamos bien—, el optimismo es hijo de la haraganería espiritual. Los holgazanes son los más grandes optimistas. El providencialismo se da la mano con el fatalismo.

Y el optimismo datista, cortesano, adulador, es aún más hijo de haraganería. Lo propio de lo que podríamos llamar el inespíritu o la inanimidad datista es la haraganería. Los llamados «idóneos», son unos rematados holgazanes. De su jefe, el tresillista Dato, hemos oído que ni son suyas esas tan cacareadas leyes sociales cuya promulgación firmó. Aparecieron con su nombre en la «Gaceta»; pero se nos asegura que no las hizo él, que no las ideó ni las estudió él. Y es que estudiar unas leyes sociales no es como dar codillos.

No es más que haraganería, repetimos, lo que produce el optimismo oficial, y haraganería lo que lo acepta. Y es esa trágica haraganería la que se acomoda al fatídico principio de dar tiempo al tiempo. Dar tiempo al tiempo es dejarlo vacío.

Ahora mismo, interrumpiendo la composición de este artículo bilingüe para leer los telegramas del diario local, nos encontramos con que «algunos gobernadores han comunicado al gobierno que el movimiento obrero se acentúa en sentido desagradable, sin saber si obedece a un plan preconcebido con dirección fija, o son casos aislados, cuyos focos pueden ser fácilmente sofocados», y que «estos informes imprecisos hacen que el gobierno esté desorientado respecto a la forma de poder acometer la solución del problema». Parece increíble, pero no lo es, por lo visto, que el gobierno ignore todavía lo que el movimiento obrero significa hoy en España. Y podrá darse el caso de que el descontento popular estalle en cualquier forma grave, una huelga general por ejemplo, y el gobierno siga repitiendo que no sabe qué se pide y se desea.

Un gobierno de optimistas profesionales, de optimistas por disciplina y consigna, no puede acometer la solución del problema nacional. El primer paso para acometerla es decir la verdad, toda la verdad, al Poder moderador. Y el servil optimismo cortesano de los de Dato les veda decir la verdad al aconsejado. Es la ley de ironía del destino.

(El Mercantil Valenciano, 24-VI-1917.)

38. Comentario *

Con ocasión de un triste suceso ha vuelto a tratarse en la Prensa periódica el problema ético de esta misma Prensa. Han vuelto a comentarse los tan resobados tópicos del periódico de partido, el de Empresa y el libre, o propiamente de público.

Aunque el periódico —se dice—, a poco que prospere, es de público siempre; lo hace su público. A la vez, claro está, que él se hace un público. Y aquí esté el toque, en el punto aquel en que en vez de dejarse llevar de su público, lo lleva.

Mil veces se ha defendido, y con muy buenas razones, al antiguo periódico de partido, órgano de una comunión política, contra el más moderno periódico de empresa, que tiene todos los graves inconvenientes de las Sociedades industriales y mercantiles anónimas. Sólo que ese anonimato industrial y mercantil suele ser también una política, y de la que llaman realista por oposición a la idealista, realista de *res*, cosa y no de *rex*, rey, porque es ese un adjetivo antiguo y de doble y no siempre concorde significación. (Digo que su significación no es siempre concorde porque *realidad* y *realeza* pueden llegar hasta a ponerse en contradicción.)

En un pueblo como el nuestro, en que la pobreza de la opinión pública se debe ante todo a la pereza mental, la holgazanería de pensar, el periódico que va a hacerse su público halagando esa pereza —y los hay—, llega a ser un arma terrible. Que si es funesto el hombre de un solo libro, más funesto es aún el hombre de un solo periódico.

Aplicando a nuestro país, a España, siempre nos ha parecido mejor el sistema de artículos firmados, a lo que se propende en Francia, al otro, más bien inglés, de artículos anónimos. Es mejor dejarse guiar de un hombre que no de una Empresa. Y a aquél se le pueden exigir razones de sus cambios de criterio, que a la Empresa no es hacedero exigírselos. La Empresa, además, se hizo para comprar y vender —y en ello entra venderse—, y a los hombres se les pide estrechas cuentas si se venden.

Nosotros, por ejemplo, aquí, en estos artículos, escribimos lo que nos parece justo y respondemos personalmente de lo que escribimos, y nos tiene sin cuidado de quién es *El Día*, ni quién o quiénes lo inspiran en su parte anónima. Respetan nuestra libertad, y nos dirigimos a nuestro público, y no al del diario.

Se dirá que yo, por ejemplo, no soy propiamente un periodista, y sí un publicista. Un periodista es más bien aquel que pone su pluma al servicio de intenciones ajenas y no da sino la forma de estilo, la expresión y no firma lo que escribe. Es, como los ministros, una especie de secretario.

* Sobre la crisis de *El Imparcial*, ver el libro Gonzalo Redondo, *Las empresas políticas, de Ortega y Gasset*, capítulo I.

Y, como los ministros también de hecho, aunque contra derecho, no responde de lo que escribe. Oficio el del periodista tan honrado como el del actor que recita el papel que escribió el dramaturgo, parézcale mejor o peor, y aunque a las veces meta sus morcillas, casi siempre con el piadoso intento de salvar la obra del autor. Lo que es triste, lo que es intolerable es que por la labor anónima de un periódico, de un grupo y serie de abnegados periodistas, de forzados de la pluma, llegue a adquirir prestigio y fuerza un empresario que ni inspirador pudiera ser, y que no la habría adquirido por su propia pluma si hubiera tenido que servirse sólo de ella. Es triste y es intolerable que a título de *maestro* de periodismo medre cualquier desahogado e insipiente, que hasta en ese supuesto magisterio no pase de ser una brillante oquedad —y lo hueco cuanto más brillante se pone más hueco—; pero es más triste y más intolerable todavía que sobre la labor ajena eleve la Prensa a cargos públicos a cualquier medianía, o acaso menos: a cualquier nulidad intelectual que ni periodista en rigor sea. Grande culpa le cabe a la Prensa de haber elevado a altos cargos a periodistas, a verdaderos periodistas, que, a despecho del tan barato título de *maestro*, no pasan de ser vaciedades en todos sentidos; pero más culpa le cabe de haber aupado a quienes ni esa maestría ni otra alguna pueden ostentar.

La inepcia, con el secreto, han sido los dos azotes de la gobernación de España. Terrible es la arbitrariedad que se abroquela en el secreto; pero terribilísima cuando es la arbitrariedad del inepto, la de echarlo todo a barullo y apariencia, de esos que parecen tener el cerebro de papel secante, en que no sale escritura precisa y clara, sino que todo se hace borrón.

Y luego hay lo grave de que llegue a ocurrir que ciertos Institutos se crean en la necesidad de hacerse una Prensa oficiosa. Que es como si quisieran hacerse guardias o pequeños ejércitos propios, suyos. Y donde hay Guardia civil, pública, los guardas jurados particulares, sostenidos por otro Instituto, o acaso individuo que no sea la nación, deben desaparecer.

Los periódicos que se llaman a sí mismos militares no pueden ser órganos, ni oficiosos, del Ejército; los que se llaman a sí mismos por antonomasia católicos no pueden ser órganos de la Iglesia, y los llamados monárquicos dinásticos no pueden serlo de la realeza. El Ejército ha de tener sus boletines oficiales, como los tienen las diócesis, y en cuanto a la institución Real o regia, tiene la «Gaceta» oficial, que es desde donde debe hablar con órdenes y decretos. Todo lo demás es peligroso, muy peligroso.

Esos institutos, y otros análogos, no pueden porque no deben subvencionar directa ni indirectamente a periódico alguno, y menos indirecta que directamente. No pueden, porque no deben convertir a la Prensa en casa anunciadora y menos en proveedora de bombos interesados.

Claro está que si un órgano periódico rinde espontáneamente servicios a la institución Real, ponemos por caso, es natural que trate ella de recompensárselos de alguna manera. Y sólo vemos dos modos de recompensa,

El uno, el menos aconsejable, con recompensa pecuniaria, pero salida, naturalmente, del propio y privado peculio de la institución servida, del patrimonio Real y no del nacional. Será una misericordia carga más para ese patrimonio, que tantas obras de caridad ejerce y a tantos mendigos vergonzantes les ahorra la vergüenza de tener que pordiosear en las plazas. Y el otro modo de recompensar esos servicios es conceder títulos nobiliarios a los dueños, empresarios o gerentes de esos órganos, pues no hay cosa más inocente e inofensiva que hacerle a uno conde o marqués. Y el ser conde o marqués es también completamente inofensivo e inocente.

Lo que no cabe en buena ética política, esto es, civil, es premiar esos servicios de publicidad y propaganda —análogos a los de los cazavivas y a los que en los teatros se solía llamar alabarderos— concediéndoles cargos públicos o acaso llamándoles al aparente Consejo. Y esto no cabe, porque es premiar tales servicios a costa del bien público y del buen gobierno de la nación. Que a un dueño, empresario o gerente de un órgano de publicidad se le dé un subsidio salido del peculio de la institución defendida por él, aún puede pasar; y si esa institución lo logra, que se le ennoblezca oficialmente al tal sujeto con cualquier pergamino fresco, recién sacado de la res, nos parece mejor aún; pero lo que no cabe es que se le eleve a la suprema secretaría al que ni para secretario de la última Cofradía del último villorrio serviría acaso.

Cuánto no habría ganado España si tuviese menos ex ministros y muchos, muchísimos más condes y marqueses. Para ser conde o marqués no hace falta condición personal alguna ni se exige el más pequeño grado de inteligencia, y hasta no parece que los menos inteligentes de ellos lo hagan peor. Y no lo hace peor porque no tienen que hacer nada, porque el condado o el marquesado no es de hacer, sino de estar. Un conde o un marqués no pasan de ser estantes.

Prémiese, pues, esos servicios con títulos nobiliarios honorarios honoríficos; pero nunca a expensas del bien público y elevando la inepcia a la suprema secretaría.

(El Día, 26-VI-1917.)

39. ¿Qué pasa en España? *

Un amigo francés me escribe desde el fondo de un lugarejo del centro de Francia preguntándome qué ocurre en España y qué es lo que va a pasar en España. Me dice que él, por lo que lee en la prensa, cree que están a punto de derrumbarse los viejos partidos históricos, el sistema rotativo, el asiento social y el sistema de equilibrio político. Me añade otras espe-

* Artículo tachado por la censura.

cies, algunas estupendas, que dice que corren por París respecto a España. «¿Cree usted —me pregunta luego— que Dato podrá dirigir y desviar la tormenta? Se me figura muy inteligente. («Il m'a l'air fort intelligent.») Queda por saber si la inteligencia basta en semejantes coyunturas.»

A mi amigo el francés, Dato se le aparece como un hombre que tiene el aire muy inteligente, traduciendo su expresión al pie de la letra. ¡El aire puede ser; pero lo que es otra cosa!... Y, en efecto, en las coyunturas en que se encuentra España hoy, la inteligencia no basta, y menos la de un Dato, que es, a lo sumo, una inteligencia datista.

Pienso contestarle que Dato es hoy el optimista por obligación, el Don Pangloss áulico, y que la mejor definición que del optimismo se ha dado es la que dio Voltaire —de quien mi amigo el francés no es muy devoto— por boca de Cándido cuando a la pregunta de Cacambo de qué es el optimismo, contestó: «¡Ay! es el empeño de sostener que todo está bien cuando se está mal.» (*Cándido*, cap. XIX.) Y se sostiene que todo está bien para ver si así se logra estar menos mal.

¿Qué pasa en España? ¿Y voy a saber decírselo a mi amigo el francés? ¿Sabemos acaso los españoles lo que está pasando en España? ¿Somos nosotros los que llevamos los sucesos, o son los sucesos los que nos llevan? ¿Hacemos nosotros la historia, o es la historia la que nos hace? ¿Producimos el descontento, o es el descontento el que nos produce?

Lo que aquí está pasando es algo así como una revolución sin revolucionarios. Son cosas con voluntad, casi fuerzas de la naturaleza, que están arrastrando a hombres, sin ella, a abúlicos. Son convulsiones de la subconciencia y hasta de la inconciencia pública nacional, cuyas oleadas llegan alguna vez a la conciencia. Y a favor de ello cada uno piensa en sí.

. . . .

Mas ello es natural. En períodos de disolución —y período de disolución es éste en que nos encontramos—, todos los egoísmos, individuales o corporativos, se exacerban. Sólo que del concurso de esos egoísmos exacerbados resulta la acción común. Creyendo cada uno servir su interés privativo sirve al interés común. Y además la disolución es necesaria.

Hay un aforismo en química que dice que los cuerpos no obran sino en disolución: «corpora non agunt nisi soluta». Y del actual desconcierto puede ser principio de concierto.

* * *

Ayer interrumpimos aquí nuestro artículo pensando enlazarlo con un comentario de la calle, en que el conde de Romanones renuncia a la jefatura del partido liberal.

. . . .

La carta va dirigida a don Alejandro Groizard, un respetabilísimo mastodonte intelectual (?), muy anterior al oso de las cavernas y al hombre troglodita, y a quien oímos una vez un discurso que fue maravillosa sarta, sin cuerda, de vaciedades y de lugares comunes. Pero recordando aquello del divino Maestro de «dejar a los muertos que entierren a sus muertos» (Luc. IX, 60), me atengo a la última novedad, a la de hoy, que es el decreto suspendiendo las garantías constitucionales en todo el todavía Reino y estableciendo la previa censura.

A la pregunta, pues, de mi amigo el francés sobre lo que pasa en España, le contestaré diciéndole que no se puede escribir ni de la cuestión militar, ni de movimiento de tropas, ni de Juntas de Defensa, ni de Manifiestos y proclamas societarias, ni de mítines y huelgas, ni de movimiento de buques de guerra, ni de torpedeos de barcos nacionales o extranjeros en aguas jurisdiccionales, ni de exportaciones; ni se permite comentar la guerra, ni..., ni..., ni... (Ahora sólo falta que la censura, ejercida, como no puede menos de ser, por un pobre ganapán que tiene embotada la conciencia de libre ciudadanía, nos obligase a cubrir con algo esos puntos suspensivos. Que hasta eso puede llegar la tontería gubernamental delegada.)

No se puede, pues, escribir de nada que valga la pena. Es la medida que le han hecho adoptar a ese pobre Dato, que a distancia y para los que le miran desde lejos, como mi amigo francés, tiene el aire de ser muy inteligente. ¡El aire... sí! Es la suya una inteligencia aérea.

El pobre diablo —Dato, ¡es claro!— ha dicho que la suspensión de garantías había sido acogida con satisfacción por la opinión. ¿Por qué opinión? Seguramente que se trata de aquella opinión, de aquella única opinión con que ese hombre tiene que contar para poder hacer que gobierna, para ocupar el poder. Esa opinión no es, lo aseguramos, la opinión del pueblo español. Verdad es que Dato debe de ser de los que opinan que el pueblo no opina, que aquí no hay opinión, no hay conciencia pública.

También ha dicho el Dato ese que la conservación del orden favorece, en primer término, al pueblo trabajador. ¿La conservación de qué orden? ¿Qué orden es ese? ¿A qué llama orden ese pobre diablo? ¿No será más bien el desorden rutinizado?

Dice también que se seguirá manteniendo la neutralidad incondicional y a todo trance y costa, lo que llaman la paz. Ya Milton, en su «Paraíso perdido» (II, 22), la definió: «innoble bienestar y pereza pacífica, no paz» («ignoble ease and peaceful sloth, not peace»), y ya antes Virgilio le llamó «innoble ocio». (Ahora que no nos dejan decir nada, no vienen mal unos golpecitos de erudición barata.)

El mismo sujeto —no Milton, ¿eh?, ni Virgilio— nos informa de que han llegado a España corresponsales de prensa extranjera encargados de informarles del curso que lleva la supuesta revolución española. Y así, en vista de la presión de la caldera, el canciller de turno ha dispuesto, de acuerdo con su amo y señor, quitar el manómetro. Porque es el manómetro el que tiene la culpa, como es el barómetro —que el señor Villanueva, según manifestó una vez en Panticosa a un amigo nuestro, cree que debe estar al aire libre para marcar mejor el tiempo—, es el barómetro el culpable de las bruscas y fuertes oscilaciones de presión atmosférica.

¿Qué pasa en España? Pues pura y sencillamente que han velado el manómetro, que le impiden que marque la presión de la caldera. Es como aquel que aguardando una catástrofe para una hora dada, mandó parar el reloj.

Hay que parar el reloj para que no llegue la hora del alba, y hay que atar el pico a los gallos para que no la canten.

«¡Imbéciles!», podemos decir, repitiendo lo que dicen que dijo hace poco desde un palco cierto personaje.

(El Mercantil Valenciano, 2-VII-1917.)

40. Cadáver que hiede

> Y Jesús le dijo: Deja a los muertos que entierren a sus muertos y tú ve y anuncia el reino de Dios.
>
> *Tercer Evangelio, IX, 6.*

Pues que el Gobierno servil y abyecto de la firma Dato y Compañía no nos deja tratar de los asuntos de que hoy debiera tratarse, comentemos brevemente el pleito de la jefatura del mal llamado partido liberal dinástico. Que no es ya un cadáver galvanizado, como quiere mi paisano don Fermín Calbetón, sino un cadáver hediente y que no encontrará, como encontró Lázaro, Cristo alguno que lo resucite. En cambio puede volver a gobernar como tal cadáver, que hace tiempo que nos gobiernan muertos. Y muertos que a las veces se creen vivos, lo que es peor.

A Romanones no le han echado del poder y de la jefatura del partido llamado liberal, sus errores y sus malas artes y sus deslealtades y su falta de patriotismo —con ser todo esto en él tan grande—, como no le echaron a Maura del poder y de la jefatura del partido conservador sus errores y torpezas de gobernante. Con sus graves, con sus gravísimos defectos, uno y otro, Maura y Romanones, para bien o para mal existen, y para cancilleres de turno se precisa sujetos que como García Prieto y Dato, no existan.

Porque existir —«ex-sistere»—, es estar fuera de sí mismo, es obrar, es tener personalidad y responsabilidad, y un sujeto como Dato —su mismo nombre, Dato, participio latino del verbo latino «dare» y que equivale a lo dado, lo que se da—, no existe sino que se da, se entrega. («Es giebt» se dice en alemán.) Para cancilleres de turno hacen falta sujetos inexistentes.

El conde de Romanones en la carta que el día 23 de junio dirigió a don Alejandro Groizard —un hombre inmortal y de mentalidad mastodóntica— decía con el mayor cinismo, que el partido liberal es dueño de retirarle la confianza que en él depositó, sabiendo como sabe que no hubo tal depósito sino que él hurtó esa confianza, valiéndose de la ganzúa de la regia prerrogativa, que había a su vez hurtado con el señuelo de aquella confianza. Fue un doble juego. Hablaba luego en la carta del «inmerecido desconcepto que padecen los hombres políticos» y de la sospecha «ya cercana a la convicción, de que son incapaces para restaurar la vida moral de la nación». ¡Y tan incapaces! ¡Y tan merecido el desconcepto en que han caído! Y el *Diario Universal*, órgano del Conde, hablaba de «jefatura nominal», añadiendo que es «corona de espinas y cetro de caña las más veces». ¡Pobre conde Cristo! ¿Qué le va a valer su crucifixión?

En cierta ocasión, hablando con el Conde de un cierto candidato a candidato a senador universitario, hubimos de decirle: «¡es hombre listo!», y nos respondió: «sí, pero más de lo que a mí me conviene». Y es lo que al Conde mismo le ha ocurrido, que se ha pasado de listo —lo que es dejar de serlo—, que resulta más listo de lo que le conviene al que habría de utilizar sus servicios.

Don Fermín Calbetón en la carta que dirige a los señores don Alejandro Groizard y don Miguel Villanueva, dice que el partido, falto de espíritu, es un cadáver, y como tal un estorbo en la marcha política de la nación, y si se consideran los síntomas de descomposición revelados a todas horas por lo que viene sucediendo desde la caída del último Gobierno liberal con ocasión del pleito de la jefatura, el cuerpo mismo está en putrefacción, y los miasmas que de semejante estado se desprenden en forma de odios y rencores que por todas partes aparecen, deben ser urgentemente extirpados.

Y luego añade:

«Enterremos, pues, piadosamente al partido liberal, y no sigamos hablando de jefaturas, que ni siquiera puede decirse que están vacantes, y dediquemos nuestro tiempo, los buenos patriotas y liberales monárquicos, a crear un nuevo organismo que satisfaga las legítimas aspiraciones de la opinión pública».

Pero es que el bueno de don Fermín, el campechano «errikosheme» donostiarra ¿cree que pueden crear un nuevo organismo vivo los que han dejado que se les muera entre sus manos otro? ¿Y habla de enterrar piadosamente al antiguo y hediente partido liberal? Lea, lea lo que el Cristo dijo a aquel joven que le pedía antes de seguirle que le dejase ir a enterrar a su padre. «Y Jesús le dijo: Deja a los muertos que entierren a sus muertos y tú ve y anuncia al reino de Dios». (Luc. IX, 6.) Que, pues, los Groizard y los Villanueva y la legión de los de su raza entierren a sus muertos y que se entierren a sí mismos antes que infesten más con sus miasmas la atmósfera política de la España oficial que se va. Aunque esa atmósfera no puede ya limpiarla más que una tormenta.

Dice luego Fermín:

«Seguramente reconocen ustedes cuanto vengo diciendo; por eso en su invitación se apresuran a manifestar que su actitud está determinada por la necesidad de no privar a la Monarquía y al país de un instrumento de Gobierno.»

¡Alucinación extraña en personas a quienes tanto respeto!

Menguado apoyo y raquítico auxilio prestaría a la Corona un partido en descompuesta fermentación y que no logró desenvolverse cuando en unión perfecta estuvo gobernando hasta hace muy pocos días.

Un cadáver galvanizado, lejos de ser apoyo para la Monarquía y para el país, constituye un peligro para la primera y un estorbo y un peligro también para el segundo.

¡Bien por nuestro paisano! Esto es franqueza vasca y ojalá la use tal y así en todas partes a donde sea llamado en consejo.

Todo lo demás que dice luego en su carta el bueno de don Fermín, no pasa de ser algo sibilítico y enigmático, pues nos habla de no sabemos qué personas que hay capaces de salvar a España y a los que S. M. llamará en su día, y de que «aquel a quien encargue S. M. de la formación del Gobierno no tendrá dificultad alguna en cumplir su misión, porque el estado de la opinión pública liberal monárquica del país es muy semejante al que tiene el agua en perfecta quietud y sometida a bajísisimas temperaturas, que solidifica tan pronto como recibe un choque exterior». ¡Bien por lo del choque!

El choque es, según parece, el ejercicio de la regia prerrogativa. Ese sería, según don Fermín, el «Lázaro, sal» que resucitará el cadáver del hoy hediondo partido liberal dinástico. Mas nos tememos que aún para eso es tarde ya. Nadie revive ya a ese muerto. Y de barrerlo, ya que no enterrarlo, se encargará la próxima tormenta.

Los personajillos de ese partido que nunca creyeron en el pueblo, no se preocuparon más que de amañar elecciones de encasillado desde el ministerio de la Gobernación, y de captar y secuestrar la regia prerrogativa; que ahora, pues, su guardia de corps de ex ministros se las arregle como pueda.

Y este es asunto de que sólo tratamos, por estarnos vedado tratar de otros.

(La Publicidad, 7-VII-1917.)

41. Isto é uma piolheira

Entre los pecados que llevaron al desgraciado penúltimo rey de Portugal, don Carlos I de Braganza, a ser suicidado por Buica, el más grave acaso fue el del desprecio que sentía por el pueblo sobre que reinaba, por la patria de sus súbditos. En hablando de ella, su frase era: «Isto é uma piolheira»; esto es una piojera.

Una piojera le parecía a don Carlos I de Braganza el pueblo sobre que reinaba, y sin duda alguna, porque de él no llegó a conocer y tratar más que a los piojos. Y estos parásitos, aunque viven sobre lo que suele llamarse la canalla o la plebe o el populacho, no pertenecen a ella. Son más bien los piojos políticos los que han inventado toda clase de expresiones denigrantes, o siquiera desdeñosas, para esa canalla.

Tampoco aquel pobre don Pedro V, a quien se le ha llamado «Hamlet portugués», como Carducci llamó «italo Amleto», al pobre Carlos Alberto, que fue a morir, abdicando su reino, precisamente a Portugal, a Oporto, «en medio de los castaños... teniendo enfrente al gran Atlántico sonante y al lado el fresco río de camelias», tampoco don Pedro V, a quien Oliveira Martins dedicó unas estupendas páginas —¡hay que leerlas!— en su *Portugal contemporáneo* (libro sexto, III, 4), tampoco don Pedro V creía en su pueblo. ¿Y en qué creía este pobre mártir y víctima de su realeza? ¿En qué creía este pobre rey por fuerza, este hijo del destino, que murió recitando la inscripción que el Dante puso a la puerta de su Infierno, y a quien en su entierro, lloró el cielo y lloró el pueblo todo, el bajo pueblo, la canalla honrada y agradecida de Lisboa? Y apedreó las vidrieras de los palacios de los grandes.

«¡Habían envenenado al rey! —escribe Oliveira Martins, exponiendo el sentir al pueblo—. ¡Habían envenenado todo! Habían robado, habían vendido, habían despedazado al pueblo, al reino, a la Hacienda, y nuestra miseria era la consecuencia de sus crímenes. Ahora éste quería para sí la corona, aquél quería vendernos a Castilla; querían todos la desgracia del pueblo. ¿Había partidos? No; ¡ese clamor provocado por la muerte del rey mártir era una condenación total, universal, espontánea! ¡Era un último adiós al último de los reyes amados, un disolverse la monarquía en lágrimas tristes, sollozadas!»

El profeta de Portugal, por su parte, Guerra Junqueiro, en su gran poema apocalíptico «Patria», donde aparecen los reyes de Portugal, don Juan IV, a quien Satanás hizo perro tiñoso con un rey de espadas; don Alonso VI, sapo cojo hecho con el perro tiñoso; don Pedro V, puerco bravío del sapo cojo; don Juan V, bode de oro de un puerco bravío; don José cuervo negro de un bode de oro; doña María I, gallina loca del cuervo negro, y poema donde al desgraciado don Carlos, el que había de ser suicidado después de recibir sobre su corazón y su cabeza la terrible profecía, se aparecen don Juan VI, doña María II y don Luis, deja tranquilo, en el reino eterno de las sombras, al noble y triste y desengañado don Pedro V.

¡Pobre rey triste! ¡Pobre forzado del trono! ¡Pobre esclavo de la corona! El destino le condenó a ser príncipe, dice Oliveira Martins. «Considerábase predestinado, a la inversa de don Sebastián, para un fin breve y fúnebre; veíase cubierto de tierra, metido en una huesa, imagen viva de la muerte, fatalidad ambulante movido por un sino triste.» «Símbolo de una nación cadáver, considerábase él, el rey, minado por todas las pestes. Roíale un remordimiento consciente que le hacía aparecer bisoño y triste, con una sonrisa enfermiza en la cara, la mudez en los labios y en la mirada algo como de sonámbulo.» Y sí que debe ser trágico tener que reinar cuando no se tiene vocación de rey, cuando acaso no se cree en la realeza, y sobre un pueblo en cuyo destino tampoco se cree. Sí que debe ser triste verse por inexorable ley de herencia obligado a llenar un puesto, como el que don Pedro V llenaba, para el que no se siente uno llamado. ¡Terrible ley, la ley de las castas!

«Con ojos de pesimista —dice Oliveira Martins—, y esos eran los buenos ojos para ver Portugal, tenía en tanta cuenta a los que le rodeaban, creía tanto en ellos, que mandó poner a la puerta de su palacio una caja verde, cuya llave guardaba para que su pueblo pudiese hablarle con franqueza, quejarse, acusar los crímenes de los gobernantes. Singular modo de concebir su papel de rey de una nación «libre», parlamentaria. ¡Los ministros que no se burlaban de él, empezaban a temerle; otros a odiarle. El pueblo comenzaba a amar la bondad y la justicia de un rey tan triste. Corría ya de boca en boca la leyenda del nuevo monarca: ¡un infeliz!»

Fue un pesimista y un estoico el pobre rey amado de su pueblo. Porque el pueblo, y más el portugués, es también en el fondo pesimista y estoico. Y es ascético. Tiene que serlo. Sus ayunos y abstinencias son forzados; pero se hace a ellos. Optimistas y epicúreos son los grandes, los caciques, los piojos; optimistas y epicúreos suelen ser los conservadores. El optimismo oficial, cancilleresco, es cosa de piojera.

A don Pedro V, muerto joven de fiebre perniciosa, y llorado por el pueblo, por la plebe comida de piojos, sucedió don Luis, un extranjero, y a éste don Carlos, el de la «piolheira». Y don Carlos nada tuvo de Hamlet, ni de pesimista, ni de triste. ¿Creía en su realeza? ¡Y qué le importaba a él eso! Jamás se preguntó a sí mismo si era su destino su vocación; jamás pareció meditar en su propia suerte. Sacaba del Tesoro público adelantos a cuenta de su lista civil, y se divertía. Y parecíale el país en que reinaba un piojera.

«El rey —me decía una vez Guerra Junqueiro hablándome de don Carlos— no había visto nunca entrar en su cámara un hombre de pie; los más entraban arrastrándose y los más dignos a cuatro patas. Por eso, cuando vio a Moncinho d'Alburquerque de pie ante él y como él de pie, primero se maravilló, le cobró afecto, hasta que se dio cuenta de que era el único que pretendía andar como él, a su nivel, y le cobró el odio que le llevó al pobre Moncinho a suicidarse.» Es que se encontraba con un hombre, y no con un piojo.

Y llegó un momento en que el desgraciado hijo del destino sintió y comprendió que con piojos no se gobierna a un pueblo, y llamó a un hombre. El hombre era don Juan Franco. Pero era ya tarde para el hombre.

Porque a pesar de todo lo que en Portugal y fuera de él —sobre todo fuera— se ha dicho de Franco, Franco era un hombre y no un piojo. Franco, de casi nula cultura, de criterio estrecho, de carácter sobrado rígido, no era un reaccionario, y mucho menos, muchísimo menos, un ultramontano. Franco era un carácter entero y un hombre de sanas intenciones, aunque equivocado. Al primero a quien intentó sobreponerse fue al rey mismo. Trató de contenerlo, de dirigirlo, de enfrenarlo, de hacerle entrar en constitución y en derecho. Y cuando las iras populares estallaban, tan convencido estaba Franco de que romperían contra él y no contra su rey, que el día en que le suicidó a éste Buica, el pobre don Carlos apenas si iba escoltado. El escoltado era Franco. Lo que se temía era el estallido del veto puesto por el pueblo al gobierno de Franco. Pero Franco no salvó, no pudo salvar a don Carlos, al pobre don Carlos, que había dejado en poder de piojos al pueblo que tenía bajo su custodia.

Y cuando la historia juzgue al pobre penúltimo rey de la casa de Braganza, dirá que lo peor suyo fue el sentimiento que se cifraba en esa frase terrible: «Isto é uma piolheira.»

(*El Mercantil Valenciano*, 8-VII-1917.)

42. Comentario

Mi anterior comentario, el del martes pasado, después de haber sido escrito y compuesto y anunciado de víspera en este diario no apareció en él. Vivimos bajo la censura. Pero lo extraordinario es que, según se ha dicho ya en esta plana, el censor tachó la noticia que el diario daba de haberse tachado mi comentario. Noticia que la dio luego *El País*.

Conocíamos la doctrina idónea de que cuando se le molesta o se le atropella a uno con procedimientos groseros no hay obligación alguna —después de acumular embustes— de exponer las razones del atropello; es decir, que los fundamentos de las llamadas medidas de Gobierno o de disciplina pueden permanecer secretos; pero no habíamos visto aún que hasta las medidas esas mismas hayan de quedar secretas. Y el régimen del secreto es el régimen inquisitorial y tiránico.

Lo que distingue a la tiranía no es tanto su violencia como su secreto. Y los que se abroquelan en el secreto por el secreto perecerán.

Resulta, pues, no sólo secreta la causa del castigo, sino secreto el castigo mismo. Porque es un castigo privarle a un ciudadano del derecho y aún deber de dirigirse públicamente a los otros.

En el comentario que se nos tachó, al parecer por entero, nada decíamos ni de la cuestión militar, ni de movimiento de tropas, ni de Juntas de defensa, ni de manifiestos y proclamas societarias, ni de mítines y huelgas, ni de movimientos de buques de guerra —si es que los hay que puedan moverse—, ni de torpedeos de barcos nacionales o extranjeros en aguas jurisdiccionales, ni de exportaciones, ni nos permitíamos el menor comentario sobre la guerra, aunque éstos se publican hoy a diario. Tampoco nos ocupábamos en él, ni poco ni mucho, de eso que se ha dado en llamar las instituciones. Pues, señor —este señor es el lector—, ¿por qué nos lo tacharon?

Cierto es que el censor mismo debió de sentirse algo molesto por lo que allí decíamos; pero aparte de que el censor no es inviolable está para eso, para aguantarse lo que digamos de él los censurables, ya que nosotros tenemos también que aguantarle, «velis nolis», por inaguantable que sea.

En un diario de provincia, *El Liberal*, de Bilbao, hemos leído hace poco:

«Está lejos de nuestro ánimo aparecer en actitud de rebeldía contra la dictadura que unos estimados compañeros ejercen en Gobernación. No ha de faltar tiempo ni lugar para tratar de ello con las debidas garantías.»

Sentimos tener que discrepar de este juicio. Considerándonos, aunque indignos, periodistas también, no podemos tener como a compañeros, y menos estimados, a los que ejercen la censura. Son una especie de «esquiroles».

Para calificar ese modo de ejercer la censura hay un eufemismo muy del gusto de Dato —sin su epíteto obligatorio y por así decirlo como homérico, no sea que nos lo tachen también— y es: «¡exageraciones!» Con esto de ¡exageraciones!, ¡apasionamientos!, u otra expresión de la misma calaña, Dato cree salir del paso cuando no tiene nada justo y verdadero que decir; lo sabemos muy bien. ¡Exageraciones! ¡Apasionamientos! ¡Claro! Como que él, aunque quiera, no puede apasionarse y exagerar; no puede pasar de la raya. ¡Con que llegue a ella...!

Nuestro Dato —y digo nuestro por que todos, sin nuestra culpa, lo padecemos —es el «average man», y por si esto de decirlo en inglés se estima romper la neutralidad incondicional y a todo trance y costa, lo diremos también en alemán, es el «Durchschnittsmensch», guía el más a propósito para cuando Júpiter «vult perdere» a aquellos a quienes «dementat prius».

No traduzco las anteriores expresiones, como no traduje antes lo de «velis nolis», por estar seguro de que los censores no saben ni inglés, ni alemán, ni latín. ¡Si lo supieran...! Sencillamente, harían otro papel. Aunque por no saberlos puede darse el caso de que nos tachen esas expresiones, probablemente censurables, en lenguas extrañas, pues la principal razón de que se tachen ciertas cosas es que no se sabe bien lo que quieren decir. Todo lo que no se entiende es sospechoso.

Declaramos, sin embargo, aunque no lo juramos por estarnos el juramento prohibido a los cristianos (Mat. V. 33-37), que «velis nolis», «average man», «Durchschnittsmensch», «vult perdere» y «dementat prius» en nada atentan a las instituciones ni se refieren, de lejos ni de cerca, a la cuestión militar, a movimientos de tropas, a Juntas de defensa, a manifiestos y proclamas societarias, a mítines y huelgas, a movimiento de buques de guerra, a torpedeos de barcos nacionales o extranjeros en aguas jurisdiccionales, a exportaciones, ni implican comentario alguno sobre la guerra, aunque la una sea una palabra inglesa y alemana la otra.

Comprendemos, por lo menos, el embarazo del Gobierno y lo difícil que le ha de ser buscar censores a la medida de todos los que escribimos cosas censurables. Y más de un censor podrá decir lo que decía aquel auxiliar interino encargado de explicar tres clases diarias: «¡Señores! ¡Esta es una física de setenta y cinco céntimos por hora!» (No recordamos bien si era física o derecho mercantil o patología general, ni la cifra exacta de los céntimos, aunque propendemos a creer que fuese más bien menos que más de la apuntada.)

No se nos moleste, pues, otra vez el censor que dicen que es periodista; pero si alguna vez llegamos a ponernos con él privadamente al habla le expondremos nuestra idea respecto a eso que se traen ahora del Tribunal de honor para periodistas, y respecto al honor periodístico, anticipándole que simpatizamos muy poco, poquísimo, casi nada, más bien nada, con ese sentimiento de origen caballeresco a que se llama honor y que es una categoría que ni es jurídica ni es ética. No se alarme, pues. Y lo explicaremos cómo junto al sentimiento ético o moral y al jurídico hay el civil, el político, en el alto sentido de esta palabra —no en el que le da la ralea que anda a la busca del Poder y de las jefaturas—, y cómo el sentimiento civil, la dignidad del ciudadano crea junto al delito, que es de orden jurídico, y al pecado, que es de orden moral, otra categoría, y cómo esta categoría tampoco entra en el Código ese de los lances de honor entre caballeros. Pues el ciudadano, el buen ciudadano, el perfecto ciudadano, para nada necesita ser caballero. La ciudadanía no está supeditada, como no lo están ni la honradez legal ni la bondad moral, a poder mantener caballo.

Véase, señor lector, por dónde el estropicio que la censura nos hizo hace una semana ha venido a hacernos darte un anticipo sobre nuestro concepto de la civilidad o ciudadanía junto a la legalidad y a la moralidad. Pero no nos pongamos demasiado trascendentales que entonces se le sube al censor la censura a la mollera y diciéndose: «¿Y qué quiere decir todo este galimatías?», es capaz de creer que hablamos de movimiento de buques de guerra o de torpedeamiento de barcos nacionales en aguas jurisdiccionales y nos torpedea el comentario.

¡Que Dios nos libre pronto de la censura a los censurables y a los censores! (No podemos estar menos exagerados y más desapasionados.)

(El Día, 10-VII-1917.)

43. Hierocardiocracia

A favor de las gravísimas circunstancias por que está pasando la patria, ha pasado sin el debido comentario, y sin más que algunas aisladas protestas, un hecho que demuestra bien a las claras lo que más de una vez hemos dicho a los nacionalistas catalanes, regionalistas y autonomistas, y es que no fíen nada del bizkaitarrismo que de autonomista y nacionalista no tiene nada, pues nada tiene de liberal ni pasa de ser un movimiento —o más bien una quietud— sensiblero y litúrgico y tendente a sumergir al noble y viril pueblo vasco en la más incivil y más vergonzosa memez.

Nos referimos a la grotesca ocurrencia de la Diputación provincial del antaño Señorío y hoy provincia de Vizcaya, de consagrar ésta al sagrado corazón de Jesús.

El culto al sagrado corazón de Jesús no sólo no es una institución cristiana —más bien anticristiana— pero ni siquiera católica; el culto al sagrado corazón es una ocurrencia jesuítica y de origen extranjero en España. Ni siquiera nació del jesuitismo español, del indígena, del castizo, del loyolano. El culto al sagrado corazón es una superstición materialista, de aspecto mongólico, que parece ideada a posta para fomentar entre nosotros la mentalidad, o más bien la dementalidad tibetana.

Cuando éramos niños, allá en nuestro pueblo natal, en Bilbao, en el país hoy consagrado al corazón de Jesús, había en el templo de origen jesuítico, en la iglesia de los Santos Juanes, un altar —el primero a mano derecha, según se entraba— con un gran corazón rodeado de una corona de espinas, a modo de ídolo en él. Después lo quitaron y se nos dijo que las supremas autoridades católicas de Roma habían prohibido en la iconografía sagrada toda mostración de corazones que no fuese formando éstos parte de un cuerpo entero del Cristo. Queríase atajar el culto a las vísceras separadas del cuerpo todo glorioso. Comprendíase el camino de superticioso materialismo que con ello se emprendía. Luego vendría la cabeza, o la lengua, o los ojos, o los pies, o el hígado, ¡o quién sabe qué!

Pero el culto ese, apropiado a imaginaciones débiles, morbosas, incultas y groseras, el culto ese que nada tiene de racional y de sentimental muy poco —si es que no se reduce el sentimiento a palpitaciones cardíacas, como ocurre en histéricos y toda clase de enfermos y de degenerados— siguió siendo cultivado por los jesuítas y formando parte de su teatral y más bien cinematográfica liturgia. Los jesuítas propenden a que la procesión del día del Sagrado Corazón de Jesús celebrada pocos días después de la de Corpus, eclipse a ésta, que es la procesión más solemne según la Iglesia, aquella que preside el prelado y a que se ordena el asistir a los sacerdotes. Pues la suya, la de ellos, la jesuítica, ha de ser tan concurrida por lo menos como la otra y al paso del pedazo de madera tallado y pintado —casi siempre deplorable desde el punto de vista artístico— que representa a Jesús mostrando su corazón al descubierto— ya que no pueden llevar en andas un corazón sin más cuerpo— al paso de esa imagen se han de rendir los honores litúrgicos que al paso de los que la Iglesia Católica cree y enseña ser el cuerpo mismo del Redentor. Y en los templos jesuíticos el altar dedicado a ese corazón suele tener un aspecto como de comulgatorio. E inventarán, si la Iglesia no les sigue yendo a la mano, la comunión hierocardíaca, la eucaristía del corazón. El vulgo de los católicos, los chapados a la antigua, los que se atienen a la tradición católica anterior al jesuítismo se contentarán confortándose el ánimo con la comunión eucarística, milenaria, pero ellos, los jesuíticos, los hierocardíacos, tendrán otra especial: la del corazón. Un piadoso respeto a las creencias que sostienen el ánimo de no pocas almas sencillas nos veda comentar ese empeño de reservarse una parte del cuerpo del Redentor, como la más tierna, y dejar el resto para los demás. Ni queremos entrar en el examen del corazón mismo, sus aurículas y sus ventrículos y su fascículo de Hisch, y sacar de ello consecuencias.

Ese culto mongólico, tibetano, se apoya en las barrocas visiones de la Beata Margarita María de Alacocque, la monja jesuítica de Paray-le-Monial que en otras mirando una vez por la llaga del costado de Cristo, como quien mira por el ocular de un cosmorama, vio como un prado amenísimo. ¡Compárese esto con aquellas visiones puramente intelectuales, sin nada de prados ni de otras zarandajas cinematográficas, de que nos habla la Santa castellana de Ávila! Este culto fue traído a España y dicen que ese corazón se le apareció, creemos que en Valladolid, al P. Hoyos, jesuíta por supuesto, y le dijo: «Reinaré en España y con más veneración que en otras partes.»

Al consagrar la Diputación provincial de Vizcaya al sagrado Corazón del ídolo jesuítico —que no de Jesús— aquella provincia, discutieron los diputados si la leyenda del emblema se había de poner en vascuence o en castellano. Es decir, en vascuence tampoco, sino en esa ridícula jerga, especie de esperanto o volapük, que no se ha hablado nunca y que los bizkaitarras han inventado para mejor no entenderse ni que los entiendan nada, en esa desatinada jerga, especie de germanía de la incivilidad, es decir, de la incapacidad civil y política. Porque esto es lo característico del bizkaitarrismo: su absoluta incapacidad política. Y en estos momentos gravísimos para toda España, ni ésta ni Vasconia, pueden esperar nada de esos desgraciados bizkaitarras hierocardíacos amemados y entontecidos por una jesuítica educación incivil.

William James en su tan conocida obra sobre las variedades de la experiencia religiosa («The varieties of religious experience») donde expresa su compasión por aquella pobre Beata Alacocque «tan débil de alcance intelectual», concluía, con todo respeto a las inocentes virtudes de San Luis Gonzaga, que la inteligencia de éste no era originalmente mayor que la de una cabeza de alfiler y tal es la idea que nos ha quedado de ese modelo jesuítico de la juventud de aquellos que en la nuestra se nos llenó los oídos con las alabanzas a ese novicio de la Compañía. Todo ello entre «dulcísssimos» con la s muy arrastrada, y deíficos y otros voquibles de la afeminada, que no feminil, liturgia.

Y en estos momentos, cuando el nacionalismo vasco, si fuese realmente tal, cuando el fiero espíritu de autonomía y hasta de independencia si se quiere, de nuestro noble solar vizcaíno pedía alguna declaración civil, política, social, no se les ocurre a esos desgraciados bizkaitarras hierocardíacos otra cosa que consagrar la provincia a una idolatría jesuítica y no católica siquiera, mucho menos cristiana.

La teocracia es algo fuerte y recio; la cristocracia es algo fuerte y recio; la hierocardiocracia no es más que el entronizamiento de la memez. Y la memez es cien veces peor que la tiranía. Vengan reaccionarios, vengan inquisidores, vengan fanáticos y energúmenos, pero que no nos venga ¡por Cristo! el bajo y ridículo materialismo litúrgico, la degradación mongólica del gonzaguismo. Seamos siquiera hombres, ¡hombres por lo menos!

(*La Publicidad*, 12-VII-1917.)

44. COMENTARIO

El calor aprieta. Verdad es que estamos en la canícula o sea en la época en que la estrella Canícula, esto es: perrilla, o sea Sirio, sale y se pone con el Sol. Cuando la Perra celeste no se aparta del Sol, que es el que más calienta, y se levanta y se acuesta con él, es cuando aprieta el calor en la Tierra. Y toda fermentación se activa.

El calor aprieta, pues, y nos invita a la vacación y a la frivolidad. Ya se inauguró la temporada veraniega que podemos llamar oficial en el Norte, en las playas que dan hacia fuera. Ya se acercan las semanas grandes. ¡A divertirse, señoras y caballeros! ¡Tendrán caballos y caballitos!

Con el calor aprieta también la censura. Aunque ésta, digan lo que quieran, no es sino un secundario medio de gobierno. Hay otro principal, que es la vaselina.

Pero la vaselina no es eso que se figura la gente y que se reduce al arte de la mentira oficial, sostenedora del optimismo también oficial: es otra cosa. Y no que el Gobierno no use y abuse de esta vaselina del embuste. Con negar que ha pasado lo que pasó, con fingir no haberse enterado de algo, cree hacer cosa de provecho para proteger la temporada oficial de la vacación y la frivolidad caniculares. La vaselina es otra cosa. La vaselina es una cosa que se unta. Y no a las dos ruedas del desvencijado carro para que suba la cuesta de agosto, el mes de las semanas grandes. La vaselina se unta a otras ruedas. Y obra donde la censura no llega.

Por lo demás no estamos tan mal como esos malos patriotas, que son los pesimistas, antivaselínicos, se empeñan en decir: «Dato no lo está haciendo tan mal. Basta leer una parte de la Prensa francesa, que en esto ha de ser imparcial»...

No, no estamos tan mal, digan lo que quieran los termómetros. Hasta parece que ha entrado en España una enormidad de oro, que se quedará aquí hasta que el oro baje. Tanto oro ha entrado en España que pueden ya en el Extranjero hablar del oro español.

Y nos vamos librando de la guerra, aunque no de sus gastos. Por lo menos se dice que el jándalo que hace de ministro de la Gobernación y que se dedica a remedar energía —una energía vaselínica— habla de unos que llama gastos de guerra. ¡Como no se refiera Sánchez a su segundo apellido...!

A pesar de todo lo cual el calor aprieta y la gran Perra celeste sigue acostándose y levantándose con el Sol. ¡Por vida de Sirio!

Ahora no debemos pensar más que en los deportes y los placeres veraniegos. A ver si hay en ellos alguna novedad o hasta alguna revolución, una revolución en la moda, señor censor. Porque sepa, señor —este señor es el censor, y aunque no lo sea, que el censurar oficialmente y por ganapanería es poco señorial—, sepa que ya Voltaire decía que se hacen revoluciones en los placeres como en todo lo demás.

(Nos parece que no habremos llegado al punto de degradación de que la palabra «revolución» en sí, aparte de su aplicación concreta, sea tachable como parece que lo es la palabra «troglodita». Sólo nos faltaba volver a aquello de los «flagitia nomini cohaerentia». Y no lo traduzco por si al censor se le ocurre aprender un poco de latín, que no le vendrá mal. ¡Aunque para lo que él necesita...!)

¡Divirtámonos y refresquémonos, pues, que mañana la gran Perra se separará del Sol y habrá acabado la canícula! ¡Y como aquí todo es interino...! Hasta hay tétricos pesimistas que, arguyendo yo no sé qué intentos separatistas de que acusan al Gobierno mismo, dicen que la nación misma española es interina. Porque esos desgraciados pesimistas se empeñan en decir que el separatismo es el del Gobierno veraniego o canicular —esto es: perruno— y vaselínico.

Y ahora, señores —estos señores son mis lectores—, ustedes convendrán conmigo en que si la vaselina es más eficaz que la censura, la corrupción lo es más que la violencia. Más eficaz, se entiende, para acelerar la descomposición de los cuerpos. Y con este calor se están descomponiendo muchos cuerpos. Y recordemos el adagio químico: «corpora non agunt nisi soluta». (¡Otro golpecito de latín, enemigo censor!) La corrupción es lo más idóneo para acelerar la descomposición de los cuerpos. Lo malo es que huele mal. Y no basta para esto el agua colonia, señor Dato.

Dicen que Dato —a quien en su vida ha visto el que estas líneas traza— es un caballero muy pulcro, físicamente, se entiende. Pero es tal la descomposición que este calor, canicular o perruno, está produciendo, que es muy fácil que salga de este fregado, en que por servilismo se metió, no del todo limpio. Al fregado suele acompañar el barrido. Y hay mucho que barrer.

La gran Perra celeste, acompañando al Sol en la cama —con él se acuesta y con él se levanta—, nos está asando fritos, y la otra gran perra, la de aquí, la de nosotros, babeando vaselina nos lo está corrompiendo todo. Ya ladra para que no se oigan otras voces y muerde al que intente hablar.

La fermentación se activa enormemente con la canícula. El estercolero está que hiede.

Señor Sánchez: usted se enterará algún día, y pronto, que los atolondramientos de jándalo desorientado no son energía; usted se enterará de que no cabe aprender civismo en esas tristes regiones azotadas por el ábrego, en esas abrasadas tierras meridionales donde el más abyecto caciquismo político con sus ratones pelados ha sofocado toda conciencia civil popular.

Y aguardemos a que la gran Perra celeste deje de acostarse con el Sol.

(*El Día*, 31-VII-1917.)

45. SEPARATISMO OFICIAL

Ahora vamos a ir diciendo todo lo que no nos ha permitido decir el Gobierno en los pasados días de suicida censura, todo o casi todo lo que nos tachó. Y no se limitó a tachar aquellos párrafos o artículos que trataban de los asuntos que se declaró vedados; tachó otros muchos.

A mí se me tachó en un diario de Madrid todo un artículo en que comentaba unas palabras de Burrell, del desdichado Burrell, flor y nata de la golfería liberalesca, sobre la Asamblea de Parlamentarios en Barcelona, palabras pronunciadas antes de que la Asamblea se celebrase.

Decía Burrell que el Parlamento debe ser nacional y no el engendro de un juego de pelota situado en las afueras. Y decía yo a estas palabras torpes que el Parlamento en que los burrelles «brillan» como parlamentarios, tiene poco o nada de nacional, que los parlamentarios reunidos en Barcelona el 19 de julio son de los nacionales, de los elegidos por la nación y que se da el caso de que la triste región española —digna de mejor suerte— a que representan Burrell, su sucesor en Gobernación Sánchez Guerra y otros jándalos por el estilo, es la menos libre, la que menos puede elegir por sí sus representantes, la menos nacional.

¿Y qué es eso de «situado en las afueras»? ¿En las afueras de qué? ¿De la patria? ¡Entonces, según los burrelles, Barcelona está en las afueras de la patria! ¡Cuando yo decía que los separatistas son los hombres del Gobierno!

Sí, el separatismo se incuba y se fomenta en la Corte. En la Corte y no precisamente en Madrid; Madrid es una de tantas regiones españolas que sufre la opresión corruptora de la Corte. Y un día se alzará el madrileñismo contra el cortesanismo. La Corte, el asiento de las pobres oligarquías turnantes, la sórdida covachuela de la España oficial, esa es la separatista. El separatismo es cortesano. Son los burrelles, son todos los serviles cortesanos los separatistas. El separatismo es oficial en España.

¡En las afueras! En circunstancias muy parecidas a las por que pasamos, celebráronse las más gloriosas, las más puras, las más nobles Cortes españolas en las afueras también, en Cádiz. Estaba entonces Madrid dominado por el extranjero. ¿Y hoy?

Y ¿por qué, nos preguntamos, esa ciega obstinación en no querer que se reúna el Parlamento? Ella originó la caída de Romanones; ella originó la caída de García Prieto, con su cortejo —diminutivo de Corte— de burrelles; ella originó la absurda subida a la impotencia —que no al Poder— del absurdo Dato con el más absurdo Sánchez Guerra y el absurdísimo marqués de Estella. Esa ciega obstinación, ese loco temor a que el Parlamento se reuniese y llegase a él la voz de la opinión pública, ese miedo cerval a que se sepa que en España no hay en algún respecto la casi unanimidad que los trogloditas pregonan, ese terror del reputado valiente, eso es lo que ha traído esta apretada malla de absurdos. Porque hay quien se mantiene relativamente sereno ante el estallido de una bomba y pierde la cabeza ante el estallido de la opinión pública.

También en Grecia el testarudo Constantino se entercaba en no reunir el Parlamento legal, el constitucional, el que había presidido Venizelos. Su cuñado —el de Constantino— le decía: «Resiste; ¡vamos a echarles al mar!» Y Constantino resistía esperando que el cuñado echase al mar al ejército de Sarrail; luego le decía: «resiste; ¡vamos a hacer la paz con Rusia!», y resistía esperando la paz con Rusia. Y así, resistiendo, ha acabado por no poder resistir.

Pero aquí, en España, ¿por qué ese miedo a que el Parlamento se reúna? ¿Por qué el apocalíptico Mella —que cualquiera diría que es hoy consejero de la Corte—, Mella el regionalista, el antidinástico, dice que si el Parlamento se reuniese sería un campo de Agramante y se previene a los jaimistas contra la Asamblea de Barcelona? ¿Es que se teme que al cabo de tres años de mentira sobre la opinión voceada unánime del país, se sepa al cabo la verdad?

¡Y aún hay necios que hablan aquí de unión sagrada! ¿Unión sagrada? ¿Para qué? Las gentes se unen, sagrada o no sagradamente, para hacer; para no hacer nada no es menester unirse. Bien se está cada uno en su casa para no hacer. No cabe unión sino donde hay voluntad. Pero donde la «noluntad» —que no voluntad— es abstenerse, es aguantarse, es no comprometerse, es aguardar a que salga el sol que más caliente y pordiosear sus rayos, allí no hace falta unión.

Y entre tanto, el absurdo, el inexistente, el ahistórico, el inédito Dato vuelve a repetir la enorme puerilidad senil —puerilidad y senilidad a la vez, porque los viejos chochos y los chiquillos atolondrados suelen coincidir— de que espera que el Congreso de la Paz se celebre en la Corte de España y ésta sea casa de cita de las naciones hoy en guerra. Y él, Dato, u otro dato por el estilo, la casera por delegación.

Y luego hablarán de separatismo esos separatistas de la Corte. Esos cortesanos que conspiran para que las regiones españolas en que hay conciencia de civilidad y de ciudadanía se sienten extrañadas del resto de la nación; esos cortesanos que como aquel Mezencio de que en su «Eneida» nos habla Virgilio (VIII, 485) ataba a los vivos a cuerpos de muertos, a cadáveres, manos con manos, bocas con bocas, y les dejaba morir de muerte lenta.

Los separatistas son los cortesanos, son los burelles, son los que en momentos difíciles para la patria andan azuzando conjuras para echar a fulano o mengano o perencejo; andan con pleitos de jefatura; andan, muertos, enterrando a sus muertos o tratando de levantarlos; andan pensando en nuevos encasillamientos; andan haciéndose amigos, es decir: compinches, como ellos se hacen... esos son los separatistas. Esos, los del juego de dados, que no de pelota, de los adentros. El juego de pelota, sea en las afueras o no, es algo claro, abierto, popular, a toda la luz del día, al aire libre; y el otro, el juego de esos cortesanos, de los burelles, los datos, los guerras, los alhucemas, los romanones, los albas, ese es un juego a puerta cerrada, como los prohibidos. A puerta cerrada, como en juego prohibido, a espaldas del Parlamento nacional, se ha planteado y se han resuelto las dos últimas crisis ministeriales. Y eso no es más que separatismo oficial. Se nos quiere separar de Europa y se nos quiere separar a unos españoles de otros, a los que queremos vivir la historia de los que esperan que se les muestre lo que historia es...

(*La Publicidad*, 3-VIII-1917.)

46. ¡VIVA CATALUÑA!

En estos pasados días de censura desatentada y suicida y de calor canicular llenábamos parte de las largas horas estivales volviendo a gozar, en la *Eneida* de Virgilio, la leyenda del nacimiento de la eterna Roma, a la vez que refrescábamos nuestro latín buscando al encanto de sus sonoros hexámetros rotundos endecasílabos castellanos. En la epopeya del dulce mantuano, del *duca, signore e maestro* del Dante, oí aquel grito de ¡Italia, Italia, Italia! que siglos más tarde había de repetir Carducci. (V. *Eneida*, III, 523-524). Allí leí también el *Fixit leges pretio atque refixit* (VI, 622) y me acordé, volviendo al presente, de los cortesanos que nos han traído a la actual podredumbre política española. Pero fue al llegar al episodio de Mezencio cuando los ecos latinos de la veneranda leyenda me trajeron a la vista, como antaño al Dante, la visión de la trágica realidad presente.

El episodio de Mezencio empieza en el verso 481 del canto VIII de la *Eneida*. Virgilio nos cuenta alguna de las feroces fechorías —*facta effera*— de este tirano. Entre ellas la de que juntaba los cuerpos de los vivos a los de los muertos,

mortua quin etiam iungebat corpora vivis

sujetando manos a manos y bocas a bocas

componeus manibusque manus, atque oribus ora,

terrible género de tormento —*tormenti genus!*— y así, en miserable abrazo —*complexu in misero*— los ahogaba con lenta muerte manchados con pus y sangre corrompida —*sanie taboque*— y me acordé de nuestra España oficial, cortesana, separatista.

No a un cadáver acaso, pero sí a un moribundo, se le ata aquí a la España viva, a la que quiere vivir. Se le ata manos a manos y boca a boca, y la censura ha sido una de esas ataderas. La boca de los vivos, de los veraces, tenía que estar atada a la boca fría de los muertos, de los embusteros. La mentira oficial, cortesana, daba la norma.

Y hay otra triste atadura. En vez de fomentar el que las regiones vivas, civiles, democráticas, despiertas de España manden aliento a las moribundas, inciviles, siervas y dormidas para despertarlas, se quiere amarrar los pueblos todos españoles a ese Tibet espiritual, a ese triste páramo de resignación a que se rige desde la santa ciudad de Lhassa, que es la Corte oficial. Y así, mientras se reunían los parlamentarios libres en Barcelona, no se sabía qué es lo que ocurrió en Santiago de Compostela a la vista de la estatua que para escarnio de la historia se elevó en la más hermosa plaza de España al gran cacique gallego que firmó el Tratado de París con que se intentó salvar a la dinastía, al suegro de este marqués de Alhucemas, que es otro cadáver espiritual endogalado al cuello de la nación.

Cuando se anunciaba la Asamblea de parlamentarios de Barcelona, todos los bonzos de este Tibet espiritual, fieles a la consigna de su gran Lama, nos decían que iba a ser un acto separatista, que los no catalanes iban a ella engañados, y hasta hubo menguado que habló de manejos extranjeros. El fantasma del catalanismo, mal conocido, por supuesto, y hasta el del separatismo se esgrimió por estos bonzos separatistas —el Tibet es la separación de todo; de la civilidad, de la civilización, de la historia— para apagar las ansias de renovación que sienten estos pobres tibetanos ansiosos de que vengan a redimirlos. Porque aseguramos que ese recelo contra Cataluña y los ciudadanos catalanes no es popular aquí, en Castilla, no lo es en el resto de España.

Estos pobres pueblos, muchos de ellos de señorío —¡y hay que ver lo que es un *pueblo de señorío*, lo que así se llama!— estos pobres pueblos donde los vecinos, que no ciudadanos, ni pueden vender sus votos porque ellos, los votantes, están comprados de por vida y sujetos al terruño, estos pobres pueblos nada ansían más sino que vengan a librarlos de sus amos latifundiosos y de los bonzos que los sirven.

Piden la autonomía municipal los parlamentarios reunidos en Barcelona. ¿Autonomía? ¡Pero si en muchos pueblos no hay municipio! ¡Si donde todo el pueblo es de un amo no cabe municipio! ¡Si hay pueblo de éstos —y quien esto escribe tuvo ocasión de denunciarlo oficialmente al ministro— en que no hay escuela porque el amo del pueblo no da local para ella ni deja que ningún vecino albergue al maestro mientras no se le deje a él nombrarlo por sí mismo y a quien quiera, tenga o no título para ello! ¿Autonomía municipal?

Y estos pueblos saben ya —¡vaya si lo saben!— que hay en España otras regiones más libres, más prósperas, más civiles y esperan que vengan en su ayuda.

La campaña antinacionalista, la de recelo a toda ansia de autonomía, la campaña verdaderamente separatista es la que hacen los bonzos del budismo político oficial, del que acaba en el nirvana histórico. Es un Burell, por ejemplo, el que llamó a la Asamblea de Barcelona un engendro de juego de pelota situado en las afueras, un bonzo de la más abyecta superstición tibetana, gran sacerdote de la arbitrariedad, salido de una de las más desgraciadas regiones españolas, de una de las más azotadas y calcinadas por el terrible ábrego. Y es un Sánchez Guerra, salido también de una tierra donde el caciquismo político apesta.

¿Qué pasó en Santiago de Compostela? ¿Qué pasó en aquella hermosísima ciudad, corazón de la sufrida Galicia, entregada también a caciques y bonzos?

«¡Eh, cuidado! —les gritan a los moribundos que piden vida, cuando no ya con la voz de la boca con la mirada de los ojos tristes—, ¡eh, cuidado! que esos vivos os quieren llevar con ellos; os quieren arrebatar; quieren devolveros aliento para explotaros luego; quieren que recobréis las fuerzas para que podáis trabajar más y mejor y comprarles sus productos; os quieren como clientes!»

Al fin y al cabo, y aunque así fuera —que así no es—, los clientes del mercader son los vivos y los clientes de los bonzos son los muertos y los moribundos. Los cuervos viven de los muertos; los bonzos de los moribundos. La canalla oligárquica de la España oficial vive de la miseria de los pueblos.

Hemos leído, no sabemos dónde, que el noble patriota Castrovido, representante del pueblo de Madrid y no de la clientela de la corte, gritó en Barcelona: *¡Visca Catalunya!* Hizo bien. La manera más eficaz hoy de desear que viva España es gritar ¡viva Cataluña! Pero nosotros lo gritaríamos en castellano, dejando a los catalanes que para mostrar su deseo de que viva Cataluña griten *¡visca Espanya!* Y yo, vasco de tuétano del corazón, vasco hasta más dentro de las entrañas, vasco por todos costados, no gritaré *¡gora Euzkadi!*, por la sencillísima razón de que *Euzkadi* ni quiere ni ha querido nunca decir nada en vascuence, porque *Euzkadi* no es ni ha sido nunca palabra vascongada en uso. Gritaré: *¡Viva Vasconia!* o aún: *¡Bici bedi Euscalerría!*, y dejaré el *Euzkadi*, esa ridícula invención pseudofilológica del trogloditismo bizkaitarra —que es muy otra cosa que el nacionalismo civil vasco— para el jesuítico Sagrado Corazón. Soy un *euscalduna*, pero no un *euzkotarra;* odio la superstición.

Tenemos, pues, que desligarnos de los moribundos a que Mezencio nos ata, pero para darles vida.

(*El Mercantil Valenciano*, 4-VIII-1917.)

47. Comentario *

No es todavía ocasión propicia, como comprenderán los habituales lectores de estos nuestros comentarios, para comentar libremente el último y desgraciado —al parecer, por lo menos— intento de huelga general pacífica. Y decimos pacífica porque todas las personas serenas, no pertur-

* Artículo tachado por la censura.

badas por el ambiente de ciego pánico de nuestra lamentable burguesía..., saben bien que en el ánimo de los que prepararon la huelga, con más o menos acierto y oportunidad, estaba el que fuese pacífica, de brazos caídos. . . . . de este lamentable estado de ánimo, de esta lamentabilísima clase de las que se llaman gentes de orden habremos de hablar y escribir algún día, alto y claro.

¡Gentes de orden! Es decir: fariseos. Y aún algo peor. Muchos de ellos se dedican ahora ya a desear castigos . . . . . . injustos, ya a inundar a los Juzgados con denuncias anónimas contra estos o aquellos supuestos o reales inductores. Porque el anónimo es el arma del hombre de orden.

«¡Lo primero el orden!» —se clama ahora. ¡Pues no! Lo primero la justicia, y donde no hay justicia, lo que se llama orden, es el peor de los desórdenes. . . . .

La dura lección ha debido ser provechosísima para unos y para otros, para los que organizaban el general descontento público. . . . . del pueblo y de su justicia, y para los que ponían sobre todo el mantenimiento de lo que llaman orden.

La lección ha debido ser provechosísima; pero nos tememos que aproveche poco ni a los unos ni a los otros. Nos tememos, por una parte, la implantación de una triste época de sombríos estallidos, de violencias individuales, de lo que suele seguir a lo que ha ocurrido. Y de la otra parte, de parte de la oligarquía de profesionales de la arbitrariedad. nos tememos que, después de esta derrota que así su ceguera se imaginan triunfo, quieran aprovecharse del estupor de pánico de nuestra. . . . .
«gente de orden» para persistir en sus malas artes. Y bien claro se verá en las próximas elecciones generales, sobre todo si las hacen los prestidigitadores. . . . .

(*El Día*, 27-VIII-1917.)

48. «¡EN MI CASA HAGO LO QUE QUIERO!»

El señor conde de Romanones, en unas «confidencias políticas» que hizo en Oyarzun al director de *El Día* de Madrid, y que este diario publicó el 4 de este mes, le decía que la primera víctima de los sucesos del 13 al 18 de agosto ha sido el espíritu liberal, y le hablaba de la reacción que a ello ha seguido, de cómo han despertado el espíritu reaccionario del país, que es «al fin defensa», y de cómo «los que no piensan mucho echan esos desmanes a cuenta del espíritu liberal». Retengamos para su día eso de que el espíritu reaccionario es defensa, porque convendrá al cabo poner en claro lo que la defensa sea. Por lo demás, estamos convencidos de que a esa reacción evidente, que merced al relativo silencio que hace la censura, se deja oír más, seguirá una contrarreacción cuando podamos hablar todos sin traba alguna y cese el monólogo de los gobernantes para empezar el diálogo con los gobernados.

La reacción es evidente y aparatosa. La despavorida burguesía española se ha salido de madre y hay que oír las cosazas que propalan por esas calles, plazas, plazuelas y casinos los que se llaman a sí mismos hombres de orden. (De su orden, por supuesto.) Hay que oír a los azuzadores de la que en su tiempo se llamó la justicia histórica, expresión infelicísima. Hay que oírlos. Y hay que leer sus farisaicos periódicos. Pero para contestarles debidamente habrá que esperar a que el asunto de la última huelga general revolucionaria deje de estar «sub milite».

Una de las cosas que se proponen ahora esos lamentables burgueses alborozados con el triunfo ajeno es acabar con los Sindicatos obreros, con las Asociaciones obreras. «¡Ha llegado la nuestra!», exclaman. Creen que ahora van a desbaratar a ese verdadero ejército del pueblo que son las federaciones obreras y las sociedades de resistencia. Sueñan con volver al antiguo y anárquico régimen de la que llaman libre contratación. Piensan esos menguados patronos que van a poder imponer a sus obreros las condiciones de que no se asocien.

Cuando a poco de haber estallado la huelga general se declaró el estado de sitio, publicó el general encargado del mando en esta provincia un bando en que, entre otras cosas, recordaba los preceptos legales de que ni se puede ejercer coacción con un obrero para obligarle a entrar en una asociación ni para obligarle a salir de ella, que no está permitido ni obligarles a asociarse ni a disociarse. No tenemos a la vista el texto mismo de la ley, que el señor general reproducía fiel y sobriamente, pero el espíritu era ese y el texto es sobrado conocido. La autoridad militar hacía saber así que se proponía hacer cumplir la ley —sea ésta justa o injusta— y que ni se permitiría coaccionar a los obreros para que se asocien, ni coaccionarlos para disolver sus asociaciones legalmente constituidas.

Pues bien; los patronos curtidores de esta ciudad de Salamanca se han reunido para acordar despedir a aquellos de sus obreros que no se den de baja en la Federación Obrera, que es una sociedad pública, legalmente registrada y autorizada. Los que no sabemos a estas horas es lo que haya hecho con esos patronos curtidores la autoridad que publicó el bando en que se recordaba que no es lícito ejercer coacción sobre los obreros para apartarles de una sociedad legal. A no ser que la amenaza de despido se entienda que no es coacción.

Hablábamos esta mañana de ello con un patrono de larga tradición y abolengo republicanos, y naturalmente, feroz individualista, con uno de esos típicos burgueses republicanos, y nos decía que él en su establecimiento o empresa podía hacer lo que quisiese —«¡pues no faltaba más!»— y admitir y despedir a quien quisiese y en las condiciones que mejor estimase. No quisimos discutir con un espíritu así que en cualquier parte de la Europa civilizada pasaría por un caso curioso. Con estos de «en mi casa hago yo lo que se me antoja» no cabe discutir.

Podíamos haberle dicho que él es muy dueño de cerrar su establecimiento despidiendo a sus dependientes todos, pero que una vez abierto tiene que someterse a lo que las leyes prescriban y que la sociedad ha estimado justo que no es lícito que se le impongan ciertas condiciones a un asalariado. No debe un patrono exigir de sus obreros que renuncien al derecho de asociación. Tanto valdría que les exigiese que renuncien a ejercer el derecho de sufragio. El pretender que es lícito exigir de los dependientes que no se asocien es cosa que ya no cabe sino en las molleras de estos republicanos aburguesados o burgueses republicanizados. Que son los peores de los republicanos y los peores de los burgueses.

Ese bárbaro concepto de lo que llaman libertad de contratación del trabajo, y no es tal libertad, sino tiranía, es algo que tardará en borrarse del espíritu de nuestra lamentable burguesía española. La cual no sabe aún ni el abecé de la lucha de clases. Aunque ya lo irá aprendiendo con lecciones como la última.

Decíamos que ese patrono puede cerrar o mantener abierto su establecimiento, pero es porque ni éste es de primera necesidad ni insustituible. Si lo cierra acrecerá la clientela de los otros establecimientos análogos. Pero si el dueño de la única panadería que hay en un pueblo se empeñase en cerrarla, el pueblo haría muy bien en apoderarse de ella y utilizar su horno y sus harinas.

Hay dueños de dehesas que entienden que pueden tenerlas sin cultivar porque así se les antoja; pero ha de llegar día en que ese antojo sea castigado con la incautación pública, como llegará día en que no se les permitirá a los señoritos latifundiarios y deportistas sostener cazaderos en tal forma que sus conejos obliguen a los hombres a emigrar, cosa que hoy sucede.

La íntima agitación, el sordo descontento que ha producido la huelga general última no ha llegado apenas aún a los obreros del campo, a los jornaleros agrícolas, a los pobres gañanes; pero el día que llegue habrá que oír lo que digan los que creen que el campo se ha hecho para que ellos cacen o para que se críen en él toros de lidia.

El último estallido no ha sido más que urbano y minero. Pero en Galicia hay ya un poderoso movimiento agrario. Y cuando éste se extienda a otras regiones habrá que oír a los que dicen: «¡En mi campo, como en mi casa, yo hago lo que mejor me parece!», y creen que cabe también cerrar los campos como los establecimientos de refresco.

Sí, tiene razón el conde de Romanones al decir que el primer efecto de la última huelga general reprimida por la fuerza pública ha provocado una reacción y una reacción reaccionaria —creemos que se nos entenderá la redundancia—; pero esto es lo aparente. Pronto se verán resurgir con más vigor las sociedades de resistencia y agudizarse la salvadora lucha de clases.

(*El Mercantil Valenciano*, 9-IX-1917.)

49. Comentario

No cabe negar la eficacia de la huelga general de mediados de agosto, la cual ha sido un acto más del período revolucionario que se inició el 1.º de junio y que, si bien con un compás de espera, creemos que continúa.

La dicha huelga, que según todo lo que se va sabiendo estaba en el propósito de sus promotores que fuese pacífica o de brazos caídos, ha provocado, por de pronto, una reacción reaccionaria. (Y dispensésenos la redundancia en gracia a la expresividad.) Los sentimientos antiliberales, o más bien absolutistas, de una gran parte de la burguesía española y aún de la que más blasona de liberal, hanse puesto al descubierto. Y hay quienes aprovechan esta reacción para predicar el «status quo», llamando snobismo intelectual a las ansias de justicia y de verdadero orden. Señálase en esto del Estado Mayor del tan elegante como corrompido conservadurismo español, cuyo tuétano doctrinal es un escepticismo materialista. Expone esa doctrina el más sutilmente venenoso y el más elegantemente inmoral de los órganos periodísticos españoles: el órgano de la inespiritualidad y de la hórrida vanidad pseudoaristocrática.

Empieza, por otra parte, a resucitarse aquello de que el liberalismo es pecado y las enseñanzas del «áureo librito» de Sardá y Salvany, que es uno de los que siempre tenemos a mano. Y sus doctrinas nos parecen, excusado es decirlo, acaso más locas e intelectualmente más absurdas que las del elegante órgano conservador a que aludíamos; pero de más pura fuente moral, de más honrada intención. El materialismo conservador, escéptico y volteriano, es la posición que más nos repugna.

La última huelga general y su represión ha de tener, queremos creerlo, una profunda influencia sobre la política y hasta sobre la cultura civil española. Con lo que no cabrá decir que haya sido perdida. Creemos, con Jorge Sorel, sutilísimo pensador, en la eficacia de las huelgas generales, hasta cuando a los ojos de los observadores superficiales y amedrentados parecen haber terminado en un fracaso. Y no creemos, como nuestro ex amigo el señor conde de Romanones, que haga falta en ellas un programa y un grito. O basta un grito inarticulado como el que provoca un dolor. Y que al pueblo español le duele no cabe duda, piensen lo que pensaren los elegantes y corrompidos escépticos conservadores que sólo tratan de perpetuar esta época de vanidad histórica.

Por de pronto se nota una aproximación de los jaimistas, a quienes mejor es llamar carlistas, y mejor aún absolutistas, hacia la dinastía vigente y hacia el Gobierno conservador de Dato. Este señor, con su conducta al aceptar el Poder, al negarse a convocar las Cortes y al proceder como ha procedido frente a una huelga general, ha logrado lo que no logró don Alejandro Pidal con su llamada a las que en un tiempo se llamó «las honradas masas». Estas masas —¡y tan masas!—, muy menguadas ya de lo que eran entonces y desengañadas de su don Jaime, que parece inficionado de liberalismo vitando y que hasta canta la «Marsellesa»— ¡horroriza pensarlo!— van a engrosar en lo que recordando sin duda lo de partidos legales e ilegales hemos dado en llamar la legalidad. (Que no hay que confundir con la justicia.) Por de pronto, en no pocas partes, los requetés se han ofrecido al Gobierno como Policía honoraria.

Este ingreso de las masas absolutistas en el partido conservador y en el de Dato, puesto que Maura es, dígase lo que se quiera, demasiado liberal y demócrata y constitucionalista para esas masas, dará a ese partido nueva vida, robusteciendo su último sentido anticonstitucionalista. Porque todos sabemos que Dato y sus compañeros de Gabinete se han prestado a las maniobras menos constitucionales y propenden a apoyarse en un sentido de monarquía absoluta. El partido conservador idóneo —¡qué bien le salió a Maura este epíteto!— es francamente partidario de lo que ha dado en llamarse el Poder personal, o sea del absolutismo monárquico. Saben que este es el mejor escudo de la irresponsabilidad ministerial. Y no hace mucho que un escritor tan sereno y tan agudo como es hoy, Ramiro de Maeztu, asentaba, y no para execrar de ella, la horrible pesadilla del «despotismo ilustrado». En el despotismo no ilustrado, o más bien en el despotismo anti-intelectual, creen las susodichas masas, cuyo primer principio político es el de que hay que meter en cintura a todo el que piense por cuenta propia, a todo hereje, sea peligroso o político. Porque para estos sujetos hay también una ortodoxia patriótica.

El absolutismo español acabará ingresando en la llamada legalidad convencido de que es hacedero convertir en absolutista a nuestra suprema institucional política; pero en cambio el partido, o más bien los partidos —porque hoy son dos— liberales constitucionalistas no se verán aumentados por elementos del otro extremo. Los que en España anhelan que se puede llegar a un gobierno de opinión pública, de verdadera soberanía popular y a la vez de justicia, a una verdadera democracia, éstos no pueden ingresar en los partidos monárquicos liberales tal y como están hoy formados e informados. Esos elementos de la extrema izquierda, de lo que se llama así, tienen que mantenerse fuera de la llamada legalidad. Ni los legales —pásesenos la expresión— hacen nada por atraerlos. Cuando han querido intentarlo ha sido ofendiéndoles. Todo lo que se ha buscado alguna vez ha sido sórdidas e inconfesables colaboraciones.

Claro está que carecen también de efectivo valor teatrales entrevistas, sin otro objetivo que su publicidad, con respetabilísimos republicanos a quienes el implacable tiempo ha reducido a no ser sino recuerdo de un merecido alto prestigio. Ni hay que olvidar qué homenajes de respeto recibió después de muerto Joaquín Costa de quienes no le hicieron ningún caso en vida. No; las comedias no tienen duradera eficacia en política.

Duros y tristes días van a pasar la democracia y el liberalismo españoles. De las elecciones nada hay que esperar. ¿Habrá que esperarlo, por doloroso que nos parezca, de las huelgas generales?

(*El Día*, 10-IX-1917.)

50. Comentario

¡Pero, señor, qué ganas tienen algunos desocupados de complicarnos la vida! ¡Qué empeño en inventar problemas y no dejarnos divertir! ¡Con eso de que la vida es una cosa seria y con lo de los deberes del cargo y otras andróminas...!

No se pueden leer los diarios desde que han dado en ponerse fúnebres. ¿Pues qué sino funebridad es todo eso de la renovación?

¡Cuidado que es manía eso de que se acabe el turno pacífico de los partidos turnantes! ¿Hay acaso nada más cómodo?

Y veamos, ¿con qué y cómo se sustituye ese turno? Cambó, que es uno de esos desocupados que se empeñan en complicarnos la vida planteándonos problemas, se ha pronunciado una vez más, y está aquí en *El Día* —véase el del lunes último—, contra «la continuación de la vieja política de turnos obligados e imposición de las antiguas oligarquías desacreditadas». ¿Y con qué sustituiría el señor Cambó ese ya tradicional y cómodo procedimiento? Vamos a ver. Nos lo dice él mismo. «Un Gabinete de concentración en el que tuvieran representantes todas las fuerzas nacionales; un Gobierno que comprendiera las diversas orientaciones políticas...» ¡Basta! ¡Pero, señor, qué ganas tienen algunos desocupados de complicarnos la vida!

¿Y cómo se averigua cuáles son las fuerzas nacionales que merecen estar representadas en el Consejo de ministros? ¿Quién es el guapo que se entera de las diversas orientaciones políticas? ¡Cómo se conoce que el señor Cambó apenas tiene otra cosa que hacer que ocuparse en política! Y créanos el «leader» catalanista, eso de estudiar la política nacional es muy poco divertido y hasta puede ocasionar quebraderos de cabeza. ¡Menudo lío está hecha la tal política!

En su molesto empeño de complicarnos la existencia dice también el señor Cambó que las consultas que evacúa —¿no se dice así, «evacuar, consultar»?— la Corona antes de resolver las crisis ministeriales son un trámite más del que se podría prescindir por su inutilidad. ¡Cómo se conoce que el señor Cambó carece de sentido litúrgico! Pero, señor, ¿cuándo se penetrarán las gentes todas del valor y el sentido de la liturgia?

El obstáculo mayor a toda violencia revolucionaria es la liturgia. La liturgia es lo más profundamente conservador que hay. Sin la liturgia, con sus adyacentes chirimbolos, la vida sería un complicadísimo avispero de problemas. La liturgia, el protocolo y la etiqueta tienen por benéfico efecto el de simplificarnos la vida dándonos el suficiente margen para divertirnos.

La liturgia de las consultas debe persistir. ¿Pues qué, vamos a estar de continuo, como parece aconsejarnos el señor Cambó, auscultando lo que se llama los latidos de la opinión y siguiendo el curso de los problemas políticos? Estos políticos como no tienen que pensar más que en política se figuran que eso es lo capital.

«Las consultas —continuó diciendo el señor Cambó— tal como hoy se llevan no significan nada. No basta con pedir opinión a todos los «ex» de los partidos de turno. No es posible así percibir las verdaderas palpitaciones de la opinión.» ¡Qué cosas, señor, qué cosas se les ocurren a estos políticos desocupados y empeñados en complicarnos la vida con problemas! ¡Y qué falta de sentido de la liturgia! «¡Verdaderas palpitaciones de la opinión!» ¡Retórica, retórica y retórica! Y el mejor remedio contra la retórica es la liturgia.

Las consultas, señores abogados de la opinión pública, son una venerable institución protocolaria o litúrgica y a nadie se le ha ocurrido todavía que el evacuarlas —que tal es el término litúrgico también— sea otra cosa que evacuarlas. Es como la ingenua simpleza del conde de Romanones de que se lleve por escrito la contestación a la consulta. Pero, señor, ¿cómo se va a llevar por escrito la contestación a una pregunta que no se le ha formulado a uno todavía? No hagamos lo de las mujeres, que no suelen responder a lo que se las pregunta, sino a lo que se les figuraba que se las iba a preguntar. O lo de los diálogos de las gramáticas del método Ollendorff, donde es forzoso colocar tales o cuales palabras regulares o irregulares. Y por lo demás, tratándose de consultas litúrgicas lo mismo da que la contestación sea dada de palabra que por escrito, y que esté en castellano, en latín o en griego. En la liturgia de Nuestra Santa Madre la Iglesia Católica Apostólica Romana decimos «Kirie eleison» y es lo mismo que si dijéramos: «¡Señor, tenga piedad!» Y para decir «amén», que no es castellano, no hace falta saber mucho.

Consultar, por ejemplo, como es de protocolo con el actual presidente del Senado, el añoso y simbólico don Alejandro Groizard, especie de druídica encina oracular, es el más exquisito y esmerado refinamiento de la liturgia. «¡Flectamus genua! ¡Levate!» Es una especie de «Kirie eleison» y «Christe eleison» con su «amén» correspondiente. Porque yo entiendo, señores... Pero ¡basta! ¡Cada cual a su oficio! Y no es cosa de que nos pongamos serios.

Esos desocupados que se meten a políticos ni tienen el sentido de la liturgia ni se han percatado de lo cómodo que es el turno de los partidos. ¡Qué ganas, señor, de complicarnos la vida y de darnos quebraderos de cabeza! ¡No parece sino que no estamos más que para estudiar política nacional y hasta internacional! No le dejan a uno vivir en paz.

Mejor harán esos abogados de la opinión dejarse de esos embolismos e inventar alguna otra fiestecita nacional. ¡Lo bien que nos ha salido esa amable y regocijada mojiganga de la fiesta de la Raza! ¡Puro azúcar! Es decir, pura liturgia. Con fiestas así, como esa de la Raza, es como se levanta y se renueva el espíritu público español. ¡Y ande el movimiento!

No se cansen, pues, Cambó, Romanones y Compañía, con sus complicaciones de política constitucional. El señor Dato seguirá de presidente del Consejo de ministros hasta que le manden retirarse, lo mismo que le mandaron hacerse cargo del cargo. Y esto también es litúrgico. ¿Cuestión de confianza? Pues que no le han dicho ya que se vaya, señal de que goza de esa confianza. Y goza, desde luego, de la otra, de la de la masa que no opina ni piensa, de la confianza, de la «no voluntad» —o sea «noluntad»— nacional. Y cuando nos cansemos de Dato, que venga otro Dato cualquiera; pero, por Dios, señor, que no nos compliquen la vida con esos enredos y circunvoluciones de palpitaciones de la opinión pública.

Ese Cambó debe de ser uno de esos a que se llama intelectuales, pues de otro modo no se comprende su tema de andar planteando problemas europeos. ¡Y así anda Europa por meterse en problemas! Mientras que aquí...

Aquí da gusto. Mientras por ahí fuera andan rompiéndose las crismas y destrozándose las casas y arruinándose, aquí nos va tan ricamente. Porque hasta el entremés revolucionario último fue nube de verano que sirvió para ensayar los cañones granífugos y condecorar a Sánchez Guerra —lo que también es liturgia—. Pero, vamos a ver, ¿dejó por eso la gente de divertirse? ¿Se suspendió, ni siquiera por veinticuatro horas, el juego en el Gran Casino?

¡Ande, pues, el movimiento! ¡A divertirse, caballeros!

Eso de las consultas es cosa fúnebre. Cuando un enfermo oye hablar de consulta de médicos ya puede prepararse a bien morir. Como no sea que las consultas sean también litúrgicas.

No cabe duda de que el régimen de turno de los partidos áulicos es el régimen más económico. El de mayor economía de esfuerzo crítico y resolutivo.

(*El Día*, 19-x-1917.)

51. En Salamanca: Notas de un testigo

Me cogió, sin sorprenderme, la huelga general de agosto en esta ciudad de Salamanca. Aquí fue, como en casi todas partes, completamente pacífica, conforme a la intención de los que la prepararon. Es decir, que aquí ni alteraron el orden ni provocaron a alterarlo los encargados de mantenerlo. Lo que no quiere decir que no pocos burgueses, envilecidos por el pánico, no propalaran la especie de que estaba acordado por los obreros un saqueo de casas de ricos y hasta algunos señalaban el número de éstas. A tal vileza lleva la cobardía.

El lunes, 13, por la mañana salió el gobernador, con escolta honoraria, a impedir que se cerrasen los comercios de la Plaza Mayor, y a algún comerciante que le dijo que cerraba, no por temor a violencias de los obreros sino porque así le placía, le replicó que se le tendría por sospechoso. De revolucionario sin duda. Horas después, proclamado el estado de guerra, hacíase cargo del mando la autoridad militar, cesando la civilidad, que es lo normal y lo único justo.

Empezaron las detenciones de los sospechosos, ya por denuncias recibidas en la ciudad misma, ya por órdenes venidas de Madrid. En uno de los días se prendió a un súbdito francés, de la carrera consular, y se le llevó a la cárcel entre un piquete de soldados en pleno sol y por donde más gente podía verlo. El efecto que con esto, sin duda, se buscaba, era hacer creer al pueblo que la huelga había sido provocada por agentes franceses o aliados para así, atribuyéndole un sentido antineutralista, hacerla abortar. Corría en tanto de boca en boca el absurdo tópico, alimentado desde el Ministerio de la Gobernación, si es que no nacido en él, del dinero francés e inglés. En plena sesión de la Cámara de Comercio de esta ciudad tuvo uno de sus miembros la ligereza de afirmarlo. Era la consigna.

Gentes que salían de los gabinetes del Gobierno civil se encargaban de extender por la ciudad noticiones sensacionales para infundir terror en los huelguistas. Entre ellos que, después de juicio sumarísimo, habían sido ya o iban a ser fusilados los individuos del Comité Central de huelga. Servíanse, además, al pueblo, las mentiras todas que se fraguaban en Gobernación.

Parece que también aquí hubo infelices de alma esclava que fueron a las autoridades a ofrecerse como policías honorarios. Desde luego los trogloditas. Aullaban que el objetivo del movimiento rebelde era el arrastrar a España a la guerra, y se dice que en más de una parte se animaba así a los soldados a que se dispusieran, si llegaba el caso, a hacer fuego sobre los suyos, diciéndoles: «¿qué preferís, hacer fuego aquí contra los rebeldes o que os maten en las trincheras?» Un alemán opinaba aquí que contra tal desorden —y no lo había—, lo mejor era el método prusiano de represión. La autoridad militar recibía a diario montón de anónimos denunciando a unos o a otros, que esto del anónimo es arma de que usan las gentes sedientas de orden.

El Ayuntamiento de Salamanca se había adherido con anterioridad a estos sucesos a los acuerdos de la Asamblea de Parlamentarios de Barcelona y había propuesto por su parte una Asamblea de Municipios, que Sánchez Guerra decretó caprichosa y arbitrariamente que sería ilegal. Pues no bien estalló la huelga reunióse el Concejo con asistencia de cinco concejales, y acordaron dejar aquellos otros acuerdos sin efecto, añadiendo que la huelga revolucionaria había sido provocada por la Asamblea de Parlamentarios. No cabe decidir si esta especie procedió de torpeza, de servilismo o de vileza.

Como el permanecer cerrados los cafés podía influir en la depresión de los ánimos, la autoridad gestionó que se abreisen, mas los dueños alegaron que ello dependía del gremio de camareros. Autorizó, pues, o más bien promovió la autoridad una reunión de este gremio y a uno de los camareros que en ella se opuso a la vuelta al trabajo llevósele de allí a la cárcel sin otro motivo.

El orden fue durante todos los días perfecto, siendo, en rigor, inútiles las parejas mixtas, de guardia civil y soldado —¡insigne muestra de confianza mutua!— que corrían la ciudad. La fuerza pública no alteró aquí ni por un momento el orden.

Lo que oprimía el corazón era el estado de ánimo de la burguesía de la clase media, farisaica en gran parte, envilecida por una cobardía irracional y que esperaba verse al fin libre del fantasma obrero. Los patronos y patronzuelos hacíanse la ilusión de que reprimida con mano fuerte la huelga se acabarían las asociaciones obreras, que son su pesadilla, para fundarse luego esas miserables majadas de obreros ovejas a que se llama patronatos. ¡Se iba acabar con el obrerismo!

Terminó, por fin, la huelga y al punto pensaron los atribulados hombres de orden en organizar un homenaje a las fuerzas que tan patrióticamente se habían abstenido de provocar el desorden. En la Cámara de Comercio se formó una comisión organizadora del homenaje popular —con votos en contra de vocales de dicha Cámara, lo que se calló al dar cuenta de la sesión una prensa envilecida y bellaca— e hizo circular a los presidentes de asociaciones y entidades colectivas un escrito en que decía que «interpretando el común sentir de este pueblo» abría una suscripción pública «con objeto de obsequiar al ejército, guardia civil, guardia de seguridad y de vigilancia por su patriótico comportamiento durante la felizmente muerta intentona revolucionaria». Y añadía: «La entidad de su digna presidencia, dando pruebas de su patriotismo, contribuirá a engrosar las listas de donativos y estampará sus firmas en el ÁLBUM que se ha de ofrendar en prueba de respeto por su enérgica actuación.» Y acababa: «Así lo espera de su lealtad y generosidad.»

Al testigo que traza estas notas se le envió una de estas imperativas invitaciones como a presidente que era y sigue siendo del Ateneo de Salamanca. Y contestó diciendo: «Por estar en vacaciones y ausente casi todos los individuos de la Junta directiva del Ateneo de Salamanca, no me es posible reunirlos; pero ya que a mí viene el escrito, puedo, por mi sola propia cuenta, anticiparle mi personal opinión al respecto. El Ateneo de Salamanca es una Sociedad de cultura y no política y no tiene, por lo tanto, por qué condenar ni aplaudir la que esa Comisión llama «la felizmente muerta intentona revolucionaria», sobre todo ignorando como a su vez esa Comisión también seguramente ignora, el alcance y sentido de la revolución que se fraguaba. No creo, además, que esa Comisión pueda arrogarse la interpretación del «común sentir de este pueblo» y, en todo caso, es al pueblo mismo, o más bien a los huelguistas salmantinos a quienes habría que rendir homenaje, pues han sido esos huelguistas los que con su actitud pacífica, de sensatez, nobleza y patriotismo han hecho innecesaria la intervención de la fuerza armada para verse luego, como se ven, calumniados por los que ignoran lo que se proponían. Ni se me alcanza a qué viene apelar a mi lealtad y generosidad. La lealtad a la justicia y al pueblo y la generosidad cristiana lo que piden es que se proceda a juzgar serenamente y con elementos de juicio y que no se dé alas, como en la Cámara misma de Comercio e Industria de Salamanca se ha dado, a especiotas absurdas y malévolas de las que en estos días tristes han brotado del lamentable e incivil estado de ánimo colectivo de ciertas clases sociales.» Acababa la carta —cuyo sentido acaba de ser aprobado por la Junta del Ateneo— manifestando el propósito de hacerla un día pública. No pude lograrlo entonces, sospechando que más que la censura impidió su publicación la bellaquería de la prensa local, órgano en aquellos días de las malas pasiones conservadoras.

La suscripción fue copiosa; mucho más copiosa que suele serlo cuando se trata de aliviar la indigencia del proletariado. Acudieron presurosos todos lo que dejan que agonice la asociación caritativa para extinguir la mendicidad. A este homenaje, de evidente carácter político, pues se festejaba el fracaso de una revolución, acudieron no ya conventos de órdenes religiosas, sino hasta la Caja de Ahorros, no sin protesta de algún vocal de su Directiva, lo que se guardó secreto publicando una falsa unanimidad. Y es que en aquellos días de pánico y de servilismo el ser republicano era considerado delito. Pesaba sobre muchos el espantajo de la revolución social.

No era, además, conocido de la generalidad —aunque algunos pocos lo hubiéramos leído— el manifiesto del Comité central de huelga, manifiesto que, siendo el cuerpo del supuesto delito, no se ha dejado publicar a la vez que la acusación, defensa y condena para que no se viera desde luego claro la monstruosidad de la última. Y por no conocerse tal manfiesto unos atribuían fines fantásticos y absurdos a la huelga y otros decían que era un movimiento anárquico sin finalidad consciente y clara. Esta era la versión del Gobierno faccioso que provocó la anticipación del acto revolucionario para mejor defender, sobre el pánico burgués, su íntimo carácter despótico y antidemocrático.

En tanto, como nada de seguro se sabía del resto de España, fuera de alguna que otra carta fantástica, corrían todo género de fábulas. La censura contribuía a deprimir el espíritu público. Aunque cumple confesar, en honor de la verdad, que la censura más que con exceso de rigor, con defecto de inteligencia, que no son la disciplina cuartelaria ni los estudios, a base sobre todo de matemáticas, no sublimes, que en las academias militares se hace, lo más apropósito para aguzar las entendederas críticas. Tachábase lo que no se comprendía bien ¡y era tanto...! A lo que hay que agregar que el estado general de ánimo de la burguesía española era el de odio a la inteligencia. La canalla reaccionaria y conservadora, y desde luego la troglodítica, aullaba contra los *intelectuales* y los *inductores* y defendía la especie de la no licitud de las huelgas que no lo sean por razones puramente económicas. ¡Pan y toros!

El día mismo en que las afligidas clases de orden, las llamadas fuerzas vivas, ofrendaban el álbum a los que en esta ciudad se habían sabido contener patrióticamente para no provocar el desorden, salió de Salamanca este testigo en dirección a Italia. Iba a presenciar en el frente de la guerra italiano el heroísmo y la civilidad de una nación joven, de cuarenta y siete años, que sabe que sólo haciendo historia se salva el alma, y que va a reconquistar, con su sagrado solar entero, toda su alma eternamente civil y latina.

Al pasar por Barcelona oímos detalles de la rebelión del 1.º de junio, a la que se le ha aplicado otra medida —la del embudo— que a la del 13 de agosto, que no fue sino su consecuencia e imitación, y visitamos a nuestro amigo Marcelino Domingo, preso no se sabe por qué. De labios de nuestro amigo, del valiente denunciador civil de los escándalos de la campaña de Marruecos —sangría y robo—, oímos el relato de los desmanes de que fue víctima en el cuartel a donde le llevaron apenas preso. Como sabemos que estos desmanes, hechos ya públicos en el extranjero, lo llegarán a ser en España —respondemos de esto— nada diremos hoy de ellos. Y habrá que ver si se les aplica también a sus autores la ley del embudo. Sería fuerte cosa que una vez más quedasen fuera de juicio aquellos a quienes gobiernos despóticos entregan la facultad de juzgar. No hay civilización y dignidad y justicia —justicia civil, que no cabe otra que sea justa—, mientras no se logre que bajo la civilidad perezcan todas las absurdas leyes de jurisdicciones especiales y de casta, reliquias de la barbarie de los tiempos de despotismo, clericalismo o pretorianismo.

(*España*, 25-x-1917.)

52. Comentario

Lo hemos dicho antes de ahora: la frivolidad reinaba en España. Y reinaba también en los espíritus de los españoles. Y la frivolidad, a la tremenda presión de la tragedia mundial, que es la lucha entre las democracias y el despotismo, ha parido la confusión caótica. Y lo que hoy reina en España y en los espíritus de los españoles es la confusión caótica.

Y este caos confuso se refleja en el lenguaje mismo. Hay tinieblas sobre el haz del abismo; pero el Espíritu de Dios no se mueve sobre el haz de las aguas. Ni resplandece el Verbo. Las palabras han salido de quicio. Pasábamos por oscuros los escritores más claros, los que mejor sabemos lo que decimos, los que no damos a cada vocablo más que un solo y mismo sentido siempre.

Entre los nombres que más confusamente se emplea está el de «Ejército». Parece que se olvida lo que debe querer decir esa denominación.

La Iglesia —la católica, apostólica, romana— es, según nuestro clásico P. Astete, «la congregación de los fieles cristianos, cuya cabeza es el Papa». La Iglesia no es el clero, y el clericalismo es una enfermedad de la Iglesia. La sociedad política o civil es la congregación del los ciudadanos todos cuya cabeza es legalmente hoy en España el Rey. La sociedad política no son los políticos ni los funcionarios públicos, y el politicismo y el funcionarismo son enfermedades de la sociedad civil. El Ejército es, desde que se implantó el servicio militar obligatorio, el pueblo, todo el pueblo en armas. El Ejército no es la oficialidad técnica que lo dirige, no son los profesionales de la milicia, y el militarismo es una enfermedad del Ejército. Y la voluntad del ejército, del pueblo armado, no puede ser más que la voluntad nacional, la del pueblo mismo. Y no puede ser órgano de esta voluntad la oficialidad técnica a su servicio.

De donde se deduce que pretender emplear a la parte armada del pueblo contra la parte inerme es provocar la guerra civil. Y ni un supuesto, ordinariamente ficticio, de alteración del orden —¿de qué orden?— lo justifica siempre.

¿Y qué diremos de emplear al pueblo armado para otros menesteres que los de la defensa del orden? De esquirols, por ejemplo. Lo que no es mero supuesto, pues en esta ciudad de Salamanca a un industrial, dueño de una imprenta, y troglodítico él, se le antoja despedir a dos tipógrafos por pertenecer a la Federación Obrera, Sociedad legal y legítimamente constituida, y las autoridades le han procurado dos esquirols, haciendo que vayan a trabajar a su imprenta un empleado en la Oficina de montes, a quien para ello se le dispensa, cuando urge, de servicio, pero no de sueldo, y un soldado de la guarnición, tipógrafos ambos de oficio.

Pero volviendo a nuestro tema de la caótica confusión de especies no ha faltado quien con lamentable desconocimiento de lo que está pasando hoy en el mundo ha comparado nuestra ya famosísima Junta de defensa con el Soviet ruso. Sin reparar que el Soviet, especie de Convención, está formado de obreros y de soldados; pero de soldados rasos y no de oficiales, no de militares de profesión y carreras vitalicias. El Soviet ha resultado un organismo destructor y disolvente; pero no se parece en nada a la Junta de defensa de aquí. Tiene otro espíritu, bueno o malo, mejor o peor, pero otro que lo de aquí.

Mucho más parecido hallamos entre esta Junta o UNION y el Comité de Unión y Progreso, que pretendió regenerar el moribundo Imperio otomano. Acaso la diferencia esté en que los jóvenes turcos eran musulmanes, mahometanos, y nuestros nuevos españoles —llamémosles así—, éstos que dicen querer renovar a España, son —lo creemos— cristianos católicos.

Los jóvenes turcos, los del Comité Unión y Progreso, eran en su mayoría jóvenes oficiales del Ejército turco, militares musulmanes, educados en Alemania y, por lo tanto, germanófilos. Y como musulmanes germanizados, fieramente cristófobos o anticristianos. La unión y el progreso, bajo las doctrinas del materialismo teutónico y el culto a la eficacia —con desprecio de la ética y la justicia— se señalaron por la científica sistematización de las matanzas de armenios.

Ignoramos qué sentido internacional tiene la UNION de los oficiales españoles, que dicen proponerse contribuir a la renovación moral de España, y hasta ignoramos si tiene sentido alguno internacional. Ignoramos si esa UNION es neutralista o es intervencionista, y en caso de ser esto último en qué sentido lo es. Ignoramos si se propone poner el veto a cualquier resolución de la voluntad, o de la necesidad nacional que no encajara en su sentido internacional, si es que tiene alguno.

Se ha dicho que en algún bando de los publicados durante la huelga de agosto se decía, para condenarla, que era su objeto llevar a España a la intervención en la guerra. No era así, no lo era; mas aunque lo hubiese sido no es oficio propio del que dirige al pueblo armado meterse a dirimir con la fuerza el debate de opinión pública, de voluntad nacional, de si ha de intervenir o no la nación en esa guerra. Este debate se resuelve de otro modo, por otros medios y en otro lugar. La voluntad nacional y civil española podrá querer o no querer intervenir en la guerra, o intervenir de un modo o de otro, directa o indirectamente, con armas o sin ellas, o abstenerse de toda intervención y guardar una beatífica neutralidad; pero en todo caso, eso no debe resolverse a tiros en las calles. Eso debió debatirse amplia y libremente, amplísima y libérrimamente en el Parlamento, en vez de cerrar éste para no dar cuenta de las notas con que se debió haber respondido a las notas que debió haber enviado España. Porque de esto ya no se habla. Y cada uno de nosotros podrá pensar en ello como quiera

—yo, por ejemplo, discrepo a tal respecto «ex toto diametro» de los que redactan este diaro—; pero es asunto que debe ser público y del que se debe hablar con toda claridad. Que en esto, y no en callarse, consiste el patriotismo.

Y decimos todo esto así, tan claro, porque en medio de este confuso caos que envuelve a la amodorrada frivolidad española, el más cegato ve claro que en todos los que parecen problemas de carácter puramente interior, nacional, está implícito, y aún explícito, el problema exterior, internacional. Y sería muy extraño que no lo estuviera también en el problema militar de la Junta de defensa.

¿Con qué cebo llevó el Gobierno Dato-Sánchez Guerra a los directores técnicos del pueblo armado a que reprimiesen, de una manera que hoy se ve cómo fue de desproporcionada, la huelga pacífica del pueblo inerme? ¿Con qué razones de pública conveniencia —a juicio de ese Gobierno: lo que podría ser inconveniencia— movió a unos jueces a la fuerza a condenar lo que espíritus serenos estiman que no es ni siquiera una falta de que haya que entender en un Juzgado municipal? ¿Temores de qué empujaron al Poder público a proclamar delito lo que no es sino una manifestación de un deseo, aunque se manifieste tal deseo cruzándose de brazos?

Mas todo es inútil. Aunque queramos que lo de aquí, lo nuestro, lo nacional, lo español, no sea más que una modesta y casera y agarbanzada renovación, lo que sopla y arde y truena por ahí fuera, por Europa, es una revolución, una revolución civil y democrática, y esta revolución europea arrastrará tras de sí a nuestra pobre y tímida renovación nacional.

¡Y, ay, de la Turquía de Occidente!

(*El Día,* 3-XI-1917.)

53. Comentario

Por fin está ya libre y en franquía nuestro amigo Marcelino Domingo. Ya era hora. Al salir del «Princesa de Asturias» ha manifestado cuán reconocido está al comportamiento que con él ha observado la oficialidad de ese crucero. ¿Que esto huelga? No, no huelga. Y menos habida cuenta que el ingreso de Domingo en el crucero fue ya una liberación. Se lo oímos contar cuando el 11 de septiembre le visitamos a bordo de su prisión.

Mas ahora nos salen diciendo que si los Tribunales militares no han llegado a elevar la causa a plenario y está sin procesar Domingo se debe a que no han encontrado materia procesable, por lo que es de suponer que el Supremo ni siquiera tendrá que dirigir suplicatoria al Congreso. La cosa es, como se ve, gorda. Mas no nos sorprende.

Cuando en aquella fecha hablamos con nuestro amigo en su prisión flotante no sabía aún de qué delito se le acusaba ni por qué estaba preso. Habíanle presentado números de su diario *La Lucha* con artículos firmados por él, preguntándo e si eran suyos. ¿Se le iría a querer procesar por haber escrito aquellos artículos? Parece increíble.

Aquí mismo, en Salamanca, han estado presos algunos que han salido de la cárcel sin haber siquiera sido procesados. A los legos en procedimientos, eso nos parece enorme. Y a otros acaso se les procesó no más que para justificar una detención y un apresamiento irreflexivos. Tal aquí el caso de un señor francés, cuyo delito debe ser haber formado aquí un Círculo franco-español y organizar exhibición de películas de la guerra.

Por cierto que a este señor francés se le preguntó al tomarle declaración cómo explicaba que la opinión pública de Salamanca le señalase como director, propulsor y sustentador del movimiento de la huelga general pacífica. ¡La opinión pública! ¿Y cuál es la opinión pública? Sin duda, creían que la opinión pública de esta ciudad era la tertulia troglodítica de una botica, a la que acudía el pobre gobernador civil a apacentarse con las más grotescas comadrerías. ¡Que así andaban las cosas!

Y en tanto repetía Dato, para ver si lograba que se lo creyesen, que la opinión pública estaba con él, con su Gobierno, y hasta que era antipatriótico no apoyarle. Dato, como lo hemos dicho muchas veces, llamaba opinión a la no opinión, y voluntad nacional a la no voluntad, a la «noluntad».

¡De buena se ha librado nuestro amigo Domingo! Y se ha librado de ella por ser diputado a Cortes. Y aquí entra lo grave. Si en vez de ser diputado a Cortes no era más que concejal de Barcelona, como Besteiro lo era de Madrid, a estas horas estaría acompañando a éste, aun sin haber hecho otra cosa que lo que hizo. Pues el manifiesto del Comité de huelga no es más delictivo que los artículos de Domingo en *La Lucha.* O a la inversa. Si los firmantes del manifiesto hubiesen sido diputados a Cortes y se hubiese visto que su proceso tenía que pasar a la competencia del Supremo, es lo más probable que a estas horas no estarían ni procesados siquiera.

Hay algo de irritante y de injusto en eso de la inmunidad parlamentaria, y no porque los diputados queden inmunes, sino porque no lo estén los demás ciudadanos. Lo irritante y lo injusto es que la inmunidad esa no se extienda a todos los ciudadanos. Porque en los casos en que no se pueda condenar a un diputado tampoco se debe condenar a otro cualquiera.

Ya sentimos a algún lector exclamando: «¡Eso, eso! ¿Por qué han de gozar de esa libertad excepcional "los diputados"?» ¡Y no es así, no!, sino: «¿Por qué no han de gozar de ella todos?» Nos pronunciamos contra el fuero parlamentario como contra cualquier otro fuero. No queremos privilegios. Queremos la igualdad ante la ley; pero la igualdad en la libertad.

«¡Ah, los inductores!», oímos exclamar. Y otras veces: «¡Esos intelectuales!» El intelectual es la bestia negra, es el espantajo del inintelectual, o mejor aún del ininteligente. Una de las pasiones que más se han puesto al descubierto en el pasado histórico verano ha sido el odio a la inteligencia. Y es que la inteligencia es rebelde a toda otra disciplina que no sea la de la razón. Y la cual es, en cuanto a la fuerza originaria del vocablo, la verdadera disciplina. Pues «disciplina», de «discipulina», deriva de «discipulo» y éste de «discere», aprender, siendo la disciplina lo propio del discípulo que se pone bajo la dirección del maestro. Y así como al discípulo corresponde el maestro —no el profesor ni el catedrático—, así a la disciplina corresponde la maestría. Y donde no hay maestría no puede haber disciplina. La energía pura, la mera energía, no sirve para ello. La energía pura es una fuerza sin dirección. Y es que saber mandar es, ante todo y sobre todo, saber lo que se manda.

¡Y tan claro como esto nos parece a los que pasamos por rebeldes e indisciplinados! Así como en Pedagogía lo capital es lo que se ha de enseñar y no cómo se ha de enseñarlo, sin que sirva inventar artificiosos expedientes formales —como los de don Andrés Manjón, desdichado pedagogo— para transmitir enseñanzas o inútiles o erróneos, así en demagogia —esto es, en dirección del pueblo—, lo que importa es lo que se ha de mandar y no cómo se mande.

«Si quieres que te obedezcan, manda poco», decía San Felipe Neri, el popular santo romano. Y nosotros nos atreveríamos a añadir: «Si quieres que te obedezcan no mandes disparates.»

¿No han oído ustedes el cuento de aquel banco de un paseo próximo a un cuartel, en que no dejaba a nadie que se sentara un centinela próximo, y que al hacerse una información, por empeño de un paseante, se vino a averiguar que un oficial de guardia dio aquella orden recién pintado el banco para que no se estropearan los vestidos de los que fuesen a sentarse en él, y habiéndose olvidado de revocarla cuando ya la orden no era, como lo fue al dictarla, beneficiosa al público, seguía siendo vedado el banco aún bien seco? ¡Pues hay tantos bancos así, secos y resecos, en que nos prohiben sentarnos porque se le prohibieron a nuestros abuelos, en su beneficio, cuando los bancos estaban recién pintados y podían estropearles sus casacas!

Los que para obedecer indagamos la razón de la orden nos ponemos a averiguar si los bancos están o no recién pintados, y para ello pedimos, como discípulos, maestría al maestro. El «¡ordeno y mando!» así, en seco, nos parece execrable.

Durante el tiempo que nuestro amigo Domingo permaneció a bordo de su prisión la tinta de imprenta de sus artículos de *La Lucha* tuvo tiempo de secarse tanto como la pintura del simbólico banco de marras. Pero ¿y si la huelga llega a desarrollarse de otro modo o si logran arrastrar a los huelguistas a procedimientos de violencia? ¿Si llega siquiera a haber barricadas en las calles de Barcelona? Entonces... Nuestro amigo conoció el preludio de una cantata que no pudo llegarse a tocar. Le oímos contar su liberación cuando logró refugiarse a bordo del crucero. Mas para los demanes que tuvo que soportar hay amnistía.

Y a propósito de amnistía. Esta palabra significa olvido, y no perdón. Y para restablecer eso que llaman la paz de los espíritus lo que hace falta no es ni olvido ni perdón; lo que hace falta es justicia. Y la justicia exige maestría.

No es justo medir con dos medidas. Todo fuero y todo privilegio —incluso, ¡claro está!, el parlamentario— es injusto.

Creemos que está bien claro. ¡Aunque somos tan oscuros y tan enrevesados los intelectuales!...

(*El Día*, 9-XI-1917.)

54. El pseudo problema regionalista

Lo que ha ocurrido a la Asamblea de Parlamentarios con la entrada en el ministerio de La Cierva de los señores Ventosa y Rodés es algo perfectamente lógico. La Asamblea era un conglomerado heterogéneo. No había fundente que pudiese homogeneizarla. Cambó intentaba engañar a Melquiades Álvarez, a Lerroux y a Pablo Iglesias, a los de la izquierda, como antaño engañó, cuando aquello de la Solidaridad, a Salmerón.

Hay que empezar porque no hay problema catalán, específicamente catalán, que se pueda convertir en problema general español. Los problemas políticos de Cataluña son los problemas mismos del resto de España, sentidos acaso ahí, en Cataluña, con más intensidad y con más reflexión y conciencia. Es, en el fondo, el problema mundial de la democracia y de la civilidad.

El regionalismo no puede ser doctrina que dé contenidos suficientes a una revolución política. El regionalismo de la Lliga, que quiere exportar a Cambó al resto de España, no nos resuelve nada. Con suscitar aragonesismo y andalucismo y galleguismo y castellanismo nada sustancial resolvemos. También Vázquez de Mella es regionalista. Y más aún que Cambó. Como que el regionalismo es en España sobre todo fórmula de reacción, de reacción económica y religiosa. Se puede ser oligarca y plutócrata y ser regionalista.

No; digan lo que quieran esos señoritos que pretenden llevar vestidas sus ideas a la última moda y execran de los jacobinos, la distinción es la que se establece, «grosso modo», entre derechas e izquierdas. Y no cabe juntar en el molde regionalista a liberales y a ultramontanos, a socialistas y a burgueses. Un liberal, un verdadero liberal catalán se sentirá siempre más solidario de un liberal, de un verdadero liberal castellano o gallego que no de un reaccionario catalán. Y más hoy que los pueblos están luchando por la democracia.

Cuando aquello de la Solidaridad se le vio a Salmerón del brazo de carlistas y reaccionarios. Cambó debió convencerles de que todos los ideales políticos por que han luchado los liberales españoles, los nobles, los nobilísimos progresistas, los del morrión si se quiere, desde 1812, son antiguallas. Y ahora, cuando en la sesión que la Asamblea de Parlamentarios celebró en el Ateneo de Madrid sacó uno de los asambleístas el cristo del artículo 11 de la Constitución, le dijeron que de eso no se podría tratar porque no coincidirían todos y sólo debían acordar aquello en que coincidieran. ¿Y en qué coincidían?

Pareció como si coincidieran en ciertas medidas tendentes a hacer nuestra monarquía una monarquía real y verdaderamente democrática, una especie de República coronada como se ha llamado a la de Inglaterra, una monarquía civil, profundamente civil, libre de toda presión pretoriana, una monarquía parlamentaria. Pareció como si coincidieran en afirmar la única suprema soberanía del pueblo y que por tanto de él, del pueblo, representada en el Parlamento, deban recibir sus poderes los Gobiernos y que las crisis todas deban ser crisis parlamentarias y no de cámara regia o de camarilla. Hasta llegaron a pedir eso que el inconsciente de Burell —prototipo del político no ya viejo, sino decrépito— llama «la vieja puerilidad del veto» a la Corona. Parecieron coincidir en algo hombres de la extrema izquierda con otros de la extrema derecha y alguno que no está, en política, en ninguna parte como le ocurre a Cambó.

No; la política de Cambó, verbo de los regionalistas de la Lliga, no es exportable. Y no lo es porque no representando más que la defensa de los intereses de una especie de vasta Compañía carece de contenido ideal respecto a los problemas que dividen a los pueblos dentro de sí mismos. Porque Cataluña misma está dividida, tiene que estarlo y sólo el catalán que toma partido y puesto en esa división íntima puede ir a predicar fuera de Cataluña.

Nos dirán que allí, como aquí, lo que hay que predicar es la unión para reivindicar nuestros derechos. ¿Y cuántos son éstos? ¿Cuáles son las reivindicaciones de Cataluña? ¿Cuáles las de Castilla? ¿Cuáles las de Vasconia? ¿Cuáles las de Galicia?

Conocemos en Galicia la reivindicación de redimirse de los foros, pero para ello contra quien tienen que luchar los campesinos gallegos es contra los oligarcas y caciques gallegos, no contra el poder central; conocemos aquí en Castilla el problema agrario, pero contra quien tienen que luchar los colonos y labriegos castellanos para resolverlo no es contra el poder central, sino contra los latifundiarios y oligarcas castellanos. Y en mi nativo país vasco hay un problema cultural, la lucha contra la memez que ha consagrado el Señorío de Vizcaya —o Bizkaia, para escribirlo en memo—, al Sagrado Corazón de Jesús, y ese problema hay que plantearlo allí contra la oligarquía plutocrática vizcaína que sin creer ni en Dios ni en el Diablo busca el apoyo de los que han hecho de la Corte celestial una gendarmería. La finalidad de esas consagraciones es sustituir las sociedades obreras de resistencia, los sindicatos puramente obreros, por patronatos de medallita y misa.

Y así vemos que en cada región los problemas son los mismos y que son estos problemas, y no el fantasma regionalista, lo que une y divide a los pueblos.

Una superioridad mostraba Cataluña y es que por su mayor civilidad y conciencia pública las elecciones eran más verdaderas, más puras, más libres del influjo oficial y del encasillado gubernativo. Sentíase ahí menos lo que el mismo Burell llama la «dirección espiritual» —¿espiritual, eh?— del Gobierno sobre el cuerpo electoral. Pero así como la paz, según Cambó y nosotros, no es un fin, sino un medio, tampoco las elecciones no son un fin, sino un medio. De nada sirve hacer elecciones sinceras y populares si los elegidos no representan otra cosa que la pureza del sufragio. ¿Y qué representan los hombres de la Lliga? ¿Es ésta liberal y democrática? ¿Es algo más que una gestora de intereses de burgueses?

Los asambleístas de la izquierda se llaman ahora a engaño y dicen que los de la Lliga, los de la traición, con tal de conseguir desde el Gobierno el logro de las aspiraciones económicas de una oligarquía burguesa catalana todo lo demás les tiene sin cuidado. Y no sólo aspiraciones económicas, hay que ser justo, sino también culturales. Aunque lo que en el orden cultural piden y reclaman los más específicamente catalanistas es algo tan aseñoritado que el pueblo le tiene muy sin cuidado. Con todo el programa cultural del «Institut d'Estudis Catalans» puede Cataluña ser un país sin justicia social y rabiosamente reaccionario. Con manuales de liturgia y de oceanografía o enseñando a leer —y no más que a leer— griego a las bibliotecarias, no se entra en los verdaderos y hondos problemas civiles que hoy agitan a los pueblos, no se entra en el problema de la democracia y de la libertad reñido hoy a cañonazos, pesa a las «aristocráticas» andróminas de los amigos de la unidad moral de Europa y de los que quieren ponerse por encima del polvo del combate.

Sabemos de un catalán a quien al preguntarle qué era en política, respondió: catalán. Esto es algo peor que un despropósito. Es como si alguien dijera que en política era español. Es lo que dicen muchos trogloditas disfrazados de neutralistas. No, ni «¡viva España!» ni «¡visca Catalunya!» son soluciones políticas. La marcha de Cádiz y el canto de los Segadores pueden ser, y muchas veces son, himnos rabiosamente reaccionarios. Por algo, en cambio, la Marsellesa la cantan los liberales de todos los pueblos.

El regionalismo de la Lliga no puede llegar a ser una solución política para toda España porque no lo es siquiera para Cataluña. El problema que pretende plantear frente al Estado la Lliga y en que quiere unir, no sólo a los catalanes todos, sino a los regionalistas de toda España, es un pseudoproblema, es un problema falso.

(*La Publicidad*, 15-XI-1917.)

55. POLÍTICA NACIONAL ATUDESCADA

Andan por ahí unos sujetos, germanófilos en su mayoría, exhortándonos a que nos dejemos de eso de derechas e izquierdas y hagamos todos unidos política nacional. Quieren hacernos creer que lo de nacionalismo es más claro que izquierdismo o derechismo. Y ni es más claro ni es más nacional.

Confesamos no comprender bien qué es lo que quieren decir con eso de política nacional. Y no es fácil que lo comprendamos, porque aunque ellos sí que lo comprenden, sí que saben lo que quieren decir con eso, es una cosa tal que no se atreven a decírnosla bien a las claras. Porque esa su tan cacareada política nacional es nacional, sí, pero no española; es, pues, antinacional, antiespañola.

Exhórtannos esos sujetos a la concordia; pero a una concordia lograda mediante el abandono de lo que estimamos la esencia de una patria digna de serlo, de una nación a que pueda uno pertenecer más que por la fuerza de la necesidad.

Así como no consideramos verdaderamente católico o luterano o calvinista o mahometano al que dice y cree que lo es por haber recibido pasivamente uno de esos credos y haberlo conservado, siquiera formalmente, por pereza o acaso por total inercia mental, sino al que luego examinó y pesó y vivió espiritualmente su credo heredado, y acabó por hacerlo adquirido y propio, así tampoco consideramos verdaderamente español al que por haber nacido y haberse criado en España, de padres españoles, no tiene otro remedio que serlo y no ha reflexionado nunca en su españolidad para luego adoptarla libremente. Libremente, aunque influido, claro está, por su educación. Pues es natural que quien se educó en español prefiera serlo.

Dicen que decía Cánovas del Castillo que no es español sino el que no puede ser otra cosa, y esta frase amarga y triste entraña todo un estado de conciencia colectiva, que no era raro en los albores de la llamada Restaución. Y hay aquella otra frase amarga y triste: «Si no fuese español querría ser...» (aquí el adjetivo de otra nacionalidad). A cuyo respecto se cuenta del inglés que dice: «Si yo no fuese inglés querría ser inglés.» O aún otro dicho, y es aquel de que todo hombre culto tiene dos patrias: la suya propia y... otra que se designa.

Pero un hombre civil, un verdadero hombre civil, un hombre verdaderamente civil no puede querer ser de otra patria que de aquella que puede hacerse. No tanto de la que le ha hecho cuanto de la que él se puede hacer. Bien es verdad que la que puede hacerse es casi siempre —no siempre del todo— sobre la base de la que le ha hecho, deshaciéndola en parte para rehacerla.

No se escoge ni madre ni patria, suele decirse. Y ello es falso. Se puede escoger madre; hay muchos que la han escogido —pues madre no es la que nos pare nada más que por habernos parido—, y se puede escoger patria. Y nadie ha demostrado ni que los hijos de afecto, los que adoptaron padres, sean peores hijos ni que sean peores ciudadanos los nacionalizados. Y aún decimos que un nacional nativo no es buen ciudadano hasta que no se nacionaliza.

Máximo de Azeglio sabía decir en vísperas de perfeccionarse la unidad italiana —pues que murió en 1866— que Italia estaba hecha; pero había que hacer los italianos, y Silvio Spavenda en 1881, recordándolo, decía a su vez que Italia estaba rehecha, y lo que había que rehacer era los italianos. Y aquí en España hay que rehacer los españoles, deshaciéndolos antes en parte. Deshaciéndolos como españoles. Para reespañolizarnos tenemos que desespañolizarnos en no pocos respectos. Y a esto contribuye la lucha de izquierdas y derechas.

Hay una germanofilia no troglodítica que es en el fondo mucho peor que esta última. Es más sutil y más artera. Es la que abomina, de palabra, de eso de derechas e izquierdas, pero es para ahogarnos la libertad democrática, la democracia liberal, bajo el peso de una quisicosa que se engalana con los nombres de organización o competencia o eficacia o técnica. Esos germanófilos no trogloditas profesan la vaga y confusa doctrina de que deben gobernar, no los más ni los más fuertes, sino los más capaces. Y los más capaces son, naturalmente, ellos mismos. Como la competencia no puede ser determinada por sufragio, tiene que serlo... objetivamente. Y el secreto de la objetividad de la competencia lo tienen ellos, los que se creen técnicos, los germanófilos no trogloditas. O sea, los pedantes.

Porque ese neo-nacionalismo de origen germanófilo no troglodítico no es más que una doctrina de suprema pedantería.

¿En qué consiste la política nacional de esos pedantes que pretenden elevarse por encima del polvo de la pelea que arman los de la izquierda y los de la derecha? Ni ellos lo saben.

Hay pedante de esos, archipedante, que parece querer dar a entender que esto de las izquierdas es una importación inglesa o francesa; que el democratismo español —mejor que la democracia española— no es sino una traducción del inglés o del francés. Hay pedante de esos, archipedante, que parece creer que si no anduvo oro aliado en lo de la huelga general de agosto último, fue el influjo de doctrinas de origen aliado lo que provocó la huelga. Hay pedante de esos, archipedante, que cree que debemos acallar nuestras discordias intestinas de orden político y esperar a que acabe la guerra, y entonces con el triunfo, si no de Alemania, del germanismo, del ideal político tudesco —triunfo que tienen por descontado—, se nos imponga la organización a la tudesca, y ellos, los pedantes, sean los que a título de técnicos y de competentes nos gobiernen entonces.

A estos pedantes germanófilos no troglodíticos se les conoce, entre otras cosas, en la simpatía con que ven la obra a la tudesca de las Juntas de Defensa de la oficialidad del ejército, de este remedo de la Joven Turquía que nos quiere imponer el dogma de la infalibilidad de los tribunales militares. Esperan, sin duda, que los competentes oficiales —es decir, oficial y no más que oficialmente competentes— en milicia nos impongan luego como gobernantes los más competentes a los pedantes, esos atudescados. Esperan acaso que nuestros jóvenes turcos declaren un día que para poder regir la Hacienda, verbigracia, sea preciso haber estudiado economía y hacienda en Alemania o en textos alemanes; que para poder regir la Institución Pública hay que haber leído a Herbart en alemán, y así lo demás.

Pero nosotros, latinos —lo somos de lengua, que es lo que piensa— incorregibles, seguimos y seguiremos agitando esta fecunda y noble retórica —¡nobilísima retórica creadora de valores espirituales!— de izquierdas y derechas, seguimos y seguiremos repitiendo que no esperamos libertad alegre ni alegría libre; que no esperamos esplendor de historia de las doctrinas y las prácticas de los pedantes del tecnicismo.

(*El Mercantil Valenciano*, 9-XII-1917.)

56. ¡Ay de la Turquía de Occidente!

La agitación sigue. Y seguirá. Si al cabo se hace justicia libertando al Comité de Huelga en forma que implique el reconocimiento de que el fallo del tribunal que lo condenó fue injusto —y además de injusto, ilegal creemos nosotros— la agitación seguirá. Y no si no se hace esa justicia con mayor razón aún. Porque esta agitación no es otra cosa que el reflejo —¡bien débil por cierto!— en España de la tempestuosa ola revolucionaria que está recorriendo el resto del mundo. Ibamos a escribir «el resto del mundo civil», pero no sabemos bien si es civil España, esta triste Turquía de Occidente. Porque también aquí estamos otomanizados. Hasta hemos llegado a converitr en Corán el Evangelio y el palo maestro de la cruz se ha convertido en cimitarra. Empúñase la cruz, para andar con ella a cristazo limpio, por la cabecera y así los que la esgrimen, oprimen y estrujan en su puño crispado por la cólera la cabeza, coronada de espinas, del Redentor.

Bien es cierto que el Cristo, el dulce y manso de corazón Jesús galileo no vino a meter paz en la tierra, sino espada (Mateo, X, 34), vino a meter fuego (Lucas, XII, 49) y a hacer división y que por él estuviesen divididas las familias. Porque la paz de Cristo no es la paz de los neutralistas a todo trance y costa, no es la paz de esos que se llaman a sí mismos pacifistas.

Ni tampoco debe olvidarse que los pontífices y fariseos hicieron que se le condenase al Cristo por antipatriota, según se lee en los versillos 47 a 50 del capítulo XI del Evangelio según Juan. Hicieron que se le condenase porque si lo dejaban seguir haciendo señales —que eran revoluciones— acabarían todos por creer en él y vendrían los romanos y quitarían la nación judaica. El hombre que dijo que no era de este mundo su reino y que se le dé al César, es decir, al usurpador, al tirano, lo que del César, pero a Dios lo que es de Dios, era un anti-patriota.

El Hombre, el Hijo del Hombre, el que vino a traer espada y fuego, prohibió a uno de los suyos que le defendiese con espada, diciéndole: «Vuelve tu espada a su lugar, porque todos los que tomaren espada, a espada perecerán» (Mateo, XXVI, 52). Porque si el Hombre vino a traer espada fue la espada de sus enemigos, vino a poner en manos de sus enemigos la espada con que nos mantendrán despiertos y prontos a pelear contra ella. Y no faltará espada para que a su falta no nos durmamos. La espada nos es tan necesaria como el diablo.

Por anti-patriota hicieron los pontífices y fariseos que los soldados de Pilato le crucificasen al Cristo.

No faltan aquí fariseos, es decir, distinguidos —que no otra cosa quiere decir el término— que creen que la huelga general pacífica y revolucionaria —cabe hacer una revolución en paz— fue un movimiento anti-patriótico. Y estos nuestros fariseos, tan pedantes como los de Judea —lo característico de los fariseos o distinguidos era su pedantería— nos hablan de nacionalismo y de la necesidad de que todos nos unamos para que no vengan los romanos y quiten nuestra nación.

«¡Todo por España y para España!», claman con sus chillonas voces doctorales nuestros fariseos del nacionalismo. Y los legionarios de Pilato les rodean dándoles guardia de honor —¿de honor?— con sus espadas. Pero nosotros decimos: ¿y España, para qué?

España no es un fin en sí; España, como otra nación cualquiera, no es más que un medio. España es un medio para que se haga y se perfeccione y se eternice el Hombre. Y si España se había de enriquecer y fortalecer y engrandecer a costa de la justicia no debíamos permitirlo los hombres que somos españoles. El egoísmo nacional es el más vil y abyecto de los egoísmos. El Hombre está por encima de nosotros. Es inhumano poner sobre la justicia ni aún el interés de la patria, lo que llamamos así. Y si el interés de la patria estuviese en la injusticia, debe sacrificarse a la justicia la patria. Como se ha sacrificado Bélgica.

Pilato era en Judea, en tiempo de Cristo, el representante del orden constituido. Las legiones al mando de Pilato eran las guardadoras del orden constituido. Y hay que volver a leer atentamente hoy en España, en estos días de juntas de legionarios, las razones por las que Pilato se lavó las manos y entregó Jesús a los pontífices y fariseos después que habiéndole preguntado si era rey de los judíos y respondido el Hombre: «tú lo dices», añadió el jefe de los legionarios: «no hallo culpa alguna en este hombre» (Lucas, XXII, 3 y 4). Pilato, el jefe de los legionarios a sueldo de Roma, de los soldados —que lo son por estar a sueldo— no hallaba culpa en que el Hombre se dijese rey de los judíos; el representante del César, del que acuñaba la moneda con su efigie y con ella pagaba el sueldo a sus soldados, no hallaba culpa en que al Hombre le llamasen rey los suyos, pero al oír el alboroto de la vil canalla farisaica, de los asalariados y sirvientes de los pontífices, entregó al Hombre a la jurisdicción de Herodes. Que también en la Judea del Hombre había ley de jurisdicciones. Y por la ley de jurisdicciones fue crucificado el Cristo. Crucificáronle por antipatriota y perturbador del orden.

Y no ha faltado rábula farisaico que estudiando atentamente la legislación judaica y la ley de jurisdicciones de aquel tiempo ha demostrado que el fallo que se dictó contra el Cristo fue perfectamente legal. Aunque sabido es que no hay fallo, por injusto que sea, cuya legalidad no pueda defender un rábula farisaico.

Ahora aquí, en España, tenemos a Caifás de ministro de la Guerra. Hace ocho años este nuestro Caifás acumuló todos los recursos de su rabulería farisaica para defender la legalidad —de la justicia jamás se ha cuidado— de un fallo de la espada. El que estas líneas traza pecó entonces dejándose llevar de la repugnancia que le causaban —y siguen causándole— las doctrinas del entonces condenado. De este su pecado entonces tiene que hacer amplia confesión pública, y la hará.

Y esas juntas de legionarios, de soldados al mando de Pilatos, que no pueden hallar culpa alguna en los hombres que, cruzándose de brazos, trataron de lograr lo que ellos buscaban rebelándose contra los que les dan por sueldo las monedas acuñadas con la efigie del César, esas juntas ¿qué dicen a la vil canalla farisaica que grita contra los hombres y a lo sumo accede a que se les perdone, como si hubiesen delinquido?

La agitación seguirá.

No hemos de dejar de agitar por miedo a que vengan los romanos, los del César, y quiten nuestra nación cuando la nación está bajo el poder de los legionarios de Pilato, que son los del César, y bien quitada por lo tanto. España está mediatizada, sí, pero no por el amo de que hablan los fariseos, los mezquinos pedantes que esperan a que la espada, alzándose sobre la democracia, decrete que ellos, los fariseos, los pedantes, son los competentes, los que nos deben gobernar, sino que España está mediatizada por

Pilato, representante del César. Y el nacionalismo que predican es el de una nación envilecida.

El evangelio se nos convierte en Corán y la cruz en cimitarra. Tenemos ya la «Unión y Progreso» de los jóvenes turcos. Se empezará a exterminar a nuestros armenios. ¡Ay de la Turquía de Occidente!

(*La Publicidad*, 9-XII-1917)

57. Responso

Acompañamos a la última morada, el seno de la madre tierra todo-paridera, el despojo mortal de don Gumersindo de Azcárate. El que escribió la «Minuta de un testamento», ¿habrá encontrado la respuesta definitiva a la eterna pregunta que es el motivo primero de la Historia?

Porque lo que hizo la estructura toda moral, y con ello la política, claro está, de Azcárate en sus mejores tiempos fue que, libre de la suprema frivolidad, que es la llaga envenenadora de los más de nuestros hombres públicos, se puso alguna vez frente a frente de los eternos problemas, vivió las inquietudes de siempre, miró ojos a ojos a la mirada de la Esfinge. Azcárate fue un hombre profundamente religioso. ¿De qué religión? De la de todos los hombres religiosos, que es acaso en el fondo una misma, de la religión de la pregunta eterna. Que ser religioso es hacérsela, aunque no se halle respuesta y es ser irreligioso el esquivarla.

Y aquella su religiosidad le venía seguramente del hogar. Su padre, don Patricio, había traducido, con las demás obras platónicas, el divino «Fedón». Por sus venas corrían gotas de la sangre más genuina y castizamente ibérica, de sangre vasca, levadura de eternas inquietudes, de perpetuas preguntas, sin respuesta posible en este mundo crepuscular.

Le acompañamos a la última morada, donde descansa —¿descansa?— al lado de don Fernando de Castro, otro hombre de su temple, de aquellos hombres que hicieron una íntima revolución, de que ahora es moda entre no pocos burlarse; de aquellos hombres que se preocuparon del primer principio y del fin último de la Historia y de las cosas todas.

Y por haber sido hombre de ese temple, profundamente religioso, Azcárate llegó a ser el órgano de lo que de conciencia moral le quedaba a nuestro Parlamento. Que no era mucho. Entre esos hombres atentos a lo que llaman llegar, y para ello a derribar a otros, y una vez llegados a no dejarse derribar, pero hombres que no se han preguntado ni de dónde vienen ni adónde van, entre esos hombres de bufete, o de negocios, o de pequeñas vanidades, Azcárate descollaba, más que por su inteligencia, más que por sus conocimientos, más que por su competencia jurídica, por una conciencia moral iluminada por la luz de ese crepúsculo religioso que nunca sabremos si es un orto, o es un ocaso, o es, como en las noches blancas del Ártico, un orto que se abraza y une a un ocaso. Porque lo que no se ve es el sol.

Todos los que le conocimos y tratamos, todos los que fuimos sus amigos hemos visto con dolor la desaparición de ese hombre justo; pero a la vez que con dolor, con un casto sentimiento de alivio. Porque el ocaso de la inteligencia y la voluntad de ese hombre se prolongaban; prolongábase la lucha de su robusto organismo con la muerte.

Y en este su ocaso los hombres hábiles empezaban a querer jugar con él. El que no le hubiera llamado para oírle en sus mejores tiempos, cuando su ruda naturaleza leonesa no velaba el espejo de la verdad, le llamó cuando empezaba a ser una ruina, cuando el corazón se le había ablandado. Y le llamó, más que para oírle, para que se supiera que le había llamado. Era hacerle entrar en la comedia. Era querer convertir a una ruina de hombre en una bandera de parlamento, quién sabe si no en un banderín de enganche. Era la aparencialidad, la terrible aparencialidad. Y el buen anciano justo, cuyo corazón fatigado le hacía propenso a las lágrimas, vio, acaso, las lágrimas que produce una pasajera emoción de teatro, una escena artística. Porque hay don de lágrimas y hay también lágrimas de teatro.

Y ese hombre justo, encorvado ya por el primer golpe de la última guadaña, postrado en el lecho, vio llegar junto a éste a un hombre de teatro —otro—, a uno de los primeros actores, el primer actor acaso —¡y qué actor!— de nuestra tragicomedia política, que iba a pedirle que tomase parte en la pieza como... ¡figurón! Siempre el cuidado de las aparencialidades, que, por solemnes y gravemente litúrgicas que sean, son frivolidad y nada más.

Porque era frivolidad y nada más que frivolidad querer que en un Gobierno nacional apareciese —y no más que aparecer— aquella ruina de lo que fue un hombre justo. No era su justicia; era su nombre lo que se buscaba. ¡Frivolidad, sí! Porque en el fondo tan frívolo es el grave barba como el ligero galán joven. La frivolidad en política consiste en hacer de ésta teatro, sea trágico o sea cómico.

Mientras vivió don Nicolás Salmerón redújose Azcárate, con la sencilla modestia del hombre justo, a ser un segundo, una especie de vicario, y a la vez un fiel consejero de su amigo, maestro y jefe. Y entonces pudo ver que ni a él ni a don Nicolás —a este hombre de temple diamantino y desposado con la verdad— se les requirió para ciertos menesteres. Como no se le requirió a Joaquín Costa, aunque luego de muerto se le rindiesen los honores que en vida habría rechazado el león de Graus.

¡Tristes homenajes los que se le rinden a un hombre cuando ya le ha quedado inerme el corazón! ¡Tristes obsequios, tristes muestras de respeto las que recibe cualquier Sansón luego que una Dalila cualquiera —que puede ser la edad— le ha rapado su cabellera! Entonces van a preguntarle a Sansón cómo se matan las fieras, cuando él ya no puede matarlas.

He aquí por qué los amigos de Azcárate, y a la vez de su justicia, hemos visto con dolor, sí, pero con cierto sentimiento de alivio el fin del ocaso de ese hombre. Que es lo que fue: un hombre en su más pleno sentido, un hombre entre comediantes.

(*El Día*, 17-XII-1917.)

58. L'Envie et la Germanophilie Espagnole

Quelque chose serait beaucoup plus à craindre que le triomphe de l'Allemagne, désormais impossible: le triomphe du germanisme, de la doctrine politique, philosophique, voire religieuse, — ou irreligieuse, si l'on veut, cela revient au même — qui a conduit l'Allemagne à la guerre.

Ce fut le germanisme qui poussa de nombreux Italiens, profondément germanisés, à prêcher leur guerre, *la nostra guerra*, et l'égoïsme collectif sacré. C'est ce que l'on appelle en somme la politique réaliste.

Qu'est-ce que cette politique ? On ne peut répondre que selon la conception que l'on se fait de la réalité.

Pour une mentalité allemande ou germanisée, toujours Hégélienne au fond, toute la réalité est idéal et tout l'idéal est réalité. Car ce fut Hegel qui dicta cette philosophie, la philosophie d'Etat, où la liberté consistait à se soumettre à ce dernier en tout et pour tout. Elle est l'essence même de l'esprit germanique, de même que le dualisme, ce damné dualisme cartésien, est ce qui distingue les peuples qui pensent en langue latine et même les peuples anglo-saxons. Voyez comment Proudhon, en dépit de ses efforts pour « s'hégélianiser », comprit la dialectique du maître, le système des contradictions. Par contre, Marx, juif accompli et complètement germanisé, tira de l'hégélianisme appliqué à l'économie politique sa doctrine du matérialisme historique, doctrine qui est bien plus une arme entre les mains des réactionnaires, des conservateurs, des plutocrates, qu'entre les mains des autres classes d'individus. Ce sont les choses, non les hommes qui gouvernent, dit Marx. Et c'est ainsi que les hommes qui le suivirent, devinrent des choses.

La politique appelée réaliste n'est en somme que le matérialisme historique de Karl Marx et la réalité qu'il préconise est une réalité matérielle. Matérielle et matérialiste.

Ces monstrueuses théories absolues, ont souvent de terribles conséquences. De même l'impératif catégorique de ce prussien que fut Kant. De ce principe purement formel, l'Etat peut faire une réalité vivante.

Nous sommes loin des commandements de la loi de Dieu, de ceux du Décalogue, ou de la Déclaration des Droits de l'Homme. Mais cette déclaration n'est pas assez unitaire, transcendante, moniste. Car, au fond, l'Allemagne, ou si l'on préfère, la Prusse, n'est pas une puissance occidentale, européenne ; c'est une puissance orientale, asiatique. Sa conception même de la vie et de l'histoire est une conception orientale et non occidentale, pas plus qu'elle n'est européenne, ni gréco-romaine, ni chrétienne.

La base même de la conception chrétienne — du christianisme gréco-romain — de la vie et de l'histoire, consiste à considérer l'homme comme but des choses, à s'adresser toujours à l'homme concret et individuel. Le salut de l'homme, son éternité, son immortalité — sous n'importe quelle forme — voilà l'idéal gréco-romain, l'idéal chrétien. Quand on ne croit pas à l'immortalité de l'âme humaine individuelle, à sa vie eternelle après la mort, selon le dogme catholique ou orthodoxe, on croit à l'immortalité dans l'histoire, dans la gloire. Tel fut le souffle de la Renaissance. Et pour la glorie, ont souffert, et ont vécu, et sont morts, les peuples gréco-romains, chrétiens, les peuples, *demoi* et non les foules, *ochloi.*

En vérité, ce sont des choses bien différentes, qu'un peuple, *demos* et qu'une foule, *ochlos*. Chez celui-là, l'on tient compte de la conscience de chacun des individus qui le composent : la communauté, le peuple, a pour but d'assurer la dignité, la personnalité, la liberté de chacun de sus membres, d'un seul d'entre eux. Cette dignité prime tout, même la *salus populi.* La grandeur, la plus haute noblesse de ceux qui se rangèrent du côté de Dreyfus, fut de soutenir que, fût-ce pour le salut du pays tout entier, on ne pouvait sacrifier celui qu'ils croyaient innocent... Et cette *affaire*, et la façon de guerre civile qu'elle provoqua en France, put affaiblir celle-ci devant l'Allemagne, mais nous raffermit devant le germanisme. Et le germanisme était pour la France — il l'est encore — un ennemi pire que l'Allemagne. Car l'Allemagne pourrait affaiblir, et dans le pire des cas — aujourd'hui impossible — tuer le corps de la France, mais le germanisme parviendrait à tuer son âme.

Le germanisme fait du *demos*, ou peuple, une armée. Une armée avec ou sans armes, mais une armée toujours. Et nous voici encore en présence d'une foule, organisée et disciplinée, une foule, c'est-à-dire *ochlos*. Chacun de ses membres cherche sa liberté dans la soumission à la loi commune, et son orgueil est d'appartenir à la masse. Le grégairisme a beau être organisé, il garde toujours les instincts de la foule moutonnière.

Pour ma part, j'estime que le but de ma patrie, de l'Espagne, n'est pas de s'agrandir, de s'enrichir, et encore moins aux dépens des autres peuples ; mais que son idéal est de faire de chaque Espagnol un homme, un homme digne de ce nom qui reconnaisse et respecte les d oits de ses semblables. Aussi ce qu'avant tout je désire d'elle, c'est qu'elle nous élève et nous façonne de telle manière que nous soyons prêts à avouer nos erreurs, les erreurs de nos ancêtres, les erreurs de la nation, et à renier nos gloires mensongères. Un des plus hauts mérites de notre soeur, le Portugal, consiste à avoir donné le jour à un esprit tel que celui du grand, très grand poète ibérique, Guerra Junqueiro, qui dans son poème, *Patria*, poème empreint du plus haut, du plus pur, du plus chrétien patriotisme, avoue, en terminant, les fautes de sa patrie et ne craint pas de nous faire assister à sa crucifixion.

Le plus exécrable des principes est le suivant : « Ma patrie a toujours raison ». Non. Et quand ma patrie n'a pas raison, je ne dois pas lui obéir. C'est un principe aussi exécrable que celui de Bethmann-Hollweg : « la nécessité fait loi ». En regard, plaçons très haut les nobles paroles du maréchal Joffre à propos de l'ordre donné par l'Amiralissime allemand au sous-marin qui coula le *Lusitania*. Elles disaient, ces belles paroles françaises : « Aucun gouvernement français n'eût osé donner un tel ordre, sachant qu'il pourrait ne pas être obéi. » Et c'est ce qui montre que la discipline française respecte la fraternité et l'intelligence des citoyens de la République, « dont la conscience est plus haute que n'importe quelle nécessité militaire ». Car certes ! il est des choses que, même pour vaincre, il n'est pas licite de faire. Au-dessus de ce que l'on a coutume d'appeler la victoire, plane une autre victoire, la victoire morale. De même il y aurait quelque chose de pire que la victoire de l'Allemagne : ce serait celle du germanisme.

C'est pour avoir compris et senti ces choses, que nous nous sommes rangés du côté des alliés, des libres armées démocratiques contre l'impérialisme matérialiste et militariste. Nous, c'est-à-dire la majorité des libéraux, des démocrates, qui luttons en Espagne par la plume et la parole pour le principe de civilité, c'est-à-dire de civilisation chrétienne et gréco-romaine, occidentale, foncièrement européenne. L'intégrité matérielle, politique de la Belgique, de la France, de l'Italie, de la Serbie, etc..., etc..., est pour nous, sinon secondaire, du moins un simple corollaire ou la conséquence du respect de la personnalité des peuples, comme étant à son tour le moyen d'assurer la liberté et la personnalité de chacun des individus qui les composent. Nos amis français feraient bien de ne pas tant s'informer si quelqu'un aime ou non la France; mais bien de demander si l'on aime le principe universel, humain, pour lequel la France combat aujourd'hui et auquel elle est capable de sacrifier jusqu'à sa prospérité et sa grandeur économique et territoriale. De même feront-ils bien de ne pas chercher d'alliances, en Espagne, parmi les gens de la droite et moins encore parmi nos troglodytes, c'est-à-dire parmi nos catholiques orthodoxes.

L'essence du catholicisme orthodoxe espagnol — trés différent de celui des autres pays — faisons ce triste mais nécessaire aveu — est profondément matérialiste. Il est parvenu à séparer *la grande affaire*, c'est-à-dire l'affaire du salut éternel — dont il a fait un véritable *négoce*, qui se liquide au moyen d'un contrat liturgiquement formulé avec Dieu — il est parvenu à la séparer de l'affaire, ou mieux, des affaires d'ici-bas. Sa conception de la vie et de l'histoire terrestre est profondément réaliste, c'est-à-dire profondément matérialiste. Il adore l'organisation par-dessus tout, l'organisation de n'importe quoi. L'Eglise est pour nos troglodytes une autre Allemagne et l'Allemagne d'aujourd'hui, le modèle de l'Eglise. Au fond, ce sont des gens sans personnalité, que dévore l'envie — péché capital de notre orthodoxie inquisitoriale espagnole — et qui ne rêvent d'uniformité et de discipline que pour que la supériorité ne puisse triompher. Craignant de passer inaperçus, si chacun s'habillait à sa façon, ou d'être toujours vus comme ils sont, vulgaires et terre-à-terre, ils veulent nous imposer un uniforme. Cette horreur de la personnalité qui caractérise ceux qui en manquent, nous la trouvons toujours chez la plupart des germanophiles espagnols. Elle est leur péché : elle se nomme envie, tour simplement.

Voilà pourquoi nous combattons au moyen de la parole et de la plume, à côté des démocraties européennes et civiles, nous qui luttons pour que la foule se fasse peuple, et non pour l'organisation tout extérieure, mais pour le sentiment de la valeur absolue et infinie de chaque individu vu du dedans. Notre pédagogie est démagogie, c'est-à-dire éducation du *demos* et non de l'*ochlos*.

On a dit que le mal qui s'attaque aux démocraties est l'envie. Certes, c'est la vipère qu'elles nourrissent dans leur sein. L'envie est le mal des démocraties parce que c'est la démocratie qui excite le plus l'envie. Et ce n'est pas le peuple, le *demos* qui l'alimente le plus; ce sont ceux qui se prétendent compétents, qui se croient des techniciens, des spécialistes. C'est le culte de la compétence, c'est la doctrine pharisienne, des docteurs de la loi — *pharisien* veut dire distingué — qui engendre l'envie et avec elle l'inquisition. Ce sont les prétendus compétents qui, pour imposer leur suprématie au peuple, s'appuient sur les légionnaires et les prétoriens.

Ce sont les pharisiens, les orthodoxes de la Judée, qui vendirent le Christ, l'antipatriote selon eux (Jean, XI, 48), à Pilate, le chef des légionnaires et des prétoriens.

(*Hispania*, enero-marzo, 1918.)

59. Política y elecciones

Da pena llegarse a los círculos políticos de Madrid, de la Villa y Corte de los milagros administrativos y capital del reino interino y huérfano de España. En esos círculos políticos apenas se habla de política; de lo que en ellos se habla es de las próximas elecciones a diputados a Cortes. Y las elecciones son lo menos político de la política. Una huelga, un motín, un mitin son actos mucho más políticos que unas elecciones. Y si las elecciones tienen calor político, es, sobre todo, por los mítines que produzcan, por la agitación de ideas y de sentimientos.

No es que prescribamos la abstención electoral, como hacen los anarquistas y ciertos sindicalistas, ¡no! Nos parece bien, muy bien la lucha electoral, pero a condición de no poner demasiado empeño en lo que en ella es un medio y no un fin. El difundir mediante esa lucha una doctrina es más importante que el sacar al candidato. Y si para difundir y asentar y corroborar la doctrina es menester que el candidato sea derrotado, que lo sea. No es en el Parlamento donde más se ha de hacer política. Lo que un diputado había de denunciar en él, puede muy bien denunciarlo cualquier ciudadano en un mitin. Y no tiene, dígase lo que se quiera, menos eficacia. Y por otra parte, la prensa gobierna hoy más que el Parlamento, y más que éste eleva y derriba ministros.

Todos los que nos preocupamos de política; todos los que queremos que no haya español que no cumpla sus deberes de ciudadanía, que son muy otra cosa que limitarse a votar o a matricularse en un partido, abominamos de los políticos de oficio, de los profesionales de la política, de los que hacen de ésta medios de vida y aspiran a llegar a ex ministros con las gabelas y preeminencias correspondientes. O ex ministros honorarios, que también los hay. Y lo propio de esos políticos de oficio es reducir la política a la electorería. Lo que llaman ideas u opiniones, son una plataforma electoral para poder ser encasillados por tal o cual distrito.

Y de este mal de la electorería, que es mal de apoliticismo, están contaminados hasta los que parece que habían de tomar la política con mayor elevación. Si el republicanismo español se está deshaciendo, es porque se ha reducido a una mera organización — o más bien desorganización — electorera. En Madrid, sobre todo, los más de los republicanos electoreros son republicanos municipales, del Comité del distrito de la Inclusa —distrito de la Inclusa, ¡qué simbólico!— o del Centro o de Palacio, o de donde sea.

La cuestión de la amnistía de los honrados presidiarios del Comité de huelga, esta cuestión, que debería ser hoy la central, ha quedado relegada a segundo término ante la de las próximas elecciones a diputados a Cortes y a las cábalas que respecto a la constitución del futuro próximo Parlamento se hacen. Y hasta se supedita la cuestión de la amnistía a la de la constitución del Parlamento. Se quiere hacer de aquélla, de la amnistía, o de la no amnistía, una plataforma electoral Pero si el pueblo supiera cumplir con su deber obtendría la concesión de esa amnistía, aun cuando no sacase ni un solo representante suyo partidario de ella. Y esto sería hacer elecciones.

Si, por ejemplo, en un distrito cualquiera pudiese el pueblo sacar triunfante a uno que le representase de verdad, a un demócrata, derrotando a un plutócrata que comprase votos y sin impederle la compra, y en caso de querer impedírsela no sacase al suyo, debería renunciar a sacarlo a cambio de castigar la compra de votos. Nos parece lícito y hasta plausible romper a estacazos una urna en que se han depositado votos comprados, aunque se sepa que éstos son los menos y que no impiden el que salga triunfante el que no compró votos y representa la voluntad del pueblo. Castigar, como quiera que sea, la compra de votos, es antes que ganar la elección. Y así de otros casos.

No debe ser el mayor empeño de un partido político popular llevar tantos o cuantos representantes al Parlamento. Vale más pocos y buenos, que muchos y malos. La calidad está antes que la cantidad. Y más que llevar tantos o cuantos, tales o cuales representantes, está el modo de hacer las elecciones y la remoción de ideas y de sentimientos que con este motivo se produce. Unas elecciones son a modo de una guerra civil. O por lo menos deben serlo. Y si las próximas elecciones no son agitadas y revueltas en España, es que aquí no es ya cosa viva la política; no es más que miserable electorería. Hay que redimir a la patria del vergonzoso, del innoble, del vil, del infame artículo 29 de la vigente ley Electoral. Donde ese artículo puede ser aplicado es que no hay ciudadanía ni dignidad pública.

Un acto político, profundamente político, real y verdaderamente político; un acto de elevado civismo fue la elección para concejales de Madrid, de la Corte de la Monarquía, de los cuatro miembros del Comité de huelga, hoy presos en Cartagena. Y fue un acto de civismo, un acto profundamente político, porque quienes los eligieron sabían que esa elección no había de ser válida.

Cuando un partido cualquiera político perfeccionando su organización electoral acaba por sobreponer ésta a todo su contenido doctrinal, es ya un partido muerto y peor que muerto. Es lo que le ha sucedido al partido socialista obrero mismo en más de un punto. Su organización electoral le ha servido para sacar más concejales, y estos concejales para ir colocando en puestos dependientes del municipio a individuos del partido, a electores. Porque es sabido que una buena parte de nuestros obreros no aspiran sino a ser funcionarios públicos, guardias municipales, consumeros, escribientes, encachadores, barrenderos... lo que sea. El socialismo mismo se ha predicado aquí no pocas veces como una doctrina hospiciana.

Hay que llegarse a los círculos llamados políticos de la Villa y Corte de los milagros administrativos y oír en ellos los cálculos de vaticinio sobre la composición del futuro Parlamento, y si R llevará tantos o cuantos de los suyos, y tantos otros D, y G P tal número, y tal otro M, y luego los regionalistas, y los republicanos, y los jaimistas, y los de aquí y los de allá. Al oírlo le da a uno la sensación de que nada sustancial ha cambiado en la política española en estos últimos siete meses.

Menos mal si nos dijesen que las Juntas de Defensa de la oficialidad del ejército iban a llevar al Parlamento tantos o cuantos coroneles y comandantes y capitanes, porque esto, siendo execrable, sería acaso un remedio al electorerismo, porque tras de ello podrían venir los comicios armados del pueblo en armas y con ellas. Lo que sería más política que lo de ahora.

(El Mercantil Valenciano, 1-I-1918.)

60. Tiranía y despotismo

Tirano, en su acepción primitiva, helénica, significa tanto como usurpador o dictador; tirano era el que se apoderaba del poder por fuerza o astucia, por oposición al rey que llegaba a él legalmente, en virtud de herencia, de nombramiento de su antecesor o de elección del pueblo todo o de los magnates, según fuese la ley. El tirano se sobreponía a ésta o la daba, la dictaba él mismo. Y la ley que el tirano daba o dictaba, podía ser mejor que aquella otra que trasgredió para apoderarse del mando. La tiranía, de origen ilegal, no era necesariamente injusta, aunque de ordinario lo fuese. Podía haber, y en realidad hubo, muchos tiranos magnánimos, equitativos, generosos y benéficos.

Déspota en su acepción primitiva, helénica, significaba tanto como amo o señor. El amo de casa es el déspota. Y lo propio del déspota es aplicar la ley, administrar justicia, sin dar las razones por que la aplica de un modo o de otro. Lo que distingue al despotismo es el secreto de los motivos en que el déspota, el amo, el señor, funda sus mandatos, sean éstos buenos o malos, benéficos o maléficos.

De donde se sigue que puede haber tiranía sin despotismo y puede haber despotismo sin tiranía. Un tirano, un usurpador, puede dar la ley, una ley todo lo mala que se suponga, o aplicar una ley anterior todo lo peor que se imagine, declarando públicamente los motivos, que pueden ser apreciables, por los que dio la ley o la aplicó de tal o cual modo. Y es claro que un déspota que no sea tirano —pues cabe tirano despótico—, puede aplicar una ley establecida callando los motivos que le inducen a tal o cual aplicación, manteniéndolos en el secreto, y ello aún siendo su aplicación beneficiosa y justa.

Y decimos que el despotismo es cien veces peor que la tiranía; que es peor el secreto que la injusticia, y lo peor de todo el secreto de la injusticia. Pero aún la injusticia clara y manifiesta, cuyos motivos o sinrazones se publican, es mejor que la justicia secreta. La verdadera libertad está en la luz, y hasta cuando se nos hace un beneficio tenemos derecho a saber por qué nos lo hacen. El secreto, en cambio, engendra servidumbre hasta cuando sirve para beneficiarnos, que así se explica que haya siervos contentos con su suerte. Contentos con su esclavitud estaban los negros esclavos de los plantadores de los Estados del Sur de la Unión Norteamericana cuando los Estados Unidos del Norte les redimieron de su esclavitud por fuerza de armas.

He aquí una doctrina que no nos cansaremos de repetir, y es que la servidumbre, la exclavitud, consisten en ignorar las razones por qué se le trata a uno como se le trata, y aunque se le trate bien. Es reducir el hombre a la condición de un animal doméstico, de un caballo o un buey de labor, a quien el amo cría y mantiene bien por la cuenta que le tiene. Y hay pueblos que se creen libres aunque se les trate como a un rebaño bien tratado. El buen pastor, por bueno que sea, es un déspota; con el rebaño no se razona. Las leyes que se da al rebaño no van precedidas de preámbulo justificativo, de considerando ni de resultando.

El nombre griego de rey es «basileus», que significa propiamente pastor de pueblo, y así resulta un déspota. Rey, en cambio, «rex», es el que rige y sabe regir, publicando las razones del régimen.

Un pueblo libre, una democracia, es decir, un pueblo, o sea una República, es el que está libre de despotismo más que de tiranía. Aun cabe cierta libertad en un pueblo regido por un tirano que publica las razones de sus tiránicas medidas si el pueblo acepta, aunque tácitamente, esas razones por buenas. Tal era el caso de Napoleón. Pero donde no hay libertad es en un pueblo regido por un déspota, que se calla los motivos de sus despóticas medidas, aunque éstas sean beneficiosas para el pueblo. Porque la esencia de la libertad está en el conocimiento pleno, en la conciencia.

No tanto es libre el que hace lo que quiere como aquel que sabe bien lo que hace y sabe por qué lo hace. La libertad es la concienca de la ley. Es libre el que conoce la ley, porque obra y la conoce bien y en sus fundamentos. Si los planetas de nuestro sistema solar conocieran las leyes de Kepler, tuvieran conciencia de las leyes matemáticas y mecánicas por que se mueven, querrían moverse como lo hacen —pues ello constituye su esencia—, y serían libres. Los teólogos dicen que en Dios, necesidad y libertad, es lo mismo, que es necesariamente libre y libremente necesario.

La esencia de la libertad, hay que repetirlo, está en el conocimiento, en la conciencia. Libre es lo mismo que consciente. Y para un pueblo la libertad consiste en el conocimiento público, en la publicidad. Limitar la publicidad es limitar la libertad. Y por eso el despotismo va contra la libertad más aún que la tiranía.

El gobierno, en España, no cabe decir que peque de tiránico; pero suele pecar de despótico. La suspensión de las garantías constitucionales, que suele ir acompañada de la mordaza a la prensa y a la oratoria popular, es una medida despótica más que tiránica.

No temeríamos que la oficialidad del ejército estableciera un régimen tiránico dándonos las razones, buenas o malas, aceptables o no, por las que cree deber imponernos tal o cual ley o tal o cual aplicación de las que existe; lo que temeríamos es que estableciera un régimen despótico. La ley de Jurisdicciones, ley execrable, arrancada por el miedo a un Parlamento servil y cobarde, a un Parlamento civilmente degradado, es una ley más tiránica que despótica. Se dijo las razones por las que pedía la oficialidad del ejército semejante ley, aunque el Parlamento la votó, no por esas razones, que no pudo estimar atendibles, sino por miedo a los que las imponían. Lo que no hubo allí fue secreto.

Y la oficialidad que impuso aquella tiránica ley —ley execrable y baldón de la civilidad española— se ha rebelado luego contra la despótica real orden que confirió al soberano, «sin intervención de persona alguna», el derecho de otorgar, por preferencias de secreto motivo, mandos o ascensos, a este o a aquel oficial del ejército.

Claro está que debemos pelear tanto contra la tiranía como contra el despotismo; pero más contra éste. La tiranía mansa puede no ser un mal; el despotismo manso lo es siempre. Sepamos siempre por qué se nos trata como se nos trata y acabaremos por tratarnos a nosotros mismos. La libertad, que es la conciencia de la ley, lleva a la democracia. Pueblo que sabe por qué se le rige como se le rige, acaba rigiéndose a sí mismo. El planeta que conozca las leyes de Kepler acaba por dictarse a sí mismo sus movimientos, y la ley de éstos es su voluntad. Libertad es conciencia y así también democracia.

(*El Mercantil Valenciano*, 14-I-1918.)

61. ¡NI GANAS!

Era una región de bárbaros, de verdaderos bárbaros, una de las más desoladas y azotadas regiones de España. Trigo, aceite, bellotas y corcho por dondequiera.

Entre aquellos bárbaros abundaban los que ponían el ideal de su vida en tener llena la andorga, bien arrellanado y cómodo el cuerpo, una buena hembra, propia o ajena, y juego de azar para dar a la imaginación pasto. Y algunos, además, la caza. Como religión creer lo que creyeron sus mayores, sobre la base de «eso no me lo preguntéis a mí que soy ignorante...» cumplir ciertas prácticas en días solemnes —o no cumplirlas por pura desidia y no más— y aguardar el arrepentimiento y la consiguiente absolución final para continuar la misma vida después de muerto. Pues el paraíso de estas gentes no es, como el de los más vulgares musulmanes —de quienes son hermanos espirituales— sino una prolongación de su vida terrena, de trigo, aceite, bellotas y corcho. De seguro que esperan tener su buena hembra en el cielo y su partida de tresillo si es que no de monte. Y si no, ¿qué van a hacer allí? ¿La visión beatífica? ¿Y qué es eso de la visión beatífica? ¿La contemplación, en la cara de Dios, espejo del Universo, de la verdad de todo, de las leyes supremas que todo lo rigen? ¿El perfecto amor que descansa y reposa en el perfecto conocimiento? Y esto, ¿qué es?

Para estas gentes que aunque no han leído a Marx —«¡ni ganas!»— son creyentes en la doctrina del materialismo histórico, fe de casi todos nuestros conservadores —como éstos son—, para estas gentes lo que se sabe de eso son pataratas y ganas de perder el tiempo. O ganas de dar que hablar.

«¡Ganas de dar que hablar!» He aquí una fórmula que explica muchas cosas.

En primera instancia, fieles a su materialismo histórico, cuando le ven a alguien agitarse y agitar, remover opiniones, despertar pasiones públicas, suponen que busca provecho material, que quiere poder llenar bien la andorga; arrellanarse el cuerpo, cobrar una buena hembra y tener cuartos para jugarlos. Conocimos un hombre muy sensato, reposado y bastante culto, pero fervoroso fiel de materialismo histórico —era catedrático de economía política y manchesteriano irreductible— que cada vez que oía hablar de algún joven que se agitaba, escribía o hablaba en público, que hacía política, en fin, sentenciaba: «¡falta de capital!»

Esto de «¡falta de capital!» es en primera instancia. Pero luego, como aunque henchidos de chorizo y de asaduras, aún conservan cierta socarrona sagacidad, se dan cuenta de que hay casos que no entran en eso de falta de capital, y viene la otra explicación: «¡ganas de dar que hablar!» Es decir: exhibicionismo. Y al sujeto atacado de las ganas de dar que hablar le declaran, ¡claro está! loco de remate. Cuando no un monstruo de orgullo.

A ellos, a los materialistas esos del chorizo, de la buena hembra, de la siesta y del monte —en su doble sentido de juego de azar y de campo de animales— no les ha atacado el anhelo de estampar su personalidad en otros, de eternizarla, de unirla a la historia; no les ha atacado el ansia de gloria. Ni puede atacarles el anhelo de estampar su personalidad en otros porque para ello es preciso tener personalidad. Y ellos no la tienen. ¡Ni ganas! ¿Para qué?

Y como no sienten su propia personalidad —¡ni ganas!—, ni se preocupan de dar que hablar, son profundamente antidemócratas, profundamente reaccionarios y despóticos. Si nos tienen como a un rebaño bien cebado y bien cuidado, ¿qué debe importarnos las leyes con que nos ceben y cuiden y las razones de ellas? y he aquí por qué estos del chorizo, de la buena hembra, de la siesta, de la bandurria y de los dos montes suelen ser germanófilos. ¡Quién nos diese un Kaiser!... Es decir, un buen pastor. Un pastor que pusiese a ellos, a las ovejas del chorizo, etc., etc., a la derecha y a nosotros, a los cabritos que saltamos por las matas desmandándonos, a la izquierda (v. Mat. XXV, 33).

Dar que hablar es dar que pensar y pensar es lo más grave que hay. Pensando una turba de hombres se hace pueblo, se hace «demo», y da en la monomanía revolucionaria de la libertad, es decir, en la manía de conocer la ley porque se le gobierna y las razones de esa ley y en discutirlas y, por último, en gobernarse a sí mismo. Y en un pueblo que se empeña en gobernarse a sí mismo, en darse la ley y para dársela en estudiarla y conocerla y penetrar en las razones de las cosas, en un pueblo así ni se digiere siempre bien el chorizo ni se arrellana bien el cuerpo, le interrumpen a uno la siesta o el refocilo con la buena hembra, y hasta son capaces de no dejarle a uno jugar al monte sin traba alguna. Pues hasta contra esa santísima libertad de jugar al monte donde, cuando y como uno quiera se pronuncian esos heraldos de la libertad. Mucha libertad, sí, pero, ¿por qué no también libertad de no pensar?

«Esos revolucionarios —se dice el hombre del chorizo, de la siesta, de la buena hembra y del monte— cuando no son unos redomados pillos que buscan un acomodo, son unos locos de remate atacados de la manía de dar que hablar. ¡Qué empeño en que nos preocupemos de cosas que nos quiten el sueño! ¿Que no gozamos de todas esas que llaman libertades? ¡Ni ganas!»

Pero en el fondo es muy raro el hombre de chorizo, siesta, buena hembra y monte, que acaba por satisfacerse con la teoría de dar qué hablar; no acaba de creer en la locura ajena, ya que él, de puro bárbaro, es incapaz de tales locuras. Porque para enloquecer es preciso que haya materia enloquecible y ésta es la imaginación. Podrá volverse demente o idiota, pero loco rarísima vez. Y el hombre de chorizo, siesta, buena hembra y monte supone que debajo de la manía de dar que hablar hay siempre falta de más o menos capital. A lo sumo comprende la vanidad, pero el orgullo nunca.

«Pero ¿qué busca?, ¿qué se propone?, ¿a dónde va?» Ante un hombre atormentado por el peso de su propia personalidad que se le desborda pidiéndole extensión de dominio para mejor asegurarse, esas son las preguntas que se hace al hombre de chorizo, siesta, buena hembra y monte.

Sólo nos falta ver la actitud que este hombre, o lo que sea, toma ante el hombre aquejado de hambre y sed de vivir la historia y de vivir en la historia y aún de eternizarse en Dios cuando al fin se convence de la locura de este hombre, de la locura del hombre que lo es. Fáltanos ver lo que le piden entonces las ganas.

Porque la voluntad del hombre de chorizo, siesta, buena hembra y monte no es voluntad, sino ganas. Y ni ganas tiene. Su no voluntad, su «noluntad», que es su último fondo como el de todo animal doméstico o domesticado, es desgana. La desgana es el último resorte de mucho de nuestra casta. Y no digo pueblo.

(*La Publicidad*, 16-I-1918.)

62. Comentario

El nuevo oficio de concejal empieza a rendirnos sus frutos de conocimiento. Hemos asistido a reuniones con panaderos y harineros y visto la disparatidísima legislación de subsistencia y los absurdos de unas tasas que es el Gobierno el primer interesado en no respetar.

Tenemos la gradación de panaderos, trigueros y harineros.

Se nos apareció toda una tropa de panaderos, no de obreros de panadería, sino de dueños de ellas. ¿Patronos? Muchos de esos a quienes se llama patronos no son más que jornaleros por su cuenta. Hay patroncillo de esos que es tan proletario o más que aquel a quien tiene, si le tiene, a jornal. En cuanto un carpinterillo o un albañilete reúne unos miles de pesetas, no muchos, se declara maestro de obra. Y cuando en una ciudad como esta en que vivimos, de escasamente 30.000 almas, bastaba con un par de panaderías, hay más de una veintena que la sirven. Y quien trabaja un saco al día.

Con que la guerra nos trajese la desaparición de todos esos miserables jornaleros por cuenta propia, la concentración de las industrias y la consiguiente formación de una burguesía —que en el centro de España no la hay—, bastante beneficio nos había hecho. Porque esto es un régimen medieval.

Vinieron luego los harineros, cuyo negocio depende del precio a que les venden el trigo los trigueros. ¿Y la tasa? La tasa no rige. La Intendencia militar, sin duda en virtud de fuero —no olvidemos que estamos bajo un régimen pretoriano—, ha comprado trigo a precio muy superior al de la tasa.

¿Y los trigueros?

Se habla de acaparadores y logreros; pero hay que decir que los verdaderos acaparadores, que los verdaderos logreros son los grandes propietarios, los terratenientes, más o menos latifundiosos. Ya cambian el trigo por algarrobas o por cebada, que vale más. Y se da trigo, el trigo cuyo precio se tasa, de pienso al ganado. Los cerdos se comerán parte del trigo que debían comerse los hombres, sin que por esto los hombres que no coman ese trigo puedan comerse los cerdos que se lo comieron. Y esos propietarios —duques, marqueses, condes, senadores, ex ministros muchos— no sabemos lo que dirán. Pero todo este conflicto pondrá más en claro la verdadera lepra económicosocial del centro de España, que tantas veces hemos denunciado en nuestras campañas agrarias.

El Sultán pegaba al árabe, el árabe al moro, el moro al judío, y el judío, no teniendo a quién pegar, pegaba al burro. Hasta que un día el burro le dio una coz al judío, y entonces éste se volvió contra el moro, el moro contra el árabe y acabó en que el árabe pegó al Sultán. Y los sultanes aquí son los grandes terratenientes, más o menos latifundiosos, que es a los que hay que pegar. Y toda incautación será inútil mientras no llegue el Estado a incautarse, de un modo o de otro, de esas tierras o a hacer que grave sobre ellas lo más del impuesto. Los enemigos del bienestar, de la salud y hasta de la paz pública son los grandes terratenientes. Y casi todos ellos, hombres de orden y de la derecha, son anarquistas. Los grandes propietarios de tierra son los enemigos del pueblo.

Y son estos enemigos del pueblo, estos entes insociales, los que han solido hacer las elecciones y las leyes. Y son los que las harán. Hay que considerar lo que es ese vergonzosísimo baldón de ignominia que se llama pueblos de señorío, que quiere decir lo mismo que pueblos de servidumbre.

¡Panaderos, harineros, trigueros, terratenientes!... Queda otro término: la autoridad gubernativa. Y ésta suele estar al servicio de los más fuertes, de los sultanes. El gobernador civil de esta provincia —cuando al llegar oímos decir que era un gobernador «muy político» torcimos ya el gesto— ha desplegado todo género de habilidades leguleyescas y gobernatoriles para servir los intereses de los poderosos y para echar a otros el mochuelo de conflictos que podrían ocurrir. No sabemos si con vista o no a las elecciones próximas. No sabemos si por instrucciones reservadas del Gobierno.

Porque este Gobierno interino y heteróclito, este pisto, y no manchego, ha recurrido a las peores tretas de aquel lamentable Gobierno Sánchez-Dato de tristísima recordación. Las mismas artes de mentira y de ley del embudo. Lo de los sargentos quedará como una de las resoluciones de Gobierno más despóticas y a la vez tiránicas. Y lo más triste, el túmulo de mentiras con que se ha querido disculpar, ya que no justificar, esa bárbara medida dictada por una burguesía militar —como la ha calificado muy bien Oscar Pérez Solís— facciosa y en guerra —la única de que parece capaz— contra el sentido de la justicia distributiva, de la equidad. Y no nos extrañaría que esta burguesía pretoriana se pusiera al servicio de los sultanes.

Y a nadie extrañe que mezclemos lo de los sargentos y los oficiales con lo de los panaderos, harineros, trigueros y terratenientes. Todo se relaciona con todo. Y ahora esos dos problemas están íntimamente ligados. ¿O es que el llamado problema militar no es ante todo y sobre todo un problema económico? ¿O es que si el Estado, cumpliendo con su deber, se incautara, de un modo o de otro, de las tierras o de sus frutos, así como de los ferrocarriles y las minas, habría de seguir siendo el Ejército lo que es? A pesar de su aparente —aparente, nada más— sindicalismo, el Ejército en que sueña la oficialidad de las Juntas de Defensa, ese Ejército que no sería nunca pueblo, sino turba mejor o peor organizada y disciplinada —la organización y la disciplina no convierten a la turba en pueblo—, ese

Ejército sería el mayor enemigo de un pueblo en que la justicia social reinase, ese Ejército sería el apoyo mayor de todo género de sultanes.

La Intendencia militar, en obsequio de trigueros y terratenientes, compra el trigo, contraviniendo a la ley, más caro que lo tasado y para que coma la tropa. Pero la tropa no es el pueblo. Y cuando el pueblo no pueda comer el trigo que come la tropa y que comen los cerdos y no pueda tampoco comerse a éstos, se rebelará. Y entonces los renovadores podrán decir que esta rebelión es revolucionaria y la tratarán por el hierro. Acaso se les ocurra decir que es para llevar a España a la otra guerra. Pues bien, en guerra está. ¡Y a mala hambre, hierro en el estómago!

Lamentábase, Señor, de que los ferroviarios despedidos por la homicida Compañía del Norte no fuesen funcionarios públicos para hacer en su favor todas las gestiones que le fuesen «humanamente» posibles. Todos los ciudadanos somos funcionarios públicos. La ciudadanía es función pública.

En los tiempos que corren, Señor, si un Rey quiere prolongar algo su reinado tiene que ser republicano. Y no hay ya otro modo de ser republicano que hacerse socialista. Pero socialista de pueblo y no de ejército. Hay que guardarse mucho de un seudosocialismo troglodítico, que es apoyo de los sultanatos.

A los españoles, Señor, o los matan impunemente por esos mares o están abocados a morirse de hambre porque los cerdos —toda clase de cerdos— se coman su trigo. A grandes males, grandes remedios.

Y esos, Señor, que le rodean de mentiras y en ellas le envuelven no gobiernan sino con mentiras. Son una Junta de Defensa de la más cobarde, de la más baja, de la más torpe política que cabe: de la política del miedo.

(*El Día*, 18-I-1918.)

63. La heredada incondicional lealtad

Según vemos en *El Sol*, de Madrid, el señor duque del Infantado, prócer palatino, en un artículo que publicó en el *A B C*, también de Madrid, después de decirnos «que ha jurado al rey la heredada incondicional lealtad, porque es rey y sin atender a sus virtudes o defectos» —«concepto que suspende y maravilla expresado en pleno siglo XX», agrega, en paréntesis muy acertadamente *El Sol*—, propone para salvar a España una coalición monárquica, coalición electoral, por supuesto.

A esta estupenda proposición del señor duque que ha jurado al rey la heredada incondicional lealtad, porque es rey y sin atender a sus virtudes o defectos, dice *El Sol:*

«Y es de ver la premura y el fingido entusiasmo con que acuden a la consigna los viejos partidos, resueltos a no desaprovechar instante ni pretexto que les sirvan para seguir predominando y cultivando esa política que inauguró por la restauración, y nos ha traído a ser el ludibrio de Europa.»

He aquí una clara visión de lo que es el monarquismo «incondicional» en España. Con lo que se confirma lo inmoral de toda incondicionalidad.

Se le puede perdonar esa lealtad incondicional a un señor duque, y más a un duque palatino, porque en éstos semejante lealtad es hereditaria y no adquirida por propio esfuerzo, y la nobleza cortesana no tiene obligación de discurrir civilmente. Y tal vez ni derecho. La nobleza cortesana, muy otra y hasta contraria a la antigua y turbulenta nobleza territorial, a aquella que sustentaba al rey y acaso se le oponía, y en todo caso le refrenaba, en vez de ser por él sustentada, esta nueva nobleza llama lealtad a lo que es muy otra cosa. Leal era Ruy Díaz de Vivar, el Cid Campeador, de quien dice su «Cantar» (verso 20):

«¡Dios, que buen vassallo, si oviesse buen señor!»

el que fue desterrado por el rey Alfonso de Castilla; pero estos nobles cortesanos de ahora no son leales —¡qué han de serlo!—; son otra cosa. ¡Lealtad incondicional y heredada! ¿Incondicional y heredada? Esta extraña combinación denuncia el carácter de semejante cualidad.

El Sol añade:

«Ni aman a la monarquía, ni al mismo rey respetan estos desatentados mantenedores del tinglado caduco. No comprenden cuán peligroso sería hoy trazar una línea divisoria entre españoles monárquicos y antimonárquicos, si habían de colocarse enfrente de ellos todos los que son incapaces de amparar la vuelta al antiguo régimen, y de suscribir y autorizar con su sufragio las vergüenzas indecibles de una de las épocas más abyectas de la historia de España. Flaco servicio rinde el señor duque del Infantado con su excesiva buena fe a la monarquía y al orden. Ha debido calcular antes cuántos somos, sobre poco más o menos, los millones de españoles sin lealtad heredada, monárquicos sinceros, porque consideramos que dentro de la monarquía, si la monarquía sabe atemperarse, caben las nuevas normas, pero decididos a que, en modo alguno, y «cueste lo que cueste», vuelva a imperar la política que nos ha envilecido, que nos ha arruinado, que nos ha traído inermes y desmayados a esta situación en que podríamos ser fácil presa de cualquiera.»

Con lo que deben estar también conformes los no monárquicos y hasta los republicanos. Y desde luego los republicanos, los partidos de un gobierno democrático y de opinión pública, de soberanía popular a quienes no les importe hoy por hoy gran cosa que el primer magistrado al servicio del pueblo, el jefe nominal y oficial del Estado, sea presidente electivo o rey hereditario y vitalicio.

Y acaba diciendo *El Sol:*

«Fuera de esa «alianza de monárquicos» se nos deja (se nos deja, no nos quedamos por propio impulso) a cuantos queremos una España renovada, digna y apercibida para el porvenir; es decir, que hay una alianza de monárquicos y una alianza de españoles.»

¡Muy bien dicho!

Una coalición monárquica no puede querer decir hoy más que algo muy feo. Los mauristas, sin ir más lejos, no pueden aceptarla.

Y es que los españoles no estamos hoy divididos en monárquicos y republicanos, sino —y en esto no se conformará, de seguro, con nosotros *El Sol*— en derechas e izquierdas. O acaso en renovadores y revolucionarios. Porque los otros, los que no son ni una cosa ni otra, no son ciudadanos, y por lo tanto tampoco son españoles.

Le heredada incondicional lealtad no puede constituir base y fundamento de política alguna. Eso no es programa de gobierno; de ahí no se saca nada. Un liberal monárquico, si es verdaderamente liberal, está mucho más de acuerdo con un liberal no monárquico, republicano o antimonárquico —y estas son tres categorías políticas y no una misma— que con un antiliberal monárquico. Y mucho más un demócrata. Es el liberalismo y el democratismo lo que une o separa a los ciudadanos que tienen conciencia de ciudadanía, es decir, de civilidad, y no la heredada incondicional lealtad, propia de próceres cortesanos sin conciencia civil y sin discurso propio y adquirido, no heredado.

Ni siquiera en nombre de esa quisicosa que llaman el orden puede invocarse la monarquía como lazo de unión, porque es acaso ella, la monarquía, tal y como está constituida y funciona —o no funciona, sino que consume, cobra y tapa—, la principal fuente del verdadero desorden. Porque la monarquía no es hoy en España más que una encubridora de las vergüenzas políticas y del mal gobierno.

Es falso eso de que en España se ha gobernado y se gobierna mal, que se desgobierna, a despecho del monarca. Es más bien el monarca, que se satisface con tan tristes y lamentables lealtades como la del señor duque del Infantado, el que no ha impedido, habiéndolo podido hacer, que se gobierne mal. El rey Alfonso XIII de España ha seguido en más de algo las huellas del rey Alfonso VI de León y de Castilla. Y en vez de Cides se encuentra con duques del Infantado y otros próceres cortesanos que no le ganarán, ni aún electoralmente, ninguna Valencia, pero le perderán algo.

El Sol pide una alianza de españoles y no de monárquicos. Pero nos falta saber qué quiere decir españoles, porque de este nombre —que a las veces no pasa de designación jurídico-territorial— se está abusando y por quienes más que de la suerte de España se preocupan de la de otras naciones. Lo que nosotros debemos pedir y buscar y procurar es una alianza de liberales demócratas, de ciudadanos partidarios de la soberanía popular, del gobierno de opinión pública. Que tampoco es el de técnicos y especialistas o supuestos competentes. Que este gobierno, a que parece propende *El Sol*, órgano de la burguesía incipiente, del industrialismo en grande y hasta del competentismo, tiene sus peligros y muy grandes.

Pero de esto, del competentismo, bajo el cual se insinúa otra forma de reacción antidemocrática, diremos más otra vez. Les tenemos miedo a los supuestos técnicos. En más de un respecto nos parecen peores que los políticos profesionales o de carrera y en el mismo género de maldad que éstos. La tiranía y el despotismo —que de ambas cosas tiene— del técnico, que propende a la dictadura, es terrible. ¡Nada de despotismo ilustrado! Mejor sin ilustrar. Pero de esto, lo repetimos, otras veces.

(*El Mercantil Valenciano*, 27-I-1918.)

64. Comentario

Oímos gravísimos agüeros de lo que va a pasar con las subsistencias y los transportes. Los profesionales del optimismo, y aún de los de Real orden —especie de optimistas honorarios—, no saben cómo contrarrestar la acción de los agoreros. Apenas queda quien sostenga que los españoles nos bastamos y que en manteniendo nuestra neutralidad a todo trance, riesgo y costa, podemos vivir de comernos nuestro trigo y cantar la jota. (Esto de la jota parece que fue del señor Villanueva.) Porque ese trigo mismo no hay modo de repartirlo por España.

«Hecha la ley, hecha la trampa», se dice. Peor hay, y es que hecha la ley queda hecho su trasgresor. Y el trasgresor es el mismo que la dicta. Porque ha sido el Gobierno, por sus autorizados agentes, quien ha estado consintiendo, cuando no aconsejando, las trasgresiones.

Mientras se fijaba la tasa y se hablaba de incautaciones ha habido gobernadores, como el de esta provincia, que decían a trigueros y harineros que podían comprar y vender por encima de la tasa. Fiados en el apoyo de las autoridades que hacían vista gorda a la ley, los harineros y los acaparadores —hay acaparador disfrazado de harinero y que muele en su fábrica una octava parte de lo que compra para que las otras siete octavas partes puedan figurar como primera materia de molienda, es decir, no incautable—, y ahora se encuentran con que habían comprado a un precio mucho más alto que aquel a que ordena, so pena de incautación, que se venda. Son las terribles consecuencias de dar leyes, no para que se cumplan, sino para acallar las quejas del pueblo. Y el pueblo tendrá que concluir tomando recia y dura justicia de esos gobernantes.

El hombre acaso más funesto del Gobierno, el ministro de la Guerra —de la guerra al pueblo y a la justicia—, el que tiene el concepto más incivil y más bárbaro de la energía, el que quiere aparecer mandando ahora que es mandado, ¿ignora acaso que la Intendencia militar de Valladolid, que debe de estar bajo su jurisdicción, ha faltado a la ley comprando el trigo mucho más caro que la tasa e ignora que logra preferencias injustas en los transportes, habiendo dispuesto de 63 vagones? Comprendemos que en los países beligerantes se ponga a ración la población civil para poder mantener mejor a los soldados que luchan; pero ¿es que la guarnición de Valladolid está en algún frente? ¡Como no sea en el frente de las Juntas de Defensa!...

Y hay otros casos que exacerban los ánimos de los que, en perspectiva de que el pueblo llegue a pasar hambre de pan, sufren ya hambre de justicia.

La Cámara de Comercio de esta ciudad de Salamanca, en ausencia corporal del ministro de Fomento, dirigió al presidente del Consejo un telegrama en que le decía: «Protesta Cámara de los favoritismos que implican constantes órdenes telegráficas comisario concediendo preferencias facturación favor determinadas personas, así como desigual distribución vagones vacíos entre las distintas secciones de la Compañía del ferrocarril M. C. P. y O. de España, con privilegio estación Benavente.» El señor García Prieto, presidente nominal del supuesto Consejo de ministros de S. M., pidió aclaración al telegrama, y después de concretarle algunas preferencias, entre ellas la del trigo destinado a la fábrica militar de harinas de Valladolid, de que dejamos dicho, la Cámara le contestó: «Es público en esta capital, y la Prensa lo ha comentado, el constante paso por esta estación, observado también en la de Astorga, de vagones vacíos cuya etiqueta dice: «Benavente.—Orden superior.—No diferirlo.», rótulos que originan vivos comentarios por la influencia de los fabricantes de harinas allí establecidos, que de este modo compiten ventajosamente con los de aquí.» Por aquí se dice aún más, y es que uno de esos fabricantes es don Mateo Silvela, pariente muy próximo del comisario de Abastecimientos.

Y luego cuando el pueblo, más hambriento aún de justicia que de pan —aunque otra cosa parezca—, se subleva, ¿qué se hace? ¿Cómo se le acalla? A tiros.

Ahora, ahora en que se siente la escasez de pan, ahora es cuando cumple repetir lo de que no sólo de pan vive el hombre. Los que hayan leído el estupendo *Brand*, de Ibsen, que recuerden la trágica escena con que se abre el drama.

«¿Vais a dar ideas a los que piden pan?», se nos dirá. Y contestaremos: «Sí, vamos a darles ideas, ideas de libertad, de justicia y hasta de revolución, y vamos a dárselas ahora en que les amenaza el hambre y precisamente porque les amenaza.» No hay mejor digestivo que el hambre para las ideas de justicia. Acaso sólo el hambre logre armar el brazo de la justicia popular. «Mala consejera es el hambre», nos dirán los del orden o arreglo, es decir, los de la hartura. Y les diremos: ¡peor consejero es el lucro!

Y en tanto el trigo sube y se reparte mal. Y como a los demás granos, a los de pienso para el ganado, no se les pone apenas tasa, llega a tener cuenta dar trigo como pienso a cerdos y a bueyes y a caballos.

Trigo habrá que dar a los toros de lidia, cuya cría es una de las causas de la carestía de la carne y del atraso de la ganadería útil. Pero ¿qué importa? Mientras haya toros de esos para satisfacer, más que la codicia, la vanidad —a menudo antieconómica— de los que los crían, de esos toros que sirven a sus amos para ayudar a despoblar España, ¿qué importa lo demás? «¡Más cornáas da el hambre!», dicen que dijo el «Espartero». Mas si lo escudriñáramos bien veríamos que los toros de lidia dan también, indirectamente, cornadas de hambre.

¿Quién sabe si lo mismo que para la guarnición, al parecer beligerante, de Valladolid no se ha asegurado trigo para que lo coman los caballos que se mantienen en las paradas militares, y no para oficios de guerra, sino para que con ellos juegue al polo el jefe supremo del Ejército? Y en tanto hemos oído que el ministro de la Guerra suprimió no sabemos cuántos caballos al servicio de sus predecesores y que se comían no sabemos cuántos piensos. ¡Porque hay señores que puestos a consumir piensos no les basta una dehesa!...

¿No veis, lectores españoles, algo terrible debajo de todo esto? ¿No comprendéis que debajo del hambre hay un problema de justicia? ¿No os dais cuenta de que ahora, precisamente ahora en que se presenta tan negro el próximo porvenir de los que en España no comen más que pan, es cuando hay que repetir que no sólo de pan vive el hombre?

«¿Y cuál de vosotros, si su hijo le pidiere pan, le dará una piedra?»..., decía Jesús (Luc. XI, 11). Pero hay gobernantes que cuando el pueblo les pide pan hacen que le den, no piedras, sino plomo y hierro en balas. «Y vostros, ¿qué le dais —se nos dirá—, ideas?» Pero también está escrito: «No con sólo pan vivirá el hombre, mas con toda palabra que sale de la boca de Dios.» (Mat. IV, 4.) Estas palabras del Deuteronomio se las dijo el Cristo al Tentador, que le pedía que hiciese de las piedras pan, porque Satanás es, como casi todos los conservadores, partidario de la concepción materialista de la historia, y cree que toda revuelta del pueblo no es sino cosa de estómago. Pero la justicia es palabra que sale de la boca de Dios.

A los caballos que han de servir para jugar al polo basta darles pan; pero al pueblo, que no está de guarnición en Valladolid, no basta con darle pan. Hay que darle justicia.

(*El Día*, 4-II-1918.)

65. ¿QUÉ ES SER POLÍTICO DE OFICIO?

Don Antonio Royo Villanova y don Francisco Gómez Hidalgo —buenos amigos del que esto escribe— han invitado a cuantos candidatos fueron derrotados, como ellos, en las últimas elecciones por medio de compra de votos, a una reunión en la redacción de *El Día*, de Madrid. Lo que tiene cierta relación con unas palabras de la real orden circular del ministro de la Gobernación a los gobernadores de provincia sobre la compraventa del sufragio, palabras en que hablaba de los interesados en que se persiga ese tráfico, aludiendo sin duda a los candidatos derrotados también. Y nos proponemos ahora combatir el punto de vista de aquellos nuestros susomentados amigos y del ministro.

Los interesados en que no se compre ni venda el voto deben ser los ciudadanos todos conscientes de civilidad y de ciudadanía, y no los que sean candidatos más que los otros. Aún hay más, y es que el ser candidato no le añade nada a un ciudadano, y si lo es por propio impulso e iniciativa, si es autocandidato, si es él mismo quien a sí mismo se presenta, más bien le quita.

No es el candidato derrotado por el dinero de otro el que principalmente ha de protestar contra ello, y aún se da el caso de que él mismo, el derrotado, se gastó también su dinero en comprar votos creyendo lícito emplear las mismas armas que el adversario. Quienes deben protestar contra esa compraventa y aún responder a ella con la violencia, con el garrote si se tercia, son los ciudadanos libres que se buscan un candidato —sin que éste antes haya buscado al que le busquen— y ven que lo derrotan con sus votos miserables mendigos que lo venden al mejor postor.

El ser candidato no es derecho ninguno, y no es mucho más digno que comprar votos el andar mendigándolos. Hace cinco años, varios de mis compañeros de claustro universitario, siendo yo rector de esta Universidad de Salamanca, me vinieron diciendo que querían llevarme al Senado en representación de ellos. Contestéles que hicieran lo que mejor les pareciese; que ni pediría voto alguno ni lo rechazaría; que esas representaciones ni se deben buscar ni esquivar, y una vez obtenidas, servirlas lealmente. A poco, el grandísimo Bergamín, que ocupaba entonces el ministerio de Instrucción Pública, salió en una peregrina real —¡y tan real!— orden diciendo que era incompatible ser rector de una Universidad y candidato a la senaduría por ella. Como si el ser candidato fuese ser nada, y menos en elecciones de senadores, en que como no se intervienen las mesas, ni previa declaración oficial de candidatos hay. Como que pueden muy bien los electores ponerse de acuerdo una hora antes de empezar la elección y designar candidato a uno cualquiera, que ni tiene que saberlo, y luego votarle.

Pude yo entonces haber dicho al grandísimo Bergamín aquél: «¿Y qué quiere usted, señor mío, que yo haga si ellos se empeñan en votarme y en abogar por mi candidatura? ¿Es que ello ha partido de mí? ¿Es que nadie puede decir que lo he buscado ni he pedido a nadie el voto? ¿Es que de prevalecer ese desatinado criterio de esa fantástica incompatibilidad no estaba en manos de unos cuantos obligar a un rector a que dimita con sólo proclamarle su candidato y aunque él lo rechace? ¿Es que yo me he proclamado acaso candidato?» No le dije nada de esto; me plegué —e hice mal— a aquella disparatada real orden, y mis amigos, por no obligar al ministro a que me destituyera —como luego, y por aquel motivo de las elecciones lo hizo— renunciaron a proseguir proclamándome su candidato. Con lo que no salí senador —que en otro caso habría salido sin duda—, y luego, a mayor abundamiento, me echó de un grosero puntapié, y como se le echa a un perro sarnoso, del rectorado el grandísimo Bergamín aquél conchavado para ello con el conde de Romanones a recibir el hierro de cuya ganadería política no me presté. Y entonces aprendí lo que es para los políticos de oficio —apestosa ralea— eso de ser candidato.

«¿Y qué es un político de oficio?» —se nos preguntará. Y contestaremos que político de oficio es precisamente aquel que se presenta a sí mismo candidato para un cargo cualquiera de representación popular —concejal, diputado provincial o a Cortes, o senador electivo—, o que busca que le presenten otros.

Yo no sólo no me he presentado jamás candidato para ninguno de estos cargos, ni he buscado que me presenten otros —y bien lo saben los que me llevaron al concejo de esta ciudad de Salamanca, a ninguna de cuyas sesiones y comisiones he faltado ni pienso faltar—, sino que si he rehuido alistarme a matricularme en el partido político organizado con el que más concuerden mis convicciones, es porque la experiencia me ha enseñado que la casi totalidad de los que en esos partidos se afilian —y todos entre los que tienen una actuación pública, de palabra y por escrito como yo— lo hacen buscando el que los busquen para representantes en Municipios, Diputación provincial, Cortes o Senado.

No soy además de los que creen que es en las Cortes donde más y más eficazmente se hace política. Sé que hay quienes desde fuera del Parlamento contribuyen más que desde dentro de él contribuirían a la legislación general del país y a su progreso político. El primer discurso político que pronuncien Melquiades Álvarez o Lerroux, tendrá más resonancia y acaso más eficacia y efecto que lo tendría pronunciado en el Parlamento y con la sordina que a sabiendas o no del orador, quiéralo o no éste, se le impone en aquel mefítico ambiente donde domina el convencionalismo de los políticos de oficio, lobos todos, desde la extrema izquierda a la extrema derecha, de la misma camada. Y son políticos de oficio, repito, los que sólo bregaron por que les llevaran allí, y no han ido obedeciendo a un mandato que no fueron los primeros en provocar.

Eso de creer que el ser candidato es algo que le da a uno mayor obligación de protestar contra la compraventa del sufragio que la que cualquier ciudadano tiene, deberían dejarlo esos mis dos amigos susomentados para los políticos de oficio. El ciudadano, es decir, el político que buscó, de acuerdo con otros, su propio candidato, cuidando —es lo mejor— de excluir al que hubiese estado, directa o indirectamente, buscando el que se le buscara, esta ciudadano debe ser él quien proteste contra la compraventa de votos, y aún quien la impida por cualquier medio, sin dejar ese cuidado al candidato que se buscó.

Pero éstas parecen doctrinas demasiado sublimes para nuestros lamentables partidos políticos que se componen, en cuanto a su parte activa, de políticos de oficio, de aspirantes a concejales, diputados provinciales, diputados a Cortes o senadores. Y a los que hacemos política, esto es, civilidad y ciudadanía, de otro modo nos niegan el dictado de políticos y nos dicen que hay que afiliarse en alguna bandería. El exponer uno públicamente sus ideas políticas y el propalarlas y sostenerlas e ilustrarlas, no basta.

(*El Mercantil Valenciano*, 10-III-1918.)

66. EN 1918 COMO EN 1874. LA SANTA DIVISIÓN DEL 2 DE MAYO

El 2 de mayo de 1874 con la liberación del sitio y bombardeo de Bilbao se ganó una victoria decisiva contra el separatismo. Y contra el peor separatismo, contra el separatismo de la civilidad y de la civilización europeas. Y con aquella victoria venció el amplio y noble espíritu vasco español, mejor aún vasco europeo, el alma internacional y moderna, es decir, liberal y democrática de Vasconia. Y aquella victoria preparó la Vasconia que vive abierta a los vientos de la libertad de los pueblos civiles, aquella cuya tradición es el progreso, aquella que no quiere petrificarse, que es morir, metida en un caparazón de cosas muertas.

Aquella victoria de la civilidad, de la civilización, de la libertad, de la democracia se ha venido celebrando, con más o menos fervor o con más o menos rutina litúrgica civil, todos los años. En los primeros que se siguieron a la fecha gloriosa latían los corazones de todos henchidos de esperanza y más los de los jóvenes, de los de aquellos que, como el que estas líneas traza, recibieron su confirmación, más bien su comunión civil en aquel 2 de mayo de 1874 en que con infantiles ojos henchidos de reverencia trataban de retener para siempre, de eternizar en su conciencia, aquella visión de historia a que Dios les concedió asistir.

Pero los vencidos de entonces, y peores, cien veces peores que ellos, sus herederos y sucesores, no descansaban. Predicaban arteramente olvido y hermandad mientras iban tras el desquite. Querían desliberalizar al pueblo, separarle de la historia civil común española. Querían restaurar viejos compromisos. Y ridiculizaban la fiesta. La cual, a las veces, justo es decirlo, casi cayó en rídiculo por convertirse en una fiesta cívica —cívica más que civil— de rutina litúrgica en que no se sentía palpitar los ideales que vencieron el 2 de mayo de 1874.

Al fin los sucesores y herederos de los vencidos de entonces han encontrado aliados y cómplices, han encontrado a esos que llamándose nacionalistas, aspiran a separar a Bilbao, no precisamente de España, pero sí de una España europea, mundial, universal y a la vez civil y democrática. Aspiran a que se borre lo que llaman viejas disensiones de familia, aspiran a borrar la más fecunda división que puede dividir a un pueblo poniendo a unos a la derecha y a otros a la izquierda.

Y no, no puede ser, no debe ser. Ahí, en esa mi sagrada tierra; donde se abrió mi alma a la comunión de la historia el 2 de mayo de 1874, en ese mi bendito Bilbao, que con su tradición liberal nos ha hecho a los mejores bilbaínos ciudadanos del mundo y de la civilidad, ahí tienen los hombres que estar divididos como los dividió aquella victoria, y no en gentes de fuera y de dentro, no en maquetos y naturales, que esta división carece de contenido humano universal y eterno.

No, la vacuidad espiritual del nacionalismo, hecho de ñoñeces y de supersticiones, y de vanidades, y de liturgias —en lo que no tiene de compañía anónima para negocios y para protección mutua de sus miembros— esa vacuidad no puede sustituir a la fecunda división que culminó el 2 de mayo de 1874. Liberales y carlistas otra vez, como entonces, aunque con otros nombres.

Y es mentira que los nacionalistas —algunos de los que hoy lo son, defendieron entonces a Bilbao con las armas— pretendan borrar aquella fecunda división y hermandar a los bilbaínos todos; es mentira. Los nacionalistas que han votado la supresión de aquella fecha, que son los mismos que han consagrado Vizcaya a una superstición pseudo-católica y materialista, esos nacionalistas han hecho eso como portadores actuales del viejo espíritu carlista, del que sitió y bombardeó Bilbao.

Lo están bombardeando de nuevo, aunque con duros y pesetas, y acciones, y agios ahora; lo están materializando; lo están ahogando bajo una capa de cobardía y de materialismo mercantil e industrial. Y no saben que ese comercio, y esa industria, y ese esplendor se deben al viejo espíritu liberal que venció el 2 de mayo de 1874.

Entonces, en aquel día, recibió un golpe decisivo la causa del absolutismo, que es la misma del imperialismo contra el que hoy pelean las democracias libres, los pueblos en armas. En aquel día recibió un golpe decisivo el trogloditismo español que nos quiere hoy, como quería entonces, imponer un orden y una unidad de dogmas.

Pero acaso sea un bien que el Concejo de la invicta —de la reinvicta— villa de Bilbao, de la que renació a la civilidad española y universal el 2 de mayo de 1874, haya suprimido la celebración oficial del aniversario de esta día glorioso. Así libertará a esa fiesta del modorriento oficialismo litúrgico en que iba cayendo; así le librará de ir a dar en una procesión más, aunque sea cívica; así evitará que llegue a ser lo que está siendo la fiesta del día anterior, la del primero de Mayo, un día de asueto y de jolgorio, y no de devoción y de recogimiento civiles y de viril examen de conciencia colectiva, y de recordación y confirmación y comunión de ideales.

Y este año esta fiesta puede y debe tener un sentido más hondo, un sentido internacional, pues los carlistas de 1874 querían implantar en España el Gobierno mismo despótico e imperial que el kaiser quiere imponer al mundo y aquellos liberales bilbaínos de 1874 defendieron, supiéranlo o no, los ideales mismos que hoy defienden en el campo de batalla de Europa los pueblos libres de las democracias en armas contra los serviles ejércitos del imperialismo.

Hay que mantener, bilbaínos españoles, bilbaínos europeos, hay que mantener a todo trance la fecunda y santa división de 1874. Por lo menos hasta que esos trogloditas —llámense nacionalistas, jaimistas o como quieran— se hundan en las cavernas prehistóricas de que han salido.

(*El Liberal*, 3-IV-1918.)

67. La aquendidad política

A eso que vertiendo la expresión alemana «Realpolitik», le llaman política realística por oposición a la idealista, le llamaríamos más bien «aquendidad» política... También este término: «aquendidad», lo hemos forjado, confesemos nuestro delito, sobre un vocablo alemán.

En alemán, «jenseits» quiere decir del lado de allá, allende; y «diesseits» del lado de acá, aquende. Y estos allende y aquende aplícanse a la vida natural y terrena. Hay lo que está del lado acá de la vida, o si se quiere más bien: de la muerte, lo que se refiere a nuestra vida natural y presente y a sus intereses de toda clase, intereses perecederos como la presente vida natural misma, y hay lo que está al lado allá de la vida, o si se quiere, más allá de la muerte, lo que se refiere a nuestra vida —que lo es— histórica y futura, siempre futura, y a sus intereses de toda clase; intereses eternos, como es eterna la vida histórica de la humanidad. Porque yo siento que mi personalidad histórica, mi valor eterno en la historia, perdurará de un modo o de otro, después de mi muerte temporal y natural y terrena. Y esto, aun aparte de la creencia que abriguemos respecto a la inmortalidad del alma humana individual. Sé que no debo sacrificar mi persona histórica y eterna, ni aún a los intereses presentes y naturales y perecederos de mi pueblo. Y al valor trascendente, religioso, de esa mi persona histórica y eterna es a lo que llamo mi honor.

Todo el que supedita el honor de un hombre cualquiera, que es el honor de todos los hombres, que es el honor de la humanidad, a los intereses naturales y presentes de un pueblo, de todo el pueblo, se mantiene en el sentido de aquendidad política.

El Antiguo Testamento está lleno de ejemplos de sentimiento de aquendidad, de política realista. Y esto hasta cuando aparecía todo lo contrario. El acto de Judith cortando traidoramente la cabeza a Holofernes para salvar a su pueblo, es un acto así. Y sólo pueden exaltarlo los que encuentran plausible que una mujer alemana o austríaca entregue su cuerpo a un enemigo de su pueblo, se haga la querida de él, no más que para mejor poder ejercer el espionaje.

«Salus populi suprema lex esto.» Sea ley suprema la salvación del pueblo. Pero hay que ver lo que sea salvar un pueblo, y si acaso no se le salva en la historia y para la historia haciendo que como pueblo deje de tener existencia natural, fundiéndole en otro pueblo, haciéndole desaparecer tal vez.

En política los extremos suelen tocarse en el materialismo histórico; los conservadores extremos, los ultraconservadores o reaccionarios suelen coincidir con los anarquistas. Unos y otros limitan a los intereses naturales y presentes, a los intereses de aquende la muerte, el fin de la política. Ni para unos ni para otros existe la historia como un valor ideal que esté por encima de la vida. Para unos y para otros el fin de la vida es vivirla lo más intensa posible. Unos y otros creen que el hombre no debe aspirar sino a lo que se llama la felicidad. Ni unos ni otros sienten que la infelicidad de la vida natural y presente pueda resolverse en una alta gloria, y que debajo de esta infelicidad brille una luz de allendidad gloriosa. La vida de un cartujo civil o político —de un Mazzini— les es incomprensible.

La vida para Mazzini, alma de una profunda religiosidad civil, de una profunda civilidad religiosa, era misión...

«Bendigo reverente a Dios Padre por cualquier consuelo de afectos —no conozco consuelos fuera de éstos— que haya querido en mis últimos años mandarme, y saco de ello fuerzas para combatir el tedio de la existencia que a las veces se me encara; pero aunque esos consuelos no fuesen, creo que sería tal como soy. Esplenda el cielo serenamente azul como en una bella mañana de Italia, o extiéndase uniformemente plomizo y color de muerte como entre las brumas del Septentrión, no veo que el Deber se mude para nosotros. Dios está por encima del cielo terrestre y las santas estrellas de la fe y del porvenir resplandecen en nuestra alma, aún cuando su luz se consuma sin reflejo como lámpara en sepultura.»

Así escribía Mazzini, el progresista religioso, el que hizo del progreso una religión, después de contarnos la tempestad de duda por que pasó en enero de 1837, en Londres. Pero es que para Mazzini la política, fundada en sentimiento de allendidad, de perpetuidad histórica, de misión humana a través de los siglos futuros, era religión.

La germanofilia, sea de la derecha o de la izquierda, es ante todo y sobre todo esto: aquendidad, materialismo histórico, lo que llaman política realística. Es menosprecio del Hombre, es inhumanismo. Hay, sí, germanófilos de extrema izquierda, por lo menos de lo que se llama así; pero es que la moral del amo de esclavos es la misma que la del esclavo que se encuentra bien mantenido y bien cebado, y es la misma que la del esclavo que aspira a ser amo de ellos, a ser tirano. Durante la guerra de secesión de los Estados Unidos de la América del Norte los más de los esclavos de los plantadores de los Estados del Sur, de los esclavistas, estuvieron al lado de sus amos y contra los antiesclavistas de los Estados del Norte. Y hoy los esclavos políticos del imperio germánico, socialistas muchos de ellos, están del lado de sus amos y contra los que quieren libertarlos. ¿No les han enriquecido sus amos? ¿No les han asegurado un cierto bienestar en la vida natural y presente? Basta leer a Bebel para ver en qué ponía su suprema aspiración ese pueblo.

Pero aún en el más miserable proletario nuestro, en el que peor lo pasa y más harto de infelicidad viva, encontraremos el hombre, la persona humana y eterna; el hombre que pone su dignidad antes que su vida. Las huelgas por dignidad son aquí más frecuentes que las puramente económicas. Nuestro hombre prefiere ser tratado como tal, como hombre, aunque se le deje morir de hambre, a ser cuidadosamente cebado, y mantenido, y cepillado, y alojado y emparejado como un animal doméstico. La arcadia feliz de las Misiones jesuíticas del Paraguay no es para él, no es para nuestro hombre. Aguanta resignadamente su miseria; pero si se le trata como a esos súbditos domésticos del imperio se les trata, se rebela. Y es que ha sido educado a verse más allá de la vida y de la muerte. Los crímenes llamados pasionales lo prueban.

Pero a éste, nuestro hombre no le llevarían a la muerte para defender no más que el bienestar de los suyos, el engrandecimiento natural de su patria; no le llevarían a la muerte como se le lleva al animal doméstico bien cebado y que va a defender el cebo. Nos place por lo menos creerlo así.

Nos importa muy poco el engrandecimiento natural, el enriquecimiento, la prosperidad de la patria si ellos han de lograrse a costa de la justicia; si para conseguirlos se ha de atropellar la dignidad de un solo hombre, sea nacional o extranjero; si se ha de violar la personalidad de alguien. Por encima del interés común está la dignidad común, y la dignidad común no es más que la de cada uno. El honor de un solo ciudadano es el honor de la ciudad toda; la libertad de un solo hombre es la libertad de la humanidad.

Y todo esto sonará a muchos a música celestial.

(*El Mercantil Valenciano*, 7-IV-1918.)

68. España es patria y no patrimonio

No nos es nada simpático el llamado regionalismo o nacionalismo regional —catalanismo, bizkaitarrismo, galleguismo, valencianismo, castellanismo, etc., etc.—, y no por su sentido autonomista y descentralizador, sino porque bajo ese movimiento, de evidente origen burgués y nada popular, suele ocultarse muy otra doctrina.

El cantonalismo ha sido siempre un peligro en España y el cantonalismo acaba por ser disolvente y reaccionario. Es el egoísmo localista que suele confundirse con el egoísmo colectivo de una clase social de las sendas localidades. Tenemos la experiencia de que los regionalismos operan a beneficio de las pequeñas plutocracias provincianas, que son una misma plutocracia. A la burguesía le conviene tener lo más separados posible políticamente a los pueblos.

Lo mismo le ocurre a la Iglesia. El interés de ésta es sustituir a los Estados como centro coordinador. Y por eso no ha tenido la Iglesia Católica Romana obstáculo mayor a sus pretensiones de dominio temporal que la formación de las grandes nacionalidades. En cuanto Italia se hizo una gran nacionalidad acabándose el cantonalismo medieval italiano, el poder temporal de los Papas desapareció.

El clero católico suele ser regionalista y muy exaltado. Y es ello natural. «No mandéis vuestros hijos a la escuela del Estado —les decía en vascuence a sus feligreses desde el púlpito un párroco vascongado—, pues allí les enseñan castellano, y el castellano es el vehículo del liberalismo.» Para este cura liberalismo quiere decir civilismo, o sea, laicismo. La cuestión es tener a los pueblos lo más apartados que se pueda unos de otros espiritualmente y que la institución que los una sea la Iglesia, que fue el poder unificador en la edad media. ¿Si tienen un dogma y una disciplina eclesiástica común, un mismo catecismo y una misma liturgia, para qué unirlos civilmente?

Cuando se habla de federalismo se olvida que deriva de «foedus, foederis», liga, pacto, unión, y que se hace en bien de la unión y no de la separación. Las federaciones no se han hecho diferenciando en partes un todo antes indiferenciado, sino uniendo en un todo, mediante un pacto, partes que estaban separadas, se ha hecho para unir, no para separar; para unificar, no para diferenciar. «El Federalista» («The Federalist»), en la colección de artículos que de 1787 a 1788 dieron a ciertos diarios de Nueva York los señores Alejandro Hamilton, J. Jay y J. Madison, trata del mejor modo de unir los diversos Estados de la Unión Americana y no de desunirlos, y aboga por la unificación.

Pi y Margall, por su parte, vio siempre en el poder central, federal o unitario la garantía de los derechos individuales contra posibles y probables atentados del municipio, de la provincia o de la región, de lo que los regionalistas llaman nación. Tenemos la certeza de que una Vizcaya —que acaba de consagrarse a esa superstición materialista y jesuítica que llaman culto al Sagrado Corazón de Jesús y que nada tiene que ver con el amor que llevó al Cristo a la muerte redentora—, tenemos la certeza de que una Cataluña, una Castilla, una Galicia, etc., sin la presión política de un gran Estado democrático oprimirían las libertades civiles, religiosas y sociales de sus pueblos. Y por esto el socialismo es unitarista. Lo es porque sabe que el proletariado no se defiende bien, sino solidarizado y con leyes uniformes, y porque sabe que este nacionalismo regionalista es cosa de las pequeñas plutocracias burguesas industriales, mercantiles y agrícolas.

Así se explica que en Vizcaya, el país natal de quien esto os dice, el mayor enemigo que ha tenido el nacionalismo vasco, cuyo sentido político es claramente burgués y reaccionario, ha sido el socialismo y que los socialistas allí hayan mantenido la doctrina liberal y españolista. Un gran Estado tiene por fuerza que transigir con el liberalismo mejor que transigiría una región autónoma, y tiene que hacerlo aunque sólo sea por su mayor sensibilidad internacional, ya que el liberalismo es —y lo recordó Maura— el derecho de gentes de hoy. Los socialistas en Vizcaya tenían que combatir contra el incivil principio de distinguir entre los vecinos naturales y los no naturales, y pretender otorgar a aquéllos derechos de que se privaba a éstos. El universalismo que sirve de base a la doctrina socialista no podía aceptar el que para un empleo en el municipio de Bilbao, verbigracia, se prefiriese, no al más apto siendo español —y por nosotros aún no siéndolo—, sino al natural de la villa, o al vascongado cuando menos, fuese o no más apto.

Y sin embargo, cuando el Estado español se encontró con que en el ayuntamiento de Bilbao no había un solo concejal dinástico, hizo alcalde de real orden a un nacionalista, a un verdadero separatista, antes que a un socialista, republicano o jaimista. Pero es porque para los gobiernos de su majestad el rey más que de España, ser separatista es menos grave que ser antidinástico. Lo que esos gobiernos exigían del alcalde de real orden no era profesión de españolidad, sino protesta de no ser antidinástico: «¡viva Vizcaya libre!» era para ellos grito menos subversivo que «¡viva la República!» Y los nacionalistas por su parte tienen menos empacho en reconocer al soberano, del que esperan que pueda llegar a ser rey de España y señor de Vizcaya —de una Vizcaya separada civilmente de España, aunque bajo un mismo soberano—, que no en reconocer la unidad civil y política del reino de España.

Aún hay más. Cabe dos naciones independientes y separadas una de otra y bajo un mismo soberano. Así estuvieron España y Portugal bajos los tres Felipes de la casa de Austria; así Suecia y Noruega, y así en algún tiempo Austria y Hungría. Flandes fue alguna vez patrimonio de Felipe II, rey de España, pero no parte de la patria española. Y, en cambio, una República, que es una ley y no un nombre, unifica al cabo. En una República federal hace falta por lo menos un Parlamento común, y éste une más que un soberano individual común, que puede desunir.

Y como para nuestros serviles gobernantes dinásticos España era más el patrimonio de su rey que la patria de los españoles todos —incluso el rey si quería, como debe, ser español y estar bajo España y no sobre ella, aunque fuese a su cabeza, — por eso hacían alcalde de real orden de un municipio español vizcaíno a quien no confesaba sin reservas su españolidad, pero acataba al monarca, de quien acaso pensara que se contentaría alguna vez con ser, además de rey de España, señor de una Vizcaya de hecho independiente y donde se mermaran derechos a los españoles de fuera, a los «maquetos» o metecos.

(*El Mercantil Valenciano*, 21-IV-1918.)

69. A PROPÓSITO DE LA FIESTA DEL 1.º DE MAYO

Pasó este año la fiesta del Primero de Mayo, habiendo sido en casi toda España —o en toda ella, por decirlo mejor— tan rutinaria, tan ritual, tan litúrgica como venía siéndolo hace tiempo. Porque esa fiesta, que debió ser una manifestación de ideales, se ha convertido en un festejo más, en un holgorio, en el que toman parte los mismos que más execran del propósito que sirvió a establecerla.

Ni siquiera la guerra ha alterado esa evidente decadencia de la fiesta llamada del trabajo, que es hoy un día de asueto más. En las peticiones que en ese día se llevan en procesión cívica, entre estandartes y banderas, a los gobiernos civiles, no creemos que haya figurado ninguna definida y clara respecto a los problemas que a España, a esta España envilecida por la neutralidad a todo trance y costa, y hágasele lo que se le haga, le plantea la guerra.

Hay que tener en cuenta que la fiesta del Primero de Mayo, que empezó con la famosa petición de los tres ochos, no tiene ya carácter socialista en casi ninguna parte de España.

Cierto es que el socialismo ha tenido siempre en nuestra patria mucho menos arraigo y mucha menos extensión de lo que por muchos se cree. Debido, naturalmente, a que hasta no hace mucho el partido socialista obrero —que al fin ha rectificado su conducta— se empeñaba en proceder por cuenta propia, en rehuir coaliciones —y a quienes más combatía era a los republicanos— y en apartarse de la política. Hoy ha rectificado su conducta, con lo que se le abre un porvenir que antes le estaba cerrado. Y desde la gloriosa huelga de agosto del año pasado ha iniciado un nuevo camino que no se perderá, como el otro se perdía, en un desierto. Este camino es el de las huelgas políticas y no meramente económicas.

Pero hay que ver la lamentable disposición de tantas y tantas agrupaciones obreras de ciudades y villas españolas que llevan a los Municipios a representantes suyos, no a otra cosa sino a servir los intereses individuales y personalísimos de los agrupados y a colocarlos, si es posible, de empleados y servidores municipales.

La tan mentada empleomanía ha ganado en la clase obrera o proletaria. La aspiración de nuestros obreros es llegar a funcionarios públicos, barrenderos, ordenanzas, guardias municipales, guardas de consumos, etc., etc. Los municipios se les aparecen, lo mismo que el Estado, como hospicios. La concepción hospiciana ha pasado de la clase media al proletariado.

En no pocos casos, el que un obrero consiga que le lleven sus compañeros de representante suyo a un Municipio no es más que un paso para llegar a ser con el tiempo empleado dependiente de ese mismo Municipio o del Estado.

Tenemos entendido que los concejales socialistas del Ayuntamiento de Madrid, y el primero fue el austerísimo Pablo Iglesias, se cuidaron siempre de no andar colocando a amigos y electores, sabiendo lo que eso les ataría para una eficaz fiscalización de la labor edilicia, y que se apartaron de los cambalaches a que dan origen las cuestiones de nombramiento de personal. Sólo así se puede hacer socialismo.

Pero lo más del llamado en España movimiento obrero nada tiene de socialista ni de ninguna otra categoría de carácter doctrinal y de principios. A lo sumo se reduce a un sindicalismo. Y tampoco un sindicalismo doctrinal y enderezado a lograr ventajas colectivas. Suelen ser nuestras asociaciones obreras en no pocos casos meras asociaciones para la obtención de ventajas individuales; pero de esas que si las obtiene uno, dejan de obtenerlas los demás. Sabemos de alguna localidad en que han establecido un turno para formar parte los asociados como vocales de la Junta de Reformas Sociales, sin otro objeto que el repartirse las eventuales dietas que por esa función pueden corresponderles alguna vez. Y sabemos que si la presidencia de un gremio es alguna vez apetecida, sólo se debe a que ello le permita al presidente mezclarse en juntas y comisiones de una y de otra clase con individuos de las otras clases sociales.

Cuando algunas veces hemos oído hablar de municipalización de servicios públicos, lo cual debe constituir el nervio de una administración municipal socialista, de ordinario ha sido mirando más que al bien común y a las consecuencias de tal régimen a facilitar la colocación como funcionarios municipales de un número mayor o menor de obreros. Ante todo, por creer que un obrero dependiente del municipio tiene más seguro su jornal, y sobre todo se le exige trabajar menos. Un municipio es siempre un patrono transigente con la holgazanería y con la ineptitud de sus servidores.

Es una triste verdad que lo más del movimiento llamado obrero está en España infestado de pordiosería. No podemos olvidar que el obstáculo mayor a la supresión del impuesto de consumos en alguna población española ha sido que habían de quedar sin empleo los haraganes que formaban el cuerpo de consumeros o vigilantes de puertas, los más de los cuales eran o inválidos del trabajo que buscaban en ese oficio una especie de jubilación encubierta u holgazanes de nacimiento, que de no ser consumeros habrían sido esquiroles. El ejército aquel de reserva de que hablaba Carlos Marx trata nuestro ejército activo de ocuparlo haciéndole empleado público. Y luego los más de los del activo aspiran a reservistas.

Y todo ello ha dependido de que el movimiento obrero español ha carecido de dirección doctrinal; esto es, socialista. El número de verdaderos socialistas, de obreros con una concepción más o menos definida y detallada de lo que debe de ser una sociedad civil para que en ella reine la justicia en las relaciones económicas, ha sido siempre muy pequeño. Les ha faltado sentido político. Y de aquí lo mezquino y miserable que suele ser la Fiesta del 1.º de Mayo.

(El Mercantil Valenciano, 12-v-1918.)

70. COMENTARIO

En el Congreso ha habido una interpelación sobre asuntos de enseñanza pública, que nos tememos haya de ser tan poco fructuosa como, por fuerza, tales interpelaciones tienen que serlo, sean cuales fueren la atención y el acierto de los que las dirijan.

El presente comentador pertenece al Profesorado universitario y está convencido de que no es del Parlamento de donde ha de venir el más perfecto esclarecimiento de sus males, y mucho menos el remedio.

Sabe que, aparte de las divisiones políticas, hay en ambas Cámaras una fuerte minoría de catedráticos, distribuidos entre casi todos los partidos, y que si de ellos se puede esperar algo que redunde en ventajas personales de sus compañeros y de ellos mismos, claro está, no se debe esperar mucho en pro de los intereses generales de la enseñanza pública.

Ahora se ha tratado algo del decreto de jubiliaciones para los que hayan cumplido setenta años, y al tratarlo, hizo resaltar el ministro de Instrucción Pública el hecho evidentemente escandaloso de que la Universidad Central, la de Madrid, centro político de España, tenga más catedráticos que la de Berlín y la de París. Y pudo añadir que algunas de esas cátedras no tienen en rigor alumnos. Y que hay cátedras de esas, que no son sino un pretexto para que un caballero pueda vivir en la villa y corte de los milagros, con la ayuda de un sueldecito del Estado, que a nada le obliga.

El actual decreto de jubiliaciones se ha dado atendiendo a que antes apenas había modo de que se le declarara incapacitado al que realmente lo estuviera. Incapacitado a la edad de setenta, ¡claro está que al que se incapacite, aunque sea del todo, antes de los setenta, no hay quien pueda tocarle! Y esto por no decir nada de los que entran ya incapaces, y algunos del todo, en el Profesorado. ¡Una vez que se le dejó entrar!...

Por cierto que al comentar *El País* lo de las jubilaciones, incurrió en un error grave. Decía:

«Se jubila al que, no por los años, sino por los achaques, carezca de aptitud. Pero los claustros, al dar a troche y moche, hasta a locos, chochos, valetudinarios, enfermos crónicos, certificados de capacidad, ha hecho injusto lo justo, y motivado el decreto del ministro, fijándose en la edad con limitaciones.»

El que ha escrito esto debía saber que hace ya algunos años que los Claustros no informan ya sobre la aptitud de los catedráticos al cumplir éstos los setenta años, y luego de dos en dos años más, que esos informes están a cargo de las autoridades académicas y dependen de certificados médicos. Y que de los certificados médicos no se puede ni debe hacer mucho caso en España. Ni en rigor es siempre fácil que un médico certifique si las dolencias y achaques de un anciano de más de setenta años le incapacitan o no para la enseñanza. Porque tal informe no depende sólo del conocimiento del estado de salud y de integridad física del profesor. No es con un examen médico como mejor se puede apreciar si uno sirve o no para seguir enseñando. Pero como otro género de inspección ni existe, ni acaso, por desgracia, se pueda establecer en el actual estado de cosas... ¡Cualquiera es el guapo que se atreve a informar de que un anciano encanecido en la enseñanza, y que acaso tiene una brillante historia, no sirve ya para su función! ¡Cualquiera declara que tal gloria acaso de la historia de la cultura, no es ya más que el recuerdo, y que perdió sus facultades!

Además, no hay que echar la culpa de todo o casi todo a los Claustros. Sabemos de más de un caso en que, después de haberse informado por los que tenían el deber de hacerlo de que un profesor más que setentón, acaso ochentón ya, no estaba en aptitud de seguir enseñando y aún que ni podía salir de casa, se ha dado carpetazo al expediente en el Ministerio, y no se le ha jubilado, por ese procedimiento, tan característico de nuestra corrompida politiquería, de no resolver. Porque ello es cosa de politiquería.

De nada sirve que los Claustros y las autoridades académicas subordinadas o delegadas informen lo que informaron, si en el Ministerio se entierran los asuntos. Así estuvo durante años sin jubilar el número primero entonces del escalafón de Universidades, después de que se había informado debidamente de que no estaba en condiciones de poder seguir sirviendo su cátedra. Y, es claro, ese tapón impedía que se jubilase a otros.

En el Cuerpo de catedráticos de Universidades hay un gran número de ex. Ex senadores —y senadores—, ex diputados —y diputados—, ex directores generales, etc. Hay hasta cinco ex ministros. ¡Y cualquiera se mete en España con un ex cualquiera! Un ex ministro, por ejemplo, puede ir o no ir a cátedra, según se le antoje —estando en activo servicio— y tomarse por sí las licencias que le plazca, y durante el tiempo que le venga en gana.

Dentro de pocos días cumplirá sus setenta años —y Dios le dé todos los más que le convenga— el ex ministro don Francisco J. González de Castejón y Elío, marqués del Vadillo, que hace tiempo no podía hacer como que explicaba Derecho natural, que es su cátedra, en Madrid, pero si no hubiera venido el actual decreto y se hubiera informado dentro de un mes que ese amenísimo señor no podía ya aparecer como capaz de explicar esa disciplina jurídica, que no sabemos si la ha explicado de hecho alguna vez, ¿hay quien crea que a pesar de un informe justo, esto es, verdadero, se le hubiese de jubilar a este ex ministro si él, o a falta de voluntad en él, los suyos se oponían a ello?

No; ningún ministro se habría atrevido a cumplir la ley en perjuicio de un «compañero», aunque en bien de la enseñanza.

Pocas cosas más corrompidas que la administración de la enseñanza pública superior y facultativa, por las vergonzosas influencias politiqueras. Su Majestad el catedrático, goza de privilegios e inmunidades verdaderamente odiosos. Lo que no le libra ¡claro está! de que alguna vez, en inevitable compensación, no esté expuesto a atropellos no menos odiosos.

Los locos, los chochos, los valetudinarios, los enfermos crónicos, que dice *El País*, seguirán en sus puestos, si tienen menos de setenta años, ya que antes de esta edad la capacidad es un supuesto administrativo incontrovertible, pero si a alguno se le obliga a jubilarse o se le separa de su cátedra antes de esa edad, no será, seguramente, por faltar a su cátedra o por no poder servirla. Alguno hay que ha vuelto a ser reintegrado a su cátedra después de habérsele separado de ella —como ocurrió también con el difunto e inolvidable doctor Moliner, hombre de imprudentísimas buenas intenciones que fue—, pero que se le pregunte por qué y cómo ocurrió ello.

El mal es un mal que no puede remediarse desde el Ministerio. Pues cuanto haga un ministro de sana intención, lo deshará otro de los del cotarro. Y nunca faltará en Instrucción Pública, algún político amigo de sus amigos, con todo lo que esto implica en nuestro país. ¡Y, como en general, más van a hacer favores injustos que disfavores justos o injustos...!

(*El Día*, 18-v-1918.)

71. Comentario

Con su característico automatismo mental, hace poco en el Parlamento el señor Dato —cuyo magín es sumidero de los más ramplones y manidos lugares comunes— recordaba los fines de Cánovas del Castillo y de Canalejas, suponiendo con la más genuina dialéctica conservadora que fueron predicaciones análogas a las de los actuales diputados socialistas que están desbaratando el armatoste de mentiras que levantó el Gobierno de agosto del año pasado, las que armaron los brazos de Angiolillo y de Pardinas.

Pero no es así. El estado de espíritu público y colectivo que permite que surjan hombres como estos dos últimos que se crean llamados, aunque sea sin razón ni justicia, a constituirse en vengadores del pueblo, es un estado de espíritu producido por la realización de la doctrina política conservadora del principio de autoridad. Es esta bárbara doctrina conservadora del principio de autoridad, que se resuelve en la de la irresponsabilidad efectiva del que usa, la que provocó esos dos delitos. Don Antonio Cánovas del Castillo y don José Canalejas fueron dos víctimas, más o menos inocentes, de ese fatídico principio conservador y ello aunque no hubiesen sido ni el uno ni el otro, singularmente el segundo, de los que más pecaran en tal respecto.

Esa doctrina conservadora del principio de autoridad, que hay que mantener, dicen, a toda costa —hasta a costa de la justicia—: esa doctrina ha hecho que desde hace más de cuarenta años jamás haya faltado una alta autoridad en España. Los gobernantes, desde la llamada Restauración acá, podrán haberse equivocado alguna vez: pero proceder artera e inicuamente, despótica o tiránicamente, ¡ah, esto jamás! No recordamos haber oído nunca — y no somos ya unos niños— confesar a gobernante alguno que procedió mal, y ni aún cuando constaba a todos que tenía conciencia de ello. Y sus compañeros en politiquería, entre los que hay que contar los del otro grupo turnante, se han creído siempre obligados a defender al del gran gremio.

Las violencias de un Angiolillo y de un Pardinas procedían de las violencias de los que mandaban, aplicando el más absurdo régimen de mando. Y si la autoridad, al proceder, como aquí acostumbra a tontas y a locas y presa de pánico, hacía pagar a justos por pecadores, era inevitable que al revolverse la conciencia popular contra ese torpe régimen hiciesen también sus espontáneos ministros, los de esa conciencia popular, pagar a justos por pecadores.

¿Qué efectiva sanción se ha impuesto aquí a las autoridades perturbadoras del orden y atropelladoras de los derechos del ciudadano? ¿O es que no las ha habido? Pero todos sabemos que las ha habido y que se ha tirado siempre a echar tierra a sus desmanes. El comentador que traza estos comentarios intervino como testigo en un proceso que se incoó —y ¡claro está! no se terminó— con motivo de un luctuoso suceso, en que la fuerza pública, con evidente demasía, mató —la palabra es otra, pero no sea que la ralea conservadora se alborote— a dos inermes e inocentes muchachos, disparando a ojo de mal cubero. Entonces no se probó nada. Lo único que se hizo fue, para acallar la protesta, libertar, amnistiar si se quiere, a otros pobres muchachos a quienes se les metió en la cárcel. Y pudimos ver funcionar el sistema diabólico de que aún aparezcan generosos los causantes de la matanza. Que al fin siempre resulta que fue el traseúnte quien mordió al perro, si éste tiene collar de autoridad. ¡Lo que aprendimos entonces! Ante todo que la autoridad no puede quedar mal. Y ya se sabe lo que aquí, en la España de cuarenta años acá, quiere decir quedar mal la autoridad.

Ahora se abrirá —dicen— una información. Pero ya verán ustedes cómo no se prueba nada... Primero, porque cualquiera se atreve a deponer contra el principio de autoridad y contra los agentes de la fuerza pública. Y segundo, por el concepto que de la prueba y de su valor tiene la frasca de abogados y de rábulas que desde los Gobiernos están desconcertando a España. Basta que un profesional del honor ponga su diestra en la cruz de su espada y jure por esa mandanga —la mandanga es el honor profesional— que tal o cual imputación que se le hace no es cierta, y sí una calumnia para que no valgan los testimonios de los pobres diablos que se contentan con su honradez de pecheros y no aspiran al honor caballeresco porque no pueden mantener caballo o usar de alguno que mantengan los demás. Y tercero... Y se puede seguir.

No, de la información no se sacará nada en limpio. Y por eso, lo único que queda es publicar las acusaciones y que sean los acusados los que se defiendan.

Tristísimas fueron, por parte del Gobierno, las jornadas de agosto del año pasado. Y no fue lo peor los desmanes y demasías que la fuerza pública, presos sus directores de un pánico irreflexivo, llevó a cabo; lo peor fue la trama de embustes, de trapacerías, de patrañas y de enredos que armó aquel Gobierno. ¡Las especiotas que salían en aquellos días de los Gobiernos civiles de provincia para impresionar a las gentes! ¡Las explicaciones oficiosas que de la huelga se daban! Aquí, en esta ciudad de Salamanca, se le llevó a la cárcel, en medio del día, entre soldados, por el sitio más público, a un ciudadano francés, contra el que no había cargo alguno del menor peso, y a conciencia de que no podría llegarse ni a procesarle, tal vez después de haberse estado buscando y preparando delator, y sin otra finalidad que la de hacer creer al pueblo que el movimiento huelguístico tenía el sentido que quiso darle la consigna ensañada de arriba. Un ardid de guerra, sin duda, pero un ardid que puso al descubierto la peste de que estaban infestados los que habían de reprimir la huelga.

Se equivoca el ministro de Estado al creer que fueron predicaciones anarquistas lo que armó los brazos de los delicuentes Angiolillo y Pardinas. Lo que principalmente armó a estos como a otros autores de atentados, algunos de ellos, como el de Morral, mucho más execrable y repugnante, fue la anarquía de los que han mandado en España. Porque es anarquía que el arconte —el que manda— no se ponga bajo otro principio que el de autoridad, y sobre todo que jamás responda de veras. Y aquí el que manda no responde, aunque conteste. El señor Dato, verbigracia, contesta, pero no responde. Los que mandan han inventado unos valores intangibles para cubrir su irresponsabilidad. «¡Eso no se puede decir!», aullan sus criados y así con lo indecible tratan de abroquelar su responsabilidad que se reduce por tal modo a irresponsabilidad efectiva.

Señor Dato; mientras no haya en España ministros condenados a la muerte política —y algunos la han merecido— podrán surgir Angiolillos y Pardinas para ejecutar a muerte corporal a otros ministros, háyanla o no merecido.

(*El Día*, 28-v-1918.)

72. Una terrible ley natural

Leyendo la *Alemania*, de Enrique Heine —esta obra tan fresca y actual todavía, a pesar de sus ochenta y cuatro años—, llegamos a un melancólico pasaje que agravó el trancazo o gripe espiritual en que nos tiene sumidos esta ramplonería vecinal, tan espesa como la arcilla de hacer ladrillos, que nos envuelve y sofoca en la España de hoy.

Hablando de la tardía conversión del filósofo Schelling, recuerda Heine aquello de Ballanche de que los iniciadores tengan que morir apenas se ha cumplido la obra de iniciación. Y agrega Heine: «¡Ay, buen Ballanche!; esto no es verdad más que en parte, y yo podría más bien afirmar que cuando se ha cumplido la obra de iniciación el inciador muere... o se hace apóstata. Y así podemos quizá suavizar el duro juicio que deja caer sobre el señor Schelling la Alemania pensante; podemos quizá cambiar en tranquila lástima el grave y fuerte desprecio que sobre él pesa y su deserción de la propia doctrina explicarla no más que como consecuencia de aquella ley natural de que quien ha dedicado sus fuerzas todas a la expresión o a la exposición de un pensamiento, luego que lo ha expresado o expuesto cae rendido, cae o en brazos de la muerte o en brazos de sus enemigos de un tiempo.»

¡Terrible «ley natural» —¿lo es?— ésta que Enrique Heine formuló hace ya ochenta y cuatro años! El defensor de toda idea, si no nueva, que choque con la cobardía y vileza o con los prejuicios de los de su tiempo y su país, está destinada al fracaso. O la muerte —lo que no es tan grave— o, y esto sí que es triste, la defección por cansancio. ¡Y cuántas supuestas conversiones no se deben más que al cansancio!

Ese triste pasaje heiniano, con su terible ley natural, nos ha cogido en días en que nuestro espíritu no podía —y aún no puede— respirar por la angustia de un ambiente moral público de un espesor de muerte. Parécenos respirar en el fondo de una caverna, con encima un aire de ramplonería vecinal que se masca y de vileza. Un apelmazado silencio respecto a las cosas más graves nos oprime. Los más de los españoles no se han dado aún cuenta de que se está librando en el mundo la más terrible de las guerras. A lo sumo no lo ven sino desde nuestro problema interior y pasajero de las subsistencias materiales. En las otras subsistencias, en las morales, en la dignidad, la libertad y la independencia de la patria, nadie parece pensar.

¿Patria? ¿Pero es que tenemos patria los españoles? ¿Pero es que se puede llamar patria a este campo de maniobras de trogloditas, de políticos profesionales, de acaparadores y de agiotistas de toda laya?

Llegará día, lo tememos, en que, rendidos, abrumados, todos los que hemos iniciado algún pensamiento de libertad, de civilidad, de democracia, nos veremos arrastrados, perdida la conciencia viril y libre, a la más vergonzosa conversión, si es que antes no nos llega la redención, no nos llega la muerte; esto es, la muerte redentora. La muerte será acaso la única redención que nos quede de una posible defección futura. O cuando menos de una huida, de una deserción del campo de batalla, de una triste retirada a eso que se llama la vida privada y no es la mayor parte de las veces más que una verdadera muerte civil. Porque vislumbramos días muy tristes.

¡Si uno, al fin, tuviese siquiera veinte, o hasta aunque no fuese más que una docena de años menos!... Porque entonces cabría escaparse de la muerte civil o de la defección, de la fatídica conversión, mediante la emigración; cabría ir a esperar la muerte natural a otra tierra, a otra patria, donde se respirase aire de libertad. ¡Felices los que pueden hoy emigrar e irse a otras tierras a trabajar en ellas por una nueva España de la que no tenga uno que avergonzarse de ser hijo!

La ralea conservadora anda ya por esos pueblos predicando la «mala vieja» —que es todo lo contrario de la «buena nueva»—, el antievangelio de la vuelta a los viejos, a los decrépitos partidos gubernamentales, a los partidos de Su Majestad, a las tandas turnantes de profesionales de la politiquería electorera y oligárquica. Uno de nuestros ex ministros corrompidos y corruptores, el señor Bugallal, espejo de caciques, lo ha proclamado en Alicante, y junto a él oficiaba don Salvador Canals, este sutilísimo escéptico que no cree en nada ni en nadie.

Y el más tremendo silencio está hundiendo a España en la sima de la degradación moral pública. No es que no se grite; es que no se oye. El país no está mudo, pero está sordo. No se oye ni a sí mismo; no oye ni las voces que él mismo da. Se ve más bien que se oye que hay quienes gritan. Figuraos un país sin aire o con aire tan espeso que no vibrara el sonido, y que vierais que las gentes abren la boca como gestos agónicos y hacen el gesto de quien vocea, pero no oyerais nada. Así es aquí. Y se ve, no se oye, que uno al fin se ha callado, que le han tapado la boca, acaso con un mendrugo de pan negro y seco, cuando como el Carón del Dante se le ve que se le paran y quedan inquietas las lanosas mejillas (v. *Infierno,* III, 97). Y quietas para gritar, no quietas para mascar. Que comer y gritar no puede hacerse a un tiempo. Y aquí en España para poder comer, y comer pan de servidumbre, tendrán no pocos que callarse.

Nos tememos que se acercan días tristes, para los que amamos la libertad civil, la civilidad libre de la patria, para los que anhelamos una verdadera democracia española. Vemos en perspectiva una porción de lamentables defecciones, de conversiones por cansancio; vemos a fuertes luchadores de hoy sucumbiendo al terrible silencio, o mejor aún, a la pavorosa sordera de los que les rodean, y vemos que volverán, y con más fuerza, a gobernar los mediocres, los lacayunos, los serviles, los que se presten a las veleidades irreflexivas del amo, y que acaso retornen conatos de ridículo imperialismo liliputiense. ¡Acaso un día nos pesará de no haber muerto a tiempo!

(*El Mercantil Valenciano,* 16-VI-1918.)

73. ¡HASTA INTELIGENTE!

Tengo que rectificar algo de lo que de Fernando VII dije en mi último artículo aquí, y lo hago con tanta más libre espontaneidad cuanto que nadie me ha pedido semejante rectificación. Hay que ser justo.

Dije en aquél que la listeza es muy otra cosa que la inteligencia —y lo sigo diciendo— y que aún se oponen, y que si Fernando VII fue «bastante listo», según don Ángel Salcedo y Ruiz lo califica, no fue lo bastante inteligente, ya que por cobardía, suspicacia y doblez de carácter no entregó el gobierno a los más inteligentes. Pero he aquí que en este tiempo he adquirido de origen digno de crédito la información de que el quinto de los Borbones de España era hasta inteligente.

Tan grata noticia —pues siempre es grato saber que nos equivocamos en el juicio adverso a una persona, sea viva o ya difunta— se la debemos al que fue don Fernando Fernández de Córdova, primer marqués de Mendigorría, quien nos la da en aquel tan interesantísimo libro: *Mis memorias íntimas*. Leyendo este libro —¡y ojalá lo hubiésemos leído años hace!— llegamos a aquel pasaje del capítulo IV (pág. 91 del tomo primero), en que dice:

«Tales partidos, como el que se formó por aquellos tiempos en la Plaza de Toros entre los primeros espadas, «Romero» y «Cándido», probaban la pasión que los españoles ponen en todas las cuestiones que suscitan al interés o al amor propio, y por cierto que entonces era aquélla, como lo es en nuestros tiempos, la pasión favorita de los madrileños, empezando por el mismo rey, que asistía con puntualidad a todas las corridas, aumentándose la popularidad de que gozaban en los tendidos y en los palcos, ocupados aquéllos por el pueblo de los barrios bajos y éstos por la aristocracia más elevada de su corte. La familia real asistía también al palco regio, siempre en los puestos de etiqueta que a cada uno correspondía. Fernando VII dirigía muy bien la lidia; pero con la extraña particularidad de que daba sus órdenes con señales disimuladas, que hasta los más aficionados desconocían. Para mandar tocar a banderillas llevábase unas veces la mano derecha al sombrero; si las banderillas debían ser de fuego sacaba los avíos para encender un cigarro, y así, en diferentes formas y con signos para el público desconocidos, determinaba el momento de soltar los perros o de comenzar la lidia de muerte. Generalmente daba Fernando VII satisfacción a los espectadores, que lo tenían por un «inteligente», sin que por esto se librara siempre de algunas faltas que le valieron en ocasiones silbas terribles y la obligada tonadilla, cantada a coro, de «no lo entiende usted», lo que hacía reír mucho al monarca, pareciendo reconocer en aquellos momentos el principio de la soberanía nacional.»

El pasaje es, como se ve, inapreciable y proyecta una vivísima luz sobre el despotismo del «inteligente» Fernando VII, que en la Plaza de Toros parecía reconocer, y reconocía de hecho, la soberanía de aquel pueblo que al entrar él, el monarca, en Madrid, después de concluidos los tres «mal llamados» años, los de la revolución liberal de Riego, le aclamó al grito «unánime» —esto de «unánime» es del mismo marqués de Mendigorría— de «¡Vivan las cadenas y la Inqusición!»

El «inteligente» Fernando VII «dirigía muy bien la lidia»; pero la «dirigía» con la extraña —¿extraña?— particularidad de que daba sus «órdenes con señales disimuladas»; es decir, secretas, y era así una dirección despótica, ya que el secreto es la característica del despotismo. Y de este modo, dirigiendo la lidia en la plaza de Toros con señales disimuladas se ejercitaba para regir a su pueblo, al pueblo de las cadenas y de la Inquisición, también con señales disimuladas, así se ejercitaba para aquel «despotismo ilustrado», que fue, según don Ángel Salcedo y Ruiz, el ideal de su reinado. Despotismo que se ilustraba sobre todo en la Plaza de Toros, que es, sin duda, en España la mejor aula para aprender la gobernación del Estado. ¿No hay acaso por ahí quienes aseguran que nuestro conde de Romanones, que se pasa de listo, es en la Plaza de Toros donde, desde el tendido, ha aprendido mejor a conocer al pueblo español, con el que lidia y juega?

Y cuando al «inteligente» Fernando VII le cantaba a coro el pueblo de las cadenas y la Inquisición la tonadilla de «¡No lo entiende usted! ¡No lo entiende usted!», el monarca se reía de todas ganas. Y se diría para su paleto: «¡Vosotros sí que no lo entendéis, mentecatos!» O aquello de: «¡Por ahí me las den todas!» En esos casos, al oír a su amado pueblo soberano, con la soberanía del tendidio, cantarle la tonadilla, no tendría que repetir lo que al partir para Fr ncia dijera, aquello de: «¡Dios nos la depare buena!» El socarrón «inteligente» coronado era lo «bastante listo» para saber que un pueblo que se satisface con gritar en la Plaza de Toros «¡No lo entiende usted!», es incapaz de revolución ni de libertad alguna; sabía que de la córnea mentalidad de los aficionados no había nada que temer; sabía que mientras se formaran bandos en pro y en contra de Romero y de Cándido —el Joselito y el Belmonte de entonces—, seguiría el pueblo apeteciendo cadenas e Inquisición.

Hay que reconocer, pues, que Fernando VII de Borbón era más que «bastante listo»: era además inteligente en regir con señales disimuladas a su pueblo, al pueblo enamorado de sus cadenas.

(*El Mercantil Valenciano*, 7-VII-1918.)

74. Un recuerdo

Hay un libro que, aunque no lo parezca, es hoy de más actualidad que nunca y es el de W. E. Retana, titulado *Vida y escritos del Dr. José Rizal*. Hoy más que nunca conviene en España no olvidar la vida, la obra y el martirio de aquel gran patriota y apóstol filipino, a quien hizo asesinar —pues aquel fusilamiento no fue más que un asesinato, todo lo legal que se quiera, que esto no debe importar a persona honrada— el fatídico general troglodítico Polavieja.

Hay en ese libro un documento que nunca será todo lo apreciado que merece. Es el decreto del general Despujol, publicado en la *Gaceta de Manila* el 7 de julio de 1892 y con el que se deportaba a Rizal a una de las islas del Sur.

Entre los resultandos de ese decreto inquisitorial, hay uno en que se dice que Rizal trataba de descatolizar, «lo que equivale a desnacionalizar, esta, siempre española y, como tal, siempre católica, tierra filipina», y luego se habla de injurias al Papa León XIII. Y en todo el resto del documento se ve claro que no fue por antiespañol, sino por anticatólico, o mejor, antifrailuno, por lo que se le deportó entonces y se le asesinó más tarde a Rizal.

Y esta lamentable historia de la persecución, martirio y ejecución de José Rizal, gracias al cual, más que a otro alguno, se conservará, si se conserva, en Filipinas la lengua española, la lengua en que el apóstol escribió sus obras y aquel inmortal adiós a su patria que es *Mi último pensamiento*, esa lamentable historia, ¿es de actualidad ahora? Sí que lo es.

Los que entonces le hicieron decir al pobre Despujol que descatolizar —que no era sino desfrailar— es desnacionalizar, se han hecho, apareciendo españoles, patriotas... de Germania. Del Imperio germánico, y acaso aún más del austrohúngaro, de este foco de podredumbre política y social que era últimamente acaso la última esperanza que les quedaba a los que soñaban con esa monstruosidad antievangélica y anticristiana del poder temporal del obispo de Roma.

Ellos hablan alguna vez de Gibraltar y de Tánger, y en privado hasta de Portugal y de Filipinas otra vez, pero lo que les interesa es la Roma papal, el gran mercado de las indulgencias. No hay sino observar el odio que respiran hacia Italia, hacia la heroica Italia de Mazzini, de Cavour, de Garibaldi.

Si al fin se logra la Liga de Naciones preconizada por el presidente Wilson, por el representante de la gran Democracia norteamericana, otra vez en lucha contra el esclavismo secesionista de la civilidad humana, de la humanidad civil; si se hace esa Liga destruyendo todas las santas alianzas de los soberanos fundadas en pactos secretos y de familia —los reyes todos son de una misma familia—, los pueblos se darán a sí mismos el gobierno que mejor les cuadre. Y el pueblo romano se tiene ya dado, desde hace cerca de medio siglo, su gobierno propio. Y no han de ser extranjeros los que se lo quiten.

Y esto del poder temporal del Papa, ¿tiene que ver algo con el fusilamiento de Rizal? ¿Y una y otra cosa con lo que está pasando hoy aquí y con lo que puede pasar mañana? Sí, y mucho. Y tiene que ver con esta abyecta forma de neutralidad que está envileciendo aún más que lo estaba España.

Los mismos que aquí se ensañaron más contra la invasión napoleónica —y no por extranjera ni por francesa, pues ellos mismos llamaban años después a los 100.000 hijos de San Luis—, eran fervorosos partidarios de la invasión del archiduque austríaco Maximiliano de Habsburgo en Méjico, y esos mismos hacían votos por el triunfo de los esclavistas durante la guerra de Secesión de los Estados de Norteamérica. No fueron aquí en 1808 antifranceses por patriotismo español. La patria no es para ellos más que un instrumento de otro poder temporal, que ni espiritual siquiera. Y hoy se prosternan ante el gran luterano, esperando que, como protege el Islam, y con él las matanzas de armenios por los turcos, proteja también su Islam. Y no se olvide que eso del derecho divino de los reyes, aparte del origen divino de toda autoridad, sea la que fuere —aun díscola, dice San Pablo—, es una doctrina genuinamente luterana y, en consecuencia, troglodítica también.

(*España*, 1-VIII-1918.)

75. Del despotismo en la envilecida España

Las revelaciones que por mediación de Joaquín Montaner, nuestro buen amigo y excelente cronista, hizo en *El Sol* del día 2 de este mes el ex coronel don Benito Márquez, han despertado mucho menos interés que lo habrían despertado en un país de conciencia civil viva y despierta. El coronel don Juan Génova, a quien el señor Márquez parece que negaba el saludo —nosotros, en su caso, habríamos hecho lo mismo—, ha contestado, y andan en dimes y diretes. Al señor Génova le parece que lo de los *dictados e imperativos de la conciencia* es cosa que sabe a profesionalismo de letrado. ¡Y ojalá lo fuese! Pero la conciencia parece que tiene que ver muy poco con los profesionales sean letrados, sean militares. El honor —¿honor?— profesional no suele ser cosa de conciencia, sino de conveniencia; no de justicia, sino de política en el más bajo sentido.

Dijera o no el señor Génova al señor Márquez que fue una *infamia* el fallo del tribunal de honor —¿honor?— que separó a éste del Ejército —no del honor—; que estaba arrepentido de haber tomado en él parte y que le pedía perdón por ello, hay en el documento que Joaquín Montaner dio a luz, un párrafo que es el sustancial y cardinal. Dice así: «Yo (el señor Génova) les pedí pruebas que justificasen el procedimiento que contigo se iba a seguir y no las presentaron ni las exhibieron, y sí sólo dijeron dichos coroneles que los que en política no conseguían el éxito tenían que sufrir las consecuencias, y esto era, en aquel momento, la necesidad de expulsarte del Ejército.»

Este párrafo tiene el sello indeleble de la autenticidad. Expresa la innoble y despótica doctrina de nuestra canalla política gobernante, a la que sirven toda clase de tribunales, de honor o de sin él. «¡Tenía que haber una víctima!» Tal es el aforismo de esa canalla de políticos profesionales que nos desgobiernan. Y luego, para tapar lo de la necesidad de la víctima, sostienen que no están obligados a dar razón pública de sus medidas. Es la llamada razón política, otra forma, y no menos infame, de la despótica razón de estado. Y a eso le llama también la chusma régimen de *confianza.*

Todo nos hace creer que el tribunal llamado de honor que condenó al señor Márquez no era más que un tribunal político o al servicio de los políticos. Y se le buscó de los llamados de honor para poder mejor guardar el secreto de sus motivos, ya que el secreto es la base del despotismo y en éste se apoya la canalla de los políticos profesionales, sostenedora del régimen. Del régimen despótico, se entiende, o de confianza privada.

Tribunal político también, y no jurídico, fue el tribunal militar que injusta y hasta ilegalmente condenó al Comité de huelga, al que hubo luego que amnistiar, por política también, y a modo de revisión exigida por el pueblo.

Estos tribunales condenan, no por razones de justicia, ni siquiera de ley, y mucho menos de honor, sino por la llamada razón de estado, infamia de las infamias. Y la más infame razón de estado, tal como la concibe la canalla política, explotadora del régimen, es la que priva en esta envilecida, no ya sólo debilitada, España de la ley de Jurisdicciones, de la neutralidad a todo trance y costa y de otras ignominias del mismo jaez.

Tribunal político también fue el tribunal militar que en Francia condenó a Dreyfus y pretendió abrigar la injusticia del fallo bajo el despótico principio del secreto, invocando impíamente la salud de la patria. Pero allí, en Francia, había una conciencia civil, esto es, moral, y se alzó contra el despotismo por encima de las monsergas del honor profesional. Y en aquella nobilísima y fecunda discordia civil se templó el patriotismo francés. Por haber sentido lo mejor del alma francesa que ni la salud de la patria puede servir para encubrir el despotismo, o sea el régimen del secreto, se bate hoy tan heroicamente al pueblo francés, hecho ejército de la justicia, contra los pretorianos del despotismo imperialista. El Ejército francés que hoy se bate por la justicia internacional es el depurado por aquella noble discordia civil en que se hizo justicia nacional.

Y aquí, si España fuese tan injustamente agredida como lo ha sido Francia, ¿sabríamos defendernos? Pero no hace falta siquiera hacer la hipótesis. España ha sido y es —y tememos que seguirá siendo—, agredida tan injustamente como lo fuera Francia. Y ya vemos cómo esta incivil y envilecida España, que se encoge de hombros ante el despotismo con que trata al ciudadano señor Márquez la canalla política del régimen, se encoge también de hombros, llena de cobardía y de vileza, ante las agresiones esas. Y si no, ahí están el Dato y Compañía, los de la neutralidad a todo trance y costa, y a la vez los de la secreta razón de estado, los rábulas y sayones del despotismo.

Claro está que este Gabinete —que no Gobierno— de altura, no puede ocuparse en cosa que estimará tan baladí como el problema que plantea el caso del señor Márquez. Agitarse todo un país por la injusticia cometida con un ciudadano, como fue lo del *affaire* Dreyfus, se queda para pueblos que saben rechazar las injustas agresiones del déspota extranjero lo mismo que defenderse del despotismo interno. Este Gabinete tiene que preocuparse de cosas más hondas que la injusticia cuando ésta afecta a un ciudadano. ¡Que se...! ¡Tiene que haber víctimas! Y tiene que haber políticos profesionales que de la injusticia vivan.

Este Gabinete de defensa, y no nacional precisamente, tiene graves problemas que resolver. El internacional, y no por sentimiento de la dignidad patria, sino porque unos y otros beligerantes aprietan y este Estado, no ya débil sino vil, esto es, cobarde, no puede ya jugar a dos barajas ni esconder su juego. El problema de las subsistencias, ya que no se puede llegar a lo que se debería, a la nacionalización del suministro, domeñando a la canalla plutocrática en que la canalla política se apoya y en que se apoya el régimen. El problema de los próximos presupuestos, en que se tropezará con terratenientes, plutócratas y toda clase de acaparadores de riqueza y despobladores de hombres. Y hay, además, el problema no menos grave de la reglamentación del juego de azar, que afecta, mucho más de lo que se cree, a los cimientos del régimen. La mejor parte de la escasísima y mortecina conciencia pública nacional de España pide esa reglamentación visto que la supresión se hace imposible, sea por lo que fuere. Pero ya veremos cómo sigue el actual monopolio —que le hay— de la tolerancia ilegal, porque ese monopolio de la ilegal tolerancia del juego de azar, así privilegiado, es una intangible institución favorita. Un amigo nuestro pensaba pedir en el Parlamento, al discutirse los presupuestos del Estado, que se prohibiera o reglamentara el juego y en cambio que se subiera unos ciertos sueldos. Pero este amigo nuestro se ha retirado del Parlamento y ha hecho bien. Lo mejor es evitar todo trato y hasta discusión directa con los rábulas y sayones del despotismo, con los del secreto de la razón de estado, con los de la vileza a todo trance y costa, con los que hasta de la tolerancia del juego prohibido hacen arma política y puntal de la lealtad antipatriótica.

(*España*, 15-VIII-1918.)

76. La libertad a la fuerza

Y acabará al fin todo esto —para empezar otra cosa— y triunfará en la humanidad civil la justicia de la democracia y se dará un rudo golpe al despotismo, al régimen imperialista de secreto, al principio inmoral de la infalibilidad del soberano y al de la obediencia ciega y España, esta España que se está envileciendo por mantener la neutralidad a todo trance y costa, sufrirá de rechazo el golpe y tendrá que entrar, quiera o no, en la sociedad de las naciones libres, independientes y democráticas, pero no se le pedirá a nadie que rinda cuentas y todo seguirá en el fondo lo mismo que está. Peor que está.

Será la nuestra la libertad a la fuerza. Un pueblo que no quiere ser libre, que ama las cadenas, y al que le obligan otros pueblos a vivir sin ellos. ¿Cómo va a vivir sin cadenas nuestro pobre pueblo?

Muchas veces hemos dicho que la Inquisición fue en España, sobre todo en la España despótica de los cinco Austrias, de los cinco Habsburgos, un instituto popular, eminentemente popular. No el entusiasmo religioso, no, sino la envidia vecinal, la terrible envidia hispánica, hija de la impotente ramplonería, sostuvo la Inquisición. No se podía tolerar que alguien se distinguiera de los demás ocurriéndosele al pensar lo que a éstos, lo que al rebaño no se le ocurría. La herejía, la opinión particular, el pensamiento de sentido propio, no era tolerable; había que atenerse, y por la fuerza, a la ortodoxia, a la doctrina central, a la opinión, o mejor: a la no opinión general, a la rutina de sentido común, al no pensamiento. El que no era capaz de satisfacerse con lugares comunes, con cadáveres y cenizas de ideas, con frases muertas, que se callara y se muriera espiritualmente. La Inquisición era el fruto de la voluntaria servidumbre de un pueblo que no quería que le obligasen a pensar por su cuenta, ya que esto es harto trabajo. Y la Inquisición subsiste y persiste.

Es inútil que unos cuantos ilusos protesten contra la previa censura, porque la previa censura tiene el apoyo de la no opinión pública, de la vil cobardía pública, del abyecto horror a la verdad en que se apoyan el Dato y C.ª. Cuando este bajo cortesano dice que cuenta con la opinión pública, tiene en cierto sentido razón. Es el más genuino representante del envilecimiento de la España de hoy, de la degradante cobardía moral que nos tiene fuera del concierto de los pueblos civiles libres.

Vino la del 98; la gran Democracia Americana libertó al pueblo español arrojando a la España oficial, al Reino de España, de su última guarida en América que le servía para seguir embruteciendo al pueblo. Porque nuestro régimen colonial no era sino un soporte del patrimonio, a expensas de la patria. Vino lo del 98, se depuró la patria mediante una amputación del patrimonio, pero el pueblo no pidió cuentas a nadie. Y siguieron rigiendo, no sólo gobernando, los de la incondicionalidad. No se depuraron responsabilidades. Siguió entenebreciendo a España quien consintió el asesinato de Rizal y otras atrocidades por el estilo. (Al que ordenó aquel asesinato llegó a llamársele general... ¡«cristiano»! Y se corrió el peligro de que con aquel hombre llegara a la presidencia de los consejos de la Corona, a la cancillería más bien, la cerrazón mental, la inteligencia, la barbarie ortodoxa que huye de tener que pensar por sí, la misología, el troglodistismo.)

Y hoy volvemos a estar como en 1898 y le aguarda al Estado español, al Reino de España, no al pueblo español, otra derrota como la de entonces. Ese Reino esperaba acaso el desquite, siquiera parcial, de lo de 1898 y quien sabe si se preparó a ello mediante tenebrosas inteligencias. Y jugaba a dos barajas. Como en el siglo XVI la suerte del Reino de España iba ligada a la del Imperio. No se olvide que Carlos I de España lo fue V de Alemania y que aun aquí, en España, siempre se le llama Carlos Quinto y no Carlos Primero. En España no ha habido un Carlos Primero, pero sí un segundo. Y no se olvide que nuestro verdadero Carlos Quinto fue Carlos María Isidro, el pretendiente, el hermano del Abyecto, del Bisabuelo.

Esperamos que España será libertada, pero como lo será a la fuerza y no por propio esfuerzo y menos por propio deseo esa libertad será tristísima. Nos aguardan días congojosos; los días de la libertad que no se ha querido. ¿Qué hará el preso en medio de la calle si no sabe cómo ganarse la vida en libertad? El miedo al salto en las tinieblas es el miedo a la libertad. En España hay miedo a la libertad. Los pobres siervos tiemblan de verse libres. En la servidumbre siquiera aunque poco y mal, comen. Y sobre todo no les obligan a pensar.

¿Qué va a ser de nosotros cuando nos obliguen a buscarnos el régimen y gobierno por nosotros mismos?

Creemos que la Garduña conoce a España mucho mejor que de su mentalidad era de esperar.

(*La Publicidad*, 26-IX-1918.)

77. COMENTARIO

Ya estoy, o, mejor dicho, ya estamos aquí de nuevo a comentar la picardía gobernante. Y digo «estamos» y no «estoy» porque mi nombre es legión. Por derecho de legítima conquista, no por gracia de ninguna potestad, uso de ese plural de publicidad, frontero al que los gramáticos llaman plural de majestad. Pero por hoy dejadme, lectores, que emplee el cínico yo.

Ya estoy, pues, aquí a todo evento. No hace mucho que me han denunciado un artículo por supuestas injurias a antepasados —no sé también si alguno supuesto— de Su Majestad. Son los Habsburgos, a lo que parece, intangibles, y es intangible aquel monstruo de falsía y de cobardía que fue Fernando VII, «el Abyecto».

Y hasta los gatos quieren zapatos. No sé si el lector sabe que soy concejal del excelentísimo Ayuntamiento de esta ciudad de Salamanca, en que vivo y lucho. Pues bien; anteayer mismo nos reunió, antes de la sesión, a los concejales todos el señor alcalde —alcalde de elección popular—, manifestándonos su deseo de dimitir, porque el señor ministro de Abastecimiento le tenía frito, pretendiendo que dejara sin efecto una incautación de trigo de una señora emparentada con el señor ministro. Al representante de esta señora parece que no se le caía de los labios, en el despacho del gobernador, lo de «mi primo Ventosa». Y al alcalde nos contó tales cosas del modo cómo el gobernador de ésta da, por encima de lo preceptuado, licencias de exportación, bien que alegando que para ello tiene órdenes superiores —órdenes que, por supuesto, jamás exhibe— y otras frescuras que me creí en el deber de hacerlo todo público en la sesión pública y llamar al Poncio fresco y anarquista. ¡Y aquí ha sido ella!

Esta mañana me han llamado al Concejo para decirme que el Poncio pide certificado del acta de la sesión; de un acta que no está, no ya aprobada, mas ni extendida —¡abogado había de ser el «político»!—, y no sé cuántas cosas más. Le ha ofendido que le llamen «fresco», cuyo sentido es bien claro, y «anarquista», esto es, autoridad que, debiendo hacer cumplir la ley, la vulnera. Y eso que no le llamé romanonista, que es peor, y que nada dije en la sesión —por no ser de aquel sitio ni ocasión— de lo que al público se oye en esta ciudad sobre la tolerancia del prohibido juego de azar. Aunque en esto parece ser que la tal tolerancia es hoy en España algo así como de Real orden.

Y el Poncio implica con la amenaza que me dirige al ministro de Abastecimientos por aquello del primo que le aprieta a que deje sin efecto una incautación. Ya otra vez denuncié otra medida así de nepotismo, y la denuncié desde estas mismas columnas y en un «Comentario» del entonces comisario, que no ministro, de Abastecimientos, señor Silvela. Y este señor, revolviéndose contra mí, por una denuncia, que se la hizo la Cámara de Comercio de ésta, me contestó con unas cuantas tangenciales tonterías y subterfugios, y acababa insinuando que estoy loco. ¡Bendita sea Dios! Porque del que hoy no se vuelve loco en España hay que pensar muy mal. Y en cuanto a él, al señor Silvela —otro Silvela, por supuesto—, es fácil que no pueda enloquecer.

Aquí estoy, pues, de nuevo a reanudar mis comentarios a la picardía politiquera española de hoy y a seguir combatiendo contra el terrible mal de moda, contra la gripe, o cólera, o tifus —o lo que sea—, que está acabando con la civilidad, la dignidad y la libertad que aún quedaran en el reino de España. Ese mal es el despotismo, el régimen de secreto y de clandestinidad, lo de hacer las cosas a cencerros tapados, lo de tomar medidas por razones que el Soberano se reserva, como en tiempos del Habsburgo Felipe II, el del Escorial, pestilencia que llega desde lo más alto y grave, que es lo internacional, hasta lo de trasladar a un pobre empleado por «necesidades del servicio», fórmula de la más depravada infamia caciquil.

Hace poco más de cuatro años le desenjaularon al que ahora traza aquí estos comentarios, y al desenjaularle abriéronle los ojos. ¡Dios premie a los que así le quitaron de ellos aquella venda que, por triste flaqueza humana, él mismo, el comentarista, no se había querido quitar! ¡Es tan enervadora la servidumbre!

Abrió el comentarista los ojos, que tanto se había complacido en tener, para su mal, cerrados, y vio la miseria de esos seres a que llamamos políticos, los de tanda y turno; esos que, como decía Cadalso, «con el mismo tono dicen la verdad y la mentira»; esos que pasan por todas las ruindades antes que confesar noblemente sus culpas; esos viles esbirros del despotismo.

Aquí estoy, pues, de nuevo. Y como mi nombre es legión, desde el próximo comentario volveré a adoptar, frente al plural de despotismo, el plural de publicidad. Porque si el despotismo es el régimen de secreto, no ya de violencia —esto es, tiranía—, la democracia es el régimen de publicidad y no el de la mayoría.

(*El Día*, 27-IX-1918.)

78. Los dogmas en entredicho

Al acabar de leer la nota oficiosa que la Junta nacional del partido Reformista ha dado respecto a las condiciones en que aceptaría el poder, uno de esos hombres de derecha que ahora se están declarando casi socialistas, nos ha dicho: «¿Pero, hombre, a qué viene aquí esto de la libertad de conciencia? ¡Cómo si no fuera en España todo lo libre que en cualquier otro país pueda serlo! ¿Quién le impide a nadie pensar como quiera y expresar su pensamiento? ¡Sólo nos faltaba ahora que se resucitase lo del artículo 11 de la Constitución y la libertad de cultos y la separación de la Iglesia y del Estado y demás antiguallas!»

—¡Pues claro está que hay que resucitar todo eso! —le hemos contestado—. ¿O es que se creen ustedes que vamos a dejar que sigan en pie ciertas disposiciones legales, aunque el espíritu de los tiempos haga que no se apliquen...

—Como por ejemplo...

—Como por ejemplo el derecho de los prelados de la Iglesia Católica Apostólica Romana a inspeccionar la enseñanza pública del Estado y a denunciar a éste al que vierta doctrinas contrarias al dogma y la moral católicas.

—Y cuando se ha aplicado...

—Aparte de que se ha intentado aplicar, y no hace muchos años, y aquí, en Salamanca, basta que exista la ley. Y como eso hay otras cosas. ¿O no sabe usted que hay en España un ex sacerdote católico, un apóstata del sacerdocio, que no puede casarse civilmente?

—Es un solo caso.

—Basta que sea uno solo. Uno solo fue, en otro orden, el de Dreyfus.

—Bueno; miren ustedes, no están los tiempos para entretenerse en bizantinismos de esos. Los problemas son problemas económicos, sociales...

—Sí, ya hemos visto que ustedes, los conservadores, profesan la doctrina marxista de la concepción materialista de la historia. Y no deja de ser curioso que mientras se muestran resignados a transigir en las reivindicaciones llamadas sociales, quieren mantener equívocos en lo religioso. Cualquiera creería, y creería bien que ustedes saben, y si no saben lo presienten, que toda libertad económica es baldía mientras no la acompaña la libertad de conciencia, y que al revés de lo que creen muchos cándidos socialistas, ustedes saben que es la libertad de conciencia fundamento y base de la económica y no ésta de aquélla. «Pan y catecismo», dicen ustedes, y en cuanto al pan llegarán hasta a darlo con hartazgo y aún teniendo que privarse del bollo ustedes, con tal de que el que lo recibe no rechace ese catecismo. Es la servidumbre de la mente lo que ustedes reclaman.

—¡Pero usted es un jacobino! —exclamó el hombre.

—Rechazo ese como cualquier otro mote; pero le aseguro que esos problemas de política religiosa, o más bien antieclesiástica, volverán, aunque los Cambós y otros materialistas por el estilo crean que han pasado de moda. Y el socialismo es algo más que una doctrina puramente económica. El socialismo pide una política en el sentido religioso y hasta es, en cierto modo, una religión.

—Sí, una religión materialista y atea...

—Esa la de ustedes los conservadores, señor mío, la de ustedes. La religión de ustedes, el catolicismo de ustedes, este catolicismo español troglodítico, intolerante, impositivo, eso es puro materialismo y que de cristiano poco o nada tiene. El espectáculo que han dado la mayoría de los católicos militantes españoles durante estos cuatro años, ha sido bochornoso. Ha habido que ver cómo han tratado a católicos eminentes de las naciones aliadas contra Germania y cómo se han puesto al lado de luteranos y de otomanos. Se han sentido más ortodoxos que católicos y han sentido la solidaridad de las ortodoxias todas. Un reaccionario luterano o ateo prusiano les estaba más cerca que un liberal y demócrata católico francés, inglés o norteamericano. La religión para ustedes no es más que dogmatismo y autoritarismo, sin que les importe gran cosa el dogma. Se trata de que el pueblo no piense por sí mismo; se trata de ahogar en él todo libre examen, toda inquietud honda, todo espíritu de rebusca continua. Y luego que pida más jornal y menos horas de trabajo, y aunque sea el reparto de los medios de producción. Mientras el pueblo repita aquello de «eso no me lo preguntéis a mí que soy ignorante; doctores tiene la Santa Madre Iglesia que os sabrán responder»; mientras se atenga a la fe implícita, a la fe del carbonero, ni el comunismo siquiera les asusta a ustedes, porque saben que acabará por rendirse. Y no, señores, no; hay que suscitar esos problemas; hay que agitar la conciencia religiosa del pueblo; hay que hacerle que piense por sí; hay que enseñarle que esos sacerdotes no saben más que él de Dios y de otra vida. Es un problema de cultura.

—¡Ya salió aquello!

—Sí, ya salió aquello, las Misiones jesuíticas del Paraguay tenían un régimen casi socialista, a lo más, casi comunista, comunista más bien, y aquel pobre pueblo cuyas necesidades corporales estaban más que satisfechas no era un pueblo libre y se consumía de tedio. No, no, no van sólo a agitarse problemas de economía social, de estómago, y problemas de personalidad colectiva, de nacionalismo; va a volver a plantearse el eterno problema de la libertad de la conciencia religiosa. Todos los dogmas están en entredicho.

(*El Mercantil Valenciano*, 10-XI-1918.)

79. Comentario

Alejandro Manzoni, en su inmortal obra *El cinco de mayo*, día en que, en el año 1821, murió, en Santa Elena, Napoleón «el Grande», nos habla del cúmulo de las memorias que bajaban sobre el alma de Bonaparte como sobre la cabeza del náufrago se revuelven y pesan las olas. El dios caído intentó muchas veces narrarlas, narrar sus memorias, y «sobre las eternas páginas caía la cansada mano».

E sulle eterne pagine
cadde la stanca man!

Así, a nosotros se nos cae cansada la mano sobre estas páginas de nuestros comentarios, porque pensamos que el suceso, fresco y palpitante de vida, de actualidad, de hoy no será más que un lejano recuerdo mañana, y que acaso cuando estas líneas aparezcan al público, pasado mañana al atardecer, apenas tenga valor lo que en ellas digamos. Tan de prisa se vive hoy; es decir, tan de prisa se envejece. O se rejuvenece.

Envejecen hombres e ideas, tierras e instituciones. Los ministros del actual Ministerio de Su Majestad, por ejemplo, nos parecen ya, incluso los nuevos, los que lo son por vez primera, viejos, viejísimos, decrépitos, del antiguo régimen, de un siglo pasado, del siglo que acabó de acabar en 1914: casi paleontológicos.

Todo el papel de estos decrépitos ministros se reduce a seguir protegiendo una irresponsabilidad que no tiene ya protección válida. Porque ha terminado el tiempo de los Poderes irresponsables.

La irresponsabilidad, cuando es efectiva, suele ir acompañada de la infalibilidad y de la inocencia o inocuidad. El que no responde no se equivoca, es infalible y no daña, «non nocet», es inocente. Y no se equivoca, porque no decide.

De los niños y de los locos se suele decir que dicen las verdades. Y no es así. Los niños y los locos, verdaderos irresponsables, no dicen ni las verdades ni las mentiras, sino que dicen —y, lo que es peor, hacen— niñerías y locuras. Y las niñerías y locuras están más acá de la distinción entre verdad y mentira. Y por eso responden otros por ellos.

El que responda por el irresponsable es el que se equivoca o yerra, si el irresponsable dice o comete algo equivocado o errado; pero si el irresponsable acierta, tampoco acierta él, sino su consejero, el que por él responde. El que es legalmente infalible debe renunciar a que se le imputen aciertos.

Reinando Carlos Alberto en el pequeño Reino del Piamonte, su primer ministro, Cavour, logró, con pequeña mayoría parlamentaria y valiéndose de todo género de argucias, romper la neutralidad ante la guerra de Crimea y enviar a ella un puñado de piamonteses que pelearan al lado de franceses e ingleses contra el Imperio de Rusia. Esta osada maniobra le sirvió luego para asentar la posición internacional del Piamonte entre las potencias europeas, y fue uno de los antecedentes de la gran obra de la unidad italiana, que ahora, en nuestros días, se acaba de coronar. Pero eso, que pudo y debió hacer Cavour, no podía ni debía haberlo hecho Carlos Alberto, pues, de no salirle bien, no le quedaba sino la abdicación. Y, de todos modos, tuvo que abdicar. Y lo hizo por cierto, en España, camino de Oporto, adonde se fue a morir, desterrado.

Un rey constitucional irresponsable no puede tomar determinaciones a espaldas de sus ministros responsables y sin contar previamente con ellos, y menos en asuntos internacionales. Y ¡ay de él si encuentra complacientes cancilleres, más bien lacayos —furrieles, que dijo el otro—, que no saben oponérsele y enfrenarle y le secundan, acaso contra sus propias convicciones!

Si un rey constitucional que se tenga por avisado, por perspicaz, que crea conocer el secreto del porvenir, se sale de su irresponsabilidad e infabilidad legales para marcar rumbos a la política internacional, y acierta, se apunta el acierto, y hasta las gentes dicen: «¡Qué hábil! ¡Qué avisado! ¡Qué bien estuvo! ¡Cómo ha acertado!» Y le perdonan, en gracia al acierto, la inconstitucionalidad, la indisciplina, la ilegalidad de su acto. Pero, ¿y si se equivoca?

Dícese que en política se perdona todo menos las equivocaciones. Aquí éstas son las que principalmente se perdonan. Cien veces se han equivocado, confesándolo así, los que siguen desgobernándonos. El decir y desdecirse, mentir y desmentirse, es su elemento, pero ¿y si un rey se equivoca, habiendo arrastrado a su equivocación a complacientes ministros cortesanos que o no tenían opinión propia —si acaso eran capaces de tenerla— o la supeditaban a los caprichos del distribuidor de jefaturas?

Si la guerra que ha terminado —para empezar aquí otra— hubiera traído el triunfo de los que han resultado vencidos, acaso viéramos un pequeño imperio de Iberia, y diríamos: «¡Qué chico tan listo! ¡Qué claro vio!» Pero las cosas han sido de otro modo.

Leyendo ayer la cláusula 33 del armisticio firmado entre Alemania y los aliados y los Estados Unidos, pensábamos cuál va a ser la suerte de los barcos mercantes alemanes transferidos a España y que se quiere que naveguen bajo el pabellón de ésta, y nos decíamos: «¿De quién partió la equivocación de no incautarse, aún a riesgo de provocar un "casus belli", a su debido tiempo de esos barcos? ¿Quién fue el listo que hizo que España soportase pacientemente —aunque la palabra es otra— que se le hundieran sus barcos?»

En pleno Congreso se ha contado un caso acaecido en el cazadero de Láchar. ¿Hay algún canciller cortesano que responda de ese y de otros actos que sin contar previamente con él, se llevaron a cabo?

El que, debiendo hacerlo, no sepa mantener en su irresponsabilidad a los irresponsables, debe sacarlos de casa. Y no es verdad lo de que más sabe el loco en su casa que el cuerdo en la ajena.

(*El Día*, 15-XI-1918.)

80. SE ELIGE PATRIA

Al final de su famoso discurso en la «sesión patriótica» del Congreso de los Diputados del Reino de España, el día 11 de diciembre último, decía, o más bien declamaba Maura dirigiéndose a Cambó: «... que no tiene su señoría opción ni la tendrá nunca, ni la tiene nadie, porque no se elige la madre, ni se eligen los hermanos, ni la casa paterna, ni la patria en que se nace...» Y este tropo se lo aplaudieron a rabiar los mismos que le aplaudieron lo de las plumas del águila, y el impetuoso Romanones, ávido de la estimación de quien más desdeñosamente le fustigó antaño, se avalanzó a abrazarle al gran abogado.

Pero eso de comparar a la patria con la madre tiene los peligros de toda metáfora y más si la emplea no un poeta, sino un abogado. Las metáforas, tan nobles y fecundas en manos del poeta, son peligrosísimas en manos del abogado.

¿Se elige madre? ¡Vaya si se elige! Si por madre entendemos algo que no sea lo que de su concepto puramente material o fisiológico se desprende, si madre es algo más y a las veces otra cosa que la que pare a un hijo respecto a éste. ¿No es madre y muy madre una que lo sea de adopción? «Después dice [Jesús] al discípulo: «He ahí tu madre»; y desde aquella hora la recibió consigo.» Así nos cuenta el cuarto Evangelio, cap. XIX, v. 27, respecto a Juan el Evangelista y a María, madre de Jesús. ¿Y por otra parte no puede una paridora dejar de ser madre de aquel a quien parió? Lo es la que le expone, la que le abandona en un hospicio, por bien administrado que éste esté?

Al declamar Maura que no se elige la patria en que se nace, da por supuesto, primero, que sólo el nacimiento en uno u otro territorio determina la patria de un ciudadano y acepta, por otra parte, el concepto naturalista, más bien materialista, de patria, el que corresponde al de nacionalidad etnográfica, la teoría que se llama alemana por oposición a la llamada francesa, a la de nacionalidad electiva, a la que se basa en la doctrina del querer convivir colectivo. (Sobre esto es muy de recomendar la tan sugestiva cuanto instructiva obra de M. René Johannet: *Le principe des nationalités.)*

La patria, como la madre misma y los hermanos y la casa paterna, se reconoce o no, y el reconocimiento es una elección. Si hay la investigación de la paternidad, cabe también la de la maternidad. Puede haber casos en que no baste que una mujer le diga a un mozo: «yo te parí, yo te amamanté, yo te crié», sino que el mozo lo dude y quiera ponerlo en claro.

Conocemos una pequeña tragedia familiar y a sus actores. Una pareja de enamorados, pobres obreros, tuvieron una hija a la que tuvieron que echar al hospicio con su señal; pasado algún tiempo se casaron y al casarse sacaron del hospicio aquella hija y se la llevaron a su hogar. La madre y la hija no se entendían y había frecuentes querellas mutuas, de que el padre no participaba. Cuando la hija fue a casarse, al ir a arreglar sus papeles, se vio que no era aquélla la que los pobres novios de antaño habían depositado en el hospicio, sino que era otra. Y al saberse esto rompieron madre e hija en aquello de «si ya sabía yo que tú no podías ser mi hija» y «si ya decía yo que usted no era mi madre».

Que nadie le dé a esta pequeña historia, rigurosamente sucedida, más alcance ni intención de la que tiene, pero a cualquiera se le ocurre que si aquella madre y aquella hija hubieran vivido en comprensión y afecto continuos, en nada les habría afectado el descubrimiento de la verdad.

Lo que forma realmente el patriotismo es lo que M. René Johannet llama la «meditación de los orígenes», es la conciencia histórica de la tradición y de la misión común. Un pueblo es uno, unificado; un pueblo es una sola nación no cuando habita un mismo y sólo territorio bien individualizado geográficamente, no cuando se crea de una misma y sola raza, no cuando habla una sola y misma lengua, sino cuando reconoce una historia común, o sea una común y misma tradición en el pasado y una común y misma misión para el porvenir. Porque la historia se alimenta del porvenir tanto o más que del pasado.

«¡No se elige la patria en que se nace...!» ¡Como si el nacimiento determinara por sí la patria! ¡Claro que no se elige el lugar en que se nace! Y esto a pesar de lo que decía un niño —se lo oímos nosotros— una vez que su madre le reprendía severamente: «¡si sé esto no te nazco!» No se elige en ese sentido material, que por lo visto es para Maura el jurídico, la patria en que se nace, pero se la reconoce o no como tal patria. «Ciego de nación» quiere decir en estas tierras en que vivimos, ciego de nacimiento y así gallego, asturiano, vasco, catalán, castellano o andaluz de nación querrá decir de nacimiento. Pero nación no es precisamente patria ni todo movimiento nacionalista es por ello patriótico. Y hasta hay quien tiene por hogar, por patria, la tienda de comercio o la fábrica de industria en que se gana la vida. Hay un patriotismo mercantil o industrial como le hay lingüístico y le hay religioso.

Se elige patria, ¡vaya si se elige patria! El patriotismo es cosa de libertad, aunque no de libre albedrío en el sentido jesuítico; es cosa de libertad en cuanto ésta es la conciencia de la ley. En cuanto se da conciencia de la ley de ciudadanía por que se rige, en cuanto descubre su nacionalidad, la elige. Y la elige al aceptarla. Si un planeta conociese la ley de la eclipse de su revolución en torno a su sol, sería libre, querría ser el que es... O querría ser otro... Y la personalidad, individual o colectiva, no es más que esto, es la conciencia de cómo se es y la voluntad de ser de ese modo y no de otro. Y la personalidad, lo mismo que la nacionalidad, es un hecho, un hecho independiente de las teorías con que uno trate de explicarlo. Sin tener nada de psicólogo puede un hombre tener una muy acusada personalidad y clarísima conciencia de ella. Y toda la psicología no hace un alma.

(*La Publicidad*, 31-XII-1918.)

ÍNDICE ONOMÁSTICO DE LOS ARTÍCULOS

ÍNDICE DE LÁMINAS

ÍNDICE GENERAL

COLECCION TAMESIS

SERIE A - MONOGRAFIAS

I. EDWARD M. WILSON and JACK SAGE: *Poesías líricas en las obras dramáticas de Calderón,* pp. xix+165 (agotado).

II. PHILIP SILVER: *«Et in Arcadia ego»: A Study of the Poetry of Luis Cernuda,* pp. xv+211.

III. KEITH WHINNOM: *A Glossary of Spanish Bird-Names,* pp. 157.

IV. BRIAN DUTTON: *La «Vida de San Millán de la Cogolla» de Gonzalo de Berceo. Estudio y edición crítica.* El tomo I de las *Obras completas* de Gonzalo de Berceo, pp. xiv + 256.

V. A. D. DEYERMOND: *Epic Poetry and the Clergy: Studies on the «Mocedades de Rodrigo»,* pp. xix + 312, with two maps.

VI. ABDÓN M. SALAZAR: *El escudo de armas de Juan Luis Vives,* pp. viii + 136.

VII. P. GALLAGHER: *The Life and Works of Garci Sánchez de Badajoz,* pp. x + 296.

VIII. CARLOS P. OTERO: *Letras, I,* pp. xvii + 202.

IX. *Galdós Studies.* Edited by J. E. Varey, pp. xii + 204.

X. ANTHONY WATSON: *Juan de la Cueva and the Portuguese Succession,* pp. xii+280, with one map.

XI. EMMA SUSANA SPERATTI-PIÑERO: *De «Sonata de otoño» al esperpento (Aspectos del arte de Valle-Inclán),* pp. viii + 341.

XII. *«Libro de buen amor» Studies.* Edited by G. B. Gybbon-Monypenny, pp. xiii + 256.

XIII. RALPH J. PENNY: *El habla pasiega: Ensayo de dialectología montañesa,* pp. 470, con láminas y mapas.

XIV. *Suma cervantina.* Editada por J. B. Avalle-Arce y E. C. Riley, pp. xii + 452.

XV. GONZALO DE BERCEO: *Obras Completas, II. Los Milagros de Nuestra Señora.* Estudio y edición crítica por Brian Dutton, pp. viii + 266.

XVI. PETER BOYD-BOWMAN: *Léxico hispanoamericano del siglo XVI,* pp. xxii + 1004.

XVII. FRANCISCO CARRASQUER: *«Imán» y la novela histórica de Ramón J. Sender, con un prólogo de Sender,* pp. xiii + 302.

XVIII. Gonzalo de Berceo: *Obras Completas III. El Duelo de la Virgen. Los Himnos, Los loores de Nuestra Señora. Los signos del juicio final.* Estudio y edición crítica por Brian Dutton, pp. vii + 163.

XIX. Dorothy Sherman Severin: *Memory in «La Celestina»*, pp. x + 73.

XX. Mary Gaylord Randel: *The Historical Prose of Fernando de Herrera*, pp. xii + 206.

XXI. June Hall Martin: *Love's Fools: Aucassin, Troilus, Calisto and the Parody of the Courtly Lover*, pp. xiv + 156.

XXII. Manuel Ferrer: *Borges y la nada*, pp. 206.

XXIII. *Studies in Modern Spanish Literature and Art Presented to Helen F. Grant.* Edited by Nigel Glendinning, pp. xiv +259, with 12 illustrations.

XXIV. George J. G. Cheyne: *A Bibliographical Study of the Writings of Joaquín Costa (1846-1911)*, pp. xix + 189, with 22 illustrations.

XXV. Antonio Ruiz Salvador: *El Ateneo científico, literario y artístico de Madrid (1835-1885)*, pp. 186.

XXVI. *Studies of the Spanish and Portuguese Ballad.* Edited by N. D. Shergold, pp. vii + 176.

XXVII. Gustav Ungerer: *A Spaniard in Elizabethan England: The correspondence of Antonio Pérez's Exile*, vol. I, pp. xxxix+505.

XXVIII. James F. Burke: *History and Vision: The Figural Structure of the «Libro del caballero Zifar»*, pp. xiv+156.

XXIX. Simon A. Vosters: *La rendición de Bredá en la literatura y el arte de España*, pp. x + 217, con 24 láminas.

XXX. *Studies in Spanish Literature of the Golden Age. Presented to Edward M. Wilson.* Edited by R. O. Jones, pp. x+372, with 6 illustrations.

XXXI. *Spanish Writers of 1936: Crisis and Commitment in the Poetry of the Thirties and Forties. An Anthology of Literary Studies and Essays.* Edited with an Introduction by Jaime Ferrán and Daniel P. Testa, pp. x+141.

XXXII. Madeleine de Gogorza Fletcher: *The Spanish Historical Novel: 1870-1970.* A Study of Ten Spanish Novelists, and their Treatment of the «episodio nacional», pp. xii +174.

XXXIII. Derek Harris: *Luis Cernuda: A Study of the Poetry*, pp. viii+188.

XXXIV. Emma Susana Speratti-Piñero: *El ocultismo en Valle-Inclán*, pp. x+202.

XXXV. Margarete Newels: *Los géneros dramáticos en las poéticas del Siglo de Oro.* Versión española de Amadeo Sole-Leris, pp. 223, con 5 láminas.

XXXVI. Roger M. Walker: *Tradition and Technique in «El libro del Caballero Zifar»*, pp. xvi+252, con una lamina.

XXXVII. María Rosa Lida de Malkiel: *Dido en la literatura española*, pp. xxix+156.

XXXVIII. John G. Cummins: *El habla de Coria y sus cercanías*, pp. 229, con láminas y mapas.

XXXIX. *Galdós Studies II*. Edited by Robert J. Weber, pp. x+68.

XL. *University of British Columbia Hispanic Studies*. Edited by Harold Livermore, pp. viii+86.

XLI. Ian R. Macdonald: *Gabriel Miró: His private library and his literary background*, pp. xii+250.

XLII. *Medieval Hispanic Studies*. Presented to Rita Hamilton. Edited by A. D. Deyermond, pp. xi+281.

XLIV. Sharon Ghertman: *Petrarch and Garcilaso: A Linguistic Approach to Style*, pp. ix+144.

XLV. David G. Turner: *Unamuno's Webs of Fatality*, pp. x+170.

XLVI. Gustavo Umpierre: *Song in the Plays of Lope de Vega. A Study of their Dramatic Function*, pp. ix+110.

SERIE B - TEXTOS

I. Lope de Vega: *Triunfo de la fee en los reynos del Japón*. Edited by J. S. Cummins, pp. xlix + 116, with seven illustrations and one map.

II. Fernán Pérez de Guzmán: *Generaciones y semblanzas*. Edición crítica con prólogo, apéndices y notas de R. B. Tate, pp. xxvii + 112.

III. Francisco Bances Candamo: *Theatro de los theatros de los passados y presentes siglos*. Prólogo, edición y notas de Duncan W. Moir, pp. cii + 191.

IV. Juan Vélez de Guevara: *Los celos hacen estrellas*. Editada por J. E. Varey y N. D. Shergold, con una edición de la música por Jack Sage, pp. cxvii + 277, with 24 illustrations (5 coloured and 19 black-and-white).

V. *El sufrimiento premiado. Comedia famosa, atribuida en esta edición, por primera vez, a Lope de Vega Carpio*. Introducción y notas de V. F. Dixon, pp. xxvii + 177.

VI. José de Cadalso: *Cartas marruecas*. Prólogo, edición y notas de Lucien Dupuis y Nigel Glendinning, pp. lxiii + 211. (Segunda impresión).

VII. Virgilio Malvezzi: *Historia de los primeros años del reinado de Felipe IV*. Edición y estudio preliminar por D. L. Shaw, pp. liv + 206, with 3 illustrations and 3 maps.

VIII. *La comedia Thebaida*. Edited by G. D. Trotter and Keith Whinnom, pp. lxi + 270.

IX. Pedro Calderón de la Barca: *La hija del aire*. Edición

crítica, con introducción y notas de Gwynne Edwards, pp. lxxxiii + 298.

X. PEDRO CALDERÓN DE LA BARCA: *En la vida todo es verdad y todo mentira,* con introducción y notas de Don William Cruickshank, pp. cxxxix + 255, with 4 illustrations.

XI. LUIS CERNUDA: *Perfil del aire. Con otras obras olvidadas e inéditas, documentos y epistolario.* Edición y estudio de Derek Harris, pp. 204.

XIII. JUAN DE FLORES: *Grimalte y Gradissa.* Edited by Pamela Waley, pp. lxi + 76.

XIV. FERNANDO DE ROJAS: *Celestine or the Tragick-Comedie of Calisto and Melibea.* Translated by James Mabbe. Edited by Guadalupe Martínez Lacalle, pp. xiii + 268, with 4 illustrations.

XV. FRANCISCO SANTOS: *El no importa de España y La verdad en el potro y el Cid resucitado.* Estudio y edición de Julio Rodríguez Puértolas, pp. lxxvi+205.

XVIII. FERNANDO DE ROJAS: *La Celestine in the French translation of 1578 by Jacques de Lavardin.* Edited by Denis L. Drysdall, pp. X + 266.

XIX. REHUEL JESSURUN: *Dialogo dos Montes.* Edited, with an English verse translation, by Philip Polack, pp. xxvi+153, with six illustrations.

SERIE C - FUENTES PARA LA HISTORIA DEL TEATRO EN ESPAÑA

III. *Teatros y comedias en Madrid: 1600-1650. Estudio y documentos.* Por J. E. Varey y N. D. Shergold, pp. 195.

IV. *Teatros y comedias en Madrid: 1651-1665. Estudio y documentos.* Por J. E. Varey y N. D. Shergold, pp. 258.

V. *Teatros y comedias en Madrid: 1666-1687. Estudio y documentos.* Por J. E. Varey y N. D. Shergold, p. 206.

VII. *Los títeres y otras diversiones populares de Madrid: 1758-1840. Estudio y documentos.* Por J. E. Varey, páginas 291 + 17 láminas.

SERIE D - REPRODUCCIONES EN FACSIMIL

I. CAYETANO ALBERTO DE LA BARRERA Y LEIRADO: *Catálogo bibliográfico y biográfico del teatro antiguo español, desde sus orígenes hasta mediados del siglo XVIII (Madrid, 1860),* pp. xi + 727.

The Comedias of Calderón. A facsimile edition prepared by D. W. Cruickshank and J. E. Varey, with textual and critical studies. 19 vols. (Published in collaboration with Gregg International Publishers Limited.)

CRITICAL GUIDES TO SPANISH TEXTS

(Publicadas en colaboración con Grant and Cutler Limited)

J. E. Varey: *Pérez Galdós: Doña Perfecta.*
Jennifer Lowe: *Cervantes: Two novelas ejemplares.*
Verity Smith: *Valle-Inclán: Tirano Banderas.*
D. L. Shaw: *Gallegos: Doña Bárbara.*
P. Halkhoree: *Calderón de la Barca: El alcalde de Zalamea.*
A. Terry: *Antonio Machado: Campos de Castilla.*
R. A. Cardwell: *Blasco Ibáñez: La barraca.*
J. W. Sage: *Lope de Vega: El caballero de Olmedo.*
J. D. Rutherford: *Leopoldo Alas: La Regenta.*
C. A. Jones: *Sarmiento: Facundo.*
D. Henn: *Cela: La colmena.*
N. G. Round: *Unamuno: Abel Sánchez.*